国家社会科学基金项目资助

凉山脱贫人口返贫风险识别、预警与防范研究

戚兴宇 等著

中国农业出版社
北京

图书在版编目（CIP）数据

凉山脱贫人口返贫风险识别、预警与防范研究 / 戚兴宇等著. —北京：中国农业出版社，2023.10
ISBN 978-7-109-31448-1

Ⅰ.①凉⋯　Ⅱ.①戚⋯　Ⅲ.①民族地区－扶贫－研究－凉山彝族自治州　Ⅳ.①F127.712

中国国家版本馆 CIP 数据核字（2023）第 211276 号

凉山脱贫人口返贫风险识别、预警与防范研究
LIANGSHAN TUOPIN RENKOU FANPIN FENGXIAN SHIBIE、
YUJING YU FANGFAN YANJIU

中国农业出版社出版

地址：北京市朝阳区麦子店街 18 号楼
邮编：100125
责任编辑：张　丽　邓琳琳
版式设计：小荷博睿　责任校对：张雯婷
印刷：北京科印技术咨询服务有限公司数码印刷分部
版次：2023 年 10 月第 1 版
印次：2023 年 10 月北京第 1 次印刷
发行：新华书店北京发行所
开本：700mm×1000mm　1/16
印张：19.5
字数：361 千字
定价：128.00 元

前　言 FOREWORD

脱贫攻坚取得全面胜利后，我国进入巩固脱贫攻坚成果与乡村振兴有效衔接的新阶段，反贫困理论研究重点从"助力脱贫"转向"防止返贫"。凉山是全国最大的彝族聚居区，同时也曾经是全国贫困人口最多、贫困面最广、贫困程度最深的集中连片特困地区之一。由于脱贫人口基数较大、发展基础薄弱，凉山实施乡村振兴战略的首要任务是预防和化解返贫风险，确保脱贫人口稳定脱贫，防止规模性返贫。

本书作为国家社科基金项目"凉山彝区脱贫人口返贫风险识别、预警与防范研究"（项目编号：18BMZ144）的研究成果，试图立足理论前沿和时代发展需求，运用科学方法和工具探明凉山脱贫人口返贫风险的来源、类别、影响因素和作用机制，返贫风险的现状、特征及演变趋势。在此基础上，构建科学合理的返贫风险识别框架、预警机制及防范管理体系，提出有针对性、前瞻性的风险应对策略，从而进一步丰富返贫风险研究的理论与实践成果。

在研究内容方面，本书探讨的主题具有较强的时代性和前瞻性。预防和化解返贫风险、防止规模性返贫，是当前和今后一个时期，实现巩固脱贫攻坚成果与乡村振兴有效衔接的首要任务。以凉山脱贫人口返贫风险识别、预警与防范为研究选题，既体现了反贫困理论研究的新动向，又回应了时代发展的新需求。同时从已有研究来看，目前对返贫风险的研究大多仅限于针对脱贫人口个体进行的风险识别、预警与防范，缺乏整体性的风险分析与研究。本书不仅对脱贫人口个体面临的各种返贫风险进行逐一分析，也对不同区域的脱贫群体进行整体性风险分析；既实现了个体风险预警，又实现了整体预警和分类预警，这在一定程度弥补了已有研究的不足，在推动返贫风险理论研究方面是一次有益的创新和拓展。此外，本书构建了新的返贫风险集成预警模型。实证研究表明，该模型能有效弥补相关部门在设定现行返贫监测对象认定标准上的不足，其预测结果更符合脱贫人口实际状况，能为凉山防范化解返贫风险提供有效决策支持，这在实践应用上是一次突破和创新。

在研究方法方面，本书一是注重多种研究方法的有效融合与应用。已有研究的返贫风险预警模型构建大多以单一模型为基础，其预警的全面性、精确性和可靠性还有待进一步提升。本研究创新性地将 BP（反向算法）神经网络与因子分析法相融合，构建了脱贫人口返贫风险集成预警模型。相比于已有模型，该模型可以更为精准地测量返贫风险的具体程度和类型，较为真实地反映凉山不同类型脱贫人口的返贫风险特征。二是采用多维度比较研究手段对返贫风险进行系统性分析。本书将比较研究法贯穿始终，以便能够更为深入地发现问题、寻求规律和联系。在诸如确立返贫风险分析框架，构建返贫风险预警模型，进行预警结果的实证分析等多个关键环节均采取了比较研究的方法。

在学术价值方面，本书一是构建了一个综合理论分析框架，系统分析返贫风险形成机理、作用过程及演化规律，在此基础上，基于可持续生计理论与凉山反贫困经验，建立了较为完善的返贫风险识别指标体系，为返贫治理研究提供了新的理论视角和研究范式。二是构建了返贫风险集成预警模型，弥补了已有预警模型预警方式单一的短板，提升了预警结果的前瞻性、准确性和全面性，拓展了现有返贫风险治理的学术研究成果。三是建立了基于 ERM（企业风险管理框架）的全面风险管理体系，注重对返贫风险的系统性、长效性治理，区别于传统风险管理以单个风险因素为主，"头痛医头，脚痛医脚"，相互分割、顾此失彼的情况，为现有返贫风险管理理念的转变提供了理论启示。

在应用价值方面，本书一是在积极回应巩固脱贫攻坚成果与乡村振兴有效衔接这一重大社会关切和实践需求的同时，也为凉山建立健全防止返贫监测和帮扶机制提供了更精准、有效、可行的工具和方法。二是提出了一系列符合凉山实际，富有针对性、实用性和可操作性的返贫风险防范策略，这对于建立和完善返贫风险管理体系，制定和优化返贫风险防范化解措施，实现脱贫人口稳定脱贫和乡村振兴，具有重要的决策参考和实践应用价值。三是研究成果具有一定的普适性和代表性，对于当前其他脱贫地区的返贫风险监测预警、风险防控等防止返贫工作同样具有较强的现实借鉴意义。

本书是团队协作的成果。由戚兴宇承担大部分撰写工作，并对全书进行校订、修改和定稿。各章的作者为：第1章，戚兴宇；第2章，戚兴宇；第3章，戚兴宇、曹满云、王元红；第4章，戚兴宇、曹满云、许志行；第5章，戚兴宇、曹满云、许志行；第6章，戚兴宇、曹满云、许志行；第7章，戚兴宇、曹满云、郑亮；第8章，戚兴宇、曹满云、许丹、张璇。

在书稿撰写过程中，凉山彝族自治州政府谢立副秘书长、盐源县政协张应聪主席、西昌学院景志明教授、西华师范大学史凯教授、西南财经大学李文勇教授、西南石油大学周斌副教授、西南民族大学钟大能教授、姚珣副教授、吴桃副教授都给予了很大的帮助和指导，在此向他们表示诚挚的感谢。此外，还特别感谢四川大学公共管理学院博士研究生向洪讯、西南民族大学公共管理学院硕士研究生韩松言、黎玉珍、邓桂苗、王鑫怡、罗提菲娅、颜其艳、罗文清、曹佩瑶、阎玥西等同学在资料收集、问卷调查、数据处理和书稿梳理等方面付出的辛勤劳动和卓有成效的助研工作。

本书的出版得到了中国农业出版社的大力支持，该社编辑为此书的出版提供了许多宝贵意见和帮助，借此机会表示衷心的感谢。

由于作者水平有限，加之在研究过程中受限于各种主客观因素，本书还存在诸多不足与研究不够深入的情况，真诚欢迎广大读者、同行批评指正。

戚兴宇

2023 年 9 月 9 日

目 录 CONTENTS

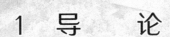

1 导 论

脱贫攻坚取得全面胜利后，我国进入了巩固脱贫攻坚成果与乡村振兴有效衔接阶段。凉山是全国最大的彝族聚居区，同时也曾经是全国贫困人口数量最多、贫困面最广、贫困程度最深的集中连片特困地区之一。全面脱贫后，由于脱贫人口基数大、发展基础薄弱，凉山实施乡村振兴战略的首要任务就是预防和化解返贫风险、确保脱贫人口稳定脱贫、防止规模性返贫。因此，深入分析和全面把握返贫风险的根源及发展规律，有效识别、预警与防范脱贫人口返贫风险，已成为当前凉山巩固脱贫攻坚成果与乡村振兴有效衔接的迫切需求。作为课题研究的起点，本章首先对研究的背景、目的及意义进行阐述，对核心概念进行界定。在此基础上，介绍课题研究的框架与思路、主要研究内容和研究方法。最后，对研究的结论、创新性贡献与不足之处进行总结，并对后续研究进行展望。

1.1 研究背景

消除贫困是人类社会长期以来的共同理想，新中国成立以来，全党全国各族人民为此进行了长期艰苦卓绝的努力，并取得了举世瞩目的伟大成就。1978 年我国有 7.7 亿农村贫困人口，2020 年我国实现了现行标准下农村贫困人口全部脱贫的目标，历史性地解决了绝对贫困问题。按照世界银行国际贫困标准，我国对全球减贫的贡献率超过了 70%，提前十年实现《联合国 2030 年可持续发展议程》中的减贫目标，赢得了国际社会的广泛赞誉。回顾我国的减贫历程，党的十八大以来是我国减贫事业取得显著成效和决定性进展的关键阶段。在长期扶贫脱贫的基础上，2012 年以习近平同志为核心的党中央把脱贫攻坚作为全面建成小康社会的底线任务，强调"决不能落下一个贫困地区、一个贫困群众"，由此拉开了新时代脱贫攻坚的序幕；2013 年党的十八届五中全会提出了"精准扶贫、精准脱贫"的基本方略，把脱贫攻坚摆到治国理政的重要位置；2015 年中央扶贫开发工作会议提出实现脱贫攻坚目标的总体要求，发出了打赢脱贫攻坚战的总攻令；2017 年党的十九大把深入推进脱贫攻坚纳入打赢决胜"全面小康三大攻坚战"之一并进行全面部署；2020 年党中央发出了以"更大的决心、更强的力度"决战决胜脱贫攻坚的总攻动员令。经过八年持续奋斗，现行标准下 832 个贫困县全部摘帽，12.8 万个贫困村全部退出，9 899 万农村贫困人口全部脱贫，我国全面消除了绝对贫困和区域性整体贫困，创造了人类减贫史上的奇迹，为人类减贫事业作出了重大贡献[①]。

然而正如习近平总书记指出的："脱贫摘帽不是终点，而是新生活、新奋斗的起点。"[②] "全部脱贫，并不是说就没有贫困了，就可以一劳永逸了，而是指脱贫攻坚的历史阶段完成了，相对贫困问题永远存在，我们帮扶困难群众的任务永无止境。"[③] 在脱贫攻坚取得全面胜利后，如何防范化解返贫风险，提高脱贫质量，做好巩固拓展脱贫攻坚成果同乡村振兴的有效衔接，已成为当前接续推进脱贫地区发展，实现全体人民共同富裕的首要任务。

凉山彝区是全国最大的彝族聚居区，是新中国成立后"一步跨千年"从奴隶社会直接进入社会主义社会的"直过民族"地区，同时也是全国贫困人口最多、贫困面最广、贫困程度最深的 14 个集中连片特困地区之一。2013 年精准扶贫工作初期，凉山有 88.1 万建档立卡贫困人口，2 072 个贫困村，其中贫困发生率在 20% 以上的村有 1 350 个、50%～80% 的 383 个、80% 以上的 71 个，整体贫困发生率为 19.8%，远高于全国 10.2% 的平均水平，17 个县中有 11 个为国家级深度贫困县（图 1），属于脱贫攻坚的"贫中之贫、坚中之坚"，是影响四川乃至全国夺取脱贫攻坚全面胜利的控制性因素[④]。

一直以来，党中央、国务院十分关心凉山的脱贫工作，并给予有力指导和特殊支持。2018 年 2 月 11 日，习近平总书记亲临凉山考察脱贫攻坚并"对凉山寄予厚望"，之后又多次对凉山彝区的自发搬迁、社会治理巩固、提升彝区脱贫攻坚成果等作出重要批示。此外，2018 年 6 月，四川省委省政府制定了《关于精准施策综合帮扶凉山州全面打赢脱贫攻坚战的意见》（以下简称为《意

---

① 习近平总书记在全国脱贫攻坚总结表彰大会上的讲话 [N]. 新华日报，2021 - 02 - 25 (1).

② 新华社评论员. 民族要复兴，乡村必振兴：学习习近平总书记在中央农村工作会议重要讲话 [N]. 新华日报，2020 - 12 - 30 (1).

③ 杜尚泽，王汉超，张晓松，等."一个少数民族也不能少"：记习近平总书记在宁夏考察脱贫攻坚奔小康 [N]. 新华社银川，2020 - 06 - 11 (1).

④ 凉山彝族自治州脱贫攻坚情况介绍 [EB/OL]. (2020 - 09 - 10) [2023 - 09 - 22]. http://www.scio.gov.cn/ztk/dtzt/42313/43603/43607/Document/1687287/1687287.htm.

图 1　凉山国家级深度贫困县、贫困村分布

来源：课题组根据相关资料绘制。

见》），《意见》提出 34 条政策措施精准支持凉山脱贫攻坚，并先后选派 1.1 万余名帮扶干部和专业人员，进驻凉山开展脱贫攻坚综合帮扶[①]。2020 年 3 月，四川省脱贫攻坚领导小组办公室出台《挂牌督战凉山州脱贫攻坚工作方案》，对凉山脱贫攻坚的薄弱环节和重点工作进行专项督导和帮扶。在各级党委、政府的深切关怀和社会各界的大力支持下，经过持续不懈的奋斗和努力，凉山脱贫攻坚取得决定性成效，截至 2020 年底，累计减贫 105.2 万人，2 072 个贫困村全部退出，11 个贫困县全部摘帽，绝对贫困和区域性整体贫困问题全面消除，凉山实现了从贫穷落后到全面小康的历史性跨越[②]。

在脱贫攻坚取得全面胜利的同时，凉山也面临着巨大挑战——如何防范返贫风险，防止脱贫人口返贫。在 2012 年全面打响脱贫攻坚战之前，凉山不仅贫困人口多、程度深、面积广，而且长期难以摆脱"扶贫—脱贫—再返贫"的困境。因灾、因病、因残、因学、因懒、因毒等多种因素返贫的人口数居高不

①　彭清华. 凉山脱贫攻坚调查［J］. 求是，2019（16）：59 - 66.

②　凉山彝族自治州人民政府 2021 年政府工作报告［EB/OL］.（2021 - 04 - 21）［2023 - 09 - 22］. http：//czj. lsz. gov. cn/xxgk/fdzdgknr/ghjh/202104/t20210421_1884538. html.

下，平均返贫率高达20%～30%，如遇上自然灾害，部分地方甚至达到50%以上①。脱贫人口返贫问题一直是阻碍凉山农村可持续发展、全面建成小康社会的顽疾。2020年凉山全面消除了绝对贫困和区域性整体贫困，但由于受到其特殊的社会发展历史进程和自然条件等因素的限制，"凉山经济社会欠发达的基本态势没有变化"②，区域发展不平衡、产业支撑能力不足，脱贫人口收入不稳定、持续增收能力弱等因素导致防止返贫压力大的状况尚未根本改变。

为了让脱贫基础更加稳固，实现乡村全面振兴，2021年中央1号文件明确指出："持续巩固拓展脱贫攻坚成果。健全防止返贫动态监测和帮扶机制，对易返贫致贫人口及时发现、及时帮扶，守住防止规模性返贫底线。"③ 以此为指导，国务院扶贫开发领导小组及四川省脱贫攻坚领导小组办公室先后颁布了《关于建立防止返贫监测和帮扶机制的指导意见》《关于印发〈四川省防止返贫监测和帮扶工作方案〉的通知》等指导性文件。为贯彻落实上述部署要求，凉山不断健全防止返贫动态监测和帮扶机制，深入开展相关工作，截至2022年4月1日，识别监测对象共计40 039户159 972人，均落实了针对性帮扶措施④。这表明对返贫风险进行有效的识别、预警与防范，确保105.2万脱贫人口不出现规模性返贫，将是凉山"十四五"乃至日后较长时期的重点任务。

1.2 研究目的与意义

1.2.1 研究目的

本研究旨在探寻返贫风险形成、演化的内在机理和作用机制，通过对凉山返贫风险的识别、预警与防范研究，为化解返贫风险，全面推进巩固脱贫攻坚成果同乡村振兴有效衔接，提供理论与实践借鉴。具体研究目标如下：

第一，在系统分析和参考国内外相关研究文献的基础上，从反贫困理论、可持续生计理论和全面风险管理理论（ERM）的综合视角，分析和把握返贫

---

① 余崇媛，庄天慧.四川民族贫困地区农户扶贫开发需求分析 [J].调研世界，2012（5）：42-45.
② 陈序.2020年凉山脱贫攻坚报告 [J].新西部，2021（2）：27-33.
③ 中共中央 国务院关于全面推进乡村振兴加快农业农村现代化的意见 [EB/OL].（2021-02-21）[2023-09-22].http://www.moa.gov.cn/ztzl/jj2021zyyhwj/zxgz_26476/202102/t20210221_6361865.htm.
④ 我州扎实做好防止返贫动态监测 [EB/OL].（2022-04-13）[2023-09-22].http://www.lbx.gov.cn/xxgk/zdxxzz/zzfxx/202204/t20220413_2199249.html.

风险形成、演化的内在机理和作用机制，提出返贫风险影响因素及风险管理研究的理论分析框架，进一步拓展反贫困的理论研究视野。

第二，运用理论推导、实地调研、实证分析和比较分析的方法，结合凉山的实际情况，对脱贫人口的潜在返贫风险进行识别，筛选出关键风险事项，设计并完善返贫风险识别指标体系，为凉山脱贫人口返贫风险识别和评估提供科学依据。

第三，构建基于 BP 神经网络和因子分析法的返贫风险集成预警模型，在调研数据的基础上对返贫风险进行预测和评估，并对预警结果进行分析和评价，实现对凉山脱贫人口返贫风险现状、趋势与特征的准确把握。

第四，在上述研究成果的基础上，构建基于全面风险管理（ERM）的脱贫人口返贫风险管理体系，提出凉山脱贫人口返贫风险防范的具体策略，构建稳定脱贫长效机制，为全面推进乡村振兴提供理论支撑和决策参考。

1.2.2　研究意义

开展凉山脱贫人口返贫风险的识别、预警与防范研究，具有重要的理论意义和现实意义。

(1) 理论意义。第一，拓展了反贫困理论研究的视野和范围。在借鉴已有相关理论成果的基础上，本研究从反贫困理论、可持续生计理论和全面风险管理理论的综合视角，系统地分析凉山脱贫人口返贫风险的形成机理、作用过程及演化规律，为民族地区返贫治理研究提供了新的理论视角和研究范式，进一步促进了反贫困研究的发展和完善。

第二，提供了返贫风险识别的理论参考。本研究通过对凉山反贫困历程的回顾与总结，分析返贫风险因素间的潜在联系，结合可持续生计理论提出返贫风险识别的理论框架，对返贫风险事项进行识别，最终形成较为完善的返贫风险识别指标体系。这为后续研究其他地区脱贫人口返贫风险识别问题提供了一种有效的逻辑思路。

第三，深化了返贫风险预警的理论研究。本研究尝试性地将 BP 神经网络与因子分析法相结合，构建了返贫风险集成预警模型，创造性地将凉山划分为不同风险等级的区域和群体，并对各风险事项的影响进行整体和分类分析，既实现了个体风险预警，又实现了整体预警和分类预警。这不仅弥补了以往返贫风险预警模型中预警形式单一的短板，提升了预警的前瞻性、准确性和全面性，而且在推动返贫风险理论研究发展方面也是一种有益的探索和尝试。

第四，为返贫风险管理理念的转变提供了理论启示。本研究引入美国反虚假财务报告委员会下属的发起人委员会的 ERM，将凉山脱贫人口返贫风险的识别、预警与防范设计作为一个完整的系统，把风险管理贯穿于脱贫人口可持续生计的各个环节，形成全面、全员、全过程的动态风险管理体系。这规避了传统风险管理以单个风险因素为主，"头痛医头，脚痛医脚"相互分割、顾此失彼的管理问题，不仅可以提升风险管理的系统性、整体性和协同性，实现对返贫风险的长效治理，而且为现有返贫风险管理理念的转变提供了理论启示。

(2) 现实意义。 第一，积极回应了凉山巩固脱贫攻坚成果与乡村振兴有效衔接的重大需求。"脱贫不是终点，而是新生活的起点。"脱贫攻坚结束后，凉山进入全面推进乡村振兴的新发展阶段。但由于发展基础薄弱、脱贫人口基数较大、可持续生计脆弱等原因，凉山防止规模性返贫压力依然巨大，接续推进乡村振兴面临新挑战。为此，对各类返贫风险进行精准识别、有效预警，并提出切实可行的应对措施，已成为当前凉山预防和化解返贫风险，防止规模性返贫，实现巩固脱贫攻坚成果与乡村振兴有效衔接的首要任务和目标。本研究积极回应了这一重大社会关切和实践需求，具有重要的时代价值和现实意义。

第二，为凉山建立健全防止返贫监测和帮扶机制提供了更精准、有效、可行的工具和方法。2020 年 12 月，国务院扶贫开发领导小组出台的《关于建立防止返贫监测和帮扶机制的指导意见》指出，对返贫风险要做到"早发现、早干预、早帮扶"，坚决守住防止规模性返贫的底线。实证研究表明，本课题构建的返贫风险指标体系和风险集成预警模型，相较于当前政府的防止返贫监测方式，监测结果更加准确可靠，更符合脱贫人口的实际状况。这是对政府现行防止返贫监测手段的一种有益补充，为凉山建立完善防止返贫监测机制提供了更为精准、有效的工具。此外，基于 ERM 构建的返贫风险管理体系从总体目标、运行机制、基础保障等各个层面，将"全面"与"系统"的思想贯穿于返贫风险管理的各个环节，为凉山建立健全防止返贫帮扶机制提供了具体可行的方法指导。

第三，对凉山脱贫人口返贫风险防范化解问题提出了具有较强针对性和实效性的政策建议。本研究通过对凉山脱贫人口返贫风险事项、风险预警结果的分析，基于可持续生计框架的整体性视角，从生计资本风险、生计环境风险、生计策略风险三个维度的十个方面，提出了一系列符合凉山实际情况，具有针对性、实用性和可操作性的返贫风险防范策略。这对凉山建立和完善返贫风险管理体系，制定和优化返贫风险防范化解措施，最终实现脱贫人口稳定脱贫和乡村振兴，具有重要的决策参考和实践应用价值。

1.3　概念界定

1.3.1　凉山

从传统来看，凉山是一个概括性的地理概念，位于青藏高原边缘的横断山脉北段向四川盆地之间的过渡地带，东临四川盆地，西连横断山脉，北起大渡河，南至金沙江，是我国最主要的彝族人口聚居地，包括大凉山和小凉山。其中大凉山是指黄茅埂山脉以西地区，包括美姑、昭觉、布拖、金阳、普格、甘洛、越西及安宁河流域地区；小凉山是指黄茅埂山脉以东地区，包括屏山、马边、峨边和雷波①。从行政区划来看，整个大凉山和小凉山中的雷波县均属于凉山彝族自治州，小凉山的屏山县属于宜宾市，马边、峨边县属乐山市。凉山彝族自治州横跨大小凉山，是全国最大的彝族聚居区，辖区面积占凉山的90%左右。在 2020 年全面脱贫前，是典型的深度贫困地区，凉山共有 13 个国家级深度贫困县，其中 11 个位于凉山彝族自治州辖区内②。因此，凉山彝族自治州曾是"全国脱贫攻坚的主战场"，也是"影响四川夺取脱贫攻坚战全面胜利的控制性因素"③。基于上述原因，本研究从广义与狭义两个角度对凉山进行界定。广义的凉山即为前述传统地理范围的大凉山和小凉山之总和；狭义的凉山则是指凉山彝族自治州所包含的全部行政辖区。

本研究选择狭义的"凉山"——凉山彝族自治州为研究对象，开展脱贫人口的返贫风险识别、预警与防范研究，原因主要有三个方面：一是从样本总体数量和样本地域范围来看，凉山彝族自治州的脱贫人口是广义凉山脱贫人口的主体构成部分，且其地域范围涵盖了广义凉山脱贫人口的主要分布地区；二是从致贫原因、扶贫措施、脱贫成果及返贫风险挑战等方面来看，凉山彝族自治州与凉山其他地区存在高度的相似性和同步性，研究当地开展脱贫人口返贫风险识别、预警与防范的学术机理和工作实践，具有典型代表意义，能够比较全面地反映广义凉山在脱贫攻坚战全面胜利后巩固脱贫成果与推进乡村振兴的实际状况，可为民族地区防范和化解返贫风险提供借鉴；三是受研究时间、研究成本、交通条件等各方面因素的限制，以凉山彝族自治州为主要研究区域，有利于深入实际，对问题进行比较细致的调查分析，使研究更具有可行性和针对

---

① 中共四川省委研究室. 四川省情（1949—1981）[M]. 成都：四川人民出版社，1984：57 - 58.

② 2018 年 10 月，国务院扶贫办认定的凉山的 13 个国家级深度贫困县是：凉山彝族自治州辖区内的美姑、金阳、昭觉、布拖、雷波、普格、喜德、盐源、木里、越西和甘洛 11 个县，乐山市辖区内的马边、峨边 2 个县。

③ 彭清华. 凉山脱贫攻坚调查 [J]. 求是，2019（16）：59 - 66.

性，从而提高研究的效率和质量。

1.3.2 贫困

对贫困问题的研究由来已久，从 18 世纪至今，学者们从经济、权利、能力、文化等多个维度对贫困的概念进行了深入探讨，积累了丰硕的研究成果。朗特里（Rowntree）把贫困定义为："如果一个家庭的总收入不足以维持家庭人口最基本的生存活动需求，那么这个家庭就基本陷入了贫困之中"[①]。这里的基本生存活动需求包括食物、衣服、住房等为维持生存所必需的基本物质条件。这个定义后来成为许多国家设定贫困线的重要参考，也就是所谓的"绝对贫困"。随后，加尔布雷思（Galbraith）[②]、鲁西曼（Runciman）[③] 和汤森德（Townsend）[④] 等提出了"相对贫困"的概念，认为贫困不仅取决于拥有多少收入，而且取决于社会平均生活水平，当个体生活水平无法达到社会平均生活水平，其相关权利被相对剥夺时就陷入了贫困。刘易斯（Lewis）提出贫困是脱离社会主流的一种文化系统，他从观念、规范、习惯、心理等角度研究贫困现象，并解释了个体为何陷入贫困及如何阻断贫困代际传递的问题[⑤]。阿玛蒂亚·森（Amartya Sen）则认为贫困的本质是贫困人口创造收入能力和机会的缺失，要摆脱贫困就意味着要提高贫困人口的可行能力和权利保障[⑥]。在众多学者研究的基础上，世界银行在《1990 年世界发展报告》中把贫困界定为："缺少达到最低生活水准的能力"。联合国开发计划署在《1997 年人类发展报告》中将文化维度纳入贫困概念，认为贫困是指"人们在寿命、健康、居住、知识、参与、个人安全和环境等方面的基本条件得不到满足，因而限制了人的选择"。

综上可以看出，贫困是一个相对的、动态的概念，随着经济社会发展和研究的进一步深入，贫困的内涵及其界定标准在不断地拓展和变化。我国现行脱贫标准对贫困的界定采用的是货币标准与非货币的多维贫困标准相结合的方式，即"一超过、两不愁、三保障"。达到这个标准的农户即为摆脱贫困，反

---

① SEEBOHM R B. Poverty：A Study of Town Life [M]. London：Macmillan，1901.

② GALBRAITH J K. The Affluent Society [M]. Bonn：Mariner Books，1998.

③ RUNCIMAN W G. Relative Deprivation and Social Justice [M]. Berkeley and Los Angeles：University of California Press，1966.

④ TOWNSEND P. Poverty in the United Kingdom：A Survey of Household Resources and Standards of Living [M]. Harmondsworth：Penguin Books，1979：56.

⑤ 刘易斯. 五个家庭：墨西哥贫穷文化案例研究 [M]. 丘延亮，译. 北京：世界图书出版公司，2004.

⑥ 阿玛蒂亚·森. 贫困与饥荒 [M]. 王宇，王文玉，译. 北京：商务印书馆，2001：36.

之就处于贫困状态。"一超过"是指农村家庭人均纯收入稳定超过国家扶贫标准[①]。"两不愁"是指"不愁吃"，农户主粮及必要营养食物需求有保障；"不愁穿"，农户有能力自主购买衣服，四季有应季衣服、日常有换洗衣物。"三保障"是指保障义务教育，农户家中无义务教育阶段适龄儿童辍学；保障基本医疗，农户纳入基本医疗保险、大病保险或医疗救助保障范围，能看得上病、看得起病；保障住房安全，农户居住房屋达到住建部门安全标准。仅从货币收入来看，我国现行贫困标准比《联合国2030年可持续发展议程》确定的"每天生活费低于1.25美元"或世界银行2015年确定的"每天生活费低于1.9美元"的绝对贫困标准都要高。同时，我国现行贫困标准还贯穿了多维贫困的理念，不仅考虑了农户收入状况，而且兼顾了教育、医疗、住房等农户基本发展能力和权利保障。按照现行标准，我国已取得了脱贫攻坚战的全面胜利，完成了消除绝对贫困的艰巨任务，自改革开放至今，7.7亿农村贫困人口摆脱了贫困[②]。

因此本研究认为，采用我国现行脱贫标准对贫困进行界定，符合我国现阶段国情，并和凉山实现巩固拓展脱贫攻坚成果与乡村振兴有效衔接的要求相适应，同时也能更客观、全面、准确地识别脱贫人口以作为研究对象，从而制定出有针对性和可操作性的返贫风险评价方法和防范措施。

1.3.3　脱贫人口

本课题研究的脱贫人口是指曾被识别为贫困户，后通过政府贫困户退出验收，达到现行脱贫标准的人口。一般来说，贫困户识别包括以下几个步骤：先是达不到"一超过、两不愁、三保障"标准的农户自愿提出申请，接着村民代表大会对申请进行民主评议形成初选名单，然后村民委员会（以下简称"村委会"）审查公示初选名单，再由乡镇人民政府对村委会上报的初选名单进行审核公示，最后由县级人民政府审定公告贫困户名单。被识别为贫困户的家庭，纳入建档立卡户[③]，其家庭成员即为贫困人口，其信息录入全国扶贫开发信息系统，实施动态管理，并享受国家相关扶贫政策。贫困人口脱贫方面，国家的

---

①　我国现行脱贫标准是农村家庭人均纯收入按2010年不变价计算为2 300元，综合考虑物价水平和其他因素，每年调整按现价计算的标准，2014年脱贫标准为2 800元，2017年脱贫标准为3 335元，2020年脱贫标准为4 000元。

②　习近平总书记在全国脱贫攻坚总结表彰大会上的讲话［N］. 新华日报，2021-02-25 (1).

③　建档立卡户是指已完成审批流程，建立了贫困档案，纳入全国扶贫开发信息系统动态管理，并获得《扶贫手册》的贫困家庭。为了对贫困人口实施"精准识别、精准帮扶、精准管理"，国务院扶贫办从2014年开始，在全国范围内对贫困户进行建档立卡。

标准是以户为单位，贫困户年人均纯收入达到当年国家扶贫标准，且不愁吃、不愁穿，基本医疗、义务教育、住房安全有保障①。贫困户退出的一般程序是：首先召开村民代表大会进行民主评议，根据年度贫困户退出计划，提出拟退出贫困户名单，然后村委会审查拟退出贫困户名单，经拟退出贫困户认可，公示无异议后，再由乡镇人民政府对村委会上报初选名单进行审核公示，最后由县级人民政府审定公告贫困户退出名单。党的十八大以来，经过八年持续奋斗，我国全面消除了区域性整体贫困和绝对贫困问题。现行标准下全国累计有3 000多万建档立卡贫困户退出，9 899万农村贫困人口全部脱贫②，其中凉山有24.8万户建档立卡贫困户退出，105.2万农村贫困人口全部脱贫③。

1.3.4 返贫

返贫与脱贫是一对相对概念。从发生顺序来讲，先有脱贫才会有返贫。返贫是指某一社会贫困群体在成功实现脱贫后，再一次因为某些原因陷入贫困，即贫困群体经历"贫困—脱贫—再贫困"发展过程的一种社会现象。在扶贫开发的背景下，这里的贫困群体有一个特点，即他们有通过政府、企业、社会等帮扶而脱贫的经历之后才再度陷入贫困。返贫会蚕食脱贫成果，使贫困人口数量增加，让扶贫开发的努力化为乌有，从而延缓人类减贫的进程。在扶贫开发的历史上，我国农村地区曾频繁出现"扶贫—脱贫—再返贫"不断循环的怪圈现象④。民族地区取得脱贫攻坚战全面胜利以后，面临的首要问题就是跳出这个怪圈，防止脱贫人口返贫⑤。2020年凉山实现了现行标准下农村贫困人口全部脱贫的目标，但与此同时，防止返贫的压力巨大，已脱贫的24.8万户贫困户中，有3.6万户存在返贫风险⑥。如何实现巩固拓展脱贫攻坚成果同乡村振兴有效衔接，已成为新时期凉山面临的首要问题。本课题研究的返贫，具体来说是指曾退出建档立卡贫困户，成为脱贫人口，但后来因为某些原因，不能达到现行脱贫标准，从而再次成为贫困人口的现象。

---

① 根据《四川省贫困县贫困村贫困户退出实施方案》（川委厅〔2016〕66号）要求，凉山彝族区在国家贫困人口脱贫标准基础上增加了"户户有安全饮用水、有生活用电、有广播电视"三个指标。

② 习近平总书记在全国脱贫攻坚总结表彰大会上的讲话［N］. 新华日报，2021 - 02 - 25 (1).

③ 告别世代贫困 凉山巨变的背后［EB/OL］. (2021 - 07 - 07)［2023 - 09 - 23］. http：//www. lsz. gov. cn/sy/rdtt/202105/t20210510_1902747. html.

④ 董春宇，栾敬东，谢彪. 对返贫现象的一个分析［J］. 经济问题探索，2008 (3)：176 - 178.

⑤ 黄国庆，刘钇，时朋飞. 民族地区脱贫户返贫风险评估与预警机制构建［J］. 华中农业大学学报（社会科学版），2021 (4)：79 - 88.

⑥ 凉山"防、稳、扶、治"四招巩固成果防止规模性返贫［EB/OL］. (2021 - 06 - 15)［2023 - 09 - 23］. http：//fpkf. lsz. gov. cn/xxgk/ztzl/fptp/202106/t20210615_1935637. html.

1.3.5　风险

对于风险（risk）的定义有多种不同的观点，其中比较有代表性和影响力的观点有：海尼斯从经济学的角度将风险定义为"发生损失或损害的概率"[①]；威利特从保险学的角度将风险定义为"不愿发生的某种事件发生的不确定性的客观表现"[②]；奈特认为"风险是可度量的不确定性，不确定性是不可度量的风险"[③]；埃文和雷恩认为"风险是指某事项后果的不确定性及对目标的影响程度"[④]；国际标准化组织给出的风险定义是"衡量危险性的指标，某一有害事故发生的可能性与事故后果的组合"；美国反虚假财务报告委员会下属的发起人委员会（COSO）将风险定义为"一个事项将会发生并对目标的实现带来负面影响的可能性"[⑤]。我国国务院国有资产监督管理委员会在 2006 年发布的《中央企业全面风险管理指引》中认为，风险是"未来的不确定性对企业实现其经营目标的影响"；国家标准化管理委员会《风险管理术语》（GB/T 23694—2013）把风险定义为"不确定性对目标的影响"。风险这个概念虽然目前在学界和应用领域都尚未达成统一，但在内涵界定方面已形成了某些共识。如风险是客观的，不以人的意志为转移，不能被彻底消除；风险是普遍存在的，人类社会经济生活各个方面都面临着风险；风险具有不确定性，具体风险是否发生，发生时间、位置或影响程度都是随机的、偶然的；风险是可变的，随着环境条件的改变，风险的性质、大小和种类都会发展变化；风险与目标关系密切，风险会对目标的实现产生影响，这种影响可能是负面的，也可能是正面的；风险是可预测的，整体上风险发生具备规律性，随机偶发风险事项大多服从于某种概率分布，利用概率论和数理统计方法可以估测风险。

综观风险概念的各种观点，结合凉山返贫风险研究的实际需要和特点，本课题采用了 COSO 对风险的定义。我们认为，首先，该定义能准确体现返贫风险的"负面性特征"，即会对"防止脱贫人口返贫"的目标产生不利影响，

---

① HAYNES J. Risk as an Economic Factor [J]. The Quarterly Journal of Economics，1895 - 79 (4)：409.

② WILLET A H. The economic theory of risk and insurance [J]. Columbia University Press，1901 (4)：142 - 144.

③ KNIGHT F H. Risk uncertainty and profit [M]. New York：Houghton Mifflin Company，1921.

④ TERJE A，ORTWIN R. On risk defined as an event where the outcome is uncertain [J]. Journal of Risk Research，2009，12 (1)：1 - 11.

⑤ 美国 COSO. 企业风险管理：整合框架 [M]. 方红星，王宏，译. 大连：东北财经大学出版社，2017：78.

因此需要化解防范；其次，这个定义符合刚刚取得脱贫攻坚战全面胜利的凉山实际状况，即强调返贫风险事项发生的"可能性"是存在的，所以应该提前预防和应对；最后，该定义可以为在凉山返贫风险防范研究中引入全面风险管理理念和技术提供基础与指导。

1.3.6　返贫风险

根据前面对于返贫和风险的定义，我们把返贫风险定义为：某些事项将会发生并对防止脱贫人口返贫带来负面影响的可能性。这个定义包含了三方面的含义。第一，返贫风险的产生是由某些风险事项的发生引起的，如自然灾害、患病、意外伤害、失业、土地流失、投资经营失败等。第二，风险事项对脱贫人口稳定脱贫的影响是负面的，会造成某种直接或间接的损失，不利于脱贫人口保持或超过现行脱贫标准。第三，返贫风险有两个构成要素，一个是风险事项发生的可能性，另一个是风险事项对脱贫人口稳定脱贫造成负面影响的程度，这是决定返贫风险大小的两个关键因素。从这个定义还可以看出，风险事项识别是返贫风险管理的第一步，也是返贫风险防范的基础。只有全面、准确识别返贫风险事项，才能发现导致风险产生、造成损失的源头，从而准确判断风险的类型，衡量风险的程度，并主动选择适当有效的应对措施，防范化解返贫风险。

1.4　研究内容与方法

1.4.1　研究框架与思路

本课题围绕凉山脱贫人口返贫风险识别、预警及其防范这一核心命题展开研究，以"返贫风险"为关键词，基于反贫困理论、可持续生计理论与 ERM 理论，形成了"提出问题—分析问题—解决问题"层层推进的研究主线和逐层迭代的内容体系。具体研究框架和思路如图 2 所示。

首先，基于凉山巩固脱贫攻坚成果同乡村振兴有效衔接的研究背景，确立了对脱贫人口返贫风险进行识别、预警及防范，以防止规模性返贫的研究目标。在系统梳理国内外相关研究成果的基础上，构建了课题研究的理论分析框架。

其次，通过深度分析文献、理论推导的方式初步构建了返贫风险事项库，并运用头脑风暴法对其进行补充。

再次，采用问卷调查、深度访谈及案例分析等方法开展实地调研，并运用德尔菲法筛选关键风险事项，以生成返贫风险事项清单。在对清单中的风险事

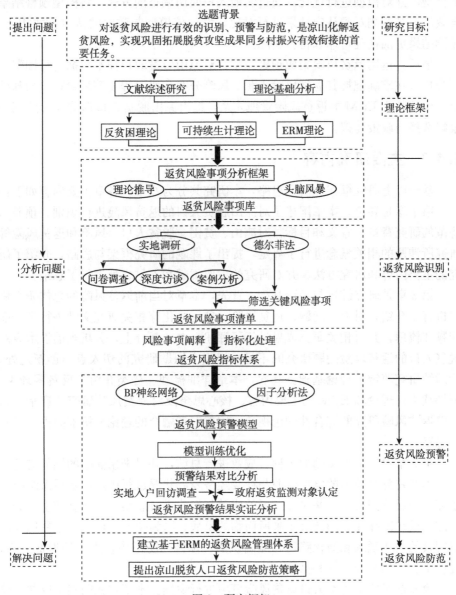

图 2 研究框架

来源：课题组根据研究内容绘制。

项进行深入阐释及指标化处理后，形成凉山脱贫人口返贫风险指标体系。

接着，在详细对比已有风险预警模型构建方法的基础上，结合凉山脱贫人口返贫风险指标体系构建了融合 BP 神经网络与因子分析法的返贫风险集成预警模型，并对模型进行优化。通过实地入户回访调查的方式，将模型预警结果与政府返贫监测对象认定结果进行对比，发现该模型与政府的认定方式相比，预测结果更加精确可靠和符合实际。

最后，运用返贫风险集成预警模型，对凉山脱贫农户样本数据进行预警实证分析。在准确把握其返贫风险来源、风险分布和风险程度等风险特征的基础上，构建基于 ERM 的返贫风险管理体系，提出凉山脱贫人口返贫风险防范的策略选择与政策建议。

1.4.2　主要研究内容

基于以上研究框架和研究思路，本研究共分为八章。各章主要内容如下：

第 1 章是导论。本章阐述了对凉山脱贫人口的返贫风险进行识别、预警与防范的研究背景、意义和目标，对凉山、贫困、脱贫人口、风险和返贫风险等研究所涉及的相关概念进行了界定，提出了课题的研究框架与思路，介绍了研究的主要内容和研究方法，并对研究的主要贡献和不足之处进行了总结。

第 2 章是研究综述与理论基础。首先，本章对当前返贫风险的总体研究概况进行了介绍，对返贫问题、返贫风险、贫困文化等相关研究文献进行了全面回顾和梳理，并对相关研究成果进行了评述。在此基础上，分析当前学术界对脱贫人口的返贫风险问题研究的不足，提出本课题研究的切入点与创新之处，为后续研究奠定了理论基础。其次，本章详细梳理、分类介绍了反贫困理论、可持续生计理论和 ERM 的主要内容、核心思想及对返贫风险研究的启示，为开辟返贫风险研究的综合性理论视角，构建三者融合的理论分析框架提供了基本思路。

第 3 章对凉山反贫困的历程、成效进行总结，并对未来面临的挑战进行分析。本章首先对凉山的自然资源与社会经济发展状况进行概述，随后系统梳理了凉山的反贫困历程，并对反贫困的成效与经验进行总结。在此基础上，分析了凉山反贫困存在的问题及未来所面临的挑战。这为全面掌握凉山返贫风险影响因素的内在联系和演化路径，准确识别、预警与防范脱贫人口的返贫风险，提供了良好的实践支撑和借鉴。

第 4 章对凉山脱贫人口返贫风险事项进行识别。本章首先明确了返贫风险识别的原则、思路和框架。在此基础上，对凉山脱贫人口的返贫风险事项进行理论推导，构建了返贫风险事项库，并应用头脑风暴法对其进行补充。通过实地调研与德尔菲法相结合的方式，对风险事项库中的事项进行逐一筛选、补充和验证，确定了凉山脱贫人口返贫的关键风险事项，构建了返贫风险事项清单。

第 5 章对凉山脱贫人口返贫风险事项进行阐述并构建指标体系。本章首先结合凉山的实际状况对识别出的返贫风险事项逐一进行阐述。其次,确立了返贫风险指标的构建思路,据此对 28 个关键返贫风险事项逐一进行指标化处理,最终构建了凉山脱贫人口返贫风险指标体系。

第 6 章构建了凉山脱贫人口返贫风险集成预警模型。本章根据上述研究成果编撰了调查问卷与访谈提纲,在凉山展开了实地调研。在对 BP 神经网络和因子分析法的基本原理、运行模式、操作步骤及应用状况进行深度了解、横向对比各自的优劣后,创新性地将 BP 神经网络与因子分析法进行融合,构建了凉山脱贫人口返贫风险集成预警模型。通过样本数据对模型进行优化训练,并对模型预测结果进行实证分析,结果表明,与政府现行返贫监测认定方式相比,该模型预测结果更精确可靠、更符合实际。

第 7 章对凉山脱贫人口返贫风险的预警结果进行分析。根据模型的预警结果,本章首先对凉山脱贫人口返贫风险的整体概况进行分析,包括对凉山各县、市返贫风险进行评价。与此同时,也对各种风险事项对不同区域中脱贫人口返贫的影响程度进行实证分析,从而为后续防范返贫风险策略的提出指明方向。

第 8 章提出了凉山脱贫人口返贫风险的防范策略。本章在明确了 ERM 脱贫人口返贫风险管理体系建设的目标和原则后,构建了基于 ERM 的脱贫人口返贫风险管理机制体系,并根据返贫风险预警模型的分析结果,从增加脱贫人口生计资本、完善脱贫人口生计策略、优化脱贫人口生计环境等方面,提出了相应的返贫风险防范措施。

1.4.3　主要研究方法

本研究遵循规范研究与实证研究相结合、定性研究与定量研究相结合、理论研究和实践研究相结合的原则,主要采用以下研究方法:

(1) 文献分析法。文献分析法是指根据一定的研究目的,通过分析文献资料,从而全面、正确地了解、掌握所要研究问题的一种方法。本研究在综合分析国内外有关贫困问题、返贫风险及贫困文化等研究文献的基础上,归纳国内外在上述领域的研究现状和实践经验,并对相关研究成果进行探讨。在此基础上,确立了融合反贫困理论、可持续生计理论和全面风险管理理论的研究框架和分析思路。

(2) 问卷调查法。问卷调查法就是通过严格设计的测量项目或问题,对研究对象进行调查,搜集研究资料和获取研究数据,从而进行研究的方法。本研究围绕返贫风险事项和返贫风险指标体系,编制了凉山脱贫人口返贫风险调查问卷，并采取多级整群抽样方法，随机抽取凉山 17 个县（市）的脱贫农户进行调查。通过问卷调查，课题组不仅初步掌握了凉山脱贫人口返贫风险的现状，而且对返贫风险预警模型进行了训练和优化，并对模型预警结果进行了实证分析和研究。

(3) 深度访谈法。 深度访谈法是一种无结构的、直接的个人访问，在访问过程中，由掌握访谈技巧的调查员对被调查对象进行深入访问，用以掌握被调查对象对某一问题的潜在动机、信念、态度和情感。本研究根据返贫风险事项清单编制了访谈大纲，并对凉山脱贫农户实施了深度访谈，以了解脱贫人口返贫的风险诱因、风险特征、风险程度及风险感知情况。这为更好地理解凉山脱贫人口返贫风险形成、演化的内在机理和作用机制，更准确地识别和评估脱贫人口返贫风险，提供了坚实的资料基础和依据。

(4) 案例分析法。 案例分析法就是依据实例，对一个或多个事件进行分析，从而获得普遍总体认知的一种科学分析方法。本研究选取了多个凉山脱贫农户作为案例分析对象，运用观察、访谈、问卷、小组讨论等方法，对其进行全面深入的考察，以期能够由点及面把握具有普遍性和关键性的返贫风险事项与风险点，从而为返贫风险指标体系的建立和完善，返贫风险预警模型的构建和优化，以及返贫风险防范策略的设计和选择，提供充分的实证依据和启示。

(5) 系统分析法。 系统分析法就是运用系统科学的方法，把研究对象视为由相互联系的诸要素构成的系统整体，从整体与要素及各要素之间的相互依赖、相互制约、相互作用关系中揭示事物活动规律的方法。返贫风险属各种风险事项叠加导致的系统性风险，因此本研究引入全面风险管理理论，以系统论视角，将凉山脱贫人口返贫风险的识别、预警与防范设计作为一个完整的系统，将风险管理贯彻于脱贫人口生计活动的各个环节，全面识别、评估并控制返贫风险。以此提升返贫风险管理的长效性、规范性和科学性，为构建"防止返贫"长效机制提供保障。

(6) 比较研究法。 比较研究是科学分析中常用的逻辑方法，这种方法是在大致相同的事物中发现问题、发现矛盾，在相互区别的事物中寻找中介、寻找联系。通过比较研究，既可以实现研究方法的优化整合与创新，也可以对研究结论的可靠性进行验证。在预警模型的构建方面，本研究详细对比、分析了常见风险预警模型构建方法的优劣性，出于算法效率和可操作性的考虑，最终选取将 BP 神经网络与因子分析法相融合，以构建返贫风险集成预警模型的思路。此外，本研究还将该模型的预警结果与因子分析、政府返贫风险监测对象认定结果及实地入户回访调查结果进行对比，验证了研究结论的可靠性。

1.5　研究结论与创新

1.5.1　研究结论

通过对凉山脱贫人口返贫风险的识别、预警与防范研究，得到的主要结论如下：

（1）以往的反贫困研究多侧重于消除绝对贫困，全面脱贫后学者们的研究焦点逐渐从"脱贫问题"转向"返贫治理问题"，预防和化解返贫风险、巩固脱贫成果、实现脱贫人口稳定脱贫将成为研究重点。

（2）凉山已消除了绝对贫困和区域性整体贫困，但由于脱贫人口基数大，经济发展基础薄弱，制约稳定脱贫因素多，脱贫人口返贫风险较高，防止返贫是凉山当前及今后一段时间内的一项艰巨任务。

（3）凉山的反贫困历程和经验表明，随着国情的变迁和贫困特征的变化，贫困治理模式也在不断调整。凉山贫困治理经历了"救济式扶贫—体制式扶贫—经济开发式扶贫—精准脱贫攻坚"等阶段，治理方式由"输血型"扶贫逐渐转变为"造血型"脱贫。借鉴历史经验，对于把握凉山返贫治理的重点和难点，建立风险监测预警机制，防范化解返贫风险，具有重要意义。

（4）贫困文化是贫困群体在被迫边缘化的过程中形成的价值观念与生活方式。长久生活在贫困文化环境中的脱贫人口，即使摆脱了物质上的贫困，却不一定能摆脱意识和思想上的贫困。"志智双扶"是激发脱贫人口的内生动力，消除贫困文化束缚和影响，实现稳定脱贫的关键。

（5）实证研究表明，基于反贫困理论、可持续生计理论和全面风险管理理论等综合的理论视角构建的返贫风险识别框架，能够较为全面地归纳凉山脱贫人口返贫风险事项，准确反映返贫风险的构成因素和各个因素之间的内在关系。

（6）课题组通过风险事项识别发现，不良习俗和消费习惯、吸毒、感染艾滋病、自发搬迁是凉山脱贫人口面临的特殊返贫风险事项，其中吸毒、感染艾滋病对脱贫人口的影响最大，最容易导致脱贫人口返贫。

（7）本研究构建的凉山脱贫人口返贫风险指标体系包括 3 个二级指标、10个三级指标和 28 个四级指标，具有较好的信度和效度水平，能够全面、准确、有效地反映脱贫人口面临的返贫风险情况，并且满足全面风险管理的目标，能对返贫风险进行定量描述，研判风险事项发生的概率及可能造成的损失程度。

（8）对脱贫农户样本数据的实证研究表明，基于 BP 神经网络与因子分析法融合的返贫风险集成预警模型预测效果良好。相比政府目前对返贫监测对象的认定方法，该模型可以较真实地反映出不同类型脱贫农户的风险特征，并能更精准地测量其返贫风险程度。因此该模型具有重要的理论价值与应用价值，可作为一种新的评价方法应用于凉山的返贫风险评价工作，以弥补政府现有评价方法的不足。

（9）凉山脱贫人口返贫风险地域性差异大，风险防范重点各不相同。西昌市、会理市、德昌县等地返贫风险整体较小，目前重点工作是防范"插花式"零星性风险；甘洛县、盐源县和雷波县等地返贫风险整体偏高，持续增加脱贫人口收入是当前的首要任务；普格县和昭觉县面临较为严峻的返贫风险，当务之急是要提升脱贫人口的可持续生计能力，强化兜底保障工作，筑牢规模性返贫底线。

（10）凉山返贫风险复杂度高、叠加效应显著，且不同风险事项对不同风险区域中脱贫人口返贫风险的影响程度各不相同。整体而言，生计资本风险对各风险区域脱贫人口的影响最大。此外，人力资本、资金资本及社会资本风险对风险较小区域（极低风险区、低风险区）群体的影响较为显著；对于风险较大区域（中风险区、高风险区和极高风险区）群体而言，返贫风险主要集中于人力资本风险上，且物质资本和自然资本风险的影响较显著。这说明，提升生计资本应成为当前防范化解返贫风险的主要着力点，同时对不同风险区域的群体应注意精准施策、分类防控。

（11）返贫风险是一种系统性风险，贯穿于脱贫人口维持可持续生计的各个环节中。基于全面风险管理理论，构建全周期的返贫风险识别、预警与防范机制，实施全方位、全过程的系统性风险管理，是阻断凉山脱贫人口返贫的有效路径和手段。

（12）根据对返贫风险预警结果的分析，本研究认为防范化解凉山脱贫人口返贫风险的主要措施应包括：建立基于全面风险管理的脱贫人口返贫风险管理体系；持续提升脱贫人口生计资本总量，优化生计资本结构；完善差异化、精准化的脱贫人口生计策略风险防范措施；打造多元协同、共建共享的脱贫人口生计环境风险治理格局；综合施策化解特殊社会问题引发的脱贫人口返贫风险；接续推进巩固脱贫攻坚成果与乡村振兴的有效衔接等。

1.5.2　创新性贡献

本研究在借鉴已有相关研究成果的基础上，对凉山脱贫人口返贫风险的识别、预警与防范开展研究，主要创新性贡献如下：

（1）研究选题的创新。 贫困治理历来是学界关注的理论热点问题，随着我国脱贫攻坚任务的完成，贫困治理研究的重心逐步从致力脱贫转向防止返贫。

如何防范和化解返贫风险，巩固脱贫攻坚成果，衔接乡村振兴，已成为当前贫困治理领域研究的前沿问题。本研究以凉山脱贫人口返贫风险识别、预警与防范为研究选题，既是鉴于它体现了贫困治理理论的最新发展，拓展了贫困治理理论的研究范围，又是因为该选题顺应当下的迫切需求，可为我国防止返贫工作提供新的思路和方法。

（2）研究对象的创新。 文献分析表明，学者们对凉山返贫风险的关注不多，研究内容"碎片化"特征明显，缺少系统化的研究成果。凉山属于曾经的全国"三区三州"深度贫困地区，曾是全国最大的集中连片深度贫困地区之一。相对于其他脱贫地区，凉山脱贫人口基数较大，返贫形势严峻，具有较好的研究示范性。同时，凉山作为全国最大的彝族聚居区，其脱贫人口的返贫风险受到特殊自然环境和社会习俗的影响，具有一定的典型性与特殊性，在一定程度上能够反映我国民族地区返贫风险的共同特征，为防返贫研究提供新的借鉴样本。为此，本研究作为一项"先鉴研究"，创新性地选择凉山脱贫人口作为研究对象，对其返贫风险的识别、预警与防范进行全面、系统、深入的研究，力图为后续相关研究的开展提供有效的参考和借鉴。

（3）研究视角的创新。 已有的反贫困研究主要在单一的理论基础之上构建返贫风险分析框架，研究视角较为单一。为此，本研究对经典反贫困理论进行梳理后，以可持续生计理论为基础，融合全面风险管理理论，构建了返贫风险事项的分析框架，从而形成一个更为系统的视角审视凉山脱贫人口的返贫风险。与此同时，已有研究多以脱贫人口当下面临的返贫风险为基点展开，其整体研究脉络缺乏对以往反贫困经验的总结及对未来风险的分析。因此，本研究对凉山反贫困的历程、经验及未来可能面对的风险挑战进行梳理与分析，形成一个涵盖"过去—现在—未来"的完整研究脉络和视角，从而能够更为全面地审视和厘清凉山脱贫人口返贫风险的形成机理、作用过程及演化趋势。

（4）研究内容的创新。 目前对返贫风险的研究内容大多仅限于对脱贫人口个体进行风险识别、预警与防范。本研究不仅对个体面临的各种返贫风险进行逐一分析，也对凉山的不同区域、不同群体进行了整体性风险分析。由于自然和历史原因，凉山脱贫人口基数较大，脱贫基础脆弱，各风险事项对不同区域、不同群体返贫风险的影响程度均存在较大差异。因此，本研究在对各风险事项进行逐一分析的基础上，运用BP神经网络与因子分析法创造性地将凉山划分为不同风险等级的区域，并对各风险事项的影响力进行整体和分类分析，既实现了整体预警，又实现了分类预警，这对现有理论是一种创新和补充。此外，本研究构建的返贫风险集成预警模型可以有效弥补政府现行返贫监测对象认定标准的缺陷。在进行实证验证后发现，该模型的预测结果比当前政府的监测认定情况更精确、更符合脱贫人口的实际状况，能够为凉山建立健全返贫风险防范化解机制，实施分级分类风险管控措施提供重要的决策支持，这在实践应用上是一种创新。

（5）研究方法的创新。第一，已有研究所构建的返贫风险预警模型大多以单一模型为基础，其预警的全面性、精确性和可靠性还有待提升。对此，本研究创新性地将 BP 神经网络与因子分析法相结合，以构建凉山脱贫人口返贫风险集成预警模型。相比于已有模型，该模型可以更为精准地测量返贫风险的具体程度和类型，较为真实地反映出凉山不同类型脱贫农户的风险特征。第二，本研究将比较研究法贯穿始终，以便能够更深入地发现问题、寻求规律和联系。在诸如确立返贫风险分析框架，构建返贫风险预警模型，进行预警结果的实证分析等多个关键环节均采取了比较研究法，这也是一次创新的尝试。

1.6　研究不足与展望

受制于研究能力和研究条件，本研究还存在一定的不足，有待于今后进行动态追踪和深入探讨。

首先，调查范围有待扩展。凉山目前有 105.2 万脱贫人口，分布在 2 072 个脱贫村。受调查资源和组织能力的限制，课题组仅随机抽样了其中 76 个行政村，发放了 2 550 份问卷，其中回收有效问卷 1 979 份。虽然研究样本量达到了应用对应统计分析方法的基本要求，问卷样本数据的信度和效度较好，但相对于巨大的脱贫人口基数，研究样本量仍然偏少，有可能无法完全代表当地脱贫人口的实际返贫风险状况，存在一定的局限性。因此，在后续研究中，应继续扩大调查范围，使研究更具代表性，提升研究结果的精确性。

其次，风险事项的识别不够全面。在风险事项识别中，由于调查期间凉山没有大规模的新冠疫情发生，"感染新冠病毒"风险事项对脱贫人口没有产生直接显著影响，故未将其视作单独风险事项进行识别和分析。只是在风险测度时，把其影响囊括至例如"患病或残疾""就业收入不稳定"等风险事项中。这种处理方式虽然便捷，但在一定程度上削弱了返贫风险事项识别的全面性，可能会出现风险漏判的情况。因此，关注外部环境的变化，通过对脱贫人口定期回访的方式，适时对返贫风险事项进行动态识别、补充和调整，以更加全面客观地反映脱贫人口返贫风险的实际状况，是在未来的研究中应该关注的问题。

最后，本研究构建的返贫风险集成预警模型需要在实践中不断接受检验、不断完善，才能更好地适应动态变化的环境；提出的现有返贫风险防范策略仅适用于当下凉山的客观条件和脱贫人口状况。因此，随着凉山巩固脱贫攻坚成果与乡村振兴有效衔接的不断推进，如何进一步优化和改进模型，更好地发挥其返贫风险的识别、预警功能，以及如何适时调整返贫风险防范策略，及时有效防范返贫风险，是在未来研究中需要不断探索的问题。

1.7　本章小结

首先，本章阐述了课题研究的背景，即对返贫风险进行有效的识别、预警与防范，是凉山化解返贫风险，实现巩固脱贫攻坚成果同乡村振兴有效衔接的首要任务。其次，明确了课题研究的主要内容和目的，包括建立返贫风险影响因素及风险管理研究的理论分析框架；设计并完善返贫风险识别指标体系；构建返贫风险集成预警模型及返贫风险管理体系；提出凉山脱贫人口返贫风险防范的具体策略。与此同时，深入阐述了对凉山脱贫人口返贫风险的识别、预警与防范进行研究的理论意义和实践意义，并对"凉山""贫困""脱贫人口""返贫""风险"和"返贫风险"等关键概念进行界定。再次，基于反贫困理论、可持续生计理论与全面风险管理理论，建立了"提出问题—分析问题—解决问题"层层推进的研究逻辑框架和技术路线。随后确定了文献分析、问卷调查、深度访谈、案例分析、系统分析和比较分析等研究方法为本课题的主要研究方法。最后，总结了课题研究的主要结论及创新性贡献，指出了本研究可能存在的不足，并对未来相关研究进行了展望。

2 文献综述与理论基础

返贫风险一直是学术界关注的热点问题，尤其在脱贫攻坚战取得全面胜利后，对这一主题的相关研究在数量和质量上都达到了新的高度。多年来，国内外学者一直致力于更好地揭示返贫问题的现象、特征、成因及治理策略，并由此及彼，对返贫风险的诱因、类型、防控及贫困文化进行了深入研究。本研究将反贫困理论、可持续生计理论及全面风险管理理论引入凉山脱贫人口返贫风险的研究中，以期进一步拓展和丰富现有的研究成果。本章旨在通过对国内外相关研究成果及相关理论进行综述，为本研究奠定良好的理论基础。

2.1 相关研究综述

2.1.1 总体研究概况

在中国学术期刊网络出版总库（CNKI）以"返贫风险"为主题进行精确检索发现，1996—2020 年的相关文献共 611 篇。通过 CNKI 的计量可视化功能对文献进行初步分析，可以看出国内学界针对以"返贫风险"为主题的总体研究趋势（图 1）。从图中我们可以得知关于"返贫风险"研究文献发表的时间分布和发展趋势，最早发表的文献在 1996 年，表明我国学界对"返贫风险"的研究起步较早，但在 1997—2016 年，我国学者对这一主题的研究一直处于相对停滞的状态，每年总体发文量不超过十篇。2016 年后，关于返贫风险的研究数量呈现出井喷式增长趋势，其中 2020 年是增长速度最快的年份。随着 2020 年底我国实现全面脱贫，"返贫风险"将会愈加成为学界研究贫困问题的主题和热点。

综合分析上述研究总体趋势，可以看出，国内学界关于"返贫风险"的研究大致分为三个阶段。

第一阶段：1996—2016 年。此阶段为研究的探索初期，由于国家扶贫工作还没有完全进入脱贫攻坚决胜阶段，我国学者的研究主题主要为贫困现象、

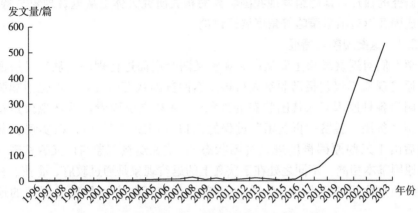

发文量/篇

图1 以"返贫风险"为主题的文献年度发表分布统计

数据来源：中国知网CNKI。

造成贫困的原因及摆脱贫困的对策，对扶贫过后的返贫工作及脱贫户面临的返贫风险问题思考较少。总的来说，这一阶段的相关研究数量较少，20年间的发文总量仅为63篇。

第二阶段：2017—2020年。此阶段为研究的活跃期，随着脱贫人口的不断增加，"返贫风险"问题得到广泛关注。这一时间段的相关文献444篇，相较于前一个阶段，国内学者针对此主题的研究成果迅速增加。在此阶段返贫风险之所以成为研究热点，原因在于2017年中央确定了2020年"我国现行标准下农村贫困人口实现脱贫、贫困县全部摘帽、解决区域性整体贫困"的目标任务，这一期间内大量的贫困家庭实现脱贫，防止返贫成为巩固拓展脱贫攻坚成果工作的重要内容，由此学者们的研究焦点逐渐从"扶贫问题"转向"返贫问题"。

第三阶段：2021年至今。此阶段为研究的繁荣期。2021年全年以"返贫风险"为研究主题的发文量是403篇，据知网预测2023年的发文量可能达530篇。2020年底我国实现了全面脱贫，进入了全面建设社会主义小康社会的新阶段，但仍有一些脱贫人口存在较高的返贫风险。强化返贫风险治理，防止发生规模性返贫已成为当前及今后一个时期的重要任务。由此"返贫风险"成为学者们普遍关注的研究热点，并形成了较为丰硕的研究成果。

2.1.2 返贫问题研究

返贫是指某一社会贫困群体在成功实现脱贫后，再一次因为某些原因陷入贫困，即贫困群体经历"贫困—脱贫—再贫困"过程的一种社会现象。通过对已有研究的梳理，课题组发现我国学界的相关研究大体上从返贫现象与特征、返贫成因及返贫治理策略等角度展开讨论。

2.1.2.1 返贫现象与特征

学者们对返贫现象主要从广义和狭义两个层面进行理解。从广义层面来看，返贫现象不仅包括已脱贫人口再度返回贫困状态的现象，也包括非脱贫人口因为各种原因陷入贫困状态的现象[①]。从狭义层面看，返贫现象是指那些经历"贫困—脱贫—再贫困"过程的人口（即脱贫人口），在实现脱贫的状态后由于某些原因再度进入贫困状态[②]。狭义返贫现象与广义返贫现象形成的原因基本相同，不同之处在于狭义上的返贫现象是通过政府、企业、社会等帮扶脱贫之后再度形成的。本文研究的返贫现象主要是狭义层面的返贫现象。

根据对现有文献的分析，我国贫困地区脱贫再返贫现象在地理位置、人口分布、农户类型及突发事件影响等方面呈现出不同的特征。段小力指出，处于山区或高原地区的农村，由于资源、生态、生存条件及基础设施等因素，使得返贫现象呈现连片性、集中性、频繁性，越是贫困的地区返贫周期越短、次数越多且返贫率越高[③]。翟敏涵认为，受地域的影响，农村地区出现了团体返贫和个体返贫现象[④]。马强等认为，返贫现象90％集中出现在中西部自然条件恶劣地区，中西部地区具有扶贫难度大、脱贫成本高、返贫现象多的特征[⑤]。程明等指出，在自然灾害、市场环境等引发的系统性风险与突发事件、就业等个体异质性风险的综合作用下，农村返贫呈现微量化、动态化及常态化特征[⑥]。田里等从旅游驱动返贫的阶段指出，返贫现象随着内部结构及外部环境的变化呈现出波动性、局部性等特征，在某些时间段内部分居民出现返贫现象[⑦]。蒋和胜等指出，2020年后，我国返贫人口的特点从原来的"集中式"返贫转为

---

① 赵玺玉，吴经龙，李宏勋. 返贫：巩固扶贫开发成果需要解决的重大课题 [J]. 生产力研究，2003 (3)：140-142.

② 邓永超. 乡村振兴下精准扶贫中防治返贫的优化机制 [J]. 湖南财政经济学院学报，2018 (4)：49-56.

③ 段小力. 返贫的特征、成因及阻断 [J]. 人民论坛，2020 (3)：90-91.

④ 翟敏涵. 乡村振兴下抑制农村返贫的有效对策 [J]. 农村经济与科技，2021，32 (1)：102-103.

⑤ 马强，李飒. 中国农业劳动力迁移减贫：经验证据及中介效应 [J]. 中南林业科技大学学报（社会科学版），2020，14 (2)：76-83.

⑥ 程明，吴波，潘琳. "后2020"时代我国农村返贫的生成机理、治理困境与优化路径 [J]. 岭南学刊，2021 (1)：63-70.

⑦ 田里，刘亮. 旅游驱动型区域返贫：内涵、路径与阻断 [J]. 湖湘论坛，2021，34 (1)：86-92.

"插花式"返贫①。何华征等认为，返贫现象表现为断血性返贫、狩猎性返贫、失敏性返贫、转移性返贫和传递性返贫②。另外，也有学者对返贫的特征进行概括，杨晓莉认为，返贫现象的特征呈现出地域性、严重性、区域性特征③。高强指出，返贫现象具有区域性、群体性、反复性等特征④。方莹等从经济视角出发，发现脱贫与返贫动态交替出现⑤。

2.1.2.2　返贫成因

脱贫—再返贫困境从来不是由单一原因诱发导致的，而是多种原因共同作用的结果。学者们将返贫原因从两个角度进行了划分：一是不可控制的自然生态层面，主要包括脱贫地区生态环境的脆弱性和自然灾害的不可预测性。二是社会因素层面，主要包括内部因素和外部因素。内部因素即返贫人口自身的文化素质、思想观念等主观因素，外部因素包括返贫地区⑥的经济发展环境、基础设施状况及社会保障制度等。在自然生态层面，很多学者都认为自然生态造就的恶劣生存环境是返贫的主要原因。董春宇等认为，自然经济的脆弱性、贫困环境价值观影响及政策制度的配套不齐全是导致返贫的主要原因⑦。马纳静等认为，多数脱贫群体生活在农村山区，自然资源的匮乏导致生存环境恶劣，加之天灾人祸等无法控制因素，脱贫人口极易再度陷入贫困境地。⑧范和生从环境视角出发，指出过度破坏导致生态环境恶化，进而导致返贫现象的增加。⑨梁非哲指出，生存环境与自然灾害是返贫的原因，多数脱贫群体本身生活条件较差，收入来源单一，干旱、洪涝、霜冻等自然灾害的频繁发生增加了脱贫户返贫的可能性。⑩

与此同时，也有学者从社会影响因素层面对返贫进行了研究，并指出现实

① 蒋和胜，李小瑜，田永．阻断返贫的长效机制研究［J］.吉林大学社会科学学报，2020，60 (6)：24‒34，231‒232.

② 何华征，盛德荣．论农村返贫模式及其阻断机制［J］.现代经济探讨，2017 (7)：95‒102.

③ 杨晓莉．基于精准扶贫的农村返贫抑制问题分析［J］.管理观察，2019 (24)：81‒82.

④ 高强．脱贫攻坚与乡村振兴的统筹衔接：形势任务与战略转型［J］.中国人民大学学报，2020，34 (6)：29‒39.

⑤ 方莹，袁晓玲，房玲．普惠金融视角下精准扶贫政策效果的实证研究：基于GMM模型［J］.统计与信息论坛，2019，34 (10)：56‒62.

⑥ 周迪，王明哲．返贫现象的内在逻辑：脆弱性脱贫理论及验证［J］.财经研究，2019，45 (11)：126‒139.

⑦ 董春宇，栾敬东，谢彪．对返贫现象的一个分析［J］.经济问题探索，2008 (3)：176‒178.

⑧ 马纳静，杨龙，田志新．基于防止返贫的成人教育精准扶贫对象研究［J］.天津职业院校联合学报，2021，23 (6)：101‒104，113.

⑨ 范和生．返贫预警机制构建探究［J］.中国特色社会主义研究，2018 (1)：57‒63.

⑩ 梁非哲．金融支持稳定脱贫防返贫的实践与思考［N］.金融时报，2021‒01‒21 (12).

社会的诱因、自身可持续发展能力不足、国家政策制度的影响及经济社会环境的多变等是返贫的主要原因。肖泽平等将现实返贫诱因综合概括为因灾返贫、因病返贫、超生返贫、因学（教）返贫、因赌（毒）返贫、因婚返贫、因市场返贫、因懒返贫、因愚返贫、因老返贫①。刘玲琪认为，返贫原因包括生存艰难型返贫、温饱不稳定型返贫、素质低下型返贫、环境恶劣型返贫、天灾人祸型返贫②。包国宪等认为返贫原因包括五个方面，分别是制度政策型返贫、资源环境型返贫、灾祸风险型返贫及能力习惯型返贫③。张丽敏从返贫模式角度出发，指出返贫的原因包括断血式返贫、传递式返贫和转移式返贫④。邓永超认为，返贫的原因主要是政策性返贫、能力性返贫及环境性返贫⑤。丁军等从农村农业收入分配角度出发，指出导致农村返贫现象的主要根源在于收入与分配的"主体、供体、载体"三者发展的不可持续性⑥。张春勋等从根本原因和直接原因分析西部农村地区返贫原因，认为根本原因是客观条件的限制导致农村交易成本过高，使得本就贫困的地区经济制度失衡，加剧了脱贫人口对传统农业经济的依赖性；直接原因则是现有的反贫困制度本身存在缺陷⑦。彭琪等认为，贫困线的设置问题、脱贫后的政策制度、脱贫户的思想观念、外界突发不可抗因素等都是导致脱贫后再度陷入贫困的原因⑧。马绍东等指出，健康因素、劳动力因素和危房因素是导致民族地区脱贫人口返贫的非常重要的因素⑨。李长亮指出，导致深度贫困地区人口脱贫再返贫的原因是文化水平因素、劳动力因素、健康因素、贫困户属性因素和返贫人口自身条件等⑩。于代松等将返贫原因分为内部原因和外部原因，认为内部原因有返贫人口自身综合

---

① 肖泽平，王志章．脱贫攻坚返贫家户的基本特征及其政策应对研究：基于 12 省（区）22 县的数据分析［J］．云南民族大学学报（哲学社会科学版），2020，37（1）：81 - 89．

② 刘玲琪．陕西省返贫人口特征分析与对策思考［J］．人口学刊，2003（4）：20 - 24．

③ 包国宪，杨瑚．我国返贫问题及其预警机制研究［J］．兰州大学学报（社会科学版），2018，46（6）：123 - 130．

④ 张丽敏．扶贫攻坚中返贫问题的成因与对策研究［J］．中国集体经济，2019（28）：5 - 8．

⑤ 邓永超．乡村振兴下精准扶贫中防治返贫的优化机制［J］．湖南财政经济学院学报，2018，34（4）：49 - 56．

⑥ 丁军，陈标平．构建可持续扶贫模式 治理农村返贫顽疾［J］．社会科学，2010（1）：52 - 57，188．

⑦ 张春勋，赖景生．西部农村返贫的制度根源及市场化创新方向［J］．重庆工商大学学报（西部论坛），2006（6）：11 - 14．

⑧ 彭琪，王庆．精准扶贫背景下返贫问题的成因及对策：以湖北省 W 区 L 村为例［J］．贵阳市委党校学报，2017（6）：45 - 50．

⑨ 马绍东，万仁泽．多维贫困视角下民族地区返贫成因及对策研究［J］．贵州民族研究，2018，39（11）：45 - 50．

⑩ 李长亮．深度贫困地区贫困人口返贫因素研究［J］．西北民族研究，2019（3）：109 - 115．

能力和综合素质低、思想观念落后、抗风险能力弱；外部原因是产业扶贫成效不佳、"输血式"扶贫疗效短暂和"三变改革"操作不当[①]。李壮等从返贫者自身出发，认为返贫原因主要是返贫者长期形成的"等、靠、要"落后思想导致[②]。王刚等运用实证分析方法，指出返贫概率与家庭赡养人数和子女教育负担成正相关的关系[③]。

2.1.2.3　返贫治理策略

学界将返贫治理的策略主要分为两大类：一类是从提高农户个体素质的角度来探讨，另一类是从外在的帮扶措施来探讨。前者一般针对具体的返贫原因进行分析并给出建议，如何华征等提出从农村"成员—要素"结合来提高财富内生动力、积极进行心理介入、建立长效扶贫减困机制激发创新活力、重塑农村价值观念及加强新农民教育来阻断脱贫人口再度返回到贫困状态[④]。李智认为，培育脱贫户群体内源性力量是阻断返贫的关键举措，特别是要提高脱贫户的综合素质，要将"富口袋"与"富脑袋"并重，做到扶贫—扶智—扶技三位一体[⑤]。赵如等从更加具体的层面提出了解决策略，认为帮助脱贫户防止返贫的关键是提高农户产业发展技术水平、强化返贫户在"智"与"志"方面的造血能力，转变思想观念，重塑生活场域[⑥]。后者侧重从产业发展、文化教育、人力资本及社会保障制度等方面进行研究。龚晓珺针对青年农民因婚返贫的现象进行研究，认为防止青年农民因婚返贫的根本在于建立非正式制度引领贫困地区价值体系的建立，从而减少因婚返贫现象[⑦]。赵玉琛等认为，因病致贫是返贫的最主要原因，提出要发展体育阻断农村脱贫人口返贫[⑧]。金鑫就因灾致贫指出，可从地域发展、返贫策略、社会保障和社会救助及国际合作方面进行治理[⑨]。尹丹指出，需要对脱贫农户拆迁土地征用补偿制度进行完善，以解决

---

① 于代松，唐志浩. 现阶段我国农村返贫成因及对策研究 [J]. 黄河科技学院学报，2021，23 (3)：47 - 51.

② 李壮，陈书平. 贫困文化论与非均衡治理：对"等、靠、要"扶贫现象的成因解释 [J]. 湖北民族学院学报（哲学社会科学版），2019 (3)：128 - 134.

③ 王刚，贺立龙. 返贫成因的精准识别及治理对策研究 [J]. 中国经贸导刊，2017 (8)：37 - 38.

④ 何华征，盛德荣. 论农村返贫模式及其阻断机制 [J]. 现代经济探讨，2017 (7)：95 - 102.

⑤ 李智. 后脱贫时代返贫防治路径研究 [J]. 农村经济与科技，2021，32 (11)：120 - 122.

⑥ 赵如，杨钢，褚红英. 场域、惯习与"后 2020"农村地区返贫及治理：以四川省 H 县为例 [J]. 农村经济，2021 (1)：86 - 93.

⑦ 龚晓珺. 试析青年农民"因婚返贫"的非正式制度致因及其整体协同治理策略 [J]. 中国青年研究，2018 (3)：71 - 78.

⑧ 赵玉琛，陈德旭，王赞，等. 返贫阻断：体育精准扶贫治理的战略转向及行动模式 [J]. 沈阳体育学院学报，2020，39 (3)：29 - 34，42.

⑨ 金鑫. 当代中国应对自然灾害导致返贫的对策研究 [D]. 长春：吉林大学，2015.

农民拆迁的后顾之忧，对脱贫农民加强劳动技能培训，加强精神文明建设，促进其脱贫前后的身份转换①。刘振华等从产业发展视角指出，为防止返贫，政府应建立"政府＋银行＋企业＋农户"新型模式，林业扶贫企业要加强管理，增加科技投入和提高农户信任度，注重提高农户的积极性②。苑英科认为，解决返贫与贫困代际问题的方法是发展教育扶贫，在重视物力投资的同时更要重视人力投资，只有雄厚的人力资本才能帮助脱贫人口摆脱返贫的困境③。

2.1.3 返贫风险研究

通过对相关文献的梳理可发现，当前我国学界对脱贫人口所面临的返贫风险的相关研究主要集中于返贫风险的诱因、返贫风险的类型和返贫风险的防控策略上。

2.1.3.1 返贫风险的诱因

学者们针对返贫风险诱因的研究主要从脱贫人口自身、生计环境、政府行为与政策等角度展开。

首先，从脱贫人口自身维度分析脱贫人口面临返贫风险的诱因，主要表现在脱贫人口本身的抗风险能力脆弱和维持可持续生计能力不足两个方面。韩峥认为，已经实现脱贫的农户在应对新的环境、生态、市场价格波动等方面表现得比较脆弱，他们面临再度陷入贫困的风险④。孙晗霖等指出，脱贫人口可持续的脱贫能力主要由人力资本、社会资本及金融层面的资本能力构成⑤。章文光认为，收入锐减会导致脱贫家庭经济风险增大，支出骤然增加也将使得脱贫家庭面临更大的返贫风险⑥。此外，学者们认为脱贫群体人力资本储备弱也是导致其面临较高返贫风险的根源。和立道等认为，人力资本积累对帮助脱贫地区稳定发展尤为重要，当前脱贫农村人口生存技能不能满足产业发展，加之脱贫人口生存状态不稳定，具有贫困心态，导致农户面临返贫风险⑦。

---

① 尹丹. 贵阳市拆迁农户返贫危机问题研究 [J]. 遵义师范学院学报，2013，15 (4)：21 - 24.

② 刘振华，董绍贵，陈培培，等. 特色产业来扶贫，精准脱贫不返贫：泓森槐林业扶贫模式分析报告 [J]. 农家参谋，2017 (14)：7 - 8.

③ 苑英科. 教育扶贫是阻断返贫与贫困代际传递的根本之策 [J]. 华北电力大学学报（社会科学版），2018 (4)：108 - 115.

④ 韩峥. 脆弱性与农村贫困 [J]. 农业经济问题，2004 (10)：8 - 12，79.

⑤ 孙晗霖，刘新智，张鹏瑶. 贫困地区精准脱贫户生计可持续及其动态风险研究 [J]. 中国人口·资源与环境，2019，29 (2)：145 - 155.

⑥ 章文光. 建立返贫风险预警机制化解返贫风险 [J]. 人民论坛，2019 (23)：68 - 69.

⑦ 和立道，王英杰，路春城. 人力资本公共投资视角下的农村减贫与返贫预防 [J]. 财政研究，2018 (5)：15 - 24.

其次，从脱贫人口生计环境维度分析脱贫人口面临返贫风险的诱因，主要包括自然因素、经济环境因素、社会环境因素和制度环境因素。庄天慧等基于西南民族地区现实调查，指出自然条件的影响是脱贫人口面临返贫风险的主要因素，经济条件及农村医疗条件较差是导致脱贫人口返贫风险较高的重要因素①。张耀文等指出，产业发展水平的惠及面、脱贫人口的自我发展能力及市场就业的容量等因素影响着脱贫户实现稳定脱贫，这些因素的消极面，诸如产业发展水平的惠及面窄、脱贫人口自我发展能力差、市场就业容量小等都会使脱贫人口面临极大的人口生计返贫风险②。黄国庆等提出，人力资本和金融资本是脱贫户面临返贫风险的主导因素，生计脆弱性在脱贫群体的生计循环中动态传递，加上脱贫户的生计能力不够，致使生计脆弱性不能得到及时化解，从而使脱贫户面临较高的返贫风险③。罗利丽认为，可持续发展机制缺失是导致脱贫人口面临返贫风险的关键因素④。

最后，从政府行为与政策维度分析脱贫人口面临返贫风险的诱因，主要包括扶贫模式、帮扶制度及政府实施的脱贫后保障措施等。萧鸣政等从救济型扶贫模式、保障型扶贫模式、开发型扶贫模式、参与型扶贫模式等视角分析导致脱贫户在脱贫后再度面临返贫的风险源⑤。郑瑞强等指出，政府导向引发的返贫风险成因可视为社会性政策在社会管理领域的表现，即脱贫人口实现脱贫后，政府在扶贫开发过程中提供的水、电、职业技能培训、医疗卫生等方面的支持力度将逐渐减弱，脱贫发展方式尚未形成良好的"行政—市场"相结合发展秩序，社会保障的覆盖面、覆盖深度等无法应对突如其来的自然灾害，加之扶贫开发资源没有实现优化配置，使得脱贫人口再次面临陷入贫困的风险⑥。

2.1.3.2 返贫风险的类型

通过文献梳理发现，关于返贫风险的类型主要从社会风险、经济收入、贫

---

① 庄天慧，张海霞，傅新红.少数民族地区村级发展环境对贫困人口返贫的影响分析：基于四川、贵州、重庆少数民族地区 67 个村的调查 [J].农业技术经济，2011 (2)：41 - 49.

② 张耀文，郭晓鸣.中国反贫困成效可持续性的隐忧与长效机制构建：基于可持续生计框架的考察 [J].湖南农业大学学报（社会科学版），2019，20 (1)：62 - 69.

③ 黄国庆，刘钇，时朋飞.民族地区脱贫户返贫风险评估与预警机制构建 [J].华中农业大学学报（社会科学版），2021 (4)：79 - 88.

④ 罗利丽.农村贫困人口反弹与可持续性发展机制的缺失 [J].贵州社会科学，2008 (12)：76 - 79.

⑤ 萧鸣政，张睿超.中国后扶贫时代中的返贫风险控制策略：基于风险源分析与人力资源开发视角 [J].中共中央党校（国家行政学院）学报，2021，25 (2)：58 - 65.

⑥ 郑瑞强，曹国庆.脱贫人口返贫：影响因素、作用机制与风险控制 [J].农林经济管理学报，2016，15 (6)：619 - 624.

困的脆弱性、经济风险可预见性、贫困人口的特征、风险来源等视角进行划分。丁德光从社会风险的视角,将返贫风险划分为五类,即产业发展返贫风险、疾病返贫风险、政策返贫风险、道德返贫风险和协同不足风险[①]。章文光从经济收入视角出发,指出农户面临的返贫风险主要是自然灾害返贫风险、劳动力意外事故返贫风险、重大疾病隐患返贫风险、产业经营失败返贫风险、就业返贫风险[②]。刘玲琪基于贫困脆弱性视角,将返贫风险分为能力缺失型返贫风险、政策型返贫风险、环境型返贫风险、发展型返贫风险等四类[③]。徐锋从经济风险是否可被预见的视角出发,将返贫风险分为四类,包括确定性消费投资给家庭带来的经济风险、意外事件带来的经济风险、经验风险损失带来的经济风险,以及其他风险[④]。郑瑞强等从返贫因素的视角对返贫风险进行划分,主要有政策性返贫风险、脱贫人口能力缺失返贫风险、环境导致的因灾返贫风险及部分约束性因素引发的返贫风险[⑤]。潘玉利从返贫风险的来源对其进行划分,认为返贫风险的类型有来自低端产业的风险、"隐性户""边缘户""脆弱户"风险、创收能力风险和干部不作为风险[⑥]。

此外,也有学者从方法论的视角对返贫风险进行分类。李月玲等从多维度视角出发,认为返贫风险主要包括个体性返贫风险、家庭性返贫风险、政策性返贫风险、生态性返贫风险等[⑦]。刘卫平等从比较研究视角指出,返贫风险主要包括传统性的扶贫风险和非传统性的扶贫风险[⑧]。从实证角度来看,刘妍等将返贫风险概括为人生风险、道德风险、政策风险、技术风险、市场风险与自然风险[⑨]。陈裕将返贫风险划分为人力资本返贫风险、经济资本返贫风险、社会资本返贫风险和政治资本返贫风险[⑩]。从类型学角度来看,何华征等将返贫

①　丁德光. 社会风险视阈下返贫风险的类型与防控机制建设 [J]. 天水行政学院学报, 2017, 18 (3): 26 - 30.

②　章文光. 建立返贫风险预警机制化解返贫风险 [J]. 人民论坛, 2019 (23): 68 - 69.

③　刘玲琪. 陕西省返贫人口特征分析与对策思考 [J]. 人口学刊, 2003 (4): 20 - 24.

④　徐锋. 农户家庭经济风险的处理 [J]. 农业技术经济, 2000 (6): 14 - 18.

⑤　郑瑞强, 曹国庆. 脱贫人口返贫: 影响因素、作用机制与风险控制 [J]. 农林经济管理学报, 2016, 15 (6): 619 - 624.

⑥　潘玉利. 合力巩固脱贫成果　切实消除返贫风险 [N]. 宿迁日报, 2021 - 02 - 07 (A3).

⑦　李月玲, 何增平. 多维视角下深度贫困地区返贫风险: 以定西市深度贫困地区为例 [J]. 天水行政学院学报, 2018, 19 (3): 112 - 115.

⑧　刘卫平, 张芯木. 南岭民族脱贫村寨返贫风险及其治理的质性研究 [J]. 湘南学院学报, 2020, 41 (1): 14 - 18.

⑨　刘妍, 束东升, 金从静, 等. "后脱贫时代"返贫风险与保险反贫困对策: 基于南京市 A 区的调研 [J]. 江苏农业科学, 2020, 48 (21): 1 - 7.

⑩　陈裕. 返贫风险预警机制研究 [J]. 合作经济与科技, 2021 (8): 155 - 157.

风险总结为五类，即断血型返贫风险、狩猎型返贫风险、转移型返贫风险和传递型返贫风险等①。牛景彦等将返贫风险划分为三类，主要是观念型返贫风险、政策型返贫风险和陋习型返贫风险②。

2.1.3.3 返贫风险的防控策略

通过对返贫风险防控策略相关研究成果的梳理发现，当前我国学界对这一主题的研究成果较为丰富、研究主题较为多元，基本覆盖了返贫风险防控的全生命周期，即"风险预警—提升抵御能力—建立保障机制—协同治理"。具体来说，当前我国学界对这一主题的研究主要包括四个方面：返贫风险的监测预警研究、增强脱贫人口抵御返贫风险的能力研究、脱贫人口的政策保障机制研究和返贫风险的协同治理研究。

首先，在返贫风险的监测预警研究方面，学者们认为返贫风险监测预警不仅是结合单维和多维视角建立的返贫风险防控体系，还涉及制度建设、主体责任、民族因素、帮扶举措等诸多方面。胡世文等从返贫风险的多维监测视角，对于返贫风险监测机制的建设认为一是应该做好监测制度建设，严实把控返贫防线；二是应该明确监测风险主体职责，推动多主体协同合作；三是要利用现代化技术体系作为支撑，构建返贫风险防控信息共享平台③。王迪等从返贫风险的评估角度出发，认为应在返贫风险预警系统的基础上进行风险识别和跟踪监测，返贫风险体系的运行路径是通过构建脱贫户"阶梯激励"政策，实现阶梯式激励并带动辐射到其他群体中④。杨文静等提出需要完善相关预警政策法规，建立保险、救助等风险防控机制，根据不同返贫风险因素建立不同的预警机制⑤。黄国庆等提出，构建西南民族地区返贫风险的预警机制应该遵循以可持续生计能力为本、以防范返贫风险为主、以改善脱贫地区生计环境为辅的思路⑥。陈裕从层次分析法角度出发，认为建立返贫风险预警对策主要从三个方面入手，包括健全养老保险制度和实现医疗保障制度改革；实现脱贫地区脱贫

① 何华征，盛德荣．论农村返贫模式及其阻断机制［J］．现代经济探讨，2017（7）：95 - 102．

② 牛景彦，胡俊芳．后脱贫时代河南省农村已脱贫人口返贫风险及对策研究［J］．科技创新与生产力，2021（5）：50 - 51，54．

③ 胡世文，曹亚雄．脱贫人口返贫风险监测：机制设置、维度聚焦与实现路径［J］．西北农林科技大学学报（社会科学版），2021，21（1）：29 - 38．

④ 王迪，薛选登．脱贫户返贫风险评估及防控体系构建研究［J］．洛阳师范学院学报，2021，40（1）：68 - 74．

⑤ 杨文静，苟颖萍．约束因素与策略优化：精准脱贫可持续性实践分析：以临夏州为例［J］．大连海事大学学报（社会科学版），2020，19（3）：113 - 118．

⑥ 黄国庆，刘钒，时朋飞．民族地区脱贫户返贫风险评估与预警机制构建［J］．华中农业大学学报（社会科学版），2021（4）：79 - 88，181 - 182．

与扶智并重，增强当地人口劳动素质；通过现代化全媒体宣传方式，建立健全脱贫人口参与式发展机制①。何植民等从脱贫的可持续性出发，提出应该建立动态的风险预警机制，即构建灾害预警应急机制、返贫风险动态监测机制和紧急救助机制，以此增强脱贫家庭抵御外部风险的防控能力②。吴本健等从实证角度提出，不同地区和不同民族之间的返贫风险存在差异，生计资本是影响人口较少民族脱贫家庭返贫风险的重要因素，因此要精准测量返贫概率，从提升生计资本方面防止脱贫家庭返贫③。章文光等从事后帮扶事前预防的应对思路出发，认为要推进返贫风险监测机制的模型化和智能化，构建"预警＋救助＋帮扶"的防控机制，在防控政策的过渡区探索新的人员管理方式及政策的推进与撤退，在新时期城乡建设要求下进一步完善返贫监测预警风险防控举措④。

其次，在增强脱贫人口抵御风险能力的研究方面，国内学者大多从提升农户可持续发展能力角度出发开展研究。陈轩萱等将农村返贫人群面临的生病风险、子女教育风险、养老风险及自然风险与可持续发展理论结合起来，提出应加大农村教育投入，发展绿色农业的同时加强人员培训，鼓励创业及发展集体经济等措施，从而提高农户自身的可持续发展能力⑤。张开云等从消减返贫风险角度，提出应该将优化生计环境与村庄发展能力提升结合起来消减返贫生计风险，提升脱贫家庭的可持续发展能力⑥。张师瑜等从可持续生计角度探究深度贫困脱贫地区稳定脱贫长效机制，认为帮助脱贫家庭对抗返贫风险的关键在于保证脱贫户增收的可持续性和稳定性⑦。潘玉利指出，提升脱贫户可持续抵抗返贫风险应对能力要通过对地方政府领导班子进行思想作风引领，通过招商引资培育新的经济增长点，利用培训机构培训"新农人"，将美丽乡村建设与乡村振兴建设融为一体等措施，共同增强农村脱贫人口抵抗返贫风险的可持续

① 陈裕. 返贫风险预警机制研究 [J]. 合作经济与科技, 2021 (8)：155 - 157.

② 何植民, 蓝玉娇. 精准脱贫的可持续性：一个概念性分析框架 [J]. 行政论坛, 2021, 28 (1)：28 - 38.

③ 吴本健, 肖时花, 马雨莲. 人口较少民族脱贫家庭的返贫风险：测量方法、影响因素与政策取向 [J]. 西北民族研究, 2021 (2)：119 - 135.

④ 章文光, 吴义熔, 宫钰. 建档立卡贫困户的返贫风险预测及返贫原因分析：基于 2019 年 25 省 (区、市) 建档立卡实地监测调研数据 [J]. 改革, 2020 (12)：110 - 120.

⑤ 陈轩萱, 李玙瑶, 郑雅婷. 农村脱贫人口可持续生计研究 [J]. 农村经济与科技, 2017, 28 (11)：141 - 144.

⑥ 张开云, 邓永超, 魏璇. 党建扶贫质量：内涵机理、评估及其提升路径：基于可持续生计框架的分析 [J]. 宏观质量研究, 2021, 9 (3)：12 - 23.

⑦ 张师瑜, 韩佳伶. 基于可持续生计分析框架下对河北省深度贫困地区稳定脱贫的现实思考 [J]. 湖北经济学院学报 (人文社会科学版), 2020, 17 (6)：20 - 22.

能力①。萧鸣政等认为最主要的还是人力资源开发，提出返贫风险治理要对脱贫人口进行"扶志""扶智""扶职""扶治""扶制"五个方面的帮扶②。郑瑞强等基于脱贫户本身的脆弱性出发，认为返贫风险防范可持续策略的关键是继续坚持精准扶贫思路，实现精准脱贫帮扶③。

再次，关于脱贫人口的政策保障机制研究，我国学界侧重于从返贫风险防控主体层面分析返贫风险的政策兜底保障。丁军等从持续发展模式出发，认为返贫风险防控要从主体、供体、载体三个方面构建"三体均衡、三位一体"的模式④。陈宝国等针对脱贫户生计策略准备不足、能力不足、意愿不足、帮扶不足的情况，提出应该保障就业和医疗，保障人力资本；开展投资和保险，保障脱贫家庭的金融资本；及时对接市场，开发自然资本；融合社会资源，统筹资源，发展物质资本⑤。刘林林等从因病导致返贫风险的角度出发，指出首先是要健全医疗保障，加强疾病预防，配备基层专家工作站，开设医疗培训班，建立远程医疗专家会诊专线，真正建立起农户脱贫后的医疗保障体系⑥。徐观琴从协同治理视角出发，指出要做好脱贫后续的政策延续与衔接，优化脱贫地区的公共资源配置以增强脱贫户的返贫风险抵御能力，要助力脱贫地区构建发展产业链，引导社会、企业等更多的关注，激发脱贫人口的内生动力，提升可持续生计能力，实现脱贫农户的物质保障、政策保障、产业保障等⑦。刘玲琪从返贫人口特征出发指出，应对返贫风险应该加强资金扶持力度与基础设施建设，控制人口增长，调整人口分布和做好易地搬迁，提高脱贫人口劳动素质，完善农村社会保险制度，做好产业开发等⑧。韦凤琴认为，巩固脱贫攻坚成果、防范农村脱贫户返贫风险的保障措施有建立防范预警机制，完善并激发脱

① 潘玉利．合力巩固脱贫成果　切实消除返贫风险［N］．宿迁日报，2021－02－07（A3）．
② 萧鸣政，张睿超．中国后扶贫时代中的返贫风险控制策略：基于风险源分析与人力资源开发视角［J］．中共中央党校（国家行政学院）学报，2021，25（2）：58－65．
③ 郑瑞强，曹国庆．脱贫人口返贫：影响因素、作用机制与风险控制［J］．农林经济管理学报，2016，15（6）：619－624．
④ 丁军，陈标平．构建可持续扶贫模式　治理农村返贫顽疾［J］．社会科学，2010（1）：52－57，188．
⑤ 陈宝国，应秋阳．可持续生计框架视域下"因疫返贫"的原因及对策［J］．福建商学院学报，2020（4）：49－54，63．
⑥ 刘林林，刘敏，孙一洪，等．因病致贫（返贫）风险分析及对策研究［J］．商讯，2021（8）：163－164．
⑦ 徐观琴．协同治理视阈下后脱贫时代农民返贫风险及治理对策［J］．海峡科学，2020（11）：59－61，96．
⑧ 刘玲琪．陕西省返贫人口特征分析与对策思考［J］．人口学刊，2003（4）：20－24．

贫农户的内生发展动力机制，促进帮扶政策的延续机制[①]。

最后，在返贫风险的协同治理研究方面，盛德荣等认为，构建协同治理返贫风险预警机制的主体具有多元化特征，因而必须构建协同治理框架来提高各治理主体之间互利互动的配合能力[②]。杨文静等指出，持续性脱贫应做到脱贫战略覆盖面与脱贫政策差异化的有效对接，返贫风险机制应采取一元主导与多元协同方式，返贫风险治理框架应协商民主，并需要构建利益分享机制与返贫风险预警机制[③]。杨龙等利用可持续生计理论作为支撑，以民族脱贫地区返贫风险的暴露、返贫风险的应对及生计恢复能力为指导，在提出对返贫风险做好识别与评估的同时，应该避免单一政府主体的情形，推动脱贫人口、社会、企业等多元主体共同合作，从而提高脱贫人口的返贫风险应对能力[④]。左停等从风险管理理论视角出发，认为返贫风险管理要分散致贫风险，做到各返贫风险主体责任共担，增强各级风险单元的风险防范意识和风险应对能力，提前搭建应对返贫风险的防范机制，探索与时俱进的返贫风险管理机制[⑤]。闫宁宁从发展产业来抵抗返贫风险的角度出发，认为在建立防范返贫预警机制、建立防范返贫风险平台时，要做到部门协作、划分风险区间，从而建立长效防范机制[⑥]。和立道等从人力资本投资视角，运用向量自回归（VAR）模型进行实证分析得出，返贫风险防控要整合农村人力资本公共投资项目，设立可持续发展计划，以此增强农村脱贫人口的可持续发展能力[⑦]。

2.1.4 贫困文化研究

2.1.4.1 国外学者对贫困文化的研究

国外学者对贫困文化的研究主要基于对贫困文化这一概念的讨论而展开。贫困的根源不仅来自物质的匮乏，与之相伴的"贫困文化"的影响同样重要。最先提出"贫困文化"观点并进行阐述的是美国学者艾利森·戴维斯（Alli-

---

① 韦凤琴.巩固兵团脱贫攻坚成果研究［J］.中国农垦，2019（11）：28-32.

② 盛德荣，何华征.试析返贫风险预警机制的内涵与逻辑［J］.天中学刊，2021，36（1）：17-26.

③ 杨文静，荀颖萍.约束因素与策略优化：精准脱贫可持续性实践分析：以临夏州为例［J］.大连海事大学学报（社会科学版），2020，19（3）：113-118.

④ 杨龙，谢昌凡，李萌.脱贫人口返贫风险管理研究：基于"三区三州"M县的调查［J］.西北民族研究，2021（2）：136-149.

⑤ 左停，赵梦媛.农村致贫风险生成机制与防止返贫管理路径探析：以安徽Y县为例［J］.西南民族大学学报（人文社会科学版），2021，42（7）：32-41.

⑥ 闫宁宁.产业扶贫背景下的返贫风险及应对措施［J］.乡村科技，2020，11（23）：43-44.

⑦ 和立道，王英杰，路春城.人力资本公共投资视角下的农村减贫与返贫预防［J］.财政研究，2018（5）：15-24.

son Davis），但是最早将"贫困"作为一种文化现象进行专门研究并发展成为贫困文化理论的是美国另一学者奥斯卡·刘易斯（Oscar Lewis）[1]。课题组通过文献梳理发现，国外学者对贫困文化内涵的研究主要基于文化视角进行阐释，其中具有代表性的学者有刘易斯、班费尔德（Banfield）、迈克尔·哈瑞顿（Michael Harretton）和莫伊尼汉（Moynihan）。具体而言，刘易斯基于对墨西哥五个贫困家庭的实地调研，提出贫困文化是生活在社会底层的穷苦人民形成的一种生活方式，是一种脱离主流文化的亚文化，因为穷人的交际圈仅限于穷人群体，他们被边缘化，所以会影响社会的稳定发展[2]。他进一步指出，贫困文化还具有代际传递的特点，穷苦人民的后辈成长于贫困文化环境中，会形成固定的思维方式，进入固化的社会阶层，从而难以摆脱贫困[3]。班费尔德是刘易斯贫困文化理论的坚定支持者，基于此，他提出了"非道德性家庭主义"的贫困事实，认为穷人的贫困文化早已内化，要想让他们改变贫穷的状态，就需要借助外部群体的力量[4]。哈瑞顿将穷人称作"他群"，而将美国主流称为"我群"。他认为穷人是一个稳定不变的群体，且他们的子女仍然很难摆脱贫困[5]。莫伊尼汉在刘易斯"贫困文化理论"研究的基础上，提出了贫困和贫困文化的恶性循环理论，认为生活于贫困文化环境中的人，因为从小受到贫困文化的熏染，缺乏向上流动的动力，低成就动机导致其低社会流动，贫困生活与贫困文化形成周而复始的循环，贫困者很难摆脱贫困的纠缠[6]。对贫困文化的概念进行梳理后可以发现，虽然国外学界对于贫困文化尚未形成统一的界定，但对于这种文化所具有的一些特性，诸如代际传递性、固化性及危害性已经达成共识。

对贫困文化成因的研究中，比较具备代表性的国外学者有迪帕·纳拉扬（Deepa Narayan）、赫伯特·甘斯（Herbert Gans）、德布拉吉·瑞（Debraj Ray）和劳伦斯·哈里森（Lawrence Harrison）。甘斯提出了贫困的"行为文化"和"期待文化"，认为当一种行为模式被贫困群体认同并内化后，外部环

----

① OSCAR L. Five Families：Mexican Case Studies in the Culture of Poverty [M]. New York：Basic Books，1959：68.

② 徐丽红. 社会权利视域下的中国现行高校帮困资助政策研究 [D]. 上海：华东师范大学，2014.

③ 刘易斯. 桑切斯的孩子们：一个墨西哥家庭的自传 [M]. 李雪顺，译. 上海：上海译文出版社，2014：17.

④ 孟翔飞. 莫地的变迁：内城贫困区整体改造与社区治理研究 [M]. 北京：中国人民大学出版社，2011：35-46.

⑤ 哈灵顿. 另类美国 [M]. 郑飞北，译. 北京：世界知识出版社.1963：69.

⑥ 莫伊尼汉. 认识贫困 [M]. 上海：上海译文出版社，2005：76-78.

境也改变不了其行为及思想。其中内化的行为模式构成穷人行为的原因，要适应这种环境就必须接受、适应这种期待的影响，期待的强度和持久性之间的差异形成了期待文化①。纳拉扬阐释了穷人在获取资源和机会时的阻碍因素，他指出，因为穷人在教育、技能、信息获取及自信心方面居于不利地位，这些因素促使穷人信心不足，并且加剧了穷人被边缘化、没有发言权及社会地位低下等状态，使得本就脆弱的穷人变得更加脆弱②。瑞指出，贫困人口的惯性思维及基于固定的文化形成的阶级制度会对当地的经济发展产生重大影响③。哈里森从经济学的角度出发，认为文化是人力资本理论的一个组成部分，也会带来一定的经济效益，会影响经济发展。所以，贫困人口之所以贫困不仅受他们自身的懒惰和落后思想的影响，也与当地的文化有关④。

2.1.4.2 国内学者对贫困文化的研究

自刘易斯提出贫困文化理论后，国内的学者陆续开始关注贫困文化，并试图从贫困文化的角度来解释贫困问题。通过文献梳理可发现，国内学者对贫困文化的研究主要针对经济欠发达的农村地区展开，研究内容体现在以下几个方面。

第一，结合我国扶贫开发实际来阐释贫困文化的含义。归结起来，主要分为三类。一是认为贫困文化是一种帮助贫困人群维持现有生活状态的一种亚文化体系⑤。如宋镇修、王雅林从文化视角出发，将贫困文化理解为现代社会中的一种亚文化现象，认为贫困是当绝大多数人已经处于中等及以上生活水平的同时，还有一小部分人处于贫困状态，他们在长期生活中形成一套用来维持和繁衍的特定生活形态⑥。二是认为贫困文化是贫困群体长久生活于贫困环境中形成的为贫困人群所特有的一系列非物质形式。如吴理财认为，贫困文化是贫困阶层特有的生活方式，是贫困群体一直处于贫困状态下形成的生活方式、习惯、风俗、心理定势、生活态度和价值观等非物质形式⑦。三是从贫困文化形成的经济根源进行阐释。如李瑾瑜指出，贫困文化直接源于贫困经济，是一种直接促成经济贫困的文化；贫困经济与贫困文化总是紧紧缠绕在一起，并在一

---

① GANS H. The Urban Villagers: Group and Class in the Life of Italian Americans [M]. New York: Free Press, 1968: 32 - 3.

② 纳拉扬，等.《呼唤变革》[M]. 姚莉，译. 北京：中国人民大学出版社，2003: 310.

③ 德布拉吉·瑞. 发展经济学 [M]. 陶然，译. 北京：北京大学出版社，2002: 501 - 512.

④ 哈里森. 文化的重要作用：价值观如何影响人类进步 [M]. 程克雄，译. 北京：新华出版社，2010: 25 - 43.

⑤ 耿兴敏. 一张蓝图绘到底 扶贫妇女谱新曲 [N]. 中国妇女报，2014 - 10 - 19 (A2).

⑥ 宋镇修，王雅林. 农村社会学 [M]. 哈尔滨：黑龙江教育出版社，1993: 69.

⑦ 吴理财. 论贫困文化 [J]. 社会，2001 (8): 18 - 22.

定条件下互为因果、互相转化①。

第二，在理解贫困文化内涵的基础上，阐释贫困文化对贫困人群造成的影响。国内学者普遍认为贫困文化对贫困人群的影响主要体现在贫困文化对贫困人群的价值观引导方面。阳剑兰指出，贫困文化对贫困人群具有价值引导倾向性，贫困人群长期处于这种环境中，心理和精神都受到贫困文化的影响，容易受到消极无为、不思进取思想的影响，形成落后的婚育价值观及缺乏信仰②。高香芝等通过描述贫困文化在民族地区的突出表现指出，贫困文化影响并决定着贫困人群的现实生活状况，使得贫困人群同现代社会隔离开来，令他们无法实现对自身的超越③。另外，贫困文化抑制了贫困人群社会参与的积极性，使扶贫制度效率低下，从而导致政策、制度失败。正因为贫困文化对贫困人群、扶贫政策与制度的影响，其也会对贫困地区的社会发展产生影响。刘冠秋等对山区贫困县进行研究，指出贫困文化具备代际传递的特征，处于贫困状态的贫困群体长期居于贫困亚文化环境中，思维与行为方式受到贫困文化的影响，与主流社会脱节，表现出自卑、过分安于现状、得过且过等不健康心理，他们较少考虑通过改善生活状况，以及提高生活水平来脱离贫困④。

第三，随着我国扶贫开发工作的推进，很大一部分贫困群体脱离贫困，但是由于长期受到贫困文化的影响，他们面临着极大的返贫风险。因而，国内学者的研究视角逐渐从单独研究贫困文化发展到研究贫困文化与返贫风险的关系，并试图发现帮助贫困群体真正实现稳定脱贫的路径。目前，国内学者对贫困文化与脱贫人口返贫风险两者之间关系的研究，主要集中在中西部少数民族贫困地区的贫困治理问题方面。韦毅在对民族地区返贫风险及其防控研究中，把贫困文化导致的返贫作为返贫风险建构的类型之一，认为"深度贫困地区大多都会受'贫困文化'影响，使贫困户拒绝发展与学习，对外来事物存在排斥情绪，在拒绝配合扶贫工作的同时，理所应当地享受各项帮扶政策。"⑤ 焦克源等从整理性治理视角研究深度贫困地区返贫阻断机制并指出，固有的贫困文化导致脱贫人口难以适应脱贫后的新鲜文化，他们更深层次安于贫困的心态，使得脱贫缺乏可持续性，因而易陷入返贫境地；另外，部分脱贫人群由于只是

① 李瑾瑜. 贫困文化的变革与农村教育的发展 [J]. 教育理论与实践，1997 (1)：47-49.

② 阳剑兰. 贫困文化及对其价值的引导 [J]. 求索，2010 (6)：70-71，20.

③ 高香芝，徐贵恒. 贫困文化对民族地区反贫困的多层次影响 [J]. 理论研究，2008 (2)：52-54.

④ 刘冠秋，李岚彬，黄艺丹，等. 山区贫困县贫困代际传递的特征与机制研究 [J]. 福建师范大学学报（自然科学版），2017，33 (3)：95-101.

⑤ 韦毅. 民族地区返贫风险及防控研究 [D]. 南宁：广西大学，2020.

物质脱贫，没有实现精神脱贫，会出现"因赌返贫"的现象①。乔咏波等在对贫困问题的文化和伦理审视研究中指出，贫困文化使贫困者掉入"贫困陷阱"的风险有两种。一是从贫困群体自身出发，由于贫困者长期居于贫困文化环境中，长久受到这种文化的影响和束缚，其一直都面临着掉入"贫困陷阱"的巨大风险；二是从贫困群体的后代出发，上一代面临的风险转移到下一代人身上，演化成了贫困代际转移的风险②。钱亚梅指出，当生存困境、权利困境、社会接纳困境等各种困境交织在一起，弱势群体难以凭借自己的力量去改变现实的时候，其就会出现各种消极心理，面临心理偏激行为风险和构成社会不稳定因素风险③。

2.1.4.3 贫困文化研究对返贫风险研究的启示

综上所述，国外关于贫困文化的研究开始时间较早，研究成果较为成熟且在理论研究层面成果突出，目前已经形成了多种理论模式，这不仅对我国的扶贫工作理论研究提供了支持，也为巩固我国扶贫成果提供了新的指向。国内学者在国外学者提出的贫困文化理论的基础上，结合我国扶贫开发实际，丰富了贫困文化的内涵。认为贫困文化不仅是文化一种因素影响的结果，也是经济等多种因素作用的结果，是穷人被迫边缘化自我保护的一种文化机制体系。长久居于贫困文化环境中，贫困人群不仅行为受到了束缚和影响，精神思想层面也受到了影响，让理应摆脱贫困的人群难以摆脱贫困。凉山曾长久处于贫困境地，贫困文化深深地影响着居住在此的人群的行为和思想，脱贫不仅是物质的脱贫，更应是思想层面的脱贫，虽然该地区目前已经实现脱贫，但仍需时刻警惕贫困文化带来的返贫风险。因此，贫困文化理论为研究凉山的脱贫现状及避免返贫现象提供了研究方向与理论指导。

2.1.5 研究文献评述

在经历了接近30年的积累后，学界对返贫问题、返贫风险及贫困文化的研究已经取得了丰硕的成果，为我国的贫困治理提供了富有卓见的理论指导，同时也使学术指导实践的作用价值得到了完全的体现。从研究学科角度看，返贫问题研究呈现出明显的多学科交叉融合特征，不仅涉及公共管理、农林经济管理、应用经济学、社会学，也涉及地理学、心理学、政治学等学科。

---

① 焦克源，陈晨，焦洋.整体性治理视角下深度贫困地区返贫阻断机制构建：基于西北地区六盘山特困区 L 县的调查 [J]. 新疆社会科学，2019 (1)：137-145，148.

② 乔咏波，龙静云.贫困问题的文化和伦理审视 [J]. 华中师范大学学报（人文社会科学版），2019，58 (2)：67-75.

③ 钱亚梅.转型期弱势群体的风险境遇与应对策略 [J]. 南京社会科学，2007 (9)：109-114.

多学科交叉融合为返贫问题研究提供了多元化的研究视角。一是风险管理视角[①②]，这类研究围绕致贫因子，主要探析如何将返贫风险防范的关口前移，完善风险责任共担机制，以及通过赋能增强农村家庭应对风险冲击的能力。二是可持续生计视角[③④⑤]，这类研究主要利用可持续生计分析框架，从贫困群众的脆弱性背景、生计资本和生计策略等方面分析贫困地区稳定脱贫的现实难点，重点关注如何建立深度贫困地区应对贫困脆弱性背景的风险防范机制，以及通过应对生计策略的功能提升机制和应对生计资本的可持续增收机制，来防止深度贫困地区贫困人口脱贫后再次返贫，保证贫困人口实现可持续稳定脱贫。这些视角为研究脱贫地区的返贫风险提供了方向性指导。在研究方法上，学者们大量运用了案例研究法[⑥]、比较研究法[⑦]、层次分析法[⑧]、综合模糊评价法[⑨]等研究方法，不仅有学理性分析，更有模型验证和实践案例举证，多种研究方法的应用为揭示返贫问题的内在核心构建了坚实的基础。在研究内容上，学者们不仅对返贫问题的现象、返贫问题的成因、返贫问题的特征和返贫问题的治理策略进行了深入研究，还对返贫风险的诱因、返贫风险的类型和返贫风险的特征进行了深度探讨，已有的研究成果为后续针对返贫风险相关问题的研究提供了坚实的理论支撑。

尽管现有的研究在研究视角、研究方法、研究内容和研究思路上都取得了较为丰富的成果，但是仍有一些问题值得深入探讨，主要表现在以下方面。

第一，对于返贫问题研究的深度和系统性不足。现有关于返贫问题的研究主要停留在返贫的表象特征，缺乏深层次的系统性探讨。而对于返贫问题的成

① 左停，赵梦媛. 农村致贫风险生成机制与防止返贫管理路径探析：以安徽 Y 县为例 [J]. 西南民族大学学报（人文社会科学版），2021，42（7）：32-41.

② 章文光. 建立返贫风险预警机制化解返贫风险 [J]. 人民论坛，2019（23）：68-69.

③ 陈轩萱，李玛璠，郑雅婷. 农村脱贫人口可持续生计研究 [J]. 农村经济与科技，2017，28（11）：141-144.

④ 张开云，邓永超，魏璇. 党建扶贫质量：内涵机理、评估及其提升路径：基于可持续生计框架的分析 [J]. 宏观质量研究，2021，9（3）：12-23.

⑤ 张师瑜，韩佳伶. 基于可持续生计分析框架下对河北省深度贫困地区稳定脱贫的现实思考 [J]. 湖北经济学院学报（人文社会科学版），2020，17（6）：20-22.

⑥ 杨静凤. 可持续生计下民族旅游村寨农户返贫风险与阻断机制研究 [D]. 桂林：桂林理工大学，2020.

⑦ 刘卫平，张芯木. 南岭民族脱贫村寨返贫风险及其治理的质性研究 [J]. 湘南学院学报，2020，41（1）：14-18.

⑧ 黄海棠，蔡创能，滕剑仑. 基于 AHP-TOPSIS 的返贫风险评估预警方法 [J]. 宜宾学院学报，2022，22（1）：13-20.

⑨ 陈超群，罗芬. 乡村旅游地脱贫居民返贫风险综合模糊评判研究：基于可持续生计资本的视角 [J]. 中南林业科技大学学报（社会科学版），2018，12（5）：100-104，112.

因，也大多停留在相关性分析层面，主要关注资本的缺失和人力资本的低下。致使贫困发生的原因是多样的，应基于多维贫困的视角进行研究，如从文化因素、发展动力因素、制度瓶颈因素、积累效应因素等方面进行全面系统的研究，对返贫问题的生成机理和演化进程进行深入探讨。

第二，现有文献在对返贫风险进行研究时，只是提出了应该对农户面临的不同程度返贫风险进行划分，但是具体怎样划分、以什么样的标准来划分尚缺乏统一公认标准；同时现有文献已注意到要帮助脱贫农户稳定的、长久的脱贫，必须提升他们的可持续生计能力，主要观点是应该增强脱贫农户抵抗生计资本风险的能力，但较少关注生计环境风险和生计策略风险，而这也是脱贫农户面临的重要返贫风险之一。

第三，目前国内对什么是贫困、贫困产生的原因、解决贫困的对策的研究极为丰富，对企业、金融、信用、生产安全等方面的风险管理问题的研究也较为全面，得出了大量富有规律性和启迪性的结论。但具体到脱贫人口返贫问题，尤其是返贫风险管理方面的研究还相当匮乏。事实上，经济、社会、自然、健康等各种风险冲击对致贫和返贫都有重要影响，抵御风险能力弱，往往是凉山脱贫人口容易返贫的主要原因。在当前凉山深入推进脱贫攻坚战略的背景下，前期研究成果已难以满足其"协同推进防止返贫与继续攻坚"的实际需要。因此，有必要从风险管理的视角重新审视以凉山为代表的我国深度贫困地区的返贫问题，将风险管理与脱贫攻坚战略相结合，探寻凉山返贫风险形成、演化的内在机理、作用机制和风险防范体系，构建完善、稳定脱贫的长效机制。

2.2 研究理论基础

2.2.1 反贫困理论

2.2.1.1 国外反贫困理论研究

在对贫困问题进行认知和厘清的同时，国外学者逐步展开了对反贫困问题的深入研究。在研究的具体内容上，贫困研究是解释说明贫困是什么，而反贫困是研究如何治理贫困。从国外学界已有的研究中不难发现，学者们在对反贫困问题的理论阐释中，融入了经济学和政策科学的相关理论，从制度规范、政策体系、贫困者自身等层面对反贫困问题进行了思索和探讨。笔者梳理了国外学者关于反贫困问题的研究，具有代表性的理论主要有以下几种：

(1) 二元经济结构理论。 二元经济结构理论是美国学者威廉·阿瑟·刘易斯（William Arthur Lewis）提出来的，他在《劳动无限供给条件下的经济发展》一文中指出，发展中国家存在二元经济结构，并构建出了二元经济结构理论模型。第一种结构是采用相对落后的土著方法进行劳动生产的传统农业部门，效率低下，劳动收入只够用来糊口；第二种结构是相对先进的以现代生产方式生产、效率高的现代城市工业部门[①]。由于传统农业部门和现代城市工业部门发展之间的矛盾，使得在发展中国家的农村出现了大量的剩余劳动力，基于此，刘易斯进一步指出，发展中国家应该从四个方面适当采取经济政策来应对农村的贫困问题，一是要开发国内市场，发展本民族工业，摆脱在经济上对发达国家的依赖；二是发展中国家要重视相互之间的经济合作，重视开发、发展与其他发展中国家的经济贸易；三是要提高农业部门的劳动效率，完善经济贸易条件，加强对外经济贸易；四是要在对外经济贸易中采取正确的贸易制度和经济政策，更好地为本国营造良好的贸易环境[②]。由此可见，二元经济结构理论为发展中国家的农村反贫困工作提供了理论支撑，具有重要的指导意义。

(2) 收入再分配理论。收入再分配理论是英国经济学家庇古（Pigou）从福利经济学角度提出的一个理论，又名收入二次分配理论。庇古指出，贫困的根源是收入分配的不均衡，即初次分配不均，必须进行二次分配，通过二次分配来帮助人们实现收入的增加。实现提升公民普遍福利的目标有两条路径。首先，随着市场经济的不断发展及初次分配的进行，市场的效率将会得到明显提升，这必然会使国民收入增加，最终实现国民普遍福利的提升。但与此同时，在这一过程中，由于初次分配过程中重视效率而忽视公平，公民之间的贫富差距将会进一步扩大。此时，第二条路径就此产生，即发挥再次分配的作用，不断完善的社会保障制度更加强调公平，从而使公民之间的贫富差距不断缩小，最终实现增加公民普遍福利的目标（图2）。这一逻辑的核心思想是通过对国民收入的再分配，使社会财富在富人和穷人之间、在职者和失业者之间、健康者和残疾者之间、富裕地区和贫困地区之间合理转移[③]。初次分配更多注重的是效率，再分配则需要更加注重社会公平的保障。因此，收入再分配是反贫困工作中的重要组成部分，不仅可以在经济层面保障最贫困人群的基本生活需要，也能在很大程度上消除绝对贫困，减少社会两极分化，维护社会公平，促进社会文明进步。

(3) 人力资本理论。人力资本投资理论是由人力资本理论的代表人物西奥

---

① 陈南岳.中国过剩二元经济研究：来自国内消费需求和供给的分析 [M].北京：中国经济出版社，2004：106.

② 哈塞.社会市场经济辞典 [M].卫茂平，译.上海：复旦大学出版社，2004：93.

③ 于亚坤.促进河北省贫困地区发展的财政政策研究 [D].石家庄：河北经贸大学，2013.

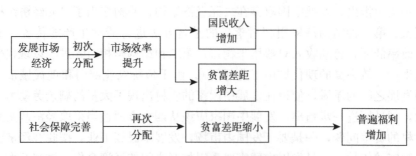

图 2 "收入再分配"反贫困的逻辑进路①

多·舒尔茨（Theodore Schulz）提出，他认为贫穷国家经济落后的根本原因不是物质资本的短缺，而是人力资本的短缺②。舒尔茨在肯定经济增长的关键限制因素是资本匮乏的同时，更为明确地指出影响经济增长的决定因素是人力资本自身的素质及人力资本的积累。他认为，经济增长中，应更加注重人力资本的作用，人的知识、能力、健康等的贡献远高于物质资本和劳动数量的贡献。舒尔茨指出，人力资本投入是经济增长投入要素中的最主要的资源③。由此可见，人力资本投资可以衡量人力资本水平，国民收入的增长必须依靠加大教育资本的储备量来实现，劳动者可以通过提升知识、技术、健康等水平来增加个人所得。因此，需要通过强化人力资本投资带动经济发展，进而促进反贫困工作的进行。

（4）可行能力理论。可行能力理论由阿玛蒂亚·森提出，其认为贫困的实质原因是"人的可行能力被剥夺，而不仅仅是收入低下"④。可行能力理论可从以下几个方面进行解读：一是阐释可行能力是什么。阿玛蒂亚·森认为，可行能力是个体或者家庭能够自由地选择想要过的那种生活，并且实现这种生活目标的能力，与之对应的能力越强，选择范围也越广。二是可行能力与自由。阿玛蒂亚·森认为，自由就是能够实现自己理想生活的可行能力，获取自由需要依赖政治、经济、社会和其他保障等条件。三是可行能力与贫困。阿玛蒂亚·森认为，衡量贫困不应该是考虑经济收入高低，而是应该依据可行能力可能被剥夺的情况进行判断。四是可行能力与收入。阿玛蒂亚·森认为可以通过

---

① 滕稳稳.贵阳：贵州农村电商扶贫模式研究 [D].贵阳：贵州民族大学，2017.

② 舒尔茨.人力资本投资 [M].蒋斌，张蘅，译.北京：商务印书馆，1990：40.

③ 马林静，欧阳金琼，王雅鹏.农村劳动力资源变迁对粮食生产效率影响研究 [J].中国人口·资源与环境，2014，24（9）：103-109.

④ 阿玛蒂亚·森.以自由看待发展 [M].任赜，于真，译.北京：中国人民大学出版社，2002：85，62，30，61.

一系列活动来提高个体或家庭的收入，但是个体或家庭不能在短时间内提升可行能力。可行能力理论进一步追溯了贫困的实质原因，能够为反贫困工作的推进提供新的理论视角。

（5）权利贫困理论。阿玛蒂亚·森认为，认识贫困不应只停留在收入层面，还应该关注贫困者的生存状态，因为贫困者不管是处于相对贫困状态还是绝对贫困状态，本质都是因为其权利的被剥夺或是其他生存发展条件不足[①]。他进一步提出，要理解饥饿、理解贫困的前提条件是理解权利体系，并把贫困问题放入权利体系进行分析，该体系包括四个方面：第一个方面是一个人是否拥有根据自己的意愿自由交换物品的权利，第二个方面是一个人在社会生活中是否具有将自己拥有的资源或是取得同意后雇用的资源用于生产的权利，第三个方面是一个人是否具有将自己拥有的东西用于自己组织的生产或是受雇于他人的权利，第四个方面是一个人是否拥有接受继承或是接受他人合法赠予的财产的权利[②]。要摆脱对这种致贫权力的依赖，政府在层制体系层面，应该建立明确的产权保护制度；在经济层面，应该保证充分竞争的市场秩序，促进市场经济环境的稳定；在社会系统层面，应该优化家庭内部分工，改变传统观念，促进交换权利和互惠权利规定科学化。阿玛蒂亚·森的权利贫困理论与方法[③]启示我们，贫困不单纯是一种供给不足，还是权利不足，尤其在繁荣时期，如果不能有效地调节社会分配中的权利关系，将造成社会的失衡。

2.2.1.2 中国特色反贫困理论

马克思主义反贫困理论经过一代代中国共产党人的努力探索与实践，不断发展、丰富，形成了今天的中国特色反贫困理论。在更好地指导中国人民进行脱贫致富的同时，也为其他发展中国家反贫困实践提供了方向指引与理论指导。

（1）中国特色反贫困理论的基础。马克思主义反贫困理论是无产阶级贫困化理论的重要内容，也是中国特色反贫困理论的理论基础。其基本内涵的逻辑意蕴体现在以下几个方面：

第一，贫困的根源来自资本主义制度。马克思、恩格斯指出，贫困和资本是相伴而生的，资本主义国家私有制是造成无产阶级贫困的根源[④]。资本主义制度下，资本家通过延长工时、增加工作量，赤裸裸地剥削劳动工人的剩余劳动，从而获得剩余价值，再将不劳而获的剩余价值积累再扩大再生产。

---

① 马新文. 阿玛蒂亚·森的权利贫困理论与方法述评 [J]. 国外社会科学，2008 (2).
② 阿玛蒂亚·森. 贫困与饥荒 [M]. 王宇，王文玉，译. 北京：商务印书馆，2001：1，8-9.
③ 马新文. 阿玛蒂亚·森的权利贫困理论与方法述评 [J]. 国外社会科学，2008 (2)：69-74.
④ 陈宇涵. 马克思主义反贫困理论在当代中国的发展研究 [D]. 锦州：渤海大学，2019.

第二，反贫困的目标是实现共同富裕。马克思、恩格斯在充分分析资本主义制度的制度缺陷基础上，系统地提出了反贫困理论。无产阶级劳动者要避免终将陷入贫困的命运，就要改变使他们陷入贫困命运的制度，即资本主义制度；共同建设使他们能够过上幸福生活的社会制度，即共产主义制度。这也是马克思恩格斯反贫困理论的最根本目标。社会主义制度必将提高劳动生产率、缩减劳动者的劳动时间，劳动者也会自觉地进行劳动[①]。劳动者将会成为自己的主人，免于剥削、压迫，并能够积极地投身创造财富，脱离贫困，走向共同富裕。

第三，反贫困的路径是发展社会生产力。马克思、恩格斯通过深刻剖析资本主义造成无产阶级陷入贫困的原因，以生产力和生产关系辩证发展为基础，找到了破解贫困的有效路径：消灭资本主义，实行共产主义。要走好这一条路，需要大力发展生产力，正如马克思所指出的，消除贫困的最根本途径是发展生产力[②]，只有以高度发达的生产力创造出来的巨大物质财富为基础，不合理的制度才会被彻底废除，才能让先进的社会制度得以创立。也只有发展生产力，新创立的先进的社会制度才能得到巩固和完善。

第四，反贫困的条件是充分发挥人民群众的主体作用。马克思、恩格斯认为，破除原来的剥削无产阶级劳动的资本主义制度、建设先进的共产主义制度离不开人民群众的创造性作用。人民群众不仅是历史的见证者，更是历史的创造者，他们在历史的发展进程中发挥着决定性作用，在反贫困的社会实践中发挥着主体性作用。

(2) 中国特色反贫困理论的主要内容。对于习近平总书记关于中国特色反贫困理论的重要思想，可从以下几个方面进行理解。

第一，反贫困的目标是在稳定实现全面脱贫的基础上，实现共同富裕。改革开放后，党和国家领导人结合国家发展实际，不断为消除贫困进行方法、路径、战略探索：邓小平同志基于中国发展建设实际，指出了社会主义制度的本质，阐释了社会主义制度的最大优越性，创造性地提出"两个大局"构想和"三步走"战略[③]。江泽民同志提出中国要在实现总体小康水平的基础上，全面建设小康社会[④]。胡锦涛同志提出了科学发展观，并提出我国在实现建设和

---

① 马克思. 资本论（第 3 卷）[M]. 中共中央马克思恩格斯列宁斯大林著作编译局，译. 北京：人民出版社，2004：928 - 929.

② 王慧琴. 马克思主义反贫困理论视域下的精准扶贫思想的生成和实践研究 [D]. 成都：成都理工大学，2018.

③ 孙应帅. 新时期党的建设理论的创新发展 [J]. 学习与实践，2009 (6)：52 - 57.

④ 王龙生. 论科学发展观与马克思主义哲学的几个内在关联 [D]. 南昌：江西师范大学，2010.

谐社会的基础上，为夺取全面建成小康社会的胜利而奋斗①。党的十八大以来，以习近平同志为核心的党中央为共同富裕提交了新的中国特色反贫困答卷，在十九大报告中以全面建成小康社会为基础，提出了"两个十五年"的战略蓝图。第一个十五年，即 2020—2035 年，在全面建成小康社会的基础上，再奋斗十五年，基本实现社会主义现代化②。第二个十五年，即 2035 年到 21 世纪中叶，在基本实现现代化的基础上，再奋斗十五年，把我国建成富强、民主、文明、和谐、美丽的社会主义现代化强国，全体人民共同富裕目标基本实现③。

第二，反贫困的政治保证是坚持中国共产党的领导。坚持中国共产党的领导，是中国反贫困事业取得胜利的关键④，习近平总书记指出，实现共同富裕，不仅是社会主义制度的本质要求，也是中国共产党领导的本质要求⑤。在中国的扶贫开发工作中，脱贫攻坚越深入进行，越是要加强和完善中国共产党的领导⑥。开展好扶贫开发工作，一是要建立脱贫攻坚一把手责任制，中央统筹，省级担负总责，市级落实工作机制，明确县乡级工作职责，科学统筹、通力合作。二是要发挥基层党组织的战斗堡垒作用。基层党组织的工作水平和能力是决定脱贫工作能否取得伟大成就的关键影响因素，必须把基层党组织的引领示范作用应用到脱贫攻坚的任务行动中。

第三，反贫困的核心思路是坚持走精准扶贫道路。改革开放以来，我国的反贫困工作取得了巨大成就，但依然存在贫困的区域化、复杂化问题，这与共同富裕目标不相适应。基于此，以习近平同志为核心的党中央结合中国扶贫开发工作现实需要，针对性地提出了精准扶贫的理念。精准扶贫的内涵层面，要求实现资源的优化配置，着力解决好扶持谁、谁来扶、怎么扶、如何退四个方面的问题，真正让中国的扶贫开发工作做到扶真贫、真扶贫、真脱贫⑦。

第四，反贫困的价值取向是以人民为中心。自党的十八大以来，在中国脱贫攻坚任务中，中国共产党始终把人民摆在首位。习近平总书记提出，不能让任何一个贫困地区或是任何一个贫困人口被落下。在中国脱贫开发工作中，人民群众始终是工作的中心，人民群众的满意度始终是衡量脱贫攻坚成效的

① 孙应帅. 新时期党的建设理论的创新发展 [J]. 学习与实践，2009 (6)：52‐57.

② 习近平. 习近平谈治国理政：第三卷 [M]. 北京：外文出版社，2020：45.

③ 习近平. 习近平谈治国理政：第三卷 [M]. 北京：外文出版社，2020：67.

④ 欧阳德君. 中国特色社会主义反贫困理论研究 [D]. 贵阳：贵州师范大学，2019.

⑤ 习近平. 在全国劳动模范和先进工作者表彰大会上的讲话 [N]. 人民日报，2020‐11‐25 (2).

⑥ 国家行政学院编写组. 中国精准脱贫攻坚十讲 [M]. 北京：人民出版社，2016：159.

⑦ 佚名. 聚焦"十三五"建设新吉林（下）[J]. 新长征，2016 (2)：14‐26.

标尺。

第五，反贫困的关键路径是坚持合力扶贫，共享发展。扶贫开发工作不仅是各级党委和政府的职责与任务，也是全社会的共同责任。要做好扶贫开发工作，必须把社会力量集中起来，将政府、社会和市场共同联合起来，将不同地域、部门、单位的多元主体凝聚起来，最大限度地激发社会内生动力，形成合力，从而建成主体多元、扶贫力量巨大的社会扶贫体系，真正体现我国社会制度的优越性[①]。

2.2.1.3　反贫困理论对返贫风险防范的启示

在我国脱贫攻坚过程中，中国共产党立足国情，把握减贫规律，出台了一系列超常规政策举措，构建了一整套行之有效的政策体系、工作体系、制度体系[②]，逐步摸索和走出了一条中国特色减贫道路，形成了内涵深刻、逻辑严谨、具有鲜明特质的中国特色反贫困理论。该理论立足于马克思主义反贫困理论，依托于社会主义公有制的减贫制度优势，理论上有效破解了西方国家反贫困难以解决的问题，实践上摒弃了西方新自由主义的逻辑缺陷，充分展现了我国反贫困的制度优势及体制优势。该理论的核心要义是在中国共产党的坚强领导下，以人民为中心，充分发挥中国特色社会主义的制度优越性，激发群众的内生力量并形成全社会的合力[③]。

坚持和发展中国特色反贫困理论，对于推进 2020 年后贫困治理工作具有重要意义，对新时期做好返贫风险防范的制度构建、政策体系研究、策略实施等方面工作具有重要的参考价值。习近平总书记在决战决胜脱贫攻坚座谈会上强调指出，"巩固脱贫成果难度很大""要加快建立防止返贫监测和帮扶机制""提前采取针对性的帮扶措施，不能等他们返贫了再补救"[④]。因此，坚持和发展中国特色反贫困理论，对于进一步做好返贫风险防范工作具有积极的启示：一是要充分发挥相对贫困地区和困难群众的主体作用，提高自我造血和自我发展能力，实现返贫风险防范工作可持续、高质量的运行；二是要及时建立健全返贫预警机制，对脱贫地区和脱贫户实施跟踪与动态监测，对返贫风险和致贫风险程度较高的相关情况要有预防措施；三是要不断加强治贫能力建设，针对可能出现的返贫风险，要精准识别，有效化解。

---

① 习近平主席在 2015 减贫与发展高层论坛上的主旨演讲 [EB/OL]. (2015 - 10 - 16) [2023 - 09 - 30]. http: //news. cntv. cn/2015/10/16/ARTI1444992705732591. shtml.

② 李小云. 深刻理解和把握中国特色反贫困理论 [N]. 光明日报. 2021 - 03 - 22 (1).

③ 刘志铭. 中国特色反贫困理论的核心要义及世界意义 [N]. 南方日报. 2021 - 04 - 22 (1).

④ 习近平在决战决胜脱贫攻坚座谈会上的讲话 [EB/OL]. (2020 - 03 - 06) [2023 - 09 - 30]. http: //www. gov. cn/xinwen/2020 - 03/06/content_5488175. htm.

2.2.2 可持续生计理论

2.2.2.1 可持续生计理论的提出

可持续生计理论是研究贫困治理的一种新的理论视角。学术界最早对"可持续生计"的研究，大多是从"生计"的角度加以理解，钱伯斯（Chambers）和康威（Conuay）认为，"生计（livelihood）是谋生的方式，该谋生方式建立在能力、资产和活动基础之上。只有当一种生计能够应对压力，并在压力和打击下得到恢复，能在当前和未来保持乃至加强人的能力和资产，同时又不损坏自然资源基础，这种生计才是可持续性的。"① 钱伯斯等对生计概念的理解为可持续生计概念的界定奠定了基础，联合国世界环境与发展大会上，首次对可持续生计理念进行了阐释："可持续生计是指个人或家庭拥有和获得的、能用于谋生和改善长远生活状况的资产、能力和有收入活动的机会。"② 自此，可持续生计的概念得到了广大学者的认可并被大量地应用于研究中，逐渐形成了当下的可持续生计理论。

国外学界可持续生计研究的发展历史，主要经历了四个阶段（图3）。

第一阶段：可持续生计概念的萌芽阶段（20世纪70年代至80年代）。代表学者是美国的舒尔茨和厄普霍夫。在他们之前，有学者对诸如斯大林社会主义模式、小农生产模式等国家发展方式进行了反思，这些发展模式的共同点是忽视农民自身的利益诉求，不重视农民在可持续生计中的重要作用，主要通过政府等外在力量来改善农户的生计③。在此背景下，部分学者开始研究农户自身的可持续生计能力，舒尔茨于20世纪70年代提出了农业经济理论和人力资本理论，厄普霍夫于20世纪80年代初提出了"有援助的自力更生"战略。他们认为应该重视农民对自身利益的需求，重视他们在自我生计改善中的浅层次作用。

第二阶段：可持续生计理论的成型期（1987—1995年）。联合国环境与发展委员会的报告中明确提出"可持续生计"概念，认为消除贫困的主要目标是维持农户稳定的生计能力，英国学者钱伯斯等在可持续生计概念中加入能力因素，进一步丰富了可持续生计理论的内涵。1995年联合国在《哥本哈根宣言》中较为全面地阐述了可持续发展理念的内涵，同时第四次世界妇女大会上的

---

① CHAMBERS R, CONWAY G. Sustainable rural livelihoods: Practical Brighton [R]. England: Institute of Development Studies, 1992.

② 赵曼，张广科. 失地农民可持续生计及其制度需求 [J]. 财政研究，2009 (8)：36 - 38.

③ 王三秀. 国外可持续生计观念的演进、理论逻辑及其启示 [J]. 毛泽东邓小平理论研究，2010 (9)：79 - 84，86.

《北京宣言》肯定了男女平等思想，对可持续发展理念产生了积极而深远的影响。由此，可持续生计理论从萌芽期发展到成型期。

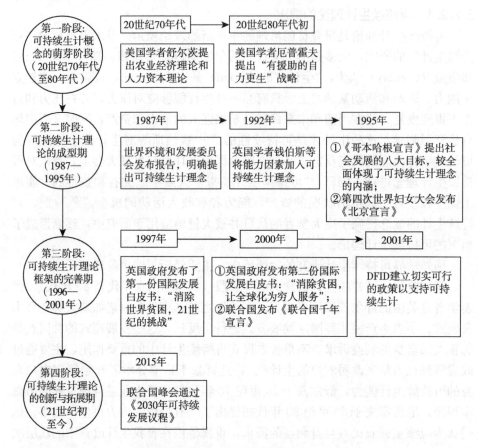

图 3　国外可持续生计理论的基本演进①②

第三阶段：可持续生计理论框架的完善期（1996—2001 年）。英国政府于 1997 年发布第一份国际发展白皮书，明确提出消除贫困是 21 世纪的难题③。2000 年发布的《联合国千年宣言》《世界经济发展宣言》都提出要消除贫困、保持世界经济可持续发展等目标，可持续生计问题成为全球关注的热点。2001

①　张宸嘉，方一平，陈秀娟．基于文献计量的国内可持续生计研究进展分析 [J]．地球科学进展，2018，33（9）：969-982．

②　王三秀．国外可持续生计观念的演进、理论逻辑及其启示 [J]．毛泽东邓小平理论研究，2010（9）：79-84，86．

③　张效民，孙同全．英国对外援助规制体系研究 [J]．国际经济合作，2014（5）：50-55．

年，英国国际发展署（DFID）建立了切实可行的政策以支持可持续生计。自此，可持续生计理论从成型期进入完善期。

第四阶段：可持续生计理论的创新与拓展期（21世纪初至今）。这一阶段更加注重可持续生计理论的创新，较有代表性的事件是2015年的联合国峰会通过了《2030年可持续发展议程》，世界各国领导人基于社会、经济、环境三个层面，提出了17个可持续发展目标。世界领导人之间的社会共识，充分体现了可持续生计在全球发展中的重要地位。自此，可持续生计理论从完善期进入创新拓展期。

2.2.2.2 DFID可持续生计分析框架

可持续生计分析方法是针对由多种原因引起的贫困，给予多种解决方案的集成分析框架，是一种以人为中心的缓解贫困的建设性工具[①]，在对贫困问题的研究中得到了广泛应用。20世纪90年代，针对可持续生计分析方法的研究，比较权威的研发机构有英国国际发展署、联合国开发计划署、英国牛津大学和萨塞克斯大学的发展研究所等[②]。经过各国际援助组织和研究机构的开发与研究，多种形式的可持续生计分析框架得以形成。其中，当前投入应用研究的可持续框架主要有三个（表1），分别是由英国国际发展署提出的可持续生计分析框架、美国援外合作组织提出的农户生计安全框架，以及联合国开发计划署提出的可持续生计框架。

表1 三大可持续生计分析框架

名称	提出机构	时间	资本类别	主要特征
可持续生计分析框架	英国国际发展署	2000年	人力资本 社会资本 自然资本 物质资本 金融资本	以人为中心；从能力分析而不是需求分析出发；建立在农户或者社区层次上的微观研究；强调影响农户生计的不同因素之间多重性的交互作用
农户生计安全框架	美国援外合作组织	2000年	人力资本 社会资本 经济资本	以农户为分析单位，强调家庭内部的性别和生育关系，分析儿童、妇女、男性和老人在社会中的作用；强调以综合的视角理解脆弱性的内容和生计的关键因素

① Martha G. Roberts，杨国安. 可持续发展研究方法国际进展：脆弱性分析方法与可持续生计方法比较 [J]. 地理科学进展，2003（1）：11-21.

② 赵锋. 可持续生计分析框架的理论比较与研究述评 [J]. 兰州财经大学学报，2015，31（5）：86-93.

（续）

名称	提出机构	时间	资本类别	主要特征
可持续生计框架	联合国开发计划署	2001 年	人力资本 自然资本 物质资本 社会资本 经济资本	目标在于推动一种整体的发展观；强调外部环境和干预对可持续生计的影响；建立了一整套指标体系用于监测生计的可持续性和安全性

来源：课题组根据相关研究资料制作。

由上表可知，虽然三大分析框架在分析角度、分析单位、分析指标等方面的侧重点各有不同，但都将人力资本、社会资本、经济（金融）资本纳入了考察范围，强调能力、环境、资产的重要性，其目标均在于通过考察农户的生计状况，分析贫困原因，提供增强农户生计能力的路径思考，助力农户实现生计安全和可持续发展。

当前，英国国际发展署提出的可持续生计分析框架（SLA）应用最为广泛。该框架由五个部分组成。第一部分是脆弱性背景（生计环境），包括自然灾害的冲击、宏观经济波动造成的负面影响、政策变化带来的不确定性及周期性的生产活动、价格变动、食物供给、就业机会等；第二部分是生计资产，指个人或家庭拥有的资本状况（资产和资源）决定了其选择机会的不同、生计策略的组合及抵御风险能力的强弱，包括人力资本、自然资本、社会资本、物质资本和金融资本；第三部分是结构和制度转变，是指涉及个人、家庭、集体和公共领域各个层面形成生计的结构和政策的一种完善；第四部分是生计策略，是指个人或家庭为实现生计目标，对各项生计资产进行组合利用的经营活动，如生产活动、消费活动、投资活动、筹资活动、储蓄活动等；第五部分是生计输出（生计目标），是对生计策略的实现，理想的生计输出是收入和食物安全增加、生活质量改善、生计脆弱性得到遏制、自然资源利用稳定。总之，可持续生计框架体现了"以人为本"的核心理念，认为在一个脆弱的生计环境中，贫困人口拥有一定的生计资产，但是生计资产的获得和增长由社会、机构、组织环境决定，这种生计环境影响农户的生计策略，即影响农户配置与使用资产的方式[1]。

2.2.2.3　可持续生计理论的应用研究

可持续生计分析相较于传统贫困研究，突破了收入贫困的局限，更加关注导致贫困的多方面、深层次的因素，更加强调增加收入、摆脱贫困的能力、机

---

① 汤青. 可持续生计的研究现状及未来重点趋向 [J]. 地球科学进展，2015，30（7）：823－833.

会和权力，追求的是稳定脱贫和可持续发展的生计目标。目前，可持续生计理论及分析框架已被全面应用于贫困精准识别、精准帮扶、扶贫效果评估及稳定脱贫等贫困治理研究的各个方面（图4）。

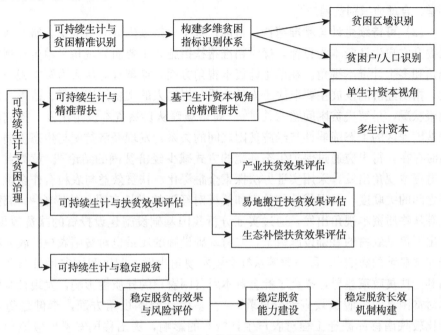

图 4　可持续生计在贫困治理中的应用维度

来源：课题组根据相关资料绘制。

（1）可持续生计与贫困精准识别。我国扶贫开发过程中，贫困识别先后经历了四个阶段，即从贫困区域瞄准发展到贫困县瞄准，再发展到贫困村瞄准，最后进入贫困户瞄准。可持续分析框架将农户置于动态环境中，考察农户多个维度的生计资本，为解决贫困农户的精准识别问题提供了很好的参考。目前，可持续生计视角下的贫困精准识别主要分为两种：一种是对贫困区域的精准识别。潘竟虎等引入可持续生计分析思想，用来识别农村的多维贫困空间，构建以金融、生态、人力、物质、社会资本及脆弱性环境六大维度为基础的贫困测度指标体系，结合 DMSP‐OLS 夜间灯光影像，建立多维贫困模型，进行多维贫困空间识别，进而刻画了我国多维贫困的时空分布特征[①]。另一种是对贫困户、贫困人口的精准识别，何仁伟等把认识和帮扶贫困作为研究主线，把贫困户稳

---

① 潘竟虎，赵宏宇，董磊磊. 基于 DMSP‐OLS 数据和可持续生计的中国农村多维贫困空间识别[J]. 生态学报，2018，38 (17)：6180‐6193.

定脱贫作为研究目标，把可持续生计理论作为指导思想，研究设计精准扶贫框架并划分为四个阶段，即贫困户精准识别、制定帮扶措施、实施帮扶措施及稳定脱贫，构建了以五大资本和生计环境为基础的多维贫困识别指数，更加准确、科学、合理地识别贫困户[①]。

（2）可持续生计与精准帮扶。目前，基于可持续生计分析框架，研究者多以提升农户生计资本为目标，探讨精准帮扶措施，主要研究视角是单生计资本视角和多生计资本视角。在单生计资本视角方面，徐淑红等从人力资本视角出发，指出经济的发展主要取决于人的素质，提高人的文化知识水平、改善人的健康状况，是解决贫困问题的关键[②]。曹诗颂等从自然资本视角出发，探究深度贫困地区的生态脆弱性与经济贫困之间的关系，发现经济贫困与生态脆弱性同时存在，得出应通过保护生态环境的方式减少经济贫困的结论[③]。黄英君从金融资本视角出发，采用实证方法探索金融深化、扶贫效益与农村合作金融发展之间的关联度，发现贷款的效率和规模对经济的增长有明显的影响[④]。郭劲光等从物质资本视角出发，通过实证分析我国基础设施建设投资的减贫效果，指出不仅是农村的基础设施数量，农村基础设施的质量也对贫困农户的收入有着非常显著的影响[⑤]。周玉龙等从社会资本视角出发，归纳我国贫困县与非贫困县的扶贫政策差异，探究了社会资本对贫困农户的异质性影响，发现社会资本对贫困县农户脱贫效应十分显著[⑥]。在多生计资本视角方面，李健瑜等通过比较陕南移民搬迁工程对农户生计资本的影响，提出移民安置地应该积累物资资本、金融资本，与此同时，也应该注重提升贫困农户的人力资本和社会资本[⑦]。赵文娟等以云南新平县干热河谷傣族地区脱贫攻坚工作为样本案例，提出要促进贫困地区的经济发展和提高农户的可持续生计水平，应积极促

① 何仁伟，李光勤，刘运伟，等. 基于可持续生计的精准扶贫分析方法及应用研究：以四川凉山彝族自治州为例 [J]. 地理科学进展，2017，36（2）：182-192.

② 徐淑红，朱显平. 人力资本视阈下的反贫困问题研究 [J]. 社会科学战线，2016（7）：271-274.

③ 曹诗颂，王艳慧，段福洲，等. 中国贫困地区生态环境脆弱性与经济贫困的耦合关系：基于连片特困区714个贫困县的实证分析 [J]. 应用生态学报，2016，27（8）：2614-2622.

④ 黄英君. 金融深化、扶贫效应与农村合作金融发展 [J]. 华南农业大学学报（社会科学版），2017，16（6）：32-41.

⑤ 郭劲光，高静美. 我国基础设施建设投资的减贫效果研究：1987—2006 [J]. 农业经济问题，2009，30（9）：63-71，112.

⑥ 周玉龙，孙久文. 社会资本与农户脱贫：基于中国综合社会调查的经验研究 [J]. 经济学动态，2017（4）：16-29.

⑦ 李健瑜，陈晓楠. 可持续生计视域下生态移民工程效果探析：基于陕南599份农户问卷的实证分析 [J]. 干旱区资源与环境，2018，32（12）：41-48.

进多种生计资本的有机结合①。

（3）可持续生计与扶贫效果评估。 评估扶贫措施的实施效果，是及时检验扶贫措施的正确性和科学性、及时改进扶贫措施的重要手段，是准确把握扶贫成效、确保扶贫工作有序推进的关键环节。基于可持续生计视角，学术界围绕产业扶贫效果、易地搬迁扶贫效果、生态补偿扶贫效果等方面展开了相关研究。在产业扶贫效果方面，苏芳等从宏观层面分析了不同帮扶措施的执行效果，研究表明教育扶贫和产业扶贫是当地最有力的帮扶②。陈忠言从中观层面分析了云南省典型的产业扶贫模式产生的扶贫效果③。斯丽娟等利用可持续生计框架，比较是否从事乡村旅游给农户带来的可持续生计水平差异，进而从微观层面对贫困乡村旅游扶贫的效果进行定量评估④。在易地搬迁扶贫效果方面，朱永甜等从农户的生计资本角度出发，通过纵向比较，从不同阶段层面研究了易地搬迁对农户生计资本的影响⑤。陈胜东等通过横向对比方式，以赣南实际案例探讨移民行为对农户生计资本的影响，提出移民行为能有效地增加移民的物质和社会资本，实现农户减贫目标⑥。在生态补偿扶贫效果方面，袁梁等以国家重点生态功能区的生态政策为出发点，探讨生态补偿政策对贫困农户可持续生计能力的影响效应，发现精准生态补偿政策能够提升贫困农户的可持续生计能力⑦。曾贤刚等分析了锡林郭勒盟草原生态补偿效果，得出生态补偿对不同地区的减贫效应存在较为明显的差异⑧。

（4）可持续生计与稳定脱贫。 贫困治理的目的是帮助贫困人口稳定脱贫，实现贫困人口的可持续发展，这与可持续生计的核心理念完全契合。目前，可

---

① 赵文娟，杨世龙，王潇．基于 Logistic 回归模型的生计资本与生计策略研究：以云南新平县干热河谷傣族地区为例［J］．资源科学，2016，38（1）：136-143.

② 苏芳，马南南，宋妮妮，等．不同帮扶措施执行效果的差异分析：基于可持续生计分析框架［J］．中国软科学，2020（1）：59-71.

③ 陈忠言．产业扶贫典型模式的比较研究：基于云南深度贫困地区产业扶贫的实践［J］．兰州学刊，2019（5）：161-175.

④ 斯丽娟，夏瑀，陶杰，等．旅游精准扶贫绩效影响因子研究：基于可持续生计理论［J］．西北农林科技大学学报（社会科学版），2019，19（1）：29-38.

⑤ 朱永甜，余劲．陕南易地扶贫搬迁减贫效应研究：基于分阶段的讨论［J］．干旱区资源与环境，2020，34（5）：64-69.

⑥ 陈胜东，蔡静远，廖文梅．易地扶贫搬迁对农户减贫效应实证分析：基于赣南原中央苏区农户的调研［J］．农林经济管理学报，2016，15（6）：632-640.

⑦ 袁梁，张光强，霍学喜．生态补偿对国家重点生态功能区居民可持续生计的影响：基于"精准扶贫"视角［J］．财经理论与实践，2017，38（6）：119-124.

⑧ 曾贤刚，段存儒，虞慧怡．社会资本对生态补偿绩效的影响机制研究：以锡林郭勒盟草原生态补偿为例［J］．中国环境科学，2019，39（2）：879-888.

持续生计分析在稳定脱贫方面的应用研究主要包括三个层面：首先，从生计资本的角度出发，对稳定脱贫的效果和风险进行评价。如王富珍等结合英国国际发展署和联合国开发计划署提出的生计理论框架，构建了脱贫稳定性的测度指标体系，引入模糊计算，对湖南省安化县脱贫户的生计稳定性进行了评价[①]。其次，从贫困户个体角度出发，加强稳定脱贫的能力建设。如梁伟军等以可持续生计分析框架为指导，从社会资本、人力资本和金融资本三个层面分析扶贫移民可持续脱贫能力结构，指出增强扶贫移民的可持续脱贫能力、实现扶贫移民的可持续脱贫需要扶贫移民个人、政府部门、民营企业、社会组织等的协同治理[②]。最后，是从体制机制出发，构建稳定脱贫机制。如张耀文等分析了我国反贫困可持续性不足的诸多隐患及主要成因，构建了包括生计风险防范机制、生计资本均衡提升机制、考核评估导向机制、生计选择拓展机制、后续生计扶持机制五大反贫困长效机制[③]。

2.2.2.4 可持续生计理论对返贫风险研究的启示

可持续生计理论及其分析框架已被广泛应用于贫困问题的研究中。在研究区域方面，现有文献较多研究我国民族地区、偏远山区、高寒地区等生态环境脆弱的贫困地区，对非民族地区和平原地区的研究相对较少。在研究对象方面，主要集中于少数民族人口、贫困农户、库区移民、退耕农户、农民工等群体，而关注脱贫人口的相关研究鲜有。在研究内容方面，主要包括四个方面：一是基于可持续生计框架，构建系统的多维贫困识别指标，精准识别贫困区域及贫困户；二是以增加农户生计资本、促进经济增长为目标，制定针对性的帮扶措施；三是以农户生计资本的变化、生计策略的变化、抵抗风险能力的变化等为衡量标准，评估各项帮扶措施的减贫效应；四是利用可持续生计理论分析框架，对脱贫户稳定脱贫的能力与返贫风险进行评估，增强脱贫农户自身的可持续生计能力，构建稳定脱贫的长效机制，推进稳定脱贫目标的实现。可持续生计理论在贫困治理中的作用和价值，为本课题的研究提供了重要参考。

当前，凉山已实现全面脱贫，如何巩固已有脱贫成效是凉山目前及未来一段时间内的工作重点，也是亟须解决的难点问题。然而，目前学术界对该问题的研究还相对不足：已有文献大多从农户生计环境、强化精准扶贫政策帮扶进

---

① 王富珍，周国华，唐承丽，等. 基于可持续生计分析框架的山区县域脱贫稳定性评价 [J]. 农业工程学报，2019，35（2）：270－277.

② 梁伟军，谢若扬. 能力贫困视阈下的扶贫移民可持续脱贫能力建设研究 [J]. 华中农业大学学报（社会科学版），2019（4）：105－114，174－175.

③ 张耀文，郭晓鸣. 中国反贫困成效可持续性的隐忧与长效机制构建：基于可持续生计框架的考察 [J]. 湖南农业大学学报（社会科学版），2019，20（1）：62－69.

行讨论，缺乏对返贫风险预警的探讨，且已有关于返贫风险预警的文献大多停留在定性层面，缺乏定量研究。本课题从返贫风险视角出发，采用定量研究的方法，将农户的生计资本风险、生计环境风险、生计策略风险纳入风险防控指标体系，并对返贫风险指标的严重程度进行划分，找到农户面临返贫风险的真正原因，以便及时采取风险防范措施，增强脱贫农户的增收能力，增加其生计资本存量，调整生计策略，促进脱贫农户可持续生计目标的实现，增强农户的防控返贫风险能力。

2.2.3 全面风险管理理论

2.2.3.1 风险管理的概念

1930 年在美国管理协会首次举办的保险会议上，罗门许布纳（Roman Huebner）博士提出了"风险管理（risk management）"。作为一门新兴的学科范式，其极具研究价值，随即受到各行各业的重视并不断发展。不同研究者给予"风险管理"不同的定义，具有代表性的观点如下：一是克里斯蒂（Christy）从损失、能力和资产视角出发，将风险管理界定为项目管理者采取一系列的措施（主要指保险手段），去抑制偶然风险并降低其带来的损失，来达到尽力保全资产及能力的目的[①]。二是威廉姆斯（Williamms）等基于动态视角，将风险管理解释为一种过程，该过程由识别、衡量、评价、控制风险等工作构成，希望用最低成本来降低损失，最终达到安全有效的管理目的[②]。三是罗森布洛姆（Rosenbloom）从决策视角将风险管理理解为处理风险问题，并选择对其进行最佳管理的技术方法，此处的风险仅指纯粹风险[③]。国内学者对风险管理的概念界定多是借鉴国外研究。例如，周云等从风险管理主体、过程及目标的角度对其进行界定，认为风险管理是各主体单位（如企业）通过对风险进行识别、评估、分析和控制，以最低的成本获取最佳经营效益、最大保障的一整套科学管理方法[④⑤]。许谨良认为，风险管理是对纯粹的（包括某些不可保证的）风险进行管理，其本质是决策[⑥]。顾国荣等将风险管理视为一种

---

① 克里斯蒂. 风险管理基础（1975）[M]. 广州：暨南大学出版社，1991：11.

② WILLIAMS C A. HEINE R M. Risk Management and Insurance [M]. New York：Mc Graw - Hill，1989：56.

③ ROSENBLOOM J S. A Case Study in Study in Risk Management [J]. Prentice Hall，1972：89.

④ 周云. 房地产经纪业务风险与案例分析 [M]. 南京：东南大学出版社，2013：12 - 13.

⑤ 董锡明. 轨道交通安全风险管理 [M]. 成都：中国铁道出版社，2014：25.

⑥ 许谨良. 21 世纪本科金融学名家经典教科书系　风险管理 [M]. 北京：中国金融出版社，2015：5.

动态过程，是指各经济单位运营中面临的不确定性事件，它们来自组织的内、外部，具有一定的危害性或破坏性，需要管理者制定并采取一定的措施对其进行预防、监测及分析，以实现组织最大价值目标的过程[①]。

综合上述观点，我们认为，风险管理是指通过识别、衡量、分析和评价风险，做出适当的反应，采取相应的风险防控措施，并有效处理风险带来的后果，从而达到以最低的成本实现组织目标的过程。

2.2.3.2 全面风险管理的提出

人们对风险问题的关注较早，经过 100 多年的探索和研究，已经形成了较为系统的风险管理理论，根据不同时期风险管理理论的主要特点，大体可将其发展分为四个阶段：第一阶段（1950 年以前），风险管理思想的萌芽阶段。风险管理思想逐渐产生，但尚未形成系统的理论，最有代表性的是期限结构理论。第二阶段（1950—1970 年），传统风险管理阶段。这一阶段的风险管理理论呈现出三个特征：一是风险管理的研究内容主要聚焦于对风险管理对象的界定和应对；二是风险管理理论实现了经济学与管理学的交叉融合；三是对风险的计量方法由单一的定性分析方法转变为定性与定量相结合，人们开始通过建立数理模型对风险进行测量和计算。第三阶段（1971—2000 年），现代风险管理阶段。这一阶段的风险管理以"内部控制"为主要特征。第四阶段（2001 年以后），全面风险管理阶段。这一阶段其主要特征是聚焦于企业组织的整体风险，服务于企业总体发展。

内部控制是全面风险管理的前身，它们之间在诸如包含关系、目标、要素等方面存在一定的联系，在范畴、目标、对风险的定义及控制风险对策等方面存在差异[②]。现代风险管理阶段的风险管理以"内部控制"研究为主，一系列关于内部控制的文件在各国相继出台，故本研究从此阶段开始探讨。1977年美国出台了《反海外贿赂法》，对加强企业的内部控制提出了明确要求。1992 年美国反欺诈性财务报告委员会发布《COSO 内部控制综合框架》，明晰了内部控制系统的"五要素"。1995 年加拿大反欺诈性财务报告委员会发布了"控制指南"，创新性地提出了规范企业内部控制的意见。1996 年我国注册会计师协会发布了《独立审计具体准则——内部控制与审计风险》，提出了内部控制的目标、程序、影响因素等，并对注册会计师开展相关审计工作作出了具体要求。

---

① 顾国荣，杨石飞．地下空间评估与勘测［M］．上海：同济大学出版社有限公司，2018：534．
② 徐继金，黄天生，余伟权．私募基金管理人内部控制实操指引［M］．北京：中国市场出版社，2019：13．

进入 21 世纪以来，以美国 COSO 构建的企业风险管理框架（Enterprise Risk Management Framework）的颁布为标志，风险管理进入了崭新的全面风险管理阶段。COSO 在 2003 年发布了《企业风险管理——整合框架》的征稿意见，引起了学界和政府等的关注。但至今该文件并未取代《内部控制——整合框架》，即便前者在内容架构等方面比后者更丰富合理。COSO 在 2004 年正式发布了《企业风险管理——整合框架》（或译为《全面风险管理——整合框架》）。COSO（2004）将其定义为："全面风险管理是一个过程，它由一个主体的董事会、管理层和其他人员实施，应用于战略制定并贯穿于企业运行之中，旨在识别可能会影响主体的潜在事项，管理风险以使其在该主体的风险容量之内，并为主体目标实现提供合理保证"[①]。

2.2.3.3　全面风险管理的应用研究

自全面风险管理在我国兴起后，国内学者围绕这一主题展开了多领域、多角度、多层次的研究，研究内容主要包括四个方面。

一是全面风险管理框架体系的构建与优化。全面风险管理框架体系是全面风险管理的"骨架"，所有风险管理活动都以此为基础展开，在全面风险管理中处于核心地位。学者们多以 COSO - ERM（2004）为基础，从微观角度出发，构建出某一具体行业或企业的全面风险管理框架体系。构建方式主要有两种，一种是基于 COSO - ERM（2004）框架中的某一维度进行构建，如王建红等根据 COSO - ERM（2004）框架中的八大关联因素，构建了财务企业的全面风险管理体系[②]；另一种是综合考虑 COSO - ERM（2004）框架的三个维度进行构建，如王宏伟等根据现代大型工程项目的特点，构建了由风险管理的环境、目标及制度、流程、方法四大支柱体系和风险管理环境、目标及制度、风险分析、评价、决策和监控六大模块组成的现代大型工程项目全面风险管理体系[③]。二是施行全面风险管理的影响因素研究。全面风险管理实施的影响因素与其价值实现密切相关，不同的企业影响其全面风险管理实施的因素也各不相同。如刘晓川等采用多元回归等实证分析方法，通过分析上市公司的相关数据，发现掌权者过于集权会显著影响 ERM 的实施效果，此外，ERM 实施的

---

①　美国 COSO 制定发布. 企业风险管理：整合框架［M］. 方红星，王宏，译. 大连：东北财经大学出版社，2017：16.

②　王建红，李春晓，王硕. 财务企业全面风险管理体系构建［J］. 财会通讯，2016（20）：104 - 106.

③　王宏伟，孙建峰，吴海欣，等. 现代大型工程项目全面风险管理体系研究［J］. 水利水电技术，2006（2）：103 - 105.

重要影响因素还包括企业规模、财务情况等①。三是全面风险管理与企业绩效、价值相关性的研究。成小平等通过实证研究证明，ERM 的实施能够显著提高公司绩效②。张芳洁等研究了寿险公司实施 ERM 对企业价值的影响，发现完善 ERM 组织结构体系、提高工作人员技术水平，能够提升其价值③。四是深化全面风险管理的解决路径研究。如毕新华等立足于 ERM 理念，针对商业银行在实施 ERM 中存在的问题，提出了解决之策④。

2.2.3.4 全面风险管理理论对返贫风险管理的启示

全面风险管理理论作为当前风险管理领域的研究热点，已被广泛应用于金融、通信、建筑、采矿、教育、医药等诸多行业中，并发挥了良好的作用，取得了一定的成效。但在扶贫工作领域，利用全面风险管理理论对贫困问题进行研究的成果极为有限，相关研究还有待进一步深入。目前，在已有相关研究中，学者们以 ERM 为依据，构建了主动脱贫理论（EPM），其中，E 指脱贫主体，P 指贫困，M 指脱贫措施，他们将其与风险的本质等同⑤。该研究启发我们将全面风险管理理论运用到返贫风险管理领域极具价值和可行性。我们可以利用全面风险管理理论对脱贫人口的返贫风险进行管理，以达到防止或者减少返贫现象发生的总体目标。全面风险管理的最大特征在于"全面"二字，将其运用到返贫风险管理领域，启示我们需要充分动员已脱贫户、市场及社会力量积极主动地参与到返贫风险管理中，对返贫风险进行全方位的识别、分析、评估、监测、预防及应对。同时，全面风险管理的三大基础工作也可以应用到返贫风险管理基础保障中。一是通过各种渠道广泛收集与返贫风险有关的信息，再对这些信息进行甄别、筛选、归类等处理，从而建立科学的返贫风险管理信息系统，以便对返贫风险进行识别和预警；二是通过成立返贫风险专家咨询小组、返贫风险监测小组等构建返贫风险管理组织体系，以及分析、评估并应对返贫风险；三是通过树立并强化各方主体的返贫风险意识，逐步形成稳定的返贫风险管理文化，使已脱贫人口、政府及相关市场参与者积极主动地参与返贫风险管理活动。

---

① 刘红霞，刘晓川. 权变因素、ERM 目标与企业绩效研究：基于中央企业数据的实证分析 [J]. 北京工商大学学报（社会科学版），2012，27（1）：57 - 62.

② 成小平，庞守林. 全面风险管理对公司绩效影响实证分析：来自中国上市公司的经验证据 [J]. 西安电子科技大学学报（社会科学版），2015，25（3）：17 - 23.

③ 张芳洁，张桂霖，亓明. 寿险公司实施全面风险管理对企业价值的影响研究 [J]. 保险研究，2017（10）：54 - 64.

④ 毕新华，赵雪飞. 全球金融危机下我国商业银行加强全面风险管理的对策及建议 [J]. 东北师大学报（哲学社会科学版），2009（5）：56 - 60.

⑤ 谢志刚，杨波. 基于全面风险管理的主动脱贫理论研究 [J]. 保险研究，2018（8）：3 - 12.

2.3　本章小结

　　本章从返贫问题研究出发，以返贫的现象和特征、成因及治理策略等研究为切入点，进而延伸至对返贫风险的诱因、类型和防控研究，最终着眼于贫困文化对返贫风险的研究启示上，全面梳理和回顾了国内外的已有研究成果，为本研究奠定了良好的文献基础。与此同时，本章对反贫困理论、可持续生计理论和全面风险管理理论的国内外研究成果进行整理，为本研究奠定了理论基础。

　　本章的研究表明，国际学术界关于返贫现象、返贫风险及贫困文化的研究已经形成了较多较为完整的理论体系和相对成熟的研究方法。与此同时，与之相关的理论基础研究也已形成了较为规范的范式，为我们的研究提供了较好的理论与方法借鉴。当然，鉴于我国政治、社会和经济的现实情况及自身特点，这些理论与方法并不完全适用于我国，不能直接套用在凉山返贫风险的研究中。另一方面，国内已有关于返贫问题的相关研究虽然在研究视角、方法和内容等方面均进行了很好的尝试，但总体而言不够全面和深入，尤其是关于返贫风险等级的划分标准尚未形成权威性的共识。此外，已有研究对脱贫人口生计环境和生计策略所引发的返贫风险关注较少。难以形成对凉山脱贫人口返贫风险的整体性认识，无法对如何在该区域实现更好的预测、防范返贫风险这一问题提出具有针对性的建议。

　　鉴于此，本研究将在国内外已有研究的基础上，将返贫风险的研究与反贫困理论、可持续生计理论及全面风险管理理论相结合，并基于凉山的实际状况构建系统性的返贫风险识别与预警机制，以期为构建"脱贫不返贫"的长效治理机制，制定脱贫人口返贫风险防范的政策与策略提供参考。

3 凉山的反贫困历程、成效与未来挑战

本章将对凉山的自然资源与经济社会发展概况进行阐述,并对其反贫困历程进行梳理,总结其成效与经验,探讨该地区未来反贫困工作面临的挑战,以期为后续章节的理论分析与预警模型构建提供背景依据。

3.1 凉山自然资源与经济社会发展概述

3.1.1 自然资源概况

3.1.1.1 地形地貌

凉山属于山区,区内大山大川起伏较大,河谷幽深,西北部地势较高,东南部地势相对较低。区内山脉走向以南北方向为主,有 20 多座海拔 4 000 米以上的山峰,地貌多样且复杂,有丘陵、山地、平原、盆地、高原和水域。

高山深谷的地形和地貌使凉山景色优美,生物多样,物产丰富。但由于地形构造复杂,因为地质活动频繁,再加上气候变暖,极端天气引发的山体崩塌、泥石流、山洪和滑坡等地质灾害频发,增加了因灾致贫的风险。同时,险峻的地貌和崎岖的山路不仅影响了凉山与外界的联系,也增加了其交通运输成本,削减了凉山在产品市场中的竞争优势。

3.1.1.2 气候资源

凉山处于四川省的西南部,降水和日照较为充沛,气温适宜,年均气温 16~17℃。凉山北部的年日照时数约为 1 600~1 800 小时,中南部日照更充足,年日照时数达 2 400~2 600 小时[①]。

凉山气候条件复杂多样,地处山区且与云南接壤,气候特点与之相似,加之旅游气候资源较为丰富,故全年都可开展旅游活动。凉山气温适宜,空气湿润,日照充足,发展康养旅游有得天独厚的优势;同时,充足的日照不仅使植

---

① 数据来源:中国天气网. http://www.weather.com.cn/cityintro/101271601.htm.

被丰富茂密、作物生长旺盛，也利于发展太阳能，光电经济技术可开发量约500万千瓦；山区的风能资源丰富，风电技术可开发量大约为1 500万千瓦。综上所述，凉山的气候资源丰富且具备较大的开发价值，是实现巩固脱贫攻坚成果与乡村振兴的有利因素。

但由于地处高山峡谷，每逢雨季，河流沿岸可能发生山洪灾害，凉山一些河谷两侧容易发生山体崩塌、滑坡、泥石流等次生灾害，导致铁路、公路中断，影响旅游和农业等产业的发展，增加了凉山群众因灾致贫的风险。

3.1.1.3 水资源

凉山的江河湖泊众多，有23个内陆淡水湖泊，有145条流域在100平方千米以上的河流。凉山不仅地表水资源丰富，地下热水资源同样丰富，有51处温泉，水温在30~60℃[①]。因为地处山区，地势落差较大，凉山水能资源也很丰富，经测算可开发的水能达7 000多万千瓦。目前，在"三江"流域规划建设的100万千瓦以上国家级电站共有14座，凉山就占了10座[②]。

凉山丰富的水资源有力地促进了地方经济的发展，不仅为凉山居民的生产生活用水提供了保障，也能很好满足当地居民的电力需求；温泉旅游的开发也可以在一定程度上促进居民致富增收，对脱贫人口稳定脱贫较为有利。

3.1.1.4 植物和动物资源

凉山植被分布多样，类型丰富，木棉、番石榴、酸角等多种乔木、灌木和草本植物较为丰富[③]。凉山有脊椎动物661种，国家一级保护野生动物有大熊猫、金丝猴、金钱豹等16种，国家二级保护动物有小熊猫、猕猴、穿山甲等57种[④]。丰富的动植物资源为当地的旅游业发展提供了坚实的基础，也为发展特色农业和林业提供了有利条件。因此，合理保护和有效开发凉山的动植物资源能够促进当地经济稳步发展，降低返贫风险。

3.1.1.5 旅游资源

凉山旅游资源丰富，有9个4A级景区，包括泸沽湖、邛海湿地公园、螺髻山、西昌卫星发射中心等著名景点。其中，邛海湿地公园总面积2万亩（1亩=1/15公顷）；泸沽湖水域面积58.8平方千米；螺髻山是第四纪古冰川天然博物馆；西昌卫星发射中心是我国四个航天发射场之一。

旅游业的快速发展带动了凉山交通运输、餐饮和住宿等服务业的发展，不

---

① 再出发：新时代凉山发展报告 [EB/OL]．（2019-08-20）[2023-09-30]．http：//www.lsz. gov. cn/jrls/zfgzzl/ggkf/201908/t20190820_1241747. html.

② 凉山彝州新闻网 [EB/OL]．（2019-08-27）[2023-09-30]．http：//www. lszxc. cn/html/2019/lsxw_0827/12589. htm.

③④ 凉山彝族自治州志地方志编纂委员会．凉山彝族自治州志 [M]．北京：方志出版社，2000.

仅增加了当地居民的就业机会，也拓宽了当地居民与外界交流的渠道，使当地居民的思想观念发生了较大转变，进而有效促进了当地的经济社会发展，降低了凉山脱贫人口的返贫风险。

3.1.2 经济发展概况

3.1.2.1 人口和人力资源

第七次全国人口普查数据显示，截至 2020 年，凉山州常住人口 533.12 万人，整体人口变化趋势呈现出以下特点：首先，人口依然处于增长态势，十年增长了 7.18%。其中 0~14 岁和 60 岁以上人口比重上升，15~59 岁人口比重下降；男性人口占比 51.14%，女性人口占比 48.86%；老龄化程度加深，性别比例失衡，实现人口长期均衡增长的压力大。其次，劳务输出规模扩大，人口流动更频繁，向经济发达区域和区域中心城市进一步集聚[①]。

具体而言，课题组对凉山州 2003—2020 年人口和社会从业人员进行了统计（表 1），发现 2003 年以来，凉山州彝族人口数量呈现出逐年增长的趋势，2020 年彝族人口为 288.75 万，占总人口的 54.16%。此外，凉山州从业人员的数量也在逐渐增加，从就业结构现状来看，第一产业为主导，第三产业次之，第二产业人数最少；从就业结构的发展态势来看，第一产业的就业人数不断减少，第二和第三产业的就业人数不断增加。总体而言，凉山州的人口和社会从业人员都在增长，但存在就业结构不合理、从事第一产业的人数比重过大等问题。

在人口的受教育程度方面，教育扶贫实施以来，凉山州人口受教育水平和人口素质显著提高，但相较于全国人口平均水平而言依然偏低（图 1）。从调研情况看，由于人才匮乏，人力资本的附加值偏低，凉山很多从业者从事的工作是技术性不高的体力劳动，这也导致从业人员的收入相对较低。

表 1 凉山州人口和社会从业人员状况

单位：万人

年份	凉山州人口	彝族人口	第一产业从业人员	第二产业从业人员	第三产业从业人员	社会从业人员
2003	415.48	181.55	189.91	16.57	41.56	248.04
2004	424.32	188.25	187.95	16.44	55.02	259.41
2005	428.56	192.57	187.71	17.51	43.79	249.01
2006	435.63	197.45	189.20	18.54	46.23	253.97

① 凉山州第七次全国人口普查主要数据情况 [EB/OL]. (2021-06-02) [2023-09-22]. http://www.lsz.gov.cn/xxgk/tjxx/tjsj/202106/t20210602_1925482.html.

（续）

年份	凉山州人口	彝族人口	第一产业从业人员	第二产业从业人员	第三产业从业人员	社会从业人员
2007	448.40	208.29	191.52	22.42	46.18	260.12
2008	460.99	220.46	191.71	25.17	54.94	271.82
2009	473.04	231.07	193.01	34.73	68.18	295.92
2010	478.94	236.63	194.96	32.50	64.24	291.70
2011	487.25	243.65	183.74	33.97	74.34	292.05
2012	497.24	252.13	191.15	32.20	77.48	300.83
2013	506.42	259.68	192.13	32.42	79.54	304.09
2014	511.78	264.78	188.26	32.05	87.22	307.53
2015	511.78	264.78	179.06	33.92	75.60	288.58
2016	512.36	265.73	170.17	40.07	78.50	288.74
2017	521.29	275.73	166.92	41.85	80.40	289.17
2018	529.94	284.13	164.37	43.93	81.33	289.63
2019	531.03	285.88	164.00	42.88	82.85	289.73
2020	533.12	288.75	147.11	35.47	88.80	271.38

数据来源：凉山州 2003—2020 年《国民经济和社会发展统计公报》。

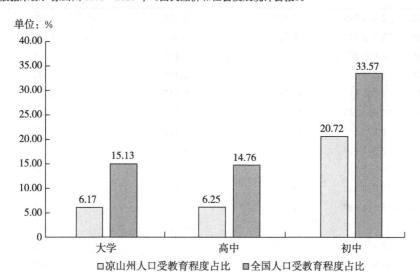

图 1　2020 年凉山州人口受教育程度对比

数据来源：国家统计局和凉山州统计局第七次全国人口普查公报。

3.1.2.2　国内生产总值（GDP）和人均收入

课题组对 2003—2020 年凉山州的经济发展和经济收入做了统计（表 2），

结果表明，2013 年实施精准扶贫以来，凉山州的国民生产总值和人均收入都呈现出高速的增长态势，这与国家对凉山实施的开发式扶贫有很大的关系。

以 2003 年为例，当时全国人均 GDP 为 10 700 元，凉山州人均 GDP 为 4 900 元，仅为全国平均水平的 46%。2020 年脱贫攻坚取得全面胜利，全国人均 GDP 为 71 800 元，凉山州人均 GDP 为 35 720 元，为全国平均水平的 50%。又如，2003 年全国农村居民人均可支配收入 2 700 元，凉山州农村居民人均可支配收入 1 780 元，为全国水平的 66%。2020 年全国农村居民人均可支配收入 17 100 元，凉山州农村居民人均可支配收入 15 232 元，为全国平均水平的 89%，与全国水平的差距大幅缩小。

从总体来看，一方面，随着脱贫攻坚的全面胜利，凉山州的经济发展取得了巨大成就；另一方面，凉山州农村居民收入水平远远低于全国平均水平。因此，如何进一步提升综合经济实力，缩小城镇居民与农村居民的收入差距，实现共同富裕，仍然是凉山州未来经济社会发展的重要任务。

表 2 凉山州 GDP 和人均收入状况

年份	GDP（万元）	人均 GDP（元）	城镇居民人均可支配收入（元）	农村居民人均可支配收入（元）
2003	2 023 519	4 900	6 086	1 780
2004	2 453 823	5 683	6 905	2 156
2005	3 002 257	6 934	7 496	2 438
2006	3 596 011	8 331	8 423	2 717
2007	4 505 772	10 398	9 947	3 187
2008	5 564 245	12 790	11 715	3 653
2009	6 271 142	14 306	13 121	3 960
2010	7 841 910	17 560	14 879	4 565
2011	10 001 275	22 044	17 218	5 538
2012	11 226 693	24 669	19 835	6 419
2013	12 144 022	26 556	21 699	7 359
2014	13 143 033	28 556	23 609	8 264
2015	13 148 366	28 276	24 084	9 422
2016	14 070 392	29 549	25 963	10 368
2017	14 809 136	30 669	28 170	11 415
2018	15 564 845	32 413	30 421	12 548
2019	16 702 124	34 566	33 044	13 908
2020	17 331 500	35 720	34 636	15 232

数据来源：凉山州 2003—2020 年《国民经济和社会发展统计公报》。

3.1.2.3 凉山州三大产业结构

课题组对凉山州 2003—2020 年三大产业结构占比进行了统计，并与四川省及全国进行比较。结果表明，在 2005 年及以前，凉山州三大产业占比基本相当，如 2003 年三大产业结构比为 32.9：33.8：33.3，2004 年为 33.3：35.5：31.2，2005 年为 30.7：36.0：33.3。2016 年凉山州第二产业和第三产业占比均大幅超过第一产业，三大产业结构比为 20.0：48.7：31.3。此后，凉山州第三产业发展迅速。2020 年凉山州三大产业结构比为 23.5：32.3：44.2。尽管凉山州的产业结构得到了一定的优化，但和全国相比，其第二、三产业发展依然相对滞后，第一产业比重依然很高。以 2016 年为例，全国三大产业结构比为 7.9：40.5：51.6；2020 年为 7.7：37.8：54.5[①]。

可见，虽然较历史往期有较大的发展，但凉山州工业和服务业的整体发展水平远远低于全国平均水平（图 2）。

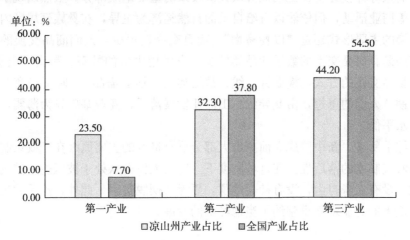

图 2　2020 年凉山州一、二、三产业结构占比情况

数据来源：国家统计局、凉山州统计局，2003—2020 年《国民经济和社会发展统计公报》。

3.1.3　社会发展概况

新中国成立以前，凉山的社会制度是封建农奴制，以土地个体私有为基础，地主剥削佃农的方式主要是没收实物和收取高额地租。因此在封建农奴社会里，凉山绝大多数人生活在贫困中。

新中国成立前，"家支"制度是凉山的主要社会制度。"家支"是凉山的一

---

① 国家统计局、凉山州统计局，2003—2020 年《国民经济和社会发展统计公报》。

种基本社会组织，由 100 个诺伙"家支"共同控制，各"家支"之间分裂割据、互不统属，并没有形成统一的奴隶制政权。在这样的社会中，人被分为五个不同的等级①。其中，兹伙和诺伙为统治者，其人数只有当地彝族人口的7%，却拥有彝区近 70%的耕地和其他生活资料。兹伙和诺伙不仅在资源上占据了绝对优势，而且还对曲诺、瓦加、呷西的人身自由有不同程度的占有，瓦加和呷西处在被奴役的生活状态下。新中国成立前，凉山大多数彝族同胞生活在贫困和被奴役的状态下，他们在失去生产资料、工具和人身自由的同时也失去了受教育的机会②。

新中国成立前，凉山的经济制度表现出以小农经济为主的特点。农业是当地的主要经济基础，农民用犁、耙、条锄等农具种植玉米、荞麦、土豆、小麦等农作物，生产方式较为原始，生产效率低下。牧业、狩猎、药材和木耳采集、捕鱼等林牧经济也是当地群众经济收入的重要组成部分。虽然出现了定期赶集等商业活动，但依然以自给自足的自然经济为主导，在彝族聚居区内，商品交换的主要形式还是"以物易物"，而且交易量很少，人们商品交换的意识比较淡薄。商品交换的数量和品类较少，农民用少量的牲畜、粮食、山货等，通过物品交换的方式，换取针、线、盐之类的生活必需品。"耻于经商"的观念禁锢了人们的思想，由此导致凉山商业发展落后，商业基础较为薄弱，经济发展水平低。

综上所述，新中国成立前凉山大部分群众贫困的主要原因在于奴隶制度和封建农奴制度的落后性。在这种制度下，广大人民群众处于被压迫、被剥削的地位，没有人身自由，没有社会地位，更无法摆脱贫困。此外，落后的生产方式和低下的商业水平也制约了当地经济的发展。

3.2 凉山的反贫困历程

新中国成立后，党和政府高度重视对凉山的扶贫工作。按照时间的先后顺序，结合郭佩霞③等学者的研究，根据党和政府在凉山反贫困的实践，本课题将凉山的反贫困工作大致分成四个主要阶段：救济式扶贫阶段、体制式扶贫阶段、经济开发式扶贫阶段和精准脱贫攻坚阶段。

---

① 五个等级分别是：兹伙、诺伙、曲诺、瓦加和呷西。
② 郭佩霞. 凉山政府反贫困研究 [M]. 北京：经济科学出版社，2008：105.
③ 刘浩，赵晓霞. 凉山彝族地区反贫困研究 [J]. 当代中国史研究，2013，20 (4)：107 - 114，128.

3.2.1　救济式扶贫阶段（1949—1977 年）

对处于这一时期的凉山来说，贫困依然是当地人民群众和政府面临的突出问题。党和政府将反贫困作为自己的责任和使命，着手帮助生活贫困的群众。但因当时国家经济发展正处于起步阶段，财政较为紧张，采取的扶贫措施多为救济性的。因此，这一阶段的反贫困工作被称为"救济式扶贫"，工作重点是救灾和济贫。

建国初期，政务院专门设置了内务部，对农村的"五保户"和贫困户开展救济式扶贫，为农村特殊贫困群体和受灾人口发放粮油、棉花等生活必需品，保障贫困群众的基本生活。1978 年以前，凉山的经济发展水平较低，呈现出整体性成片贫困。当时凉山扶贫面临的主要问题是粮荒，贫困人口吃不饱饭[①]。解决粮食问题成为当时凉山救济式扶贫工作的主要内容。为了让贫困群众吃饱饭、不受饥寒，凉山州政府发放了 100 余万斤[②]救济口粮和 5 万多套御寒衣物。同时，凉山州政府分发了 35 万件农具用于加强农业生产。在资金方面，有无息或低息农业贷款作为辅助政策用于反贫困[③]。针对凉山看病难的问题，政府部门组建了流动医疗队，积极筹建医疗机构，加强贫困地区的医疗基础建设。1952 年金阳、布拖、昭觉、普格等贫困县有了医院。1955 年在凉山州及各县共建了 10 个县级卫生院、20 个医疗队和区卫生院，为 100 万人次的彝族群众治疗疾病。为了减轻贫困人口的负担，80% 的治疗是免费的。针对凉山的教育状况，政府工作队开展了彝、汉双语教育，开始了大凉山州教育的基础建设。到 1955 年，凉山州共建设了 18 所民族小学，在校学生达 900 多人。值得一提的是，当时凉山的教育是免费的，一些贫困人口的子女有了受教育的机会，对日后彝区的发展起到了奠基性作用，使当地民族干部和人才逐渐成长起来[④]。

3.2.2　体制式扶贫阶段（1978—1985 年）

在该阶段，凉山的反贫困主要是依靠体制变革来实施，呈现出体制式扶贫的特征。所谓体制式扶贫，是指由于体制的变化促进生产力解放，进而推动经济社会发展，促使贫困率下降的一种扶贫方式。1978 年我国开始实行家庭联

---

① 郭佩霞.凉山政府反贫困研究 [M].北京：经济科学出版社，2008：97.

② 斤为非法定计量单位，1 斤＝0.5 千克。

③ 吉正芬.发展型扶贫：全面脱贫背景下扶贫攻坚的战略选择：以凉山州为例 [J].西南民族大学学报（人文社科版），2017，38（9）：190-195.

④ 郭佩霞.凉山政府反贫困研究 [M].北京：经济科学出版社，2008：116.

产承包责任制和农村经济体制改革，此举不仅为中国经济发展注入了新的活力，也为凉山经济社会发展带来了全新的机遇，凉山的经济得到较快发展。在这一阶段，政府的经济体制改革为反贫困提供了强大的动力。具体到凉山，1980 年发展集体养殖业，实行公养、公有、公有私养、公有包养等多种方式，私有成分在养殖业的占比进一步提升。1981 年凉山实行低价保本和定额提留等政策，收益和产仔归养畜户，有效促进了养殖业的发展。1984 年养殖业政策进一步调整，牲畜一律私有私养，且农户有继承权；草场为公有，采取多渠道的方式进行经营和管理。连续实行的养殖业改革，不仅促进了凉山养殖业的发展，也使部分农牧民的生活有了保障。

体制式扶贫阶段，凉山在注重改善生产关系的同时，也在解决群众基本生活问题方面持续发力。救济扶贫并没有间断，尤其是在医疗和粮食救济方面，政府也做了大量工作。据统计，1979 年凉山州政府拨款 33 万元扩建麻风村，有 17 个麻风村的 4 416 名病员得到集中救助。在粮食无法自给自足的村，缺额部分的粮食由各县民政局采取救济的方式发放。据《凉山州志》统计：针对严重缺粮人口，凉山州政府 1979 年共发放救济款 139 万元，救济粮食 478 万公斤，使 5.1 万余户得到了救济；1980 年发放救济款 101.9 万元，救济粮食 718 万公斤，使 10 万人得到了救济；1981 年发放救济款 82.7 万元，使 14 万人得到了救济；1982 年发放救济款 88 万元；1983 年发放救济款 75.7 万元；1984 年发放救济款 150 万元；1985 年发放救济款 115 万元[①]；1979—1985 年的六年时间里，总计投入 752.3 万元用于凉山贫困户的粮荒救济。

除政府外，在凉山民间反贫困的力量中，"家支"依然是不可或缺的组成部分。"家支"除了传统的互帮互助外，在招生、招工、招干、人事调动、提拔、分配、销售、货物提取、司法、扶贫、贷款担保等多个方面均发挥了积极作用，提高了当地群众的自我发展能力。一批企业家在"家支"的影响下，把资金和项目投入到本地，促进了当地就业，增加了当地群众的收入，在促使其脱贫的过程中发挥了重要作用。

该阶段的扶贫主要是通过经济体制转变、解放生产力、调整生产关系、提升市场活跃度、培育社会主义市场经济等方式促进扶贫工作的开展。同时，转变观念，解放思想，加大改革开放力度，从而促进凉山的经济活力，逐渐培育当地的市场经济体系，提高当地的对外合作交流能力，增加就业岗位和劳动者的收入，减少贫困人口也是这一阶段凉山扶贫工作的主要内容。

---

① 郭佩霞. 凉山政府反贫困研究 [M]. 北京：经济科学出版社，2008：271.

3.2.3 经济开发式扶贫阶段（1986—2012 年）

改革开放后，随着经济体制改革的不断深化，我国的经济得到了较快发展。国家整体发展形势发生变化，扶贫工作的关注重点和工作内容也随之改变。救济式扶贫不再是重点，建立扶贫工作体系、注重民族地区的扶贫开发成为这一时期的重要工作。至此，中国政府开始了一次计划周密、组织健全、规模宏大的经济开发式扶贫。

由于地理、历史、文化等方面的原因，受观念陈旧、经济落后、基础薄弱、发展不足等因素限制，凉山经济发展依然滞后，反贫困的任务依然艰巨，在短时间内还无法改变整个地区的深度贫困面貌。1986 年凉山州的贫困县占比达 42.6%[①]，其中国家级贫困县 4 个[②]，四川省定贫困县 8 个[③]，这些县都被统一纳入了扶贫范围。与此同时，凉山还被列入全国 18 个集中连片贫困区，贫困县集中连片区域达 4 万多平方公里，占全州面积的 67%，贫困人口占四川人口的 17.7%[④]。

1986 年凉山州政府在 4 个县[⑤]开展了对牧区的开发式扶贫，提出了三大扶贫工程：一是"三亩地"建设，建设 1 亩贫困户的"高产粮田"，建设 2 亩贫困户的"找钱地"；二是在半农半牧地区走"白色革命"[⑥] 和"绿色革命"[⑦] 相结合的发展道路；三是减少水土流失，开展"三保措施"[⑧]，提高农作物产量。在实施这三大扶贫工程时，政府出台了配套政策，在重点贫困县按照一定的计划推出了专项贴息贷款。据统计，1986—1990 年，对凉山州 4 个国家级贫困县投入的专项扶贫贷款累计达 2 700 万元，在这批资金的支持下，17 万户贫困户受益。三大扶贫工程也取得了显著成效，到 1990 年，建成高产稳产粮田206 万亩，建成"找钱地"543 万亩。其中各类经济林 119.6 万亩，各类水果70.8 万亩，用材林（速木林）179.1 万亩，人口种草、机会轮作 144.4 万亩，水面养殖 8.7 万亩，增强了农业发展的后劲[⑨]。在做好国定贫困县反贫困工作

---

① 国务院新闻办公室.中国民族区域自治（白皮书）2019 [R].（2019 - 05 - 20）[2023 - 09 - 30]. http://politics. people. Com. cn/GB/1026/3206981. html.

②⑤ 昭觉、美姑、布拖、金阳四县。

③ 雷波、喜德、普格、盐源、木里、冕宁、越西、甘洛八县。

④ 郭佩霞. 凉山政府反贫困研究 [M]. 北京：经济科学出版社，2008：333.

⑥ "白色革命"是指"地膜玉米"。

⑦ "绿色革命"是指"粮草轮作"。

⑧ "三保措施"是指对坡耕地进行"坡改梯"（坡地改梯田），保水、保土、保肥。

⑨ 刘绍先，邹大明，马开明，等. 希望与选择：论民族地区县级经济的发展道路 [M]. 成都：四川人民出版社；1992.

的同时，凉山还采取"种、养、加、采"的扶贫开发方式发展农牧业生产。在国家宏观政策的指引下，因地制宜地制定符合本区域实际状况的政策，"双管齐下"地推动凉山的反贫困工作纵深发展。

经济开发式扶贫使绝大多数的贫困户都能受益，但这种扶贫方式有一定的适用条件，对于一些特殊的贫困户①，由于他们的生活环境恶劣，拥有的自然资源有限，因此，对这部分贫困户继续采用直接经济救济的方式扶贫，1987—1990 年，凉山政府每年发放的救济款分别为 278 万元、105 万元、198 万元、130.3 万元，救济人数分别为 40 万人、23 万人、30 万人、49 万人②。

1994 年 3 月，就全国的扶贫开发工作，国务院制定了纲领性文件③，凉山州制定了与之配套的扶贫计划④，提出了凉山州新时期扶贫攻坚的重点⑤，并进一步制定了新的扶贫"三大工程"，即："形象扶贫"工程、"移民扶贫"工程、"百乡千村"工程。从 1994 年开始，国家以工代赈资金投入达到每年1 000 万元，以支持凉山反贫，使 30 多万人超过了既定温饱线。"形象扶贫"工程并不只是为了"形象"，而是一种切实的措施，让当地群众树立新的生产观、消费观、储蓄观。到 2000 年底，8 万多贫困户被确定为"形象扶贫"对象，160 万人改变了"人畜混居"状况，凉山居民生活方式发生了巨大的变化。"移民扶贫"的重点对象是由地理原因导致贫困的深度贫困户⑥，此项工程以扶贫开发为主，通过工程的实施，当地的生态得到了治理，环境得到了保护，同时还进行了农业综合开发，使 13 万缺乏基本生存条件的贫困群众得到了妥善安置。"百乡千村"工程加强了贫困地区的基础设施建设，减轻了乡村的贫困程度。据统计，到 2000 年底，凉山 12 个贫困县新增 25.36 万亩基本农田、2 343 公里公路、2 076.1 公里输电线路和 891.52 万立方米小水库蓄水量，39.92 万人、105.72 万头牲畜的饮水问题得到了解决，广播覆盖率达到76.1%，电视覆盖率达到 84.6%⑦。

2000 年底，全国农村人口基本实现温饱，反贫困也取得了阶段性成果。此时，

---

① "特殊的贫困户"主要是居住在海拔 2 000 米以上的高寒山区、条件非常特殊的贫困户。

② 数据来源：《凉山彝族自治州志》。

③ 国务院于 1994 年实施的"国家八七扶贫攻坚计划"。

④ 凉山彝族自治州政府于 1994 年实施的"七二一〇扶贫攻坚计划"。

⑤ 凉山州新时期扶贫攻坚的重点在于"加强基础设施建设、改善教育和医疗卫生设施、改变贫困农户家庭环境卫生状况、改善居住条件、改革陈规陋习、转变观念"等。

⑥ 世代居住在生态环境恶劣地带的贫困农户。

⑦ 郭佩霞. 凉山政府反贫困研究［M］. 北京：经济科学出版社，2008：225.

虽然成果显著，但绝对贫困依然没有消除，还有极少数贫困人口由于地域等因素的限制①，贫困程度比较深、减贫难度大，依然需要下大力气。针对这部分贫困人口，靠经济增长带动的策略效果不明显，以前使用的常规扶贫手段很难奏效。针对此问题，国家重新调整了扶贫工作战略和重点扶持区域，提出新的扶贫纲要②，其中，凉山被纳入国家级贫困县的有 11 个，被纳入重点扶持的贫困村有 1 188 个。根据国家出台的扶贫政策，四川省和凉山州也制定了相应的扶贫开发规划及相关的专题方案③，凉山的反贫困工作成为国家和四川省的发展战略之一。

在国家和四川省的支持下，凉山的反贫困投入力度进一步加大，扶贫项目和资金充分发挥了良好的反贫作用。如实施了对以"三房"④ 等为主的破旧和危险房屋改造工程，投入扶贫资金 409 亿元，惠及 141 万户贫困群众，63 万人因此受益。2012 年凉山州居住在"三房"中的贫困群众告别了原有居所。2012 年凉山完成了新村扶贫建设 1 188 个、移民扶贫 585 万人，以及 271 所乡镇中心学校和 161 所乡镇卫生院的改扩建任务⑤，凉山州民族教育事业得到了发展。2012 年凉山州青壮年文盲扫除、9 年义务教育的人口覆盖率达 100%，享受生活补助的寄宿制贫困学生达 20 多万人。此外，凉山还实施了免费职教计划，初中毕业的学生，根据政策可直接接受职业教育，提升职业技能。

该阶段的重点是夯实凉山的经济基础，既包括交通、医疗、教育、卫生等公共基础设施的建设，也包括当地特色农业、林业和旅游业的开发与项目资金扶持，从而加强贫困地区自身的造血功能，提高区域整体的经济发展水平，增加创业和就业机会，减少贫困人口。

3.2.4 精准脱贫攻坚阶段（2013—2020 年）

2011 年国务院印发《中国农村扶贫开发纲要（2011—2020 年）》，提出到 2020 年，消除农村绝对贫困的目标。2013 年习近平总书记在湖南省湘西州花垣县十八洞村考察时强调："扶贫要实事求是，因地制宜。要精准扶贫，切忌喊口号，也不要定好高骛远的目标。"⑥ 此后，2015 年 6 月，习近平总书记在

---

① 这些贫困户生活在自然环境恶劣地区，发展环境受到了很大的限制。

② 指《中国农村扶贫开发纲要（2001—2010 年）》。

③ 包括《凉山州农村扶贫开发规划（2001—2010 年）》《乌蒙山片区区域发展与扶贫攻坚规划》《关于加快推进彝区跨越式发展的意见》《安宁河谷地区跨越式发展总体规划》《大小凉山综合扶贫开发规划总体思路》等十个专题方案。

④ 木板房、茅草房、石板房。

⑤ 刘浩，赵晓霞. 凉山彝族地区反贫困研究 [J]. 当代中国史研究，2013，20（4）：107－114，128.

⑥ 精准扶贫 [EB/OL]. （2017－09－06）[2023－09－23]. http://theory.people.com.cn/n1/2017/0906/c 413700－29519521.html.

贵州调研时提出了"六个精准"①，提出扶贫开发"贵在精准，重在精准，成败之举在于精准。"这一年，中共中央、国务院也颁布了指导脱贫攻坚工作的重要文件②，确定此阶段扶贫开发的基本方略为精准扶贫，精准脱贫。

随着国家精准扶贫和精准脱贫大政方针的实施，国家贫困治理体系进一步健全，治理能力进一步提升。在此背景下，凉山成为全国脱贫攻坚主战场之一，全州深入推进综合扶贫开发，加大基础设施建设，建设了彝家新寨、新村，加大禁毒和艾滋病防范力度，倡导文明现代的生活方式等。在这场攻坚战中，省、州选派的综合帮扶队和帮扶干部，下沉到各个扶贫点，开展精准的帮扶工作。来自政府、市场和社会等多种渠道的各类扶贫资源和资金，源源不断且精准地投入到凉山经过精准识别的贫困户手中。在国家、四川省"五个一批"③ 基础上，凉山州大力发展"两个一批"④，设计并全面开展了 23 个扶贫专项活动。凉山的脱贫攻坚取得了决定性成效，据统计，精准扶贫阶段中，凉山累计减贫 24.8 万户、105.2 万人，2 072 个贫困村全部退出贫困，11 个贫困县全部摘掉贫困的帽子⑤。凉山绝对贫困、区域性整体贫困得到了全面消除。

该阶段凉山扶贫工作的最大特征是"精准"。既表现在贫困户识别的精准上，也表现在政策和措施实施的精准上，以及帮扶项目建立、帮扶资金投放、帮扶工作人员选择的精准上。充分说明该阶段的扶贫工作不仅有"力度"，还有"准度"，在"力度"和"准度"的双重作用下，这场脱贫攻坚战取得了全面胜利，凉山彻底改变了贫困落后的面貌，与全国全省同步步入小康社会。

3.3 凉山的反贫困成效

3.3.1 凉山反贫困的基本经验

3.3.1.1 党的领导是反贫困胜利的关键

在反贫困的过程中，凉山一直在党中央和四川省委的坚强领导下开展工作。党的好政策和消灭绝对贫困的信心、决心是凉山反贫困工作最强大的支

---

① 指扶贫对象精准、项目安排精准、资金使用精准、措施到户精准、因村派人精准、脱贫成效精准。

② 如《中共中央 国务院关于打赢脱贫攻坚战的决定》等。

③ 指发展生产脱贫一批、易地搬迁脱贫一批、生态补偿脱贫一批、发展教育脱贫一批、社会保障兜底一批。

④ 指治毒戒毒救助一批、移风易俗巩固一批。

⑤ 凉山脱贫攻坚综合帮扶工作总结大会举行 [EB/OL]. (2021 - 06 - 23) [2023 - 09 - 30]. http://www.lsz.gov.cn/jrls/tpxw/202106/t20210623_1944826.html.

撑。加强党的领导，坚定信心跟党走，是凉山取得反贫困胜利的关键。

首先，党中央、国务院十分关心凉山的脱贫问题，习近平总书记深入凉山腹地视察，并对凉山州脱贫工作多次作出重要指示，为凉山脱贫攻坚提供了根本遵循和科学指引。同时，为了支持凉山扶贫事业的发展，党在方针和政策上给予了凉山很大的倾斜。凉山州被列为全国"三区三州"深度贫困地区，多个县被列为国家级贫困县，成为国家重点帮扶与支持地区。表明了党始终对"老少边穷"地区非常关注、关心，始终坚持"小康路上一个都不能掉队"的宗旨，这是凉山反贫困取得最终胜利的最重要原因。

其次，各级党组织发挥着重要的战斗堡垒作用。习近平总书记在凉山视察调研时特别强调："打赢脱贫攻坚战，特别要建强基层党组织。"有好的政策，需要认真贯彻执行，需要靠各级党组织，特别是基层党组织。在反贫困的过程中，落实"一把手"（即各级党委书记）负责制，积极发挥各级党委的作用，总揽全局，协调各方，形成强大的凝聚力。同时，州、县、乡、村四级党委书记一起抓，使全州各级农村基层党组织的领导核心地位得到进一步强化。在平时的工作中，注重党的建设，以党建促进脱贫攻坚工作的开展，以党建提升贫困村党支部的组织力和战斗力。使各项惠民政策落到实处，真正惠及民生；使贫困人口尽早脱离贫困，走上小康之路。

再次，落实好党的政策，不仅要部署好，还要执行好，层层压紧压实各项责任。政策一经制定、项目一经审批、资金也要足额拨付，关键就在于压实责任、狠抓落实。党的组织、党的纪律在这个时候就会发挥重要作用，领导干部带头干，党员干部带动干，广大群众主动干，最终将党的政策落到实处。

最后，在党的组织领导下，各对口扶贫单位派驻到村的第一书记在凉山的反贫困工作中发挥了极其重要的作用，巩固和坚实了基层党组织，进一步保障了党的政策的执行。

总之，坚持中国共产党领导，加强基层党组织建设，充分发挥基层党组织的战斗堡垒作用，调动广大党员的积极性和模范带头作用，不仅是凉山反贫困取得胜利的关键，也是我国70多年反贫困斗争中获得的最重要经验。

3.3.1.2 社会主义制度的优越性是反贫困的基本保障

凉山旧有的制度是农奴制度，等级森严，整个社会极度不平等，绝大部分群众生活都比较贫困，很多人甚至连人身自由都难以保障。奴隶主不管农奴的死活，农奴只是他们的生产工具，毫无社会地位。

新中国成立后，凉山直接从农奴社会进入社会主义社会，社会面貌发生了翻天覆地的变化。社会主义制度取代了剥削制度，中国共产党消灭了剥削阶级，凉山百姓获得了公民权，获得了自由，有了选举权、被选举权，能够民主地表达，平等地参与公共事务的管理。这些权利为他们脱离贫困奠定了基础。随着政治权利的获得，公民受教育的权利也得到了保障。凉山整体的公民素质在大力普及教育的社会主义制度中得到了很大提高，为脱离贫困积累了人力资本，优秀人才不断涌现，为进一步反对贫困做好了人才储备。与此同时，一些致富带头人脱颖而出，不仅自己脱离了贫困，还带动了其他人，使大家共同走上富裕的道路，远离贫困。

社会主义制度的优越性还体现在对公共设施和公共事务的建设与管理上，特别是对民族地区，国家给予的支持力度更大。大力建设基础设施，水、电、路、网、电视信号等"村村通工程"让生活在大凉山深处的群众和外部进一步对接，为发展地方经济提供了保障，也为凉山群众获得经济收入、摆脱贫困创造了条件。此外，大力发展医疗事业，开展全民社会保险，使凉山群众能及时就医，健康得到了保障，降低了因病致贫的风险，同时也提高了凉山群众的身体素质和生产能力。

社会主义制度的优越性在凉山得到了多方面的体现，少数民族考试加分优惠使青年人更有机会接受高等教育，接触到更广阔的世界，并把知识带回家乡，影响和带动更多的人。政府培养和提拔少数民族干部，使他们参与当地建设与管理中，更好地为当地经济社会发展贡献力量。在凉山70年的反贫困历程中，社会主义制度始终发挥着其优势。因此，坚持党的领导，坚持社会主义制度，是凉山反贫困最基本的经验。

3.3.1.3　以特色产业为主的市场经济奠定了当地经济基础

凉山情况比较特殊，除了西昌市（全国百强县），其他县市的经济发展都比较落后。

凉山水系比较发达，雅砻江、大渡河、金沙江及其众多支流遍布在大凉山的山川之中，依托这些水能资源，积极开发水电产业，为国家提供绿色能源，是带动地方经济的一条有效途径。凉山有琼海、庐山、螺髻山、泸沽湖等旅游风景名胜区，有美姑大风顶等国家自然保护区，加上独具特色的彝族文化、摩梭族文化等，旅游产业的开发和利用价值也较高。这些特色产业促进了凉山经济的发展，带动了景区周边群众脱贫致富。

在多年的反贫困实践中，凉山坚持走特色产业扶贫的路子，培育了一系列有知名度、有影响力的特色产业[1]，这些产业的规模逐年扩大，促进了当地经济的发展，使更多的贫困户具备了自我发展能力，从而摆脱贫困，走上致富的道路。通过向贫困户发放母羊、鸡苗、马铃薯等优良品种，促进种植业和养殖

---

[1] 主要指雷波脐橙、金阳青花椒、会理石榴、宁南蚕茧、盐源苹果、美姑核桃等。

业的发展，使贫困户摆脱贫困。木里县是凉山唯一的藏族自治县，当地政府发展特色畜牧产业[①]，养殖大户不断出现，家庭农牧场接连成立，稳定的产业收入使很多贫困农户被带动起来，摆脱了贫困。在发展凉山特色产业的过程中，当地政府在财政政策、税收政策上都给予了大力扶持，不仅要让特色产业发展起来，还要让特色产品卖得出去，积极拓宽市场渠道，大力发展电子商务，使农特产品能够打开销路，转化为农民群众的收入。

为了更好地发展特色产业，凉山还采取了一些特殊的帮扶政策。发展特色产业，形成优良品牌，占有一定的市场份额，提升当地经济发展能力，形成长期稳定的经济增长点，是凉山长期的反贫困实践中获得的又一基本经验。

3.3.1.4 分阶段，依实情，适时适当调整反贫困政策

凉山的反贫困经历了很多阶段，在每个阶段，从国家到四川省再到凉山州，制定的凉山反贫困政策都是不同的。这与整个国家的经济社会发展有关，也与凉山的发展需求有关，更重要的是凉山反贫困的政策是依据当地实际情况确定的，是循序渐进的，是持续的、长期的，这符合凉山慢性贫困的特点。

新中国初期，中国人民"站起来了"，但整个国家的经济实力还比较落后，对凉山采取的反贫困政策以救灾和济困为主，生命保障是第一位的，这也体现了量力而行的原则。反贫困初级阶段无法谈及发展，救济式扶贫阶段的主要策略是救济，重点是贫困群众的生存保障。

改革开放后，中国人民走上了"富起来"的道路，国家的经济开始发展，对凉山的扶贫政策转为经济开发，不仅要救灾和济困，还要让凉山的经济发展起来，让凉山的百姓摆脱贫困。只有凉山当地的经济发展起来了，才能完成从"输血"到"造血"的转变。1984年国家出台政策，明确土地承包，改善了原有的生产方式，提高了土地利用率，促进了凉山农村商品经济发展。体制式扶贫阶段的主要策略是转变经济体制，为农村经济松绑，释放农村劳动力的潜能，促进农民提升自身发展能力。

1986年国家确定贫困县标准，中央统筹安排和部署，凉山的反贫困进入了有计划、有组织、规模化、以政府为主导的开发式反贫困阶段[②]，与之配套的是扶贫贴息贷款和以工代赈等措施，对不同贫困级别的地区采取不同的政策和措施，做到对症下药，使反贫困工作更加细致和有效。自1994年开始，凉山的反贫困更具规划性，各级政府出台了扶贫计划和规划，提出了反贫困的具体目标和措施，在州政府的主导下，多元主体共同参与到凉山州的反贫困工作

---

① 主要以毛羊、山羊、牦牛、藏香鸡、藏香猪等特色畜牧产业为主。

② 郭佩霞.凉山政府反贫困研究 [M].北京：经济科学出版社，2008：196.

中。2000 年底，中央、四川省和凉山州分别提出了新的扶贫规划纲要和规划细则，明确了重点县和重点村，有针对性地开展扶贫开发和帮扶，重点开展"三房"改造、移民搬迁、卫生医疗等工作。

党的十八大以来，凉山反贫困进入精准扶贫阶段。在这一阶段，国家对凉山的基础设施、彝家新寨（新村）、产业支撑、社会公共服务能力、社会保障等建设进行了大量投入，一大批项目在凉山投入建设，一大批对口帮扶人员深入凉山各个贫困村开展工作，在"精准脱贫"思想指导下，改进工作方法，使反贫困针对性更强，更有成效。

由此可见，反贫困事业不止有一种模式，也绝不能一刀切，而是需要根据不同地域的不同实际情况，采取不同的政策，有针对性、有成效地反贫困，这也是凉山反贫困取得成效的又一基本经验。

3.3.1.5 调动各方力量，形成综合立体的帮扶体系

在凉山 70 多年的反贫困历程中，州政府凝聚社会各方力量，调动社会各方资源，有效确保了中央各项方针政策的落实，促使凉山的反贫困事业取得了巨大成就。

尽管"家支"制度在新中国成立后已不复存在，"家支"组织活动的合法性也被取缔，但"家支"在反贫困进程中依然发挥了一定的积极作用。特别是在新中国成立初期，凉山传统"家支"成员间的互帮互助对解决贫困问题提供了有益的帮助。改革开放后，"家支"组织在产业发展合作、劳务资源组织、市场信息共享、市场风险共担和经济互助等方面也发挥了一定的优势和作用，为脱贫攻坚的推进贡献了力量。

妇联在反贫困过程中也发挥了重要作用。自 1984 年开始，妇联在全州各县开展了"四自"（自尊、自爱、自重、自强）教育，解放了妇女的思想，组织文化素质低的 30 万名妇女参加扫盲学习，举办了农业技术、蚕桑、果树、养殖、加工等技术培训活动，经过培训的妇女骨干又带动更多的妇女掌握了相应的致富技能和技术，增加了家庭收入。

与此同时，公益组织和项目在凉山反贫困中作出了积极贡献。1998—2003 年，全州实施了"贫困农户自立—大凉山彝族住房改造工程"。光彩促进会也加入凉山反贫困行列中，自 1996 年开始，组织了多家光彩企业，面向凉山建设学校、捐献资金、发展基础教育、改善教学设施、培养当地人才，并鼓励非公有制经济主体和组织把资金投入凉山，发展当地经济。"希望工程"也通过多种方式改造校舍，改善教学设施，向贫困区辍学的儿童提供助学金，改善当地的办学条件，为凉山教育发展提供了帮助。

同时，国外的社会组织及企业家等也对凉山扶贫给予了很大帮助。1998

年，世界银行为安宁河流域农业资源开发项目提供资金支持。1999 年，国际专业服务机构玛丽斯特普国际组织（MSI）在昭觉县创办青年创业培训中心。另外，德国"米索尔项目"和"中英艾滋病防治项目"也都在凉山实施，还有各类非政府组织也加入了凉山的反贫困中。

除了政府和社会机构的助力外，凉山群众自身的自强自立也是当地反贫困的主要力量。通过落实帮扶政策，凉山培育出一批当地企业家和技术骨干，他们将自己的才华和能力贡献给凉山，促进了当地经济发展，带动了更多的人摆脱贫困。

可见，凉山的反贫困不是由某一个组织或者某一种力量单独完成，而是在党和政府的主导下，调动社会各方力量和资源形成强大合力，才使当地的反贫困取得成效，这是反贫困历程中获得的又一基本经验。

3.3.1.6　观念转变，素质提升，贫困人口自我发展能力增强

从访谈中，课题组成员获悉大多数贫困群众认为要想脱离贫困，主要靠自己，只有在特殊情况下才需要政府的兜底。在 70 年的反贫困历程中，基础设施建设是硬件根基，而人口素质的提升则是软件根基，只有人发展了，后劲才会足。

在反贫困过程中，由于凉山的特殊性，转变当地群众观念是一个艰难而漫长的过程，并成为反贫困工作始终关注的重点。因为身处大山深处，与外界的交往交流有限，一些凉山群众的思想观念比较落后，知识比较匮乏。通过 70 年的努力，很多生活在大凉山深处的群众走出大凉山，融入了外面广阔的世界，他们曾一贯秉持的落后观念也得到了强有力的冲击并逐渐转变。这种观念的改变，让他们拥有了摆脱贫困、走向小康的梦想，并且开始为实现自己的梦想而努力，这在很大程度上促进了贫困群体自我发展能力的提升。

在反贫困过程中，除了转变群众的观念，提升他们的文化素养也是重要的工作。根据国家对教育工作的相关要求，70 多年来，凉山地区始终坚持大力普及义务教育，当地的教育设施和条件得到了极大的改善，师资力量也得到了极大的增强。凉山教育事业的发展，为当地反贫困注入了强劲的动力，一批又一批优秀人才脱颖而出，积极投身凉山的经济社会事业。

另外，政府和社会各界还通过举办培训班、开办夜校等方式，提升当地群众的技能水平，很多人成了致富能手和技术骨干。

一切事业，人是根本。改善人的生活，提升人的素质，是反贫困的重要内容。随着凉山人口素质的不断提高，他们成为当地经济发展和反贫困的重要力量，促使反贫困工作不断取得成效，这是反贫困历程中又一基本经验。

3.3.1.7　价值引导扭转贫困文化，激发贫困人口的内生动力

贫困有"看得见的贫困"和"看不见的贫困"。前者是物质贫困，是反

困的重点；后者是精神贫困，是反贫困的难点。因此，不仅要扶贫、扶技，也要扶志，用社会主义的核心价值观合理引导，扭转贫困文化产生的不良影响，激发贫困人口的内生动力，使贫困人口在物质和精神两方面都摆脱贫困。

扶贫先扶志、治贫先治愚。充分激发贫困人口的内生动力，是凉山反贫困过程中确定的头等大事。在脱贫的道路上，内生动力是战胜贫困的决定性因素。在扶志工作中，凉山在反贫困实践中有很多切合实际并富有成效的做法。例如，开办农民夜校，对群众开展政策法规、实用技术等培训。以提高群众能力素质为目标，对贫困家庭适龄劳动力进行轮番培训。同时，集中深入地整治贫困区在婚丧嫁娶中的高额彩礼和铺张浪费等问题。

凉山的贫困是一种慢性贫困，这种慢性贫困的根源在观念和文化上，因此，在反贫困实践中，把扶志、扶智、扶技等精神扶贫的工作做到位，使贫困人口融入社会主义主流文化中，也是反贫困取得成功的基本经验。

3.3.2 凉山反贫困的主要成就

3.3.2.1 基础设施不断完善

因为地处山区，限制大凉山发展的主要瓶颈是道路交通，这也是凉山反贫困需解决的首要问题。修路是凉山反贫困的先导工程，为此，凉山实施了三轮大规模的"交通大会战"。截至 2020 年底，1 752 千米的国省干线公路和 17 109 千米的农村公路得到了改造和建设，从西昌市到全州各县的主干线全部畅通，各乡（镇）到下辖村的道路全部畅通，凉山公路总里程达到 2.8 万公里。

在抓好交通设施建设的同时，凉山统筹抓好电力、水利、通信等基础设施建设，无电地区电力建设工程全面完成。截至 2020 年底，农村安全饮水率达 84.27%，行政村通光纤率达 73.5%，通宽带率达 77.8%，贫困村实现通信网络全覆盖[①]。基础设施的健全和完善，能让凉山的群众和当地产品"走出去"，也能让外面的人"走进来"，促进凉山特色农产品种植和养殖，发展旅游，搞活当地经济，带动一部分人脱贫致富。

3.3.2.2 居住生活条件极大改善

不断改善凉山群众的生产生活条件是凉山反贫困历程中取得的另一大成就。凉山坚持"五新"[②] 同步，推进深度贫困区人口易地搬迁，改造农村危房，对贫困地区实施"整村规划、连片推进"的有力措施，建设彝家新村新

---

① 数据来源：凉山彝族自治州扶贫开发局。
② 指的是新村、新居、新产业、新农民、新生活。

寨。截至 2020 年底，凉山建成 65 808 套易地扶贫搬迁住房，完成率达 88.4%；搬迁入住 60 881 户，入住率达 81.8%。完成彝家新寨和藏区新居住房建设 6.82 万户，惠及 28.2 万人①。住房条件的改善，使凉山贫困户在安居的基础上实现乐业，奠定了地区发展的基础。

凉山州高寒山区是深度贫困区，这些地区的易地搬迁工作非常艰巨。搬迁后，群众的后续发展和生计改善是又一重要的工作任务。为此，凉山州出台了《关于印发加强易地扶贫搬迁集中安置点治理与后续发展的指导意见的通知》《凉山州打赢脱贫攻坚收官之战工作方案的通知》等政策文件，明确以 800 人以上的集中安置点为基础，开办商店、家政、餐饮等个体经济和生活性服务，培育并发展具有民族特色的彝绣、漆器、银饰等手工业，加快建立临时党支部，逐步推广设立社区就业创业服务站，组织开展劳务输出，开发服务型岗位等，探索配套创办"扶贫车间""扶贫基地"，多措并举推动安置点治理与后续发展。这些措施的出台，有效推动了凉山州高山区易地搬迁的贫困户脱贫。

3.3.2.3 公共服务不断健全

凉山各级政府在反贫困的过程中不断推进基本公共服务均等化。创新发展"一村一幼"②。截至 2019 年底，凉山州共开办村级幼教点 3 069 个，设立教学班 4 036 个，招收幼儿 12.85 万人，全州学前教育在园幼儿达 26.96 万人，毛入园率达 84.03%③。大力实施"学前学普"行动④，行动覆盖了全州所有幼儿园和幼教点，27 万多名学前儿童得到了实惠。强力推进"控辍保学"，22 282 名建档立卡贫困户失辍学子女全部整改销号；精准实施教育惠民政策，大力实施 15 年免费教育政策，免除 26.6 万名学前幼儿的保教费，免除 85.6 万名义务教育阶段学生的学杂费，免费提供营养午餐；为 33 万名义务教育阶段家庭经济困难寄宿生发放生活补助，对生活在海拔 2 500 米以上的 10.6 万名义务教育阶段学生给予取暖补助⑤；大力实施"全面改薄"⑥ 项目、"三区三州"⑦教育脱贫攻坚项目、十年行动计划⑧等，使凉山的办学条件明显改善，师资队

---

① 数据来源：中共凉山彝族自治州委员会．

② 指一个村庄一个幼儿园。

③ 数据来源：中共凉山彝族自治州委员会。

④ 指帮助学前儿童在学前学会普通话，听懂、敢说、会说普通话，并形成普通话思维习惯，帮助他们顺利完成义务教育，为上高中、上大学打下基础。

⑤ 数据来源：凉山彝族自治州扶贫开发局。

⑥ 指的是全面改善贫困地区义务教育薄弱学校基本办学条件。

⑦ 指的是西藏、四省藏区、南疆四地州和四川凉山州、云南怒江州、甘肃临夏州，以及新疆生产建设兵团地处南疆四地州的团场。

⑧ 指《四川省民族地区教育发展十年行动计划（2011—2020 年）》。

伍稳定，教学质量逐年提升，为当地基础教育事业的发展提供了保障。

凉山把健康扶贫作为根本防线，着力解决当地群众看不起病、没有地方看病、没有医生看病及因病致贫、因病返贫问题。实施医疗救助扶持行动，严守贫困患者医疗费用自付比例控制和重特大疾病患者年度个人支付总额控制两条防线，建档立卡人口全部纳入城乡居民基本医疗保险范围，个人自付部分由财政全额代缴，贫困患者住院费用个人支付占比控制在 4.88%。实施医疗能力提升行动，全面完成乡村医疗机构空白点消除工作，配备具有医学背景的村医 3 894 人，1 952 个贫困村实现达标村卫生室覆盖，达标率达 94.2%。实施卫生人才培植行动，全州卫生技术人员数、执业（助理）医师数、注册护士数较 2015 年分别增长 35.7%、15%、50%。大力实施公共卫生保障行动，常住贫困人口家庭医生签约服务率达 100%[①]。

3.3.2.4 农民收入稳步增长

救济式扶贫是权宜之计，体制式扶贫和经济开发式扶贫则是激活凉山经济发展的长久之计。根据凉山各地的不同特点，发展特色产业是"造血"的有效手段，不仅改变了凉山落后的耕作方式，还促进生产效率提高，推动农民增收。2017 年，凉山水果种植面积 142.9 万亩、主产县群众受益面达 75%以上，马铃薯种植面积达 240 万亩、蔬菜 141.9 万亩、中药材 8.3 万亩。截至 2019 年底，凉山州依法登记注册的农民合作社达 9 026 个、纳入名录系统管理的家庭农场达 2.07 万个，有集体经济的村增加到 3 349 个，各类经营主体农户带动面达 75%以上[②]。

在发展种植业养殖业、建设生态农业的同时，凉山还积极拓展农产品外销渠道，大力发展电商经济，实现产品与市场的对接。建成 17 个县级电商服务中心，876 个乡镇（村）电商服务站点。打造了"彝家山寨""美姑岩鹰鸡""雷波芭蕉芋猪"等 200 余个电商品牌，农产品线上销售额累计超过 30 亿元，农村电商政策红利惠及贫困县乡村 30 余万人。

劳务输出是农民增加收入的重要方式，凉山大力开展职业技能培训工作，提高劳动人口的专业技能。自 2016 年以来，共开发公益性岗位 1.3 万个，转移输出农村剩余劳动力 369.6 万人次，实现劳务收入 570.7 亿元，其中转移输出建档立卡贫困劳动力 16.3 万人次，实现劳务收入 18.9 亿元，农民人均工资性收入约占人均可支配收入的 30%[③]

---

① ③ 数据来源：凉山彝族自治州扶贫开发局。
② 数据来源：凉山彝族自治州扶贫开发局、中共凉山彝族自治州委员会。

3.3.2.5　突出的社会问题得到了有效遏制

长期以来，凉山州的毒品吸食、艾滋病传播、超生多生、自发搬迁等社会问题在一定程度上限制了当地的发展，导致了贫困。解决和治理好这些突出的社会问题是凉山反贫困工作的重中之重。凉山州大力实施禁毒攻坚三年行动计划，颁布施行《凉山州禁毒条例》，不断完善"1＋15＋N"[①] 戒毒康复体系建设，实施"索玛花工程"，采用"三戒三管"闭环式戒毒模式。在这些举措的共同作用下，1万余名建档立卡贫困户吸毒人员均已实现脱贫。大力实施艾滋病综合防治行动，建立专门的管理体系，建设凉山"1＋8"重大疾病公共卫生医疗救治中心[②]，抗病毒治疗覆盖率进一步扩大，治疗成功率进一步提高，母婴传播得到有效控制；开展生育秩序整治行动，细化和落实"一票否决"的计划生育办法，提高长效节育措施落实率；强化自发搬迁贫困人口规范管理，精准锁定凉山州内跨县自发搬迁人口3.9万户17.3万人，精准识别贫困户6 652户3.14万人，累计脱贫4 581户2.11万人[③]。

3.3.2.6　贫困人口素质提高

凉山通过开展技能培训等多种方式，提高贫困人口的素质。2016年创建农民夜校，在四川省属首创，并在当年年底实现行政村全覆盖；广泛开展主题涵盖政策法规、"双语"能力、实用技术、感恩奋进、禁毒防艾、"四好"创建等教育培训，凉山州共有3 745所农民夜校，420万人次接受了培训。2017年6月，新型农民素质提升工程在凉山州实施，该工程有四项重点[④]，轮训贫困家庭适龄劳动力14万余人，起到了"就业一人、改变一家、影响一村"的积极作用[⑤]。截至2019年底，凉山共建成村级幼教点3 100个，开办教学班3 975个，在园幼儿12.67万，"学前学会普通话"项目覆盖面达87.9%，十五年免费教育惠及学生109.1万，寄宿制学生30.52万人，累计选送16 117名初中毕业生就读"9＋3"免费职业教育学校[⑥]；启动贫困家庭辍学超龄人口职业技能培训计划，纳入种植业、养殖业培训8.79万人、彝绣培训3.94万人、机械操作等技能培训9.71万人。

3.3.2.7　破除陈规陋习，人口观念得到转变

凉山把扶志和扶智作为增强群众内生动力的核心之举，注重社会主义核心价值观和文化观的建设与引导，逐渐弱化和消除贫困文化。通过教育引导，群

---

① 指1个州级"绿色家园"、15个县级"绿色家园"及几个社区戒毒康复工作站。

② 指州市共建的重大疾病公共卫生医疗救治中心和昭觉、普格、布拖、金阳、美姑、甘洛、越西、喜德县重大疾病公共卫生医疗救治中心。

③⑤⑥　数据来源：凉山彝族自治州扶贫开发局。

④　指以"养成良好习惯、提升文化素质、促进就业创业、树立法治观念"为工作重点。

众开始摒弃不良的陈规陋习，主动移风易俗，培育新风正气，勤劳致富，自力更生，脱贫奔小康。内生动力被激发后，部分致富带头人和技术能手成长起来，社会主义主流价值观得到大力弘扬，贫困群众愿意通过自己的努力改变生活状况，创造美好未来。

凉山深化"四好"创建，推进婚丧嫁娶高额彩礼和铺张浪费等问题的集中整顿与治理，组建了 4 272 个群众性组织①，对群众开展日常监督和劝导；全面启动"四好"② 村和文明家庭创建工作，到 2019 年，凉山 1 720 个村成为"四好村"，48.8 万户达到"四好"文明家庭标准；以"板凳工程"③ 为切入点，健康文明新生活运动在凉山深入开展。自 2016 年以来，向贫困户发放 6.1 万套"四件套"，发放 9.1 万台（件）"五选二"家电设备，引导群众从坐板凳、睡床铺、用灶台改变生活方式；深入推进"厕所革命"，全面实施改厕等住房功能分区建设；教育和引导凉山农村群众持续开展洗脸、洗手、洗脚、洗澡、洗衣服"五洗"活动，改变陈规陋习、养成良好习惯④。

3.4 未来凉山反贫困面临的挑战

3.4.1 政策方面的挑战

3.4.1.1 保障性政策变化

在 70 多年的反贫困历程中，党和政府一直重视对凉山贫困问题的治理，出台了扶贫攻坚规划、扶贫开发规划等政策，对凉山的贫困人口给予了极大的帮扶。首先，针对凉山丧失劳动力和无人赡养的群众，积极落实"五保户"救济政策。其次，对基础教育实行完全免费的特殊优惠政策，同时，政府每年发放补贴，鼓励和保障当地考上大学的学生能够完成学业。最后，针对一些地方性疾病发病严重的区域，实行"康复村"救济政策，对患病弱势群体给予特殊帮扶。对艾滋病患者实行治疗费减免政策，对于患艾滋病的母亲，其孩子的养育也有相关的政策保障。

进入精准扶贫阶段后，国家对凉山的扶贫和政策支持力度进一步加大。为了更好地贯彻落实中央精神和国家相关部委的意见及政策，四川省出台了具体的指导意见，凉山州也出台了更加细化的实施和管理方案，经过层层细化和精

---

① 主要包括道德评议会、红白理事会、文明劝导队等。
② 指"住上好房子、过上好日子、养成好习惯、形成好风气"。
③ 指引导群众"不坐地下坐板凳"，计划向全州近 50 万户彝族农村家庭每户赠送 3 个板凳。
④ 数据来源：中共凉山彝族自治州委员会。

准实施，相关扶贫政策得到落实，涉及生活、交通、教育、卫生、就业等多个方面的"十项扶贫工程"① 在凉山实施。在此基础上，四川省人民政府于2016年制定了17条脱贫攻坚的具体措施，支持凉山反贫困。2018年为全面打赢脱贫攻坚战，凉山量身定制综合帮扶措施，34条政策措施和16条工作措施相继出台。三年新增财政专项资金超过200亿元，选派5 700多名精兵强将进驻凉山开展综合帮扶。帮扶范围，帮扶涉及的领域，综合帮扶力量，政策支持力度，都是前所未有的，这是一场调动所有可以调动的政策、资源和人力的攻坚战②。

长期以来，国家对凉山的反贫困在政策、资金、人力、物力等各个方面给予了很大支持，充分体现了社会主义制度的优越性。如何合理设置保障性扶贫政策的有效衔接过渡期，制定更加有效的脱贫攻坚成果巩固策略，是凉山未来反贫困面临的挑战，必须引起足够的重视。

3.4.1.2 对口扶贫政策变化

凉山有11个国家级贫困县，党和政府出台了很多措施来帮助这些县摆脱贫困。其中，对口扶贫就是凉山扶贫工作中的重要政策。部分国家机关、三峡集团、湖州（浙江）、佛山（广东）等对口支援单位，以及四川省直属机关、各地（市、区）、企事业单位等帮扶单位和人员，都投身到凉山11个国家级贫困县③的对口帮扶工作中。不仅如此，凉山州的对口帮扶机制也开始运转，州内相关单位也对国家级贫困县开展相应的帮扶工作。

仅2018年一年，中纪委、国家档案局等9个国家机关在凉山投入帮扶资金10 869万元、帮扶项目65个，资助贫困学生2 245人次；广东佛山、浙江湖州投入财政帮扶资金71 690万元，动员社会力量捐款捐物价值5 280万元；108个省级单位在凉山投入帮扶资金10 841万元、帮扶项目289个，帮助引进项目44个；四川省内绵竹、江油等11个市区投入资金21 547.60万元，帮助引进资金7 999.47万元，派驻帮扶干部1 174人；凉山州安宁河流域6县（市）向11个深度贫困县派出第一书记、驻村帮扶队长等313人，投入帮扶资金2 111万元；146个州级单位投入帮扶资金4 344万元，1 468个县级单位和社会团体投入资金7 286万元；三峡集团捐赠资金35 000万元全部到账，建成

---

① 指彝家新寨建设工程、乡村道路畅通和大交通建设工程、农田水利建设工程、教育扶贫提升工程、职业技术培训工程、特色产业培育工程、农业新型经营主体构建工程、产业发展服务工程、卫生健康改善工程、现代文明普及工程。

② 数据来源：凉山彝族自治州扶贫开发局。

③ 指木里县、盐源县、普格县、布拖县、金阳县、昭觉县、喜德县、越西县、甘洛县、美姑县、雷波县。

三峡新村 20 个、安全住房 1 309 间；凉山烟草筹集扶贫资金 11 561 万元①。

在脱贫攻坚阶段，对口扶贫单位的帮扶力度很大，如此巨大的人力、财力和物力投入使凉山深度贫困地区在短时间内形成一种资源极化效应，这种效应使长期以来在凉山形成的低水平均衡局面被打破，对凉山的经济形成了强大的刺激作用，对当地经济和社会正向发展产生了强大的牵引力。但如果对口扶贫的政策发生变化，这种强大的牵引力会逐渐减弱，当地经济发展甚至可能受到影响。在脱贫攻坚阶段，对口扶贫单位尽最大的努力帮扶凉山的 11 个贫困县；全面脱贫后，对口扶贫的力度如果发生变化，或者这种力量减弱甚至撤销后，凉山的经济发展将受到一定的影响，已经脱贫的贫困户依然存在返贫的风险。贫困地区对于外部帮扶力量的较强依赖及自我发展能力难以匹配当地经济发展的动力等，将是未来凉山反贫困工作面临的巨大挑战，也是返贫风险所在。

3.4.1.3　扶贫干部退出

在对口帮扶过程中，对口帮扶单位不仅在资金上给予贫困地区充分的支持，更重要的是这些单位还派驻了大量扶贫干部。扶贫干部被派驻到凉山的乡村，离开原单位，远离家庭，为凉山经济建设、社会发展和扶贫工作作出了卓越贡献。

首先，扶贫干部提升了基层政权的管理能力。他们素质较高，视野开阔，思路开阔，掌握现代化办公技术，为扶贫工作带来了新思路、新方法和新举措。同时，他们活跃在扶贫工作的第一线，积极跑项目、要政策，有效保障了凉山脱贫攻坚战的胜利。其次，扶贫干部能够起到引导和监督扶贫资金使用的作用，确保对口帮扶单位的扶贫专项资金得到合理、充分、有效的使用，扶贫项目和资金的效益得到有效发挥。最后，扶贫干部数量较多，每年有 1 万多名扶贫干部工作在凉山的各个地方，引导和促进了当地干部群众的消费行为和习惯，在一定程度上刺激了凉山的经济发展。综上，扶贫干部在扶贫工作中发挥的作用十分显著。脱贫攻坚结束后，如果扶贫干部退出凉山，特别是一些偏远落后地区，将对其产生较大的影响，进而增加当地脱贫人口返贫的风险。

3.4.2　经济方面的挑战

3.4.2.1　易地搬迁后续生计问题

调研发现，易地搬迁确实改善了凉山高寒山区群众的生存条件。如在三峡集团援建的普格县特补乡甲甲沟村，搬迁后村民居住的都是联排别墅，水电皆

---

① 数据来源：凉山彝族自治州扶贫移民局。

通，道路硬化，居住条件改善明显。这样易地搬迁形成的新农村和新彝寨在凉山还比较多。除了政府主导的易地搬迁，还有一些自愿搬迁户，人数达到30万人以上。凉山的易地搬迁虽然解决了搬迁户住宿、用电用水、医疗、上学等基本生活问题，但也出现了一些新问题。

第一，搬迁户的生产和生活空间发生分离。一些搬迁户居住地和生产地之间的距离较远，有的甚至相距上百公里，这使得他们工作往返花费的时间和经济成本偏高。第二，自给自足的小农经济被打破。一些搬迁户想在集中安置点喂猪、鸡、鸭或者种蔬菜，都变得比较困难，生活用品如果全靠采购，又增加了他们的生活成本。第三，安置点的邻里矛盾增多。在一些安置点，由于搬迁户之间存在文化差异，生活中会发生摩擦，甚至出现矛盾，文化融合和社会融入度都比较差。有些搬迁户由于心生怨恨，还会产生偷盗行为，进而导致搬迁点社会治安状况差。如果这些矛盾长期积累下去，更多社会不稳定因素将会逐渐凸显出来。第四，就业困难，生活支出较大。搬迁后，一些易地搬迁户失去了原有的生产和就业资源，又未能获取新的资源，导致他们的就业没有着落，经济困难，生活、子女教育、老人赡养等成为越来越重的负担。第五，户籍管理工作难度增加。一些搬迁户为了享受高山地区的政策补贴，户口没有迁入当地，给安置点的管理部门造成了很大的困扰。户口所在地找不到人，无法管，搬迁所在地又没有户口，不能管，导致对他们的管理比较混乱。

总之，易地搬迁后续出现的问题日益突出，成为凉山巩固脱贫攻坚成果需要关注的内容，也是脱贫人口返贫的风险点。

3.4.2.2 抵御市场风险能力不足

凉山的经济基础原本较为薄弱。随着改革开放的深入，凉山的基础设施不断完善，特别是通过扶贫开发、精准扶贫、扶贫攻坚等工作，在全国人民的帮扶下，大量资金和项目涌入，在聚集性资金的支持下，凉山低水平的经济均衡被打破，经济迅速发展。在这一过程中，凉山的特色产业发展较快，村民尝到了市场经济的甜头，经济观念有了很大改变，市场经济的观念开始逐步渗透至凉山群众的思想中，一些人甚至成了乡村发家致富的带头人。

但与此同时，凉山山高谷深、土地贫瘠，许多地方产出低，规模化生产难以形成，运输和营销成本高，产品容易在市场中失去价格竞争优势。此外，由于整体人口素质相对较低，种植和养殖的技术水平不高，产品的品质难以得到保障，难以形成品牌优势。目前产业同质化现象较为严重，由此引发的后果往往是产品滞销及内部的恶性竞争。以上不良现象的最终受害的是生产者，当群众的积极性遭受打击后，整个产业的发展就会受到重创。集体经济"小散弱"的特点决定了其对抗市场风险的能力不强，市场价格或供需关系的细微波动就很有可能导致经营者、生产者负债累累，陷入贫困。这些都是未来凉山产业发展中需要应对的挑战，也是当地群众返贫的风险点之一。

3.4.3　社会方面的挑战

3.4.3.1　毒品和艾滋病

凉山在扶贫攻坚阶段，对毒品的管控力度非常严格，对艾滋病的防治也卓有成效。公安部门加大了侦查和打击贩毒运毒的力度，2020 年州内全国毒品问题重点整治地区全部实现"摘帽"，全州建档立卡贫困户家庭吸毒人员全部清零。绿色家园戒毒康复新模式使许多吸毒者因为戒毒成功回归社会，并脱离了贫困①。首先，凉山从源头上切断毒品的来源，打击力度是空前的。其次，大量扶贫干部被派遣到贫困村，对毒品的贩运和吸食起到了很好的监督作用，与公安部门配合，逐步建立起综合全面的治理机制。最后，凉山驻村扶贫干部对吸毒者进行多方位的教育，在戒毒、生产、生活等各个方面予以关心、照顾和帮助，使他们树立了戒毒的信心，为他们戒毒创造了良好条件，使很多人戒除了毒瘾，摆脱贫困，甚至走上致富之路。

凉山是"金三角"地区的毒品进入内地的重要通道，有大凉山作为掩护，有成昆铁路的便利交通，加上该地区曾有种植鸦片的历史，部分人在思想深处把鸦片视为一种传统商品，如管控力度稍有松懈，贩毒运毒吸毒的事件就可能再次出现。再者，有许多案例表明如果后续的驻村扶贫干部人员减少，监督和管理力度减弱，毒品也可能再次滋生。"吸毒一人，全家遭殃"，毒品很容易导致整个家庭返贫。

此外，凉山的毒品和艾滋病关联密切。在脱贫攻坚阶段，由于对毒品的监督和打击力度空前严厉，艾滋病的传播也在一定程度上得到了控制。然而在脱贫攻坚任务完成后，艾滋病感染率也可能随之再次升高，"一人染病，全家陷贫"，患艾滋病会增加返贫的风险。

调研发现，国家的很多政策对积极戒毒和积极治疗艾滋病的人员是有倾斜的，充分体现了社会主义的优越性和人文关怀。如果这些人不积极配合甚至抗拒管理，则其贫困户资格会被取消，保障和福利政策不再惠及他们，在利益的引导和驱使下，毒品交易、吸食和艾滋病传播的势头被抑制。但如果相关政策发生变化，或者有些政策的利益激励减弱，则对禁毒防艾的作用力也会减弱，这也是凉山面临的挑战，是导致一些家庭返贫的潜在因素。

---

①　中国禁毒网．四川凉山：巩固禁毒成效 助力脱贫成果与乡村振兴有效衔接［EB/OL］．（2021-11-10）［2023-09-30］．http://www.nncc626.com/2021-01/06/c_1210967999.htm.

3.4.3.2 特有的习俗和文化

凉山的多孩生育（超过三个）、高价彩礼、薄养厚葬等社会问题与当地特有的习俗和文化密不可分，而这些本质上是贫困文化的体现。这种贫困亚文化不可能在短时间内消除，需要漫长的岁月来改变，这是凉山未来反贫困面临的挑战。

比如超生在凉山是一个历史遗留问题，要探寻其根源，就要追溯至早期的"家支"结构。根据周家星对家支的定义①，在凉山，社会交往的重要单位不是家庭，而是家支（图3），家支的地位决定了一个人的社会地位，而在家支之下还有家族，家族则由一个又一个家庭组成 。

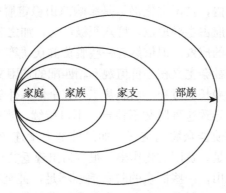

图3　凉山彝族社会家支制度内部结构②

家支内部形成了一种力量，而家支和家支之间往往会产生冲突和矛盾，当一个家支强大时，就会压制比自己弱小的家支。因此，每个家支都希望比别的家支强大，于是，多生孩子就成了强大家支的一种方式。多孩生育也成为凉山一个突出的问题，在70年的反贫困历程中，凉山群众的生育观念有了一定转变，但旧观念并没有完全消除，在一定地域和人群中依然存在。大量案例表明，多孩生育会导致家庭的抚育和教育成本增高及短期内劳动力短缺，从而导致贫困，这也是未来凉山脱贫户返贫的一个重要风险点，是反贫困必须面对的挑战。

在传统观念中，凉山群众婚姻的缔结需要家支地位对等，这种制度随着凉山经济和社会的发展，发生了较大变化，但讲究门当户对的婚姻观念在一些地方依旧盛行。在凉山，要结婚就必须支付高额的彩礼，而高额彩礼往往和举债

---

① 周家星将"家支"定义为拥有同一父系祖先，成员间彼此可通过父子联名制的族谱而相互认同的奉行外婚制的血缘集团。

② 周如南．折翅的山鹰：西南凉山艾滋病研究［M］．北京：中国社会科学出版社，2015：46.

相联系，是脱贫户返贫的重要风险点，以往很多家庭曾经因为高额彩礼陷入贫困，将来这种现象很有可能再次出现。

在凉山，活着时可以拮据，可以艰难，可以清贫，但葬礼一定要隆重，这就是薄养厚葬的风俗，厚葬意味着大操大办，隆重的葬礼需要资金支持，对处于贫困边缘的家庭而言，隆重的葬礼可能导致其返贫。

文化和传统习俗的更新并非一朝一夕可以达成，移风易俗是一场持久战。因此，这些受历史和传统观念影响而产生的特殊社会问题，在未来一段时间可能还会存在，并成为凉山脱贫户返贫的风险因素，必须引起足够的重视。

3.4.3.3 内生动力不足

在未来一段时间内，贫困文化仍然是影响凉山稳定脱贫不可忽视的因素。在脱贫攻坚阶段，政府占主导地位，群众积极参与，加之利益和价值引导，凉山的扶贫取得了较好的成效。但依然有一些脱贫群众"等、靠、要"的思想比较严重，这是一种与社会主义核心价值观不相匹配的贫困文化观念。这种观念的转变需要一个相对漫长的过程。当脱贫工作完全依靠外部力量，而非脱贫群众的自生动力时，会导致这种脱贫不稳定、不可持续。当外部力量持续跟进，且比较强劲时，能够使群众脱离贫困；如果外部力量连续性不强或者力度减弱，加上内生动力不足，贫困文化作祟，很容易出现返贫现象。

调研发现，在凉山，一些群众的脱贫信心不足，甚至有些群众不愿脱贫、害怕脱贫，他们担心一旦脱贫，会失去作为贫困户所享受的相关政策扶持。有的贫困群众思想观念比较落后，不思进取，求稳怕变，自我感觉良好，觉得这样混日子也不错。这种思想和观念并不鲜见，也不会在短时间内彻底消除。有些观念和文化可能会代际传递，影响会更加持久。因此，贫困亚文化难以在短时间内改变，如果群众脱贫的内生动力不强，返贫风险依然存在。

3.4.3.4 医疗卫生服务滞后

通过 70 年反贫困工作的开展，凉山的医疗卫生事业得到了前所未有的发展，但与我国其他地区相比，仍处于相对落后的地位，主要体现为医疗卫生人才和基层医疗机构基础较为薄弱，医疗保障长效机制尚未健全。在医疗人才层面，截至 2018 年底，凉山每千人卫技人员、执业（助理）医师、注册护士数分别仅为全省平均水平的 77％、65％和 75％[①]，和沿海发达地区相比，差距更大。在基层医疗机构层面，在凉山 11 个深度贫困县的（彝区、藏区）医院中，除木里县、盐源县达到二级水平外，其他 9 个县均未达标。11 个深度贫困县妇计中心无一达到二级水平，整体医疗服务能力仍旧不足[②]。此外，凉山

---

①② 数据来源：凉山彝族自治州扶贫移民局。

的医疗保障长效机制还没有完善。在脱贫攻坚阶段，卫生扶贫基金和政府兜底保障面临较大压力；攻坚结束后，这种压力会更大，当政府的资金难以支撑庞大的医疗支出时，群众医疗负担就会增加，返贫风险也会随之增加。与此同时，凉山医疗卫生服务发展滞后还会在一定程度上增加脱贫人口因病返贫的概率。调查发现，由于当地的医疗卫生条件有限，所以一部分病情较重、病程较长的脱贫人口只能选择去其他地方就医。一方面，异地就医会产生额外的费用，无形中增加了病患家庭的经济负担；另一方面，即使医疗报销比例很大，有的脱贫家庭依然因为看病花费了所有积蓄，治病成了他们的沉重负担。因此，医疗卫生服务发展滞后及由此引发的因病返贫仍然是凉山脱贫人口面临的重要挑战之一。

3.4.4 生态方面的挑战

凉山地处我国南北地震带的中南段，位于四川西南部，山地约占凉山面积的 70%。区内地表起伏明显，地层岩石破碎且种类多样，山体断裂纵横交错，地质活动频繁，加之气候变暖，极端天气多发，导致凉山地质生态环境非常脆弱。山洪、泥石流、冰雹和山火等自然灾害较为多发，增加了脱贫人口因灾返贫的风险。

3.4.4.1 暴雨灾害

在凉山，引致较为严重自然灾害的主要诱因是暴雨。调研发现，凉山的各类地质灾害主要集中发生在每年 6—9 月，此时正是凉山的汛期。暴雨灾害会给凉山脱贫人口生命财产造成较严重的损失，增加了他们的返贫风险。首先，暴雨灾害直接威胁凉山人民群众的生命财产安全。2017 年 8 月，凉山州普格县荞窝镇耿底村暴雨引发山洪灾害，造成 25 人遇难，冲毁房屋 71 间，庄稼 182 亩受灾，导致 577 人不同程度受灾[①]。其次，暴雨会导致山洪、泥石流和塌方等比较严重的次生灾害，造成群众的生命财产损失。2019 年 7 月，凉山甘洛县持续暴雨，引发山洪、泥石流和塌方等自然灾害，造成该县 20 余个乡镇 1.5 万人受灾[②]。最后，暴雨及其次生灾害往往会导致凉山的交通中断。凉山山脉起伏交错，高山较多，区内道路往往依山沿河而建，通常是一边靠山，一边靠河。当暴雨及其次生灾害发生时，不仅会导致部分地区交通中断，影响

---

① 普格县荞窝镇耿底村山洪自然灾害情况通报（续报）[EB/OL].（2017 - 08 - 08）[2023 - 09 - 30]. http://www.lsz.gov.cn/hdjl/hygq/shrd/201708/t20170808_1189899.html.

② 凉山甘洛暴雨怎么回事 道路遭遇泥石流全县各地不同程度受灾 [EB/OL].（2019 - 08 - 01）[2023 - 09 - 30]. http://www.houpao.com/sh/20190801/3205.html.

救援，还影响了凉山与外界的联系。暴雨及其引致的山洪、泥石流和塌方等次生自然灾害不仅直接影响凉山群众的生命财产安全，也影响了他们的生产、生活，增加了凉山脱贫人口的返贫风险。

3.4.4.2 冰雹灾害

凉山的气候属于亚热带季风气候，区内气候不仅存在东西南北差异，还存在垂直差异和季节差异[①]，气候情况比较复杂。雨季凉山气候时有处于高温、高湿和强对流的不稳定状态，容易形成强对流灾害气候。受此影响，近年来，凉山雨季经常遭遇冰雹灾害，给群众的生命财产造成了严重损失。2016 年 6 月，昭觉县的冰雹灾害造成 1952 间房屋受损，91 头牲畜死亡，农作物受损严重，经济损失高达 13 697 万元[②]。2018 年 7 月，会理县等凉山烟叶主产区遭遇冰雹灾害，烟叶累计受灾 3.3 万亩，绝收 1.76 万亩，烟叶产量损失 5.36 万担[③]。2022 年 4 月，会东县、冕宁县等凉山部分烟叶产区遭遇强度冰雹，共造成 12 915 亩烟田受灾[④]。冰雹灾害给凉山群众种植的农作物和养殖的牲畜等造成了严重的损失，可能导致一些受灾群众因此返贫。

随着全球变暖，极端气候事件多发，局地性暴雨造成的洪涝、泥石流增多，自然灾害造成的损失严重。虽然我国的应急管理体系不断完善，社会保障也在逐步跟进，但大灾之后，恢复生产、重建家园都需要较高的成本，这些费用并不能全部由保险支付，很多家庭会因为受灾陷入贫困，也有一些家庭会因为受灾而一蹶不振，无力再投资、再扩大生产和经营规模，从而丧失发展机会。如果生态系统进一步恶化，自然生态灾害在未来将是凉山反贫困面临的巨大挑战，成为导致脱贫人口返贫的重要风险。

3.5 本章小结

本章追溯了凉山 70 多年反贫困的历史进程，总结了在此过程中发现的问题、取得的经验和成效，从而梳理出凉山的返贫风险点，为后续研究提供历史

---

① 凉山州地情 [EB/OL]. (2020 - 09 - 22) [2023 - 09 - 30]. https://scsqw.cn/scdqs/szdq/lsz/content_29603.html.

② 凉山昭觉遭遇百年不遇冰雹灾害 1 人死亡 5 万人受灾 [EB/OL]. (2016 - 06 - 06) [2023 - 09 - 30]. http://news.huaxi100.com/show - 226 - 782579 - 1.html.

③ 遭遇冰雹等极端天气 凉山烟叶开展生产自救 [EB/OL]. (2018 - 07 - 24) [2023 - 09 - 30]. https://cbgc.scol.com.cn/news/87309.html.

④ 抗击冰雹灾害 凉山烟草在行动 [EB/OL]. (2022 - 04 - 25) [2023 - 09 - 30]. http://www.lsiptv.cn/cms/a/100832598/content.

素材和背景支持，使返贫风险事项的识别和指标要素的设计更符合当地历史和现实情况。新中国成立 70 多年来，政府、社会、民间组织对凉山的反贫困工作持续关注，制定了优惠政策和得力措施，使凉山的反贫困取得了举世瞩目的成效。在此过程中，凉山积累了大量反贫困的宝贵经验和教训，正是有了党的坚强领导、社会主义的优越性，有阶段性、针对性的策略和政策，团结各种力量，凉山反贫困才取得了伟大胜利。同时，我们应当清醒地认识到，贫困面广、贫困人口数量大、致贫原因复杂、贫困程度深是凉山历史上贫困的基本特点。因此，在未来的发展中，政策因素变化、对口扶贫力量变化、贫困文化影响、市场经营风险、自然灾害等一系列政策、经济、社会与生态方面的挑战，都可能成为导致凉山脱贫人口返贫的因素。如何总结并汲取历史经验，根据凉山反贫困的历史、现实和未来挑战，构建研究框架和模型，建立凉山脱贫人口返贫风险的识别、预警和防范机制，对于凉山下一步继续巩固脱贫攻坚成果、扎实推进乡村振兴意义重大。

4 凉山脱贫人口返贫风险事项的识别

根据全面风险管理理论,风险事项识别是风险评估的前提,风险事项识别是否全面准确,直接影响着风险管理的质量。因此识别返贫的风险事项是进行返贫风险管理的首要工作。事项或者事件是源于组织内部或外部的,影响组织战略实施或目标实现的事故或事情。风险事项是潜在的、尚未发生的,对组织可能产生正面、负面的影响,或者两者兼而有之。为了抵销风险事项的负面影响,需要对其进行系统、准确识别。本章的任务是通过对反贫困理论、可持续生计理论和全面风险管理理论进行整合,结合凉山实情,提炼出较有针对性的分析框架,然后依据此框架设计并厘清返贫风险事项识别的思路和过程,找出可能导致凉山脱贫人口返贫的风险因素。

4.1 凉山脱贫人口返贫风险事项识别的原则

4.1.1 全面系统性原则

全面系统性原则把分析对象视为一个完整的系统,分析时以整体、系统目标的优化为准绳,识别组成系统的不同部分及各部分间的相互关系,达到返贫风险分析的全面性、完整性、科学性。凉山自然条件恶劣、地理环境险峻、群众思想观念落后等问题使脱贫人口返贫的风险点不仅种类众多且相关性强。换言之,凉山脱贫人口返贫问题是个系统性问题,不是单一风险事项或者由某类风险事项造成的。为了有效解决凉山脱贫人口返贫问题,必须坚持全面系统性原则,以系统科学的理论框架为指导,对返贫风险事项进行多层面、多维度分析,确保风险事项识别的准确性和完整性。

4.1.2 可操作性原则

在实践中,风险事项由于本身的特性不同,部分风险容易被识别,部分风险难以被识别;有的风险不会产生重大影响,有的则会带来重大影响。考虑到组织资源和组织管理者的精力都是有限的，组织无法采用统一标准应对所有风险事项。另外，为了实现对风险事项的精准管理，必须评估风险事项发生的概率及其可能的影响。因此，管理者要对识别出的风险事项进行量化，以提升风险管理过程中的可操作性。再者，凉山脱贫人口返贫风险事项比较复杂和抽象，为了有效应对返贫风险事项，应在可操作性原则的指导下，将返贫风险事项进行量化，即对返贫风险事项的后果和发生概率进行量化。

4.1.3 共性与特性相结合原则

大量研究表明，返贫风险形成的原因具有共性和典型性，如自然条件恶劣、基础设施落后、产业发展滞后、人员健康状况差、劳动技能缺乏等，往往是导致脱贫地区出现返贫现象的普遍性原因；同时，特殊的地理环境、社会文化环境也会对脱贫地区返贫风险的形成产生较大的影响。凉山曾是我国 14 个集中连片特困地区之一，特殊的自然和社会历史条件、地域文化，使该地区返贫风险的产生与其他地区既存在共性，又具有自身的特点，意味着对该地区脱贫人口返贫风险事项的识别要因地制宜，突出其特殊性。因此，对凉山返贫风险事项识别既要借鉴其他地区返贫风险事项的共性问题，又要注意与本地实际情况相结合，实现共性与特性的统一。

4.1.4 精简性原则

返贫风险事项清单的制作样本是凉山脱贫人口。鉴于脱贫人口文化水平普遍不高，对返贫风险事项表述的理解程度较低，在描述返贫风险事项时应尽量具体，如将社会资本中的"亲友"进一步详细分解为"亲友数量少"和"亲友能人少"两个风险事项，这对调研对象而言会更加易于理解。但是考虑到农户填写的耐心度、风险数据收集的难易程度和成本等因素，指标应尽量精简，尽量用较少的指标反映尽可能多的信息。如可以直接使用"自然灾害"这个风险事项，而不需要再将"自然灾害"进一步拆分为滑坡、泥石流、地震、洪涝、水源污染、森林火灾或者病虫害等风险内容，这样不仅可以抓住返贫风险的典型特征，又可以避免指标烦冗和交叉重复。

4.2 凉山脱贫人口返贫风险事项识别的思路

"通过各种技术的组合以及合理利用支持性工具就可以形成系统的主体事项识别方法"[①]。美国 COSO 列出了若干风险事项识别技术的例子（图 1），这

---

① 美国 COSO. 企业风险管理：整合框架［M］. 大连：东北财经大学出版社，2017：52.

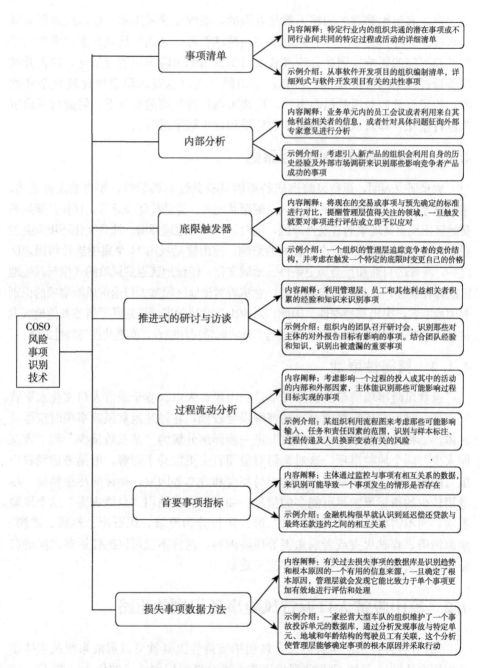

图 1 COSO 风险事项识别技术框架

来源：课题组根据相关资料绘制。

些方法的共同之处在于：事项识别技术虽然不同，但基本都基于组织内外的经验和知识而建立，并且既关注过去，也着眼于未来；同时，这些方法间还存在一些差异，不同的事项识别技术侧重点不同，如事项清单、内部分析、推进式的研讨与访谈、过程流动分析更多关注与目标相关的所有风险事项，是一种基于经验的定性分析；而首要事项指标、损失事项数据方法更多关注与目标相关的关键风险事项，是一种基于数据的定量分析。

全面风险管理理论的核心在于"全面"识别，因此诸多比较先进的组织一般都会采用各种技术的组合，配合不同方法，识别出与目标相关的风险事项。考虑到凉山脱贫人口返贫现象的复杂性，本研究设计了层层递进的返贫风险事项识别过程。首先，分析反贫困理论、全面风险管理理论和可持续生计理论框架的调适性，并整合提炼出"环境—资本—策略"风险识别分析框架；其次，基于该分析框架推导凉山脱贫人口返贫风险事项。为了确保返贫风险事项的完整性，本研究运用头脑风暴法对返贫风险事项进行了补充。在此基础上，本研究又通过实地调研对返贫风险事项进行了验证和筛选，最终经过德尔菲法确定了凉山脱贫人口返贫风险事项清单（图2）。

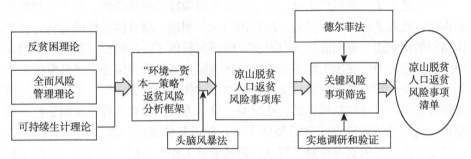

图 2   凉山脱贫人口返贫风险事项的识别过程
来源：课题组根据相关资料绘制。

4.3   凉山脱贫人口返贫风险事项分析框架

本研究第2章涉及现有关于返贫预防的研究理论主要包括反贫困理论、可持续生计理论和全面风险管理理论。这些理论从管理学、经济学、政治学等视角多维度考察了贫困问题，为研究凉山脱贫人口反贫困问题提供了有益的参考和借鉴。但是，每个理论都有其适用范围和适用条件，如何对不同视角下的理论成果进行整合调适，并结合凉山脱贫人口的实际状况提出有较强针对性的分析框架，是凉山脱贫人口返贫风险识别、预警和防范的重要基础工作。

4.3.1 反贫困理论的视角分析

国外反贫困理论主要包括二元经济结构理论、人力资本理论、收入再分配理论、可行能力理论和权利贫困理论等。二元经济结构理论是立足于国家经济发展层面的宏观理论，论证的是传统农业和现代城市工业发展两个经济结构下农村劳动力收入低下，进而向城市流动的问题。该理论启示本研究可以从经济结构视角分析凉山脱贫人口的返贫风险事项。收入再分配理论从福利经济学角度出发，剖析了收入分配不均衡导致贫困的机理，强调国民收入再分配的重要性。该理论启示巩固凉山脱贫成果、避免出现大规模返贫的一项重要工作就是要完善社会保障体系、优化收入再分配制度，为此，从社会保障方面分析凉山脱贫人口返贫风险是一项重要工作。相比于二元经济结构理论、收入再分配理论的宏观分析，人力资本理论、可行能力理论和权利贫困理论是立足于贫困个体的微观分析。人力资本匮乏使贫困人口的可行能力被剥夺，进而陷入贫困，而权利缺失则是发生贫困的另一个隐患点。这启示对于凉山脱贫人口返贫风险的预防既要做到增加人力资本，又要确保其权利享有。

马克思主义反贫困理论是立足于社会发展规律的科学论断，属于宏观层面的理论，其对贫困根源的探索、反贫困目标的明确、反贫困条件的分析、反贫困路径的探索均为凉山脱贫人口返贫风险研究提供了方向指引。其中，通过发展生产力来助力反贫困工作意味着凉山巩固脱贫成果的关键在于坚持党的基本路线不动摇。如要充分发挥村集体经济的带动作用，一方面要完善集体资产监督管理机制，充分维护村民的合法权益；另一方面"要充分尊重市场运行一般规律，用市场经营的方式盘活集体资产，促进集体经济发展壮大"[1]。强调人民群众主体作用的观点尊重了群众在防范返贫工作中的巨大能动性，启示本研究在进行凉山脱贫人口返贫风险事项分析时要特别注意群众的内生动力和主体性问题。

习近平总书记提出的中国特色反贫困理论是具有完整结构和严密逻辑的思想体系。该理论不但指引我国打赢了脱贫攻坚战，更能为巩固脱贫成果及预防返贫提供重要指导。首先，凉山脱贫人口的发展致富必须坚持党的领导，发挥基层党组织的战略堡垒和引领示范作用；其次，运用精准治理的理念做好返贫防范工作，精准区分返贫农户类型，精准界定返贫原因，精准防范返贫风险；再次，构建长效激励机制，激发脱贫人口的内生致富动力，持续巩固脱贫致富成果；最后，凉山脱贫人口返贫风险防范需要政府、市场、社会、居民的通力

---

① 彭清华. 凉山脱贫攻坚回访调查［N］. 学习时报. 2021-02-26（1）.

合作。

4.3.2 全面风险管理理论的视角分析

凉山脱贫人口返贫风险的识别、预警和防范本质是对返贫风险的全面管理，所以全面风险管理是整个研究的理论根基。在全面风险管理理论中，来自组织内外部，能够影响组织意图实现的事故或者事情被称为风险事项。"对于风险事项的识别能够使管理层集中考虑这些影响组织意图实现的事故或者事情，更有利于组织意图的实现"[①]。

为此，COSO 提出了一个详细的风险影响因素框架。其中的外部因素指的是企业所在的宏观环境因素，内部因素中的环境、设施、员工、流程、技术实则是企业内部可控或可使用的资源集合，可称为企业的资本。可见，全面风险管理中对风险识别的分析所依循的逻辑思路是：识别对实现预定目标产生危害的外部宏观环境因素和内部资本因素，并分析风险事项发生的潜在原因和影响程度。将该思路应用于凉山脱贫人口返贫风险事项识别，需要结合凉山实际情况，对其中的因素进行甄选、融合和修正。

在外部因素方面，经济因素中的价格趋势、客户需求和期望，启示脱贫人口经营的脱贫产业要关注市场价格波动和市场需求，以免影响脱贫产品的销售收入；资本可供性启示金融资金会影响脱贫人口发展。竞争、兼并/收购、世界石油勘探开发的启示意义不大。自然环境因素中的自然灾害、气候条件和地理条件值得重视，因为凉山复杂的地形和气候使自然灾害频发，因灾致贫较为普遍。地质条件是限制凉山发展的另一个客观因素，突出表现为水源匮乏、耕地和林地面积少，导致农户增收能力差、支出压力大。政治方面因素，政策变化和法律法规调整启示意义重大，因为现有凉山脱贫人口的可持续生计能力较大程度上依赖于扶贫政策和相关支持性法规，如果未来扶贫政策实施力度有所减弱，部分脱贫人口势必会面临潜在的返贫威胁。至于政府更替、国际制裁、武装冲突等不符合实际，不予纳入考虑范围。社会因素中的社会习俗需要重点关注，因为凉山的不良社会习俗文化，如高额彩礼、厚葬等是返贫的重要风险点。腐败因素也需要关注，因为在扶贫过程中，虚报冒领、挥霍浪费、吃拿卡要、优亲厚友等"微腐败"现象时有发生，一定程度上会影响脱贫人口的可持续发展。技术性因素中的服务产品组合、电子商务启示凉山脱贫人口在产业项目发展方面可能面临产业项目选择失误、产品销售不畅等问题，会导致农畜产品滞销。

---

① 美国 COSO. 企业风险管理：整合框架［M］. 大连：东北财经大学出版社，2017：51.

在内部因素方面，内部环境因素中的企业文化相当于脱贫家庭的家风，与上文提及的不良社会习俗文化可以合并。组织结构调整启示要关注脱贫人口的家庭人口结构问题，防范劳动力人口不足、多孩生育负担重等风险。基础设施因素中的资产、设备启示在未来巩固脱贫成果过程中，应重视基本生活用品、交通、住房等脱贫人口的资产设备。获取资本的能力对于脱贫人口而言，不仅是获取资金资本的能力，更是获取人力资本、物质资本、社会资本和自然资本的能力。员工因素中的员工基本素质和能力、专业人员的知识结构和经验，启示脱贫人口的知识技能缺乏是风险事项之一。激励机制对应在凉山脱贫人口方面则是脱贫内生动力问题。企业流程和技术方面的相关因素，启示要完善风险管理流程，将大数据技术融入返贫风险防控体系，构建高效的风险预警机制，这对有效防范返贫风险非常重要。

4.3.3　可持续生计理论的视角分析

可持续生计是指一种能够从打击中及时恢复，不损害自然环境并长久维持农户生存的能力、资产和活动[1]。英国国际发展署（DFID）的可持续生计分析框架描述了贫困群体在制度政策环境、市场环境及自然环境因素等造就的风险环境中，如何最大限度地利用生计资本提高生计水平。联合国开发计划署（UNDP）的可持续生计方法关注的是面对冲击和压力时（自然冲击、市场冲击、政治冲击等）如何调整应对策略以增强恢复能力，试图从宏观和微观两个层面建立实现可持续生计的内在联系。国际救助贫困组织（CARE）可持续分析框架立足于家庭单位，强调家庭成员在生计资源控制力方面的差异。基于对以上框架的对比及对生计概念的分析，赵锋指出，生计策略、能力和资产是生计分析的核心范畴[2]。其所提及的生计资产是指个体或家庭拥有的物质基础和社会资本。生计能力指人在生计活动中的能动性和潜力。阿玛蒂亚·森的可行能力学说非常重视生计能力这一概念，他认为，生计能力的表现形式有个人处理冲击和胁迫的能力、个体参与社会的交换权利或机会、个体发现和利用机会的能力等。但是，在可持续生计框架的具体分析中，生计能力没有被作为一个单独变量列出来，而是蕴含于各个维度的变量中，如个体获得金融信贷的机会、个体具备发现和利用机会的知识技能等。可见，可持续生计的核心范畴应包括三个，分别是生计环境、生计资本（生计资产与生计能力的整合）和生计

---

① 赵锋. 水库移民可持续生计发展研究 [M]. 北京：经济科学出版社，2015：43.
② 赵锋. 可持续生计分析框架的理论比较与研究述评 [J]. 兰州财经大学学报，2015，31 (5)：86-93.

策略。这对凉山脱贫人口返贫研究的启示是：从可持续生计理论的视角来看，返贫现象是脱贫人口在生计环境风险的冲击下，遭遇的生计资本风险。而生计资本是影响脱贫人口生计策略选择的重要基础，在生计资本发生风险的情况下，生计策略风险也会由此产生。从这个角度来说，"环境—资本—策略"是分析返贫风险的完整链条。其中，生计环境风险即为脆弱性环境、结构与过程转变的风险，生计资本风险即为人力资本、物质资本、资金资本、社会资本、生态资本不足产生的风险，生计策略风险是指脱贫人口采取生计策略失败的风险。

4.3.4 返贫风险事项分析框架构建

综合以上理论视角分析和内涵整合，以可持续生计理论框架为根基，以全面风险管理为补充，以反贫困理论为重要参考，本研究构建了"环境—资本—策略"返贫风险事项分析框架（图3）。

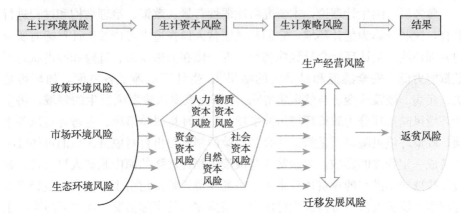

图3 凉山脱贫人口返贫风险的"环境—资本—策略"分析框架

来源：课题组根据相关资料绘制。

返贫风险分析框架显示，脱贫人口返贫是由于生计环境风险引发了生计资本产生风险，而生计策略是脱贫人口在其所处的生计环境中，将所拥有的生计资本进行组合的产物。因此，当生计资本发生风险时，会进而引发其生计策略产生风险。其中生计环境风险是对全面风险管理理论中的经济因素、自然环境因素中的自然灾害、政治因素中的政策法律变化和可持续生计框架中脆弱性环境、结构与过程转变的整合，包括政策环境风险、市场环境风险和生态环境风险三个方面；生计资本风险包括人力资本风险、资金资本风险、物质资本风险、自然资本风险和社会资本风险五个方面；结合凉山脱贫人口的实际状况，生计策略风险主要包括生产经营风险和迁移发展风险两个方面。在该框架中，自然资本风险与生态环境风险的区别在于，自然资本风险是指脱贫人口所拥有的用以抵抗生态环境风险的耕地、林地资源、水资源等，生态环境风险则指客观自然灾害，如泥石流、滑坡等的侵袭与冲击。

4.4 凉山脱贫人口返贫风险事项库的建立

返贫风险事项库的建立主要包括两个步骤：一是根据可持续生计理论和相关研究在理论层面对返贫风险事项进行推导；二是利用头脑风暴法从实践层面对返贫风险事项进行补充。

4.4.1 理论推导返贫风险事项

4.4.1.1 生计环境风险事项的推导

参考可持续生计理论，本研究将脆弱性背景、政策、治理结构和过程进行整合，这些统称为生计环境，它们都是脱贫人口在追求可持续生计目标时所处的外部环境。生计环境会导致脆弱性，即个体在面临压力、危险和冲击状态下抵御能力低、安全感低和易受灾的结果[1]。生计环境涉及各方面，如环境危机、疾病、政策改变、自然灾害等[2]。本研究根据风险事项发生的领域，将生计环境风险事项分为政策环境风险事项、市场环境风险事项、生态环境风险事项。政策环境风险事项是指某些公共政策的制定与出台对脱贫人口的可持续生计造成一定程度的影响。对脱贫攻坚政策依赖性较强的凉山脱贫人口而言，政策帮扶减弱是潜在的返贫风险事项。市场环境风险是指由于市场变化或趋势改变削弱了脱贫人口的可持续生计能力。根据凉山的实际情况，相关风险事项主要有两个，一是市场价格波动，二是农畜产品滞销。生态环境风险是指地理、天气变化导致生态环境发生改变，危及脱贫人口的生命财产安全，相关风险事项主要是自然灾害频发。

4.4.1.2 生计资本风险事项的推导

生计资本是家庭或个人拥有的选择机会、采用的生计战略和所处风险环境的基础[3]。生计资本水平越高的脱贫人口，其选择权和抗风险能力就越强，可

① CHAMBERS R. Vulnerability, coping and policy (Editorial Introduction) [J]. IDS Bulletin, 1989, 20 (2): 1-7.
② 陈传波，丁士军. 中国小农户的风险及管理研究 [M]. 北京：中国财政经济出版社，2005：63.
③ 苏芳，徐中民，尚海洋. 可持续生计分析研究综述 [J]. 地球科学进展，2009，24 (1)：61-69.

持续发展水平就越高。对应生计资本的五个方面，生计资本风险事项也按人力资本风险事项、资金资本风险事项、物质资本风险事项、自然资本风险事项和社会资本风险事项进行推导。人力资本风险事项是指脱贫人口在知识技能、身体健康等方面存在不足，对应的具体风险事项为患病或残疾、劳动力不足、知识技能缺乏。资金资本是人们生产生活及消费过程中为了实现生计目标所需要的资金等①。所以，资金资本风险事项是指脱贫人口面临的资金资本不足问题，既包括发展过程中的资金缺乏，也包括资金支出过大。在凉山，前者对应的具体风险事项为信贷困难、就业收入不稳定、人均可支配收入低；后者对应的具体风险事项为非义务教育阶段负担重、多孩生育负担重、不良习俗和消费习惯。物质资本指农户赖以维持生计的基础设施及生产资料等基本物质工具。物质资本的缺乏会降低脱贫人口的可持续生计能力。凉山的物质资本风险事项主要包括交通不便、动力电不足、牲畜减少、房屋居住条件差。社会资本是社会学的重要概念，特指不同社会主体之间的联系状态及特征等方面。与物质资本和人力资本类似，社会资本这种个人与组织或他人之间的联系，可以为脱贫人口从社会网络及其所处的社会制度中获得资源、带来收益。对于凉山脱贫人口而言，其在社会资本方面的风险事项是亲友支持缺乏、决策参与程度低。自然资本是指能从中导出有利于生计的资源流和服务的自然资源存量（如土地、水）及环境服务（如水循环）。在凉山，自然资本风险事项主要包括两个，分别是可用水资源缺乏、耕地或林地减少。

4.4.1.3　生计策略风险事项的推导

"农户为了实现生计目标而将不同生计资本进行有机组合使用的方式就是生计策略"②。农户的资产状况决定农户的生计策略选择，因此他们会将不同类型的资本进行组合以应对风险冲击、发现机会，进而维持生计安全。在政策支持下，凉山州脱贫人口的生计策略主要有生产经营和迁移发展。生产经营方面的风险事项可以细分为产业经营失败和创收模式单一；迁移发展方面的风险事项是指易地扶贫搬迁的后续挑战。

综上可知，基于"环境—资本—策略"框架，可以推导出 3 个一级返贫风险事项，即生计环境风险事项、生计资本风险事项、生计策略风险事项；10个二级返贫风险事项，即政策环境风险、市场环境风险、生态环境风险、人力

---

① 赵延东，王奋宇. 城乡流动人口的经济地位获得及决定因素 [J]. 中国人口科学，2002 (4)：10-17.

② 何仁伟. 典型山区农户生计空间差异与生计选择研究：以四川省凉山彝族自治州为例 [M]. 四川：四川大学出版社，2013：12.

资本风险、资金资本风险、物质资本风险、社会资本风险、自然资本风险、生产经营风险、迁移发展风险；24 个三级返贫风险事项，即政策帮扶减弱、市场价格波动、农畜产品滞销、自然灾害频发、人口患病或残疾、劳动力不足、知识技能缺乏、信贷困难、就业收入不稳定、人均可支配收入少、非义务教育负担重、多孩生育负担重、不良习俗和消费习惯、交通不便、动力电不足、牲畜减少、房屋居住条件差、亲友支持缺乏、决策参与程度低、水资源缺乏、耕地或林地减少、产业经营失败、创收模式单一、易地扶贫搬迁后续挑战。

4.4.2　头脑风暴法完善风险事项库

头脑风暴法（Brainstorming）是由美国创造学家亚历克斯·F. 奥斯本（Alex F. Osborn）在 1939 年提出的一种智力激励法。起初，它只应用于广告创意设计，后扩散至技术革命、社会问题解决、管理创新等领域。如广告创意教学[①]、公安情报分析[②]、舞弊审计[③]、部队思想政治教育[④]等。这种方法的应用主要分为准备阶段、执行阶段和总结阶段。本研究运用头脑风暴法对上述推导出的风险事项库进行补充和完善。

4.4.2.1　头脑风暴法的准备阶段

应用头脑风暴法的准备阶段主要完成两项工作：一是安排角色。在头脑风暴中存在三种角色，分别是主持人、记录者和讨论者。主持人负责整个讨论的主持工作，其角色要求是对凉山贫困现状和脱贫人口返贫问题较为熟悉，同时能够熟练运用头脑风暴法的处理程序和方法。鉴于此，确定由课题负责人担任主持人。记录者负责讨论过程和结果的记录，其角色要求是能够打字、写字速度较快，且能够听懂方言，对凉山贫困问题比较熟悉。鉴于此，确定了两名来自凉山并熟悉彝语的硕士研究生担任记录人员。讨论者是应用头脑风暴法的核心角色，主要负责充分发挥创造性思维，提出新设想，促成"思维共振"。为了确保设想的全面、系统和创新，其人员的选择也应该多元化，据此确定了涵盖返贫户、脱贫户、村党支部书记、驻村帮扶干部、研究学者在内的 11 人作为参与人员（表 1）。

二是设置活动环境。活动环境对头脑风暴法的应用很重要，因为它可以影响讨论者的思维活动，事关其能否快速融入环境以全身心投入讨论。在活动环

---

① 陈璐．"头脑风暴法"在《广告创意》教学中的应用 [J]. 传媒，2017 (13)：77 - 78.

② 何蓉．浅谈公安情报分析方法中的头脑风暴法 [J]. 情报杂志，2011，30 (S2)：111 - 112，101.

③ 杨明增．头脑风暴法在舞弊审计中的运用研究：回顾与启示 [J]. 审计研究，2011 (4)：94 - 99.

④ 刘书凯．"头脑风暴法"在部队思想政治教育中的应用 [J]. 南京政治学院学报，2012，28 (S1)：76 - 77.

境设置方面，本研究选定了凉山州普格县政府会议室作为活动场地，并准备投影仪、脱贫人口生活现状 PPT、自由黑板、签字笔和笔记本等，以便营造有利于研讨的氛围和条件。

表1　应用头脑风暴法参与人员构成情况

参与人员	人数（人）	共同特征	特别要求
返贫户	2		曾经是凉山的脱贫户，后来又成为建档立卡贫困户的农户
脱贫户	3		曾被识别为凉山的建档立卡贫困户，后来成为政府贫困户退出验收的农户
村党支部书记	2	具有在凉山贫困县或贫困村生活或工作的经历	贫困村和典型深度贫困村的村党支部书记
驻村帮扶干部	2		村级以上单位派驻贫困村从事脱贫攻坚工作两年以上的人员
研究学者	2		长期关注凉山贫困问题，在相关研究领域有影响力的专业学者

来源：课题组根据研究内容制作。

4.4.2.2　头脑风暴法的执行阶段

第一，主题介绍。首先，主持人介绍了课题的基本情况，说明了进行本次头脑风暴的缘由。其次，主持人告知了头脑风暴活动的基本原则：不存在正确和错误答案，欢迎讨论者提出各种大胆、开放和创新的想法；每个讨论者要秉持"每个观点均有价值"的理念，接受他人的原创性想法。再次，讨论者不仅要关注自己的想法，还要充分利用和结合他人的想法提出新的设想。最后，在没有介绍身份、职务和等级的前提下确定讨论者的发言顺序。

第二，开展头脑风暴。本次头脑风暴活动限制在 50 分钟内。在具体开展过程中，返贫户、脱贫户、村党支部书记、驻村帮扶干部、研究学者依次交替发言。每位讨论者发言后，记录人员都会及时将其想法或者意见总结投屏，以便所有人都能充分掌握。在此阶段，每个人都不能对其他人的想法进行评论。而且，每次发言只能提出一个返贫风险事项。在这个过程中，有的农户发言时间较长且逻辑不清晰，主持人会根据发言者的本意进行总结调整。

在第一轮头脑风暴中，由于处于"活动热身"状态，十位讨论者尚未进入兴奋状态，一些关于返贫风险事项的讨论基本以宏观抽象层面的想法为主，比如经济因素、自然环境因素、政治因素、社会因素、技术因素、基础设施因素、农户因素、产品因素、内部环境因素等。但也有讨论者开始尝试更加具体的分析，比如有讨论者基于自然环境因素进一步提出了自然灾害频发、地理环境恶劣、家庭劳动力不足等。

在第二轮头脑风暴中，讨论者在其他人第一轮想法的基础上进行了充分联想，随着参与者的思维逐渐开阔，许多新的返贫风险事项被提出来，如价格波动、市场需求与期望脱节、政策与法律法规变化、社会习俗影响、新技术和新产品组合问题、经营能力差、脱贫项目选择失误、海拔高、生物多样性差、家畜发生病害、家庭人口死亡等。

在第三轮和第四轮头脑风暴中，讨论进入了热烈状态，诸多更加具体和创新性的返贫风险事项被提出来，如农产品标准不统一、农产品物流运输受阻、家庭教育支出大、落后的社会习俗、扶贫领域发生腐败、基本生活用品短缺、网络通信不畅、集体经济组织发展滞后、资产设备可用性差、农户获取资本能力弱、农户内生动力不足、就业技能培训不对口、市场数据信息不完整、农户激励机制缺失、毒品吸食、高额彩礼、厚葬、多孩生育、就业不稳定、非义务阶段教育费用高等。

4.4.2.3 头脑风暴法的总结阶段

经过50分钟四轮头脑风暴，共有60个返贫风险事项被提出来。这些不同风险事项之间存在不同的逻辑关系，需要进一步处理。第一，有的是隶属关系，可以合并为一。比如，相比于"教育支出大"，"非义务教育阶段负担重"更加准确，因此删除"教育支出大"；又如"农具机器或生产设备发生故障"就是对"资产、设备可用性差"的进一步演绎，所以删除"资产设备可用性差"。第二，有的是因果关系，可以合并为一。比如"家庭成员死亡"会引起"家庭劳动力不足"或者"厚葬"这两个风险事项。换言之，"家庭成员死亡"风险事项的后果已经通过"家庭劳动力不足"或者"厚葬"体现出来，其本身可以删除。第三，有的不符合凉山实际。如由于凉山州素有"动植物基因库"之称，生物多样性良好，删除了"生物多样性差"这个提法。此外，凉山传统文化①和宗教信仰②也对生物多样性起到保护作用。为此，"生物多样性差"与凉山事实不符。

---

① 如《勒俄特依》是在凉山彝族社会中广为流传的彝文经典史诗，对凉山彝族社会生活等方面都有深远的影响。其中，雪族十二子的传说涉及人与11种动植物本源亲近的关系，这种人与动植物同源共生观对彝族社区生活环境保持相对平衡起到了重要作用。

② 人与动物的本源观使彝族人认为捕杀不能捕杀的动物，是违背了生活的准则，犯下了大忌。补救的方式只有一种，就是Zei，即"赔生命之债"。赔偿的主体以村寨或集体的形式出现，无论谁犯下的忌，均得罪了天意，不请毕摩举行赔偿仪式，天地就会降祸于这片土地。赔偿的动物种类不一样，会有不同的Zei的仪式，比如古则是赔偿大雁生命的仪式，鲁则是赔偿小蛇生命的仪式等。详情参考马尔子著《凉山传统文化和宗教信仰对生物多样性的保护——以〈勒俄特依〉和"古则鲁则"仪式等为例》。

经过以上分析讨论，60 个返贫风险事项经过合并、筛选，最终得出 22 个返贫风险事项，分别是：市场价格波动大、自然灾害频发、政策法律法规变化、家庭劳动力不足、社会习俗落后、工作歧视、扶贫产品组合差、网络通信不畅、农户获取资金能力弱、农户知识技能匮乏、农户内生动力不足、毒品吸食、罹患艾滋病、高额彩礼、厚葬、多孩生育、就业不稳定、非义务教育阶段费用高、农具机器或生产设备发生故障、家畜减少、基本生活用品短缺、村集体经济发展滞后。

将理论推导的 24 个风险事项与头脑风暴法得到的 22 个风险事项进行对比分析可知，市场价格波动、自然灾害频发、帮扶政策减弱、劳动力不足、不良习俗和消费习惯（社会习俗落后、高额彩礼、厚葬）、产业经营失败（扶贫产品组合差）、信贷困难（获取资金能力弱）、知识技能缺乏、多孩生育负担重、就业不稳定、非义务教育负担重、牲畜减少、就业收入不稳定（工作歧视）是共同的结论，头脑风暴结论中的 7 个风险事项诸如网络通信不畅、农户内生动力不足、毒品吸食、罹患艾滋病、农具机器或生产设备发生故障、基本生活用品短缺、村集体经济发展滞后是新增加的观点。据此，本研究共得到了 31 个返贫风险事项，其中理论推导 24 个，头脑风暴法补充了 7 个。

4.5　凉山脱贫人口返贫的关键风险事项筛选

为了确定返贫风险指标，课题组深入凉山进行实地调研，通过典型案例调查、德尔菲法等方法，对风险事项库的内容进行筛选、过滤和评价，最终找出了凉山脱贫人口返贫的 28 个关键风险事项。

4.5.1　实地调研地点

凉山彝族自治州共有 17 个县（市），其中包括 2 个县级市（西昌市、会理市）、15 个县（含木里藏族自治县）。考虑到课题调研的成本和可行性，同时为确保调查数据收集的准确性和科学性，课题组没有对全州所有县（市）的贫困村进行走访，而是在典型性和可行性的双重考虑下，按照覆盖全区域（高山区、二半山区、河谷平坝区①）、囊括全类型（脱贫监测户、稳定脱贫户）和

---

① 三个区域按照地理垂直维度划分。高山区的村庄土地破碎、质差，生态环境较为脆弱，农户容易受到高寒天气、饮水条件、医疗卫生和传统习惯等因素的影响；二半山区的村庄以坡耕型、缺水型、瘠薄型等中低产耕地为主；平坝区集中了州内几乎所有的沟坎、冲积小平台，地理气候条件较好，但是此类土地面积只占当地土地面积的极小部分。具体介绍见朱明熙著《四川农村反贫困研究》，99 - 103 页。

涵盖全种类（纯农业户、农业兼业户、非农兼业户）的原则，最初拟在 17 个县（市）中分别选取 1～3 个农村进行调研。原本课题组的计划是由成都出发在西昌市集合，调研路线是西昌市—盐源县—木里藏族自治县—冕宁县—越西县—甘洛县—美姑县—雷波县—金阳县—昭觉县—喜德县—普格县—布拖县—宁南县—德昌县—会理市—会东县，但是由于在与当地政府的沟通协调过程中，受新冠疫情、天气、交通条件等因素的影响，无法按照原计划安排路线行动，导致实际调研只能根据现实进行调整，出现了走"回头路"的现象。如调研团队结束了在西昌市调研后，于 2020 年 7 月 3 日上午赶到普格县华山乡的联合四村进行调研，下午又驱车赶往特补乡的甲甲沟村、巴折乡的篾丝箩村进行调研，由于路程较远导致时间安排出现问题，当天不得不连夜赶回盐源县城；7 月 4 日又再次从盐源县城出发，赶往泸沽湖镇的舍垮村和白乌镇的白乌村进行调研。调研结束后，又走原程山路赶往喜德县；7 月 6 日在去往贺波洛乡尔吉村的路上，由于道路毁坏，只得徒步前往调研地点。另外，由于凉山脱贫人口居住分散，有的调研地点相隔距离较远，使得调研进展较慢，在调研团队时间和精力允许的情况下，返贫风险事项的调查样本最终以 11 个县（市）的 24 个曾被认定为贫困村的样本为主（表 2）。

表 2　凉山脱贫人口返贫风险事项实地调研地点分布

县（市）	行政村
西昌市	樟木箐乡字库村、民胜乡核桃村
喜德县	贺波洛乡尔吉村、冕山镇伍合村
普格县	日都迪萨镇特口村、花山乡的联合四村、特补乡甲甲沟村
盐源县	泸沽湖镇舍垮村、藤桥乡五台山村、金河乡温泉村
布拖县	包谷坪乡嘿门子村、特木里镇光明村
冕宁县	惠安镇勒安村、惠安镇迫夫村
越西县	瓦普莫乡木牛觉村、申果乡达布村
金阳县	热柯觉乡丙乙底村、基足乡基足村
美姑县	龙门乡尔拖村、依洛拉达乡依洛尔合村、牛牛坝乡腾地村
昭觉县	三岔河乡三河村、解放乡火普村
德昌县	铁炉镇中梁村

来源：课题组根据研究内容制作。

4.5.2　实地调研内容

本次调研围绕 31 个返贫风险事项制定了半结构化访谈提纲，一方面验证脱贫人口返贫风险事项是否符合实际情况；另一方面是收集返贫风险案例，对风险事项进行进一步理解和阐释。调研正值夏季，凉山青年劳动力大多在外打工，村里的调研对象以留守妇女和老人为主。鉴于他们学历水平不高、认知能力有限，课题组在实地调研过程中采取了"一对一"的方式进行。同时，为了避免出现语言不通的问题，课题组雇请了三名当地精通彝族语言的学生随同进行翻译。

4.5.3　实地调研结果

本次调研的最终结果有两个，一是删除了脱贫人口决策参与程度低、脱贫地区网络通信不畅、脱贫家庭农具机器或生产设备易发生故障等相关性不高的风险事项，二是通过现实案例验证了其余 28 个返贫风险事项的存在。

在事项删减方面，首先删除了脱贫人口决策参与程度低这个风险事项，因为凉山彝族家支文化衍生出了"德古"这种协商决策机制，有效弥补了脱贫人口决策参与程度低这个风险事项的负面影响。调研发现，所谓"德古"就是彝族中德高望重、知识丰富、办事公道、能为家支或地区解决问题的家支头人。村里重大事情的决策往往通过"德古"代表居民利益进行协商决策。其次，删除了脱贫地区网络通信不畅这个风险事项。因为自 2013 年以后，凉山州扎实推进脱贫攻坚工作，深入实施了"宽带中国"国家战略和"互联网＋"行动计划，2020 年实现了村村 4G 信号全覆盖的目标，通信条件极大改善，有力提高了凉山脱贫人口生产生活水平。在巴折乡篾丝箩村，一位扶贫干部很自豪地对课题组成员说："政府不但采取措施保障了贫困山区的手机网络通信信号，还安装了网络光纤，虽然不能保证每家每户通光纤，但是最起码能够保证每个贫困村都有个光纤接入点。"课题组在调研中没有在贫困村遇到手机网络通信不畅的问题。在普格县甲甲沟村调研时，在村民文化广场碰到了七八个彝族少年。其中，彝族少年莫日洛（化名）表示："我们经常看网络农产品带货直播，信号一直都很好，一点都不卡。"（2020 - 06 - 03 - PGX - TBXJJGC - 03）[①] 最后，删除了脱贫家庭农具机器或生产设备易发生故障这个返贫风险事项。在调研中，该风险事项很少被农户提及，推测他们认为小规模农业生产对农具机器或生产设备依赖较少，即便使用偶尔出问题，也很容易解决，对生计发展影响较小。在访谈中有一位彝族脱贫农户表示："我们这里耕地很少，只是种一些玉米、土豆，哪里用得上什么机器，用手都能掰完玉米棒子、土豆块子，不存

---

① 课题组对受访农户的样本进行了编号，"2020 - 07 - 03"是指访谈时间，PGX - TBXJJGC - 03 是指普格县特补乡甲甲沟村的第三个受访者。具体编号见"附件 1：调研案例编号表索引表"。

在（农具机器故障风险）。有时候要用农药喷雾机，就借一下别人的，很少坏，坏了到街上修就可以了。"（2020 - 06 - 11 - MGX - LMXETC - 05）

在案例调研和实地验证方面，限于篇幅原因，这里仅列举七个返贫风险事项案例。具体情况如下：

(1) 患病或残疾返贫风险事项案例。 患病和残疾本就是导致凉山脱贫户返贫的重要原因之一。因为患病、残疾不但会使家庭劳动人口减少，还会增加家庭支出，牵制家庭其他劳动力，使得脱贫家庭容易返贫。对德昌县铁炉镇中梁村的沙尔聪（化名）来说，疾病让他们刚脱贫的日子再次陷入困境。沙尔聪一家共五口人，他的父母、妻子和儿子经常患病住院。虽然他们参加了新农合，国家政策对贫困户就医报销比例较高，但是一家四口人经常性生病累积下来的医药费也是一笔较大的支出，并且有的药并未纳入医疗保险范围之内。沙尔聪不但需要筹措医药费，还要做农活，照顾病人，这对于刚脱贫的家庭来说无异于雪上加霜。沙尔聪表示，2019 年其家庭收入的 40% 都用于看病了，如果家里再遇到其他的意外情况，他们家很快就会再次陷入贫困状态。（2020 - 06 - 24 - DCX - TLZZLC - 03）在残疾导致返贫风险事项方面，西昌市樟木箐乡字库村的脱贫户肖克明（化名）的遭遇较为典型。肖克明的父亲年近残疾，常年需要照料。2014 年，肖克明在使用微型耕田机耕田时发生意外，大腿肌肉大面积损伤、腿筋断裂，造成严重残疾，当时医治需要资金 30 余万元。在亲戚朋友的帮助下筹借到资金，肖克明经过几个月的治疗后回家休养。肖克明残疾后，家庭丧失了一名主要劳动力，还背上了 30 万元的债务，他们家很快陷入贫困状态。后来，驻村帮扶责任人和村党支部为肖克明量身打造了一套脱贫致富方案：一是饲养优质建昌鸭；二是饲养肥猪；三是务工增收。2016 年通过饲养农牧局产业扶贫项目发放的 50 羽鸭苗，8 头仔猪及自家购买的 100 羽鸭苗，肖克明一家在年底出售优质建昌鸭 130 羽、肥猪 7 头，获得 44 000 元收入。自 2017 年开始，肖克明扩大养殖规模，现每年出售优质建昌鸭 700～800 羽，肥猪 5～8 头，仅养殖一年就能创收 5 万～6 万元。虽然收入增加了，但离还清 30 万元债务还有很大的差距。为此，一家人商量，妻子和儿子进城务工，肖克明在家里照顾老人、饲养家禽，村里也为他安排了保洁员岗位，一家人每年的务工收入又增加了 6 万多元。提及脱贫之路，肖克明在不断感谢党的政策的同时，也对致残事件心有余悸，他说："对于一个普通农民来说，如果发生意外事故导致残疾，简直就是灭顶之灾。我曾经一度消沉，无法接受这个现实，都准备自暴自弃了。要不是有党的好政策，我估计一辈子都会生活在贫困中。"（2020 - 06 - 29 - XCS - ZMQXZKC - 06）

(2) 毒品吸食返贫风险事项案例。 毒品吸食是凉山部分农村家庭的重要致贫因素，虽然近年来凉山州加强了禁毒工作并取得了显著成效，但是治毒工作仍需常抓不懈。以 2018 年为例，四川省 11.22％的毒品犯罪案件发生在凉山州，数量位居全省第二位，在外流贩运毒品案件方面，凉山州居全国第一①。在全面摆脱绝对贫困的背景下，毒品吸食成为凉山脱贫人口返贫的重要风险事项。在盐源县金河乡温泉村调研时，课题组对曾经有吸毒经历的海来阿杜（化名）进行了访谈。海来阿杜在 8 岁时失去了父亲，后来母亲因为贩毒被判刑 15年。家庭破碎使海来阿杜在 14 岁时就选择辍学，进入社会后认识了很多"朋友"，看到他们都吸食毒品，于是也参与吸毒，自此沾染了毒瘾。为了吸毒，海来阿杜向亲朋好友借钱，甚至偷钱购买毒品，家庭变得一贫如洗。后来在"绿色家园戒治康复社区"工作人员的帮助下，他坚持戒毒，但由于身体已经被毒品严重摧残，亲朋好友避而远之，海来阿杜生活十分困难，贫困状况一直难以得到改善。脱贫攻坚战略实施后，政府给予了海来阿杜许多帮助，让他参与工作技能培训，并对其实施康复就业帮扶，2020 年他终于退出了建档立卡贫困户，摆脱了贫困。但目前海来阿杜最担心的是，他看到很多摆脱贫困的家庭因吸毒再次返贫，是否能最终完全成功戒毒，他自己都表示没有信心，害怕再走上不归路，再次陷入一贫如洗的境地。（2020－06－10－YYX-JHXWQC-04）

（3）感染艾滋病返贫风险事项案例。 吸食毒品往往容易引发艾滋病蔓延，而罹患艾滋病对于任何一个家庭来说都是一场灾难，对刚刚摆脱贫困的家庭来说更是"灭顶之灾"，意味着家庭可能再次返回贫困。家住喜德县冕山镇伍合村的曲木阿嘎（化名）是毒贩的妻子，同时也是戒毒康复人员，全家三口人，家庭经济困难，一度对生活丧失信心。2014 年被列入建档立卡贫困户。2017年在镇政府和县禁毒办的帮助下，她获得了创业项目贷款，投资 20 多万元养殖喜德阉鸡，年盈利 5 万多元，实现了脱贫。眼看日子越来越好，但在 2018年 11 月喜德县艾滋病大普查中，曲木阿嘎被确诊为艾滋病感染者。艾滋病治疗费用巨大，虽然政府有补贴，但仍然耗尽了家庭储蓄。随着病程推进，她的身体每况愈下，不得不放弃养殖喜德阉鸡的项目，靠家里仅有的 1.5 亩旱地、3 分水田和 5 棵核桃树勉强度日，家庭很快再次陷入贫困，并被认定为返贫户。虽然目前政府给予了曲木阿嘎许多支持，但是在访谈中她一再表示自己对未来基本不抱什么希望，唯一的目标就是努力活着。（2020－06－07－XDX-MSZWHC-04）可见染上毒瘾或罹患艾滋病，对凉山州脱贫人口来说，意味着要再次返回贫困状态。

---

① 四川省高院新闻发布会 凉山毒品案零包贩卖突出［EB/OL］．（2019－04－24）［2023－09－30］．http：//sc.sina.cn/news/m/2019－04－24/detail-ihvhiqax4775762.d.html.

(4) 帮扶政策力度减弱风险事项案例。 2016 年，国务院印发了《"十三五"脱贫攻坚规划》，随后凉山州相继配套出台了产业发展脱贫帮扶、转移就业脱贫帮扶、教育帮扶、健康帮扶、易地搬迁脱贫帮扶、生态保护帮扶、兜底帮扶等一系列扶贫政策。这些政策强有力地帮助凉山贫困人口摆脱了绝对贫困。普格县特补乡甲甲沟村曾是凉山典型的深度贫困村。在相关对口扶贫政策的支持下，三峡集团对口帮扶该村搬迁和规划修建新房。通过统筹整合对口帮扶资金，按照"统规统建"和"统规自建"相结合的原则，甲甲沟村新村环境焕然一新。脱贫群众的房子整齐靓丽、窗明几净，配套设施齐全，有卫生间、洗澡间和厨房，每家每户的院子后面都有一块空地，可以种菜或者养鸡鸭等。村中道路均为水泥硬化，水、电、广播等公共基础设施由政府负责统一建设，生产生活环境良好。课题组进入新甲甲沟村时，76 岁的村民罗木你坡（化名）与老伴正在村口闲坐，经过访谈了解到罗木你坡与老伴单独住在一起，女儿外嫁，儿子娶妻分家。由于他们两个都是残疾人，每个月都可以拿到残疾人补助金、养老金等政府补助 1 000 多元，日常开销基本能够应付。来到罗木你坡家，他指着客厅的习近平总书记画像，高兴地说道："多亏有了总书记和党的关怀，原来家里穷，看病愁，吃粮也紧张，我们现在过上了好日子。如今我们老了，吃不了多少，一袋米两个人一个月都吃不完，平时生点病也基本不花钱，大多都能给报销，日子好过了。都是国家政策好，希望这样好的政策能一直不变。"（2020 - 06 - 03 - PGX - TBXJJGC - 06）针对脱贫后的帮扶政策，习近平总书记深刻指出，对脱贫地区要"扶上马送一程"。2021 年颁布的《中共中央 国务院关于全面推进乡村振兴加快农业农村现代化的意见》指出，贫困地区脱贫后要设立五年过渡期限，意味着在"扶上马送一程"后，政策帮扶力度终会出现一定程度的减弱。在谈及如果未来帮扶政策力度减弱该怎么生活的时候，罗木你坡（化名）大爷乐观的回答中夹杂了一些担忧，他表示："你看，我们有房、有地，还能自己养点鸡，种点菜，基本能够养活自己。但如果以后国家真的有难处，政策变化了，我们会努力克服，不给国家添乱。"（2020 - 06 - 20 - PGX - TBXJJGC - 06）

(5) 产业经营失败风险事项案例。 发展产业是实现可持续生计、巩固脱贫成果的重要途径。然而，产业的经营发展并非一帆风顺，前期的贷款、投资，后期的市场波动、产品滞销等都可能导致产业经营失败，使脱贫人口家庭面临返贫风险。沙马拉达（化名）是盐源县藤桥乡五台山村四组的村民。他现在经营着辣椒生意，年收入在 20 万元以上。他创业成功背后是无数的失败与心酸。2002 年初中毕业后，沙马拉达回到家中务农，除了种植玉米、马铃薯和荞麦出售，没有其他经济来源。由于抚养孩子和赡养老人负担重，2013 年他家被认定为建档立卡贫困户。随着脱贫攻坚的深入和扶贫支持政策的实施，他开始探索创业致富之路。最初，沙马拉达选择种植烤烟，但由于缺乏技术，并受到不利气候因素的影响，烟叶的品质不佳，产量也很低，尝试以失败而告终，不仅没有赚到钱，反而使家庭收入减少，吃饭都成了问题。2015年沙马拉达听说其他地方的游客喜欢开车来吃雅砻江的鱼，他觉得背靠泸沽湖，来往客人多，销路不是问题，于是他决定贷款在雅砻江边养鱼。事实证明他的判断非常正确，2017年沙马拉达因此获利10万余元，他家不仅退出了建档立卡贫困户，而且扩大了塘鱼养殖规模。2019年底，新冠疫情出现，导致泸沽湖游客锐减，他养的数万斤鱼滞销了，迫于存塘压力，不得不亏本处理了鱼，损失达18万余元，家庭再次陷入贫困。2020年在朋友的建议下，他选择了辣椒种植，并在当地政府的帮助和支持下，赴南充市西充县、甘孜州巴塘县和成都双流区等辣椒种植基地，实地考察学习辣椒种植技术和市场经营经验。最后，他终于取得了成功，有了今天的成就。提及创业历程，沙马拉达说："现在想想，真是有点害怕。大家都知道创业致富，但是成功的人又有多少呢？发展产业经营的风险很大，说不定哪天就又负债累累。像我这样最终创业成功的，真的不多。"（2020-06-15-YYX-TQX-WTSC-08）

(6) 多孩生育负担重风险事项案例。受"多子多福""重男轻女"等观念的影响，凉山脱贫人口的超生现象比较普遍。刚刚摆脱贫困，在资源相对有限的条件下，超生并没有带来多大福利，孩子多意味着家庭经济负担重，无论是资金还是精力，脱贫家庭的压力都会变得特别大。多孩的生活、教育方面的养育支出，容易成为引致返贫的重要因素。课题组在美姑县牛牛坝乡腾地村走访了一户多孩脱贫户。户主是一名48岁的彝族男子，名叫阿苦晓旭（化名）。2013年前，阿苦晓旭家共有九口人，除了两位老人和阿苦晓旭夫妇，还有五个女儿。由于孩子多，家庭负担重，2013年被列入建档立卡贫困户。2014年，当地政府支持阿苦晓旭夫妇养殖美姑黑山羊50只，2017年其养羊收入达八万余元，家庭很快脱贫。与此同时，由于一心想要儿子，阿苦晓旭夫妇于2017年、2019年又连续生了一个女儿和一个儿子，家中小孩达到七个。由于两位老人年龄越来越大，没有了劳动能力，六个女儿一个儿子的生活开支和学费，全由阿苦晓旭夫妇负担。因黑山羊养殖项目需要投入较多的时间和精力，见效周期也相对较长，为了解决燃眉之急，也为了照顾众多的孩子，妻子留在了家里，阿苦晓旭则通过朋友介绍到矿场上打工。为了养育这些孩子，阿苦晓旭在矿上拼命干活，勉强养家糊口。对他来说，生活的希望就是孩子能够长大，成家立业，回馈家庭。当被问及为什么要生这么多孩子时，他的回答是："女儿终究要嫁人，是人家的，只有有了儿子老了才有保障。而且现在多生孩子，总有一个会有出息的，以后还可以互相帮助，家庭才会幸福。"然而七个孩子的养育压力最终压垮了他，2020 年阿苦晓旭被确诊患有尘肺病，由于失去了矿上的工作，他的家庭面临着巨大的返贫风险。（2020 - 06 - 14 - MGX - NN-BXTDC - 08）

(7) 不良习俗和消费习惯风险事项案例。 长期以来，高额彩礼、攀比消费、厚葬等现象一直制约着凉山脱贫攻坚的成效，阻碍着文明乡风建设，甚至导致部分脱贫人口出现返贫的风险。布拖县特木里镇光明村的阿布古哈（化名）是 2014 年被认定的建档立卡贫困户。2015 年在政府和驻村干部的帮助下，他家的石板房改建成了砖混房。2016 年通过参加农民网校，阿布古哈学会了电商营销，使用手机把自己村里的农产品卖到了成都、广州、海口等地，销售额达 30 多万元，他自己与合作的六户贫困户全部实现脱贫。可就在此时，阿布古哈却遇到了一件犯愁的事。他与女朋友自由恋爱两年多准备结婚，由于刚刚脱贫家里基本没有存款，本来想着能够摆脱旧的彩礼观念习俗，两人直接结婚，但是遭到了女方家人的反对。对方认为没有彩礼不符合规矩，是对女方家的不尊重，而且以后女方家的弟弟也需要用姐姐的彩礼钱来买房结婚，如果没有彩礼或彩礼太少，不仅会让周围的亲戚朋友嘲笑，也会影响女方弟弟以后的婚事。最后阿布古哈实在没有办法，只得按照当地习俗和彩礼标准，向亲戚朋友借了 15 万元作为彩礼给了女方家。15 万元对于刚刚摆脱贫困的阿布古哈来说，无异于天价，如何偿还高额的负债已成为阿布古哈每天需要考虑的问题。在参与课题组调研访谈时，阿布古哈多次提到，他现在最担心的就是电商平台的农产品销售问题，现在网络营销的竞争越来越激烈，如果未来销售趋势不好，他的家庭很有可能再次返回贫困。（2020 - 06 - 24 - BTX - TMLZGMC - 07）

4.6 凉山脱贫人口返贫风险事项清单构建

通过上述理论推导返贫风险事项、头脑风暴法完善返贫风险事项库和实地调研验证、筛选关键返贫风险事项，课题组建立了凉山脱贫人口返贫风险事项库。为了确保返贫风险事项库的系统性、完整性和精准性，课题组邀请了凉山州政策研究室的五位贫困问题研究专家和八位长期深入脱贫攻坚第一线的工作人员，运用德尔菲法，通过三轮"背对背"函询的方式，对风险事项清单的数量和内容进行了充分讨论及论证，最终确定了 28 个凉山脱贫人口返贫风险事项（图4）。

为了全面清晰地认识凉山脱贫人口返贫风险的存在，不遗漏重要的返贫风险，在上述返贫风险事项识别的基础上，课题组列出已经识别的各类风险事

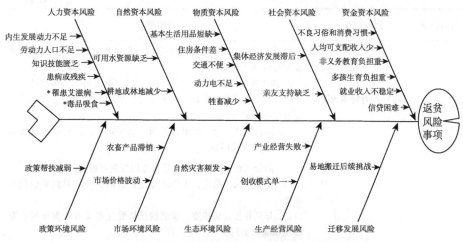

图4 凉山脱贫人口返贫风险事项鱼骨分析
来源：课题组根据研究内容绘制。
注：＊表示该风险事项的发生必然导致脱贫户返贫。

项，构建了凉山脱贫人口返贫风险事项清单（表3），以便在返贫风险防范过程中及时发现面临的各种风险，并根据实际情况加以处置。

表3 凉山脱贫人口返贫风险事项清单

风险类别	风险类型	风险事项
一、生计环境返贫风险	（一）生态环境风险	1. 自然灾害频发：泥石流、洪水、极端气候等频繁发生造成财产损失
	（二）政策环境风险	2. 政策帮扶减弱：政策帮扶力度减小或取消，政策性收入或福利减少
	（三）市场环境风险	3. 农畜产品滞销：农畜产品未能及时、快速销售，出现产品积压现象，导致农户收入受损
		4. 市场价格波动：供需失衡、竞争激烈、农产品市场价格波动大，导致农户收入减少
二、生计资本返贫风险	（四）人力资本风险	5. 患病或残疾：患重疾或慢性病，意外事故、突发事件致残，导致劳动力减少，收入减少，支出增加
		6. 毒品吸食：有家庭成员吸毒，导致劳动力减少，收入减少，支出骤增。该事项为一票否决性事项，即一旦有家庭成员吸毒，必然触发高返贫风险预警
		7. 罹患艾滋病：有家庭成员罹患艾滋病，导致劳动力减少，收入减少，支出骤增。该事项为一票否决性事项，即一旦有家庭成员罹患艾滋病，必然触发高返贫风险预警

（续）

风险类别	风险类型	风险事项
二、生计资本返贫风险	（四）人力资本风险	8. 劳动力人口不足：家庭中未成年人和老年人多、比例高，造成家庭劳动生产能力低 9. 内生发展动力不足："等、靠、要"、听天由命、得过且过的思想严重，受守贫守旧的"贫穷文化"影响，缺乏发展的强烈意愿和意志力量 10. 知识技能匮乏：如语言不通，缺少知识、技能导致收入水平低，收入增长困难
	（五）资金资本风险	11. 信贷困难：难以获得信贷资金以发展可持续的增收产业 12. 就业收入不稳定：工作不稳定，容易失业，家庭资金积累困难 13. 非义务教育负担重：家庭成员接受九年义务教育外的教育致使家庭资金短缺 14. 多孩生育负担重：因子女人数多（超过三个），抚育费用较高 15. 不良习俗和消费习惯：支付高额的彩礼、丧葬费用，人情消费多，铺张浪费等不良习俗和消费习惯造成家庭资金严重透支 16. 人均可支配收入少：导致产业发展资金短缺、应对突发事件的支出能力弱
	（六）物质资本风险	17. 基本生活用品短缺：可支配收入难以满足衣食住行等基本开支 18. 住房条件差：房屋居住性差导致农户需支付高额修建费用 19. 交通不便：交通基础设施建设落后，交通运输成本较高 20. 动力电不足：如电力、水利设施基础建设滞后，造成生活成本增加，产业发展受限 21. 牲畜减少：牲畜减少使资金收入来源受限，同时肉类支出增加
	（七）社会资本风险	22. 集体经济发展滞后：没有加入农户、企业、专业合作社等互助组织，集体经济发展能力弱，生产组织化程度低，抗风险能力差 23. 亲友支持缺乏：缺少亲友、能人帮助，解决生计困难、化解返贫风险的社会支持网络较弱
	（八）自然资本风险	24. 可用水资源缺乏：导致家庭生产或者生活用水成本较高 25. 耕地或林地减少：导致种植或林业收入降低
三、生计策略返贫风险	（九）生产经营风险	26. 产业经营失败：参与扶贫项目、投资决策失误，发展产业失败等，导致可持续增收困难 27. 创收模式单一：以务农收入为主，收入来源单一，家庭经济韧性差
	（十）迁移发展风险	28. 易地搬迁后续挑战：扶贫搬迁、自发搬迁后，生产方式、生活方式不适应，社会融入难，导致发展空间受限

来源：课题组根据研究内容制作。

该清单基于可持续生计理论，把凉山脱贫人口返贫风险事项分为三大类：一是生计环境返贫风险，二是生计资本返贫风险，三是生计策略返贫风险。其中，生计环境返贫风险包括生态环境风险、政策环境返贫风险和市场环境风险三种风险；生计资本风险包括人力资本风险、资金资本风险、物质资本风险、社会资本风险和自然资本风险五种风险；生计策略返贫风险包括生产经营风险和迁移发展风险。根据以上十种风险，清单对每一种风险对应的风险事项进行了归类。

4.7 本章小结

本章运用各种理论技术和方法，同时通过实地调研和典型案例分析，对凉山脱贫人口返贫风险事项进行识别，形成准确、完整、清晰的风险事项清单，为后续的返贫风险指标体系构建、风险分析和评估奠定基础。首先，本章确定了全面系统性原则、可操作性原则、共性与特性相结合原则和精简性原则，作为脱贫人口返贫风险事项识别的基本原则；其次，依据全面风险管理的内涵，结合反贫困理论、可持续生计理论建立了基于"环境—资本—策略"三个维度的脱贫人口返贫风险事项识别思路和理论分析框架；随后，围绕该分析框架，通过理论推导、头脑风暴初步构建了凉山脱贫人口返贫风险事项库；在此基础上，深入凉山 11 个县（市）的 24 个贫困村进行实地调研，通过典型案例调查、德尔菲法方法，对返贫风险事项库的内容进行验证、补充和筛选，确定了脱贫人口返贫的关键风险事项；最后，采用鱼骨图分析法梳理和建立了凉山脱贫人口返贫风险事项清单。

5 凉山脱贫人口返贫风险事项 阐释与指标体系构建

风险事项识别完成后，需要对风险事项的内涵进行详细阐释和指标化处理，这有利于风险管理者全面深入地理解各个风险指标，使指标在实际运用中不出现歧义、不引发误解。因此，返贫风险事项阐释与指标化处理是介于返贫风险识别与返贫风险预警的重要中间环节。本章的任务一是依据前面章节的"返贫风险事项清单"，对凉山脱贫人口返贫风险事项的内涵进行详细阐释；二是对返贫风险事项进行指标化处理，构建凉山脱贫人口返贫风险指标体系，为后面返贫风险预警模型的构建奠定基础。

5.1 凉山脱贫人口生计环境返贫风险事项阐释

5.1.1 生态环境风险事项

自然环境风险事项主要指自然灾害频发。凉山的洪水、泥石流、极端气候等自然灾害造成了脱贫人口的人身和财产损失。凉山州位于川西南横断山系东北缘，地形地貌复杂多样，州内最高海拔5 985米，最低海拔305米，全州80%的辖区为山地地形，中高山之中有70%海拔在1 500米以上，海拔在2 500~3 000米的二半山区和高寒山区是凉山州贫困人口的主要分布区域[①]。"复杂多样的地形地貌使得凉山州地质灾害、水旱灾害及其次生灾害频发"[②]。而易地搬迁并不能完全覆盖这些区域的所有人口，生活于此的脱贫人口很容易受自然环境影响，面临次生灾害的侵袭[③]，返贫风险较大。

---

① 吉正芬. 发展型扶贫：全面脱贫背景下扶贫攻坚的战略选择：以凉山州为例 [J]. 西南民族大学学报（人文社科版），2017，38（9）：190-195.

② 明亮，王苹. 凉山彝族地区反贫困研究 [J]. 民族学刊，2019（6）：23-31，116-119.

③ 2020年6月，凉山州木里县发生火灾，项脚蒙古族乡项脚村阿牛窝子组因山头附近在6月9日又遭遇了短时大暴雨，引发了泥石流。详见《四川凉山木里县发生火灾后次生泥石流灾害，386人紧急撤离》[EB/OL].（2020-06-11）[2023-09-30]. http：//www.chinanews.com/sh/2020/06-11/9209168.shtml.

5.1.2 政策环境风险事项

政策环境风险事项主要表现为政策帮扶减弱。政策帮扶减弱是指对凉山脱贫人口的政策帮扶力度变小，脱贫人口的政策性收入或福利减少。自新中国成立以来，我国就开始了救济式扶贫。到 2013 年，我国根据贫困实际情况启动了精准脱贫。在此背景下，凉山颁布了涉及基本农田和水利修建、特色优势产业发展、饮水安全保障、生产生活用电增加、交通便利、农村危房改造、教育普及、医疗卫生水平提高、公共文化多样、社会保障完善、林业和生态改良等方面的帮扶政策。同时，党和政府在财税、金融、投资、产业、人才等方面也给予凉山大力的政策支持。在这些系统性的政策帮扶下，凉山脱贫攻坚取得了历史性成就，截至 2020 年 11 月 17 日，凉山所有贫困县全部脱贫。

2021 年中央 1 号文件《中共中央 国务院关于全面推进乡村振兴加快农业农村现代化的意见》明确指出，对脱贫县要从脱贫之日起设立为期五年的过渡期，过渡期内保持稳定的帮扶政策。但扶贫资源的公益性决定了扶贫资金和政策性补贴在扶贫对象脱贫后将逐步减少或退出。由于贫困治理具有长期性的特征，一旦过渡期结束，现有扶贫政策直接退出或帮扶力度减弱，对一些脱贫户而言，学杂费、医疗费、生活费、生产资料采购费等各种支出可能会让他们重新背负较大负担，甚至返贫。在这种情况下，如果部分脱贫人口因自我"造血"能力未及时提升，重新返贫将难以避免[①]。

5.1.3 市场环境风险事项

市场环境风险事项是指对脱贫人口收入水平造成不利影响的市场变化。在凉山，脱贫人口面临的市场环境风险事项主要有两项：一是农畜产品滞销，二是市场价格波动。

(1) 农畜产品滞销。该风险事项是指农产品未能及时销售，出现产品积压现象，导致农户收入受损。凉山有布拖紫色土豆、金阳青花椒、美姑岩鹰鸡、昭觉金乌猪等富有地方特色的优质农产品。这些特色农产品的种植养殖周期一般较长，资金投入较多。如金阳县的青花椒，一般栽后五年左右才能进入盛果期，花期在 3—4 月，7—8 月开始采摘和售卖。由于种植周期长，采摘期短，加之交通不便等因素，很容易滞销。昭觉县的金乌猪一般饲养一年半到两年才出栏售卖，投入成本较高，但养殖户都觉得市场前景好，近几年一些脱贫户大

---

① "凉山生态移民调查"课题组. 关于构建与精准扶贫相衔接长效机制的建议 [R]. 成都：四川省社会科学院，2018.

量养殖金乌猪，出栏数量大大增加，结果导致供大于求，滞销现象常常出现，养殖户亏损严重。所以农畜产品能否顺利销售关系到凉山脱贫人口的家庭年收入问题，尤其是对种植养殖散户而言，他们"还是小农思维，看到什么赚钱就种养什么，一旦滞销，经济受损也很严重"①。

（2）市场价格波动。该风险事项是指农产品市场价格起伏较大，农户发展产业时把握不了市场行情，导致收入受损。调研发现，由于政府对凉山农业发展的大力扶持，脱贫户的收入很大一部分来源于农产品销售收入。但农产品市场竞争激烈，加之产销信息不对称，一旦遭遇市场价格波动，一些脱贫农户往往容易亏本，投入劳动力不说，连农药、肥料等成本都会贴进去不少，从而发生返贫风险。

5.2 凉山脱贫人口生计资本返贫风险事项阐释

5.2.1 人力资本风险事项

人力资本风险事项是指对脱贫人口的身体健康、劳动力数量、思想观念或知识技能等方面造成不良影响的事件。凉山人力资本风险事项主要包括六个方面，分别是患病或残疾、毒品吸食、罹患艾滋病、劳动力人口不足、内生发展动力不足、知识技能匮乏。

（1）患病或残疾。"患病或残疾"风险事项是指脱贫户因患重疾或慢性病，意外事故、突发事件致残，导致劳动力减少，收入减少，支出增加。在脱贫攻坚之前，凉山因患病或残疾致贫现象较为严重。原因主要有三个方面：一是凉山受经济收入、地理环境、医疗卫生、饮水条件等因素影响，农村人口生活卫生条件较差；二是凉山一些地方存在"人畜混居"的情况，导致局部地区的地方性疾病多发；三是受落后的传统意识影响，凉山一些脱贫人口依靠巫医或巫师的迷信活动来治病，导致有病不治、小病拖大、大病致死的情况时有发生。

为了解决患病或残疾致贫问题，凉山州主要从五个方面采取了措施。一是提高县、乡、村三级医疗机构服务水平；二是实施贫困人口"基本医保＋大病保险＋倾斜支付"医保政策，落实"卫生扶贫基金＋医药爱心基金＋民政救助基金"社会救助政策；三是家庭医生签约服务全面覆盖；四是对重度残疾人实施低保兜底帮扶；五是发放困难残疾人生活补贴、重度残疾人护理补贴。截至

---

① 佟亚涛.2018全国农产品产销对接行走进凉山 田间地头寻好货 葡萄架下签约忙 [N]. 四川日报，2018－10－23（1）.

2020 年 11 月，凉山州 31 594 名残疾贫困人口已经全部脱贫①。尽管如此，患病或残疾的人依然面临返贫风险，因为部分地区由于生产生活环境及不良生活习惯，时常发生地方病，短时期难以根除。这些地区人口的新发病率较高，患病群众病情复发或加重的概率较大，但是新农合报销比例有限，且治疗期间还有一些无法报销的费用（如往返交通费、医保范围外的医药费、住院期间的日常生活开销等），容易导致"一人生病，全家返贫"的情况。

（2）毒品吸食。该风险事项是指家庭成员吸毒，导致家庭劳动力减少，收入减少，支出骤增。该事项为一票否决性事项，即在凉山，一旦有家庭成员吸毒必然触发高返贫风险预警，意味着返贫几乎是必然的。

毒品吸食是凉山特殊的返贫风险事项之一。由于独特的地理区位，凉山曾是境外毒品从云南进入四川的重要通道和集散地；从气候条件来说，凉山的气候适于罂粟种植，在新中国成立前曾大量种植罂粟。因此，毒品吸食情况在凉山比较严重。仅 2014 年，凉山州共破获涉毒刑事案件 705 件，抓获犯罪嫌疑人员 881 名，查获吸毒人员 9 971 名，逮捕 645 名，强制戒毒 6 337 人次②。布拖县的拖觉镇总人口数 15 337 人，而在册的吸毒人员就有 643 人③。

为打好、打赢脱贫攻坚战，凉山州把禁毒工作列为做好精准脱贫工作的重大战略任务，大力推行禁毒攻坚三年行动，从强化缉毒执法、戒治管控、重点整治、预防教育等方面入手，将禁毒工作和扶贫工作统筹开展，取得了显著成效。近五年来，凉山州共破获 4 050 起毒品刑事案件，打掉 424 个贩毒团伙，抓获 6 266 名犯罪嫌疑人④，州内五个全国毒品问题重点整治地区全部实现"摘帽"，建档立卡吸毒人员全部脱贫⑤。尽管如此，凉山的禁毒工作仍然具有艰巨性、复杂性和长期性⑥，2020 年毒品来源地和去向地为凉山的毒品刑事案件仍有十余起。吸毒依然是凉山脱贫人口返贫的重要风险之一。

（3）罹患艾滋病。该风险事项是指家庭成员罹患艾滋病，导致劳动力减

---

① 凉山：31 594 名贫困残疾人全部脱贫 [EB/OL]. (2021 - 04 - 14) [2023 - 09 - 30]. http：// www. rmzxb. com. cn/c/2021 - 04 - 14/2829441. shtml.

② 大凉山之困：遭贫困、毒品、自杀、艾滋等围剿 [EB/OL]. (2015 - 08 - 12) [2023 - 09 - 30]. http：//www. nncc626. com/2015 - 08/12/c_128119475_2. htm.

③ 数据来源：拖觉镇社区戒毒（康复）工作站。

④ 山鹰在光明中翱翔——四川凉山禁毒攻坚迈上新台阶 [EB/OL]. (2021 - 06 - 26) [2023 - 09 - 30]. http：//www. xinhuanet. com/2021 - 06/26/c_1127600449. htm.

⑤ 摘掉 20 余年"毒帽"，凉山禁毒工作取得历史性成就 [EB/OL]. (2021 - 01 - 23) [2023 - 09 - 30]. https：//www. thepaper. cn/newsDetail_forward_10950921.

⑥ 凉山州禁毒工作会议在西昌召开 [EB/OL]. (2022 - 02 - 09) [2023 - 09 - 30]. http：// www. scfzw. net/jdfa/80/27184. html.

少，收入减少，支出骤增。该事项为一票否决性事项，即在凉山，一旦有家庭成员罹患艾滋病必然触发高返贫风险预警，意味着返贫几乎是必然的。

凉山（尤其是布拖县和昭觉县）曾是我国艾滋病发病率最高的地区之一。一方面，人们对艾滋病的防治意识比较淡薄。同时，转婚等传统也加剧了凉山艾滋病的传播与扩散①②。另一方面，罹患艾滋病及其治疗，对患病者家庭的劳动分工，家庭收入、生活质量产生严重影响，极大地增加了凉山艾滋病患者的返贫风险。

为了防控因艾滋病致贫问题，凉山州在 2017 年 9 月启动了艾滋病防治和健康扶贫攻坚行动。该行动以预防干预、抗病毒治疗和预防母婴传播等为重点工作，成立攻坚行动领导小组，构建"政府投入为主、分级承担、多渠道筹资"的资金筹措机制；制定了防艾工作"十三五"行动计划、三年攻坚行动实施方案；建立疾控、医疗、妇幼＋乡（镇）的工作体系。一系列措施的实施取得了显著成效：凉山艾滋病患者的治疗覆盖率提高到 72.4%，其中布拖、昭觉、越西和美姑四个重点县达 70.19%；建立了 1.23 万名艾滋病育龄妇女台账，母婴传播率下降至 3.24%③。但凉山艾滋病防控形势依然严峻。"4 个重点县平均患病比例超过了 1%。省疾控中心通报，个别县的患病率已经接近艾滋病患病率最高的非洲国家水平。全州报告现存活病毒携带者和病人多达 41 187 例，涉及全州所有县（市）、96% 的乡（镇），病毒携带者超过 1 000 例的县（市）有 10 个，超过 100 例的乡（镇）有 96 个，多数病毒携带者已陆续进入发病期，与肝炎、肺结核、梅毒等疾病合并感染情况严重"④。基于这一现状，2021 年 7 月 26 日，国家卫生健康委员会、国家疾病预防控制局、四川省政府在凉山州西昌市启动了第二阶段攻坚行动（2021—2025 年），实施范围由第一阶段的四个县扩大至凉山州所有县（市），将防治病种由艾滋病扩展至以艾滋病防治为主，丙肝、肺结核、梅毒等三病同防⑤。可见，凉山脱贫人口因罹患艾滋病返贫的风险依然不小。

（4）劳动力人口不足⑥。对于凉山脱贫户而言，劳动力的重要性表现在两个方面。一方面是劳动力的务农收入和务工收入等是家庭收入的主要来源；另

---

① 周如南. 折翅的山鹰：西南凉山艾滋病研究［M］. 北京：中国社会科学出版社，2015：230 - 250.

② 胡舒立. 融创传播研究的探索：中山大学传播与设计学院十周年教师论文集［M］. 广州：中山大学出版社，2014：192.

③④ 数据来源：苏嘎尔布州长在全州艾防攻坚现场推进会上的讲话（凉山州政府提供资料）。

⑤ 凉山州艾滋病等重大传染病防治攻坚第二阶段行动启动［EB/OL］.（2021 - 07 - 27）［2023 - 09 - 30］. http：//sc. cnr. cn/sc/2014sc/20210727/t20210727_525545077. shtml.

⑥ 我国劳动力人口一般指 16～60 岁的男性和 16～55 岁的女性。

一方面是如果家庭中出现生活不能自理的成员，则需要有劳动力的成员来照顾，制约了家庭劳动力价值的发挥，导致一些家庭长期陷于贫困。为此，家庭劳动力人口不足容易导致脱贫户返贫。

（5）内生发展动力不足。 内生发展动力不足是阻碍贫困群众主动脱贫、稳定脱贫和可持续脱贫的制约性因素，通常表现为"干部干，群众看""看的给干的提意见""靠着墙根晒太阳，等着别人送小康"等[①]。针对这一现象，习近平总书记指出："要把扶贫同扶志结合起来，着力激发贫困群众发展生产、脱贫致富的主动性，着力培育贫困群众自力更生的意识和观念，引导广大群众依靠勤劳双手和顽强意志实现脱贫致富"[②]。

凉山在激发群众脱贫内生发展动力方面做出了诸多有益尝试。从整体而言，各地普遍采用了党员引领树标杆、感恩教育鼓志气、专技培训提能力等方法[③]。在具体案例方面，如雷波县大火地村以群众大会、坝坝会等形式开展移风易俗宣讲，以"感恩奋进、脱贫光荣"等为主题开展宣传教育活动，开设"四好村"专栏，举办"卫生星级家庭"评选、红黑榜挂牌整治等活动[④]；金阳县与佛山市共同开设"粤菜师傅"精准扶贫定向班等[⑤]。

以上措施在一定程度上强化了脱贫人口的主体意识，提高了其脱贫技能。但因一些传统观念根深蒂固、落后生活习惯已经内化，再加上资金补贴帮扶方式塑造的福利依赖等因素的影响，凉山一些脱贫群众依然存在内生发展动力不足问题。如"有的自主脱贫意识淡薄，经常酗酒醉酒、打牌赌博，坐等帮扶；有的习惯伸手要，少报、瞒报经济收入，不愿脱贫；有的缺技能、无产业，有依赖思想"[⑥]。这种思想和习惯一经形成，要想实现稳定脱贫不返贫，将会非常困难。因此，筑牢思想"堤坝"，防止思想"返贫"，也是当前凉山防范返贫风险的重要工作。

（6）知识技能匮乏。 知识技能是人力资本中的一个重要概念，不仅包括与知识直接相关的学历教育水平，也包括操作性较强的就业技能（如电焊、装修、测绘、烹饪、建筑等）。调研发现，当前凉山人口知识技能缺乏问题较为

---

① 习近平. 在深度贫困地区脱贫攻坚座谈会上的讲话 [N]. 人民日报，2017 - 09 - 01 (2).

② 中共中央党史和文献研究院编. 习近平扶贫论述摘编 [M]. 北京：中央文献出版社，2018：96.

③ 凉山州聚焦"三字"精准发力切实激发群众内生动力 [EB/OL]. (2019 - 08 - 14) [2023 - 09 - 30]. http://www.sctyzx.gov.cn/lsyz/201908/54258203.html.

④ 文宏君. 凉山州雷波大火地村：激发内生动力 奋力脱贫奔康 [N]. 凉山日报，2018 - 04 - 19 (1).

⑤ 毕松杰. 佛山"粤菜师傅"技能培训激发凉山群众脱贫内生动力，走出一条：舌尖上的脱贫攻坚路 [N]. 中国组织人事报，2020 - 09 - 16 (1).

⑥ 资料来源：《凉山脱贫攻坚要情（第14期）》，由凉山州政府提供。

突出。凉山州政策研究室何主任指出，"凉山脱贫人口的整体能力素质短板明显，由于知识技能欠缺，外出务工人员主要从事体力劳动，收入水平不高"[1]。第七次全国人口普查数据也表明，在凉山州常住人口中，15 岁及以上的文盲人口达到 524 877 人，文盲率为 10.80%。

针对凉山人口基础素质较低、知识技能缺乏的问题，凉山州制定了"新型农民素质提升工程"，出台了《凉山州深度贫困县贫困家庭技能培训和就业促进实施方案（2018—2020 年）》，依托党校、职校、中小学寄宿制学校对相关家庭劳动力展开多层次培训：结合学员文化水平偏低的实际，根据培训意愿开设电焊、彝绣、电商平台、青花椒种植、核桃嫁接等易上手、起效快、收益好的培训班；招收有一定文化基础的年轻学员，开展汽车驾驶、起重装卸机操作、汽车维修、"粤菜师傅"等长期职业培训，培养过硬技能。凉山州多层次、多渠道、全方位的技能培训效果显著，2016—2019 年，全州累计对 20.05 万建档立卡贫困劳动力进行了培训，其中 15.43 万人在接受培训后取得证书，8 万人在接受培训后实现就业[2]。尽管如此，还是有许多人对参与培训的积极性不高，宁愿从事技术含量和薪酬较低的工作也不愿花时间培训以寻求更好就业机会的现象较为普遍。长远来看，知识技能缺乏仍然是凉山脱贫人口返贫的风险因素。

5.2.2　资金资本风险事项

资金资本风险事项是指导致脱贫人口可以支配和筹措的资金数量减少、可及性或稳定性变差的事项。凉山脱贫人口的资金资本风险事项主要有信贷困难、就业收入不稳定、非义务教育负担重、多孩生育负担重、不良习俗和消费习惯、人均可支配收入少等。

（1）信贷困难。发展经济学认为，信贷约束是限制贫困地区发展的重要瓶颈。为充分发挥金融创新功能，为贫困户提供更精准的金融支持，政府逐渐探索出以贫困农户为实施对象的小额信贷扶贫方式。"以财政贴息机制激励广大正规金融机构向有信贷需求的贫困户提供金融支持，促进贫困户可持续减贫增收就是信贷精准扶贫"[3]。

凉山各金融机构利用"再贷款＋N"模式，通过扶贫再贷款、支农再贷

---

① 资料来源：专家咨询讨论会议记录。

② 技能培训　让脱贫有"技"可依：凉山全面加强精准脱贫技能培训工作综述 ［EB/OL］.（2020 - 11 - 02）［2023 - 09 - 30］. http://www.lszxc.cn/html/2020/lsxw_1102/14798.html.

③ 黄莉，王定祥. 深度贫困地区扶贫信贷供需对接困境及其破解 ［J］. 贵州社会科学，2018（5）：151 - 158.

款、产业精准扶贫贷款、"政担银企户"精准扶贫贷款、民贸民品贴息贷款等政策[①]，支持贫困户自主性生产就业，促进产业带动脱贫。但是，营利性与公益性之间的矛盾、高风险与低收益之间的矛盾、小微金融扶贫带来的可投入资源压力等使金融扶贫存在现实困难[②]。同时，认识不到位、政策落地不扎实、地区间进展不均衡、信贷支持不精准、对产业扶贫支持不深入等金融扶贫问题目前仍未完全解决，由此导致的信贷困难在一定程度上影响了凉山脱贫人口可持续发展能力的提升，成为潜在的返贫风险事项。

（2）就业收入不稳定。 就业是凉山脱贫人口稳定增收的重要渠道，是巩固脱贫成果、防止返贫的重要措施。为此，凉山州出台了《关于进一步加大就业扶贫政策支持力度助力脱贫攻坚的通知》《关于做好2019年贫困村公益性岗位开发与管理工作的通知》《关于开展就业扶贫基地、车间认定工作的通知》《关于贯彻〈中央和省级就业创业补助资金管理办法〉的实施意见》等一系列政策文件。通过这些政策的实施，2020年凉山州转移农村劳动力135.98万人，其中22.14万人为贫困劳动力，他们创造了31.05亿元劳务收入，输出贫困劳动力人均年收入超过1.4万元[③]。

虽然凉山就业扶贫工作取得了显著成果，但仍然面临一些挑战。第一，凉山的部分贫困人口依然存在"不愿出门、害怕出门"的观念，外出务工的积极性不高。例如2018年凉山计划向佛山市定向输出5 500名贫困劳动力，虽然凉山州政府多次动员，佛山市方面也组织了多场招聘会，但是各县输出效果并不理想。截至2018年11月18日，全州共向佛山市输出农村劳动力2 195人[④]。第二，凉山外出务工的脱贫人口主要从事技术含量相对较低的体力劳动，就业不稳定且收入较低。据统计，凉山外出务工群众中的60%属于季节性务工[⑤]，容易遭遇季节性失业，进而导致家庭收入较低、不连续，甚至没有收入。一旦失业，这些脱贫人口极易返贫。

（3）非义务教育负担重。 1959年社会学家刘易斯（Lewis）提出"贫困文化"理论，首次阐释了贫困的代际传递问题，认为贫困家庭的父辈往往会通过

① 凉山："再贷款＋N"模式连接金融精准扶贫"快车道"［EB/OL］.（2021-01-08）［2023-09-30］. http：//www.lszxc.cn/html/2021/lsxw_0209/15100.html.

② 钟春平. 金融精准扶贫的回顾与思考［J］. 征信，2021，39（2）：5.

③ "一人就业，全家脱贫"四川万亿元"农民工经济"背后的脱贫力量［EB/OL］.（2021-01-27）［2023-09-30］. http：//www.sc.xinhuanet.com/content/2021-01/27/c_1127032599.htm.

④ 数据来源：陈忠义、向贵瑜同志在全州2018年贫困村退出验收工作情况通报视频会上的讲话，由凉山州政府提供资料。

⑤ 严碧华. 牢记关怀嘱托 攻克最后堡垒：专访四川省政协副主席、凉山州委书记林书成［J］. 民生周刊，2020（Z1）：19-22.

一种具有自我延续倾向的亚文化将自己的价值取向和行为模式传递给子辈，导致后者难以实现思想的突破，进而陷入贫困代际传递的困境[1]。1960 年经济学家西奥多·舒尔茨（Theodore W. Schultz）提出了"人力资本"理论，强调人力资本在缓解贫困方面的重要作用，指出政府应该积极提供公共基础教育，以促进有效减贫[2]，从而将教育与代际贫困关联起来。教育在提升个体脱贫能力、影响贫困家庭发展、推动区域经济发展、破除贫困亚文化等方面的作用得到了学者的证实[3]。习近平总书记也多次强调，让贫困地区的孩子们接受良好教育，让教育成为阻断贫困代际传递的重要途径[4]。

为此，凉山州不仅出台了扶困助学等一系列九年义务教育扶贫政策，还发布了"9＋3"免费教育计划、"十五年免费教育"等非义务教育扶贫政策，减轻了凉山脱贫户的非义务教育支出。但中职教育、高中教育和高等教育等非义务教育阶段产生的住宿费、生活费、课外培训费、往返路费等费用，对刚摆脱贫困的凉山脱贫户来说仍是较大的负担[5]。调研发现，不少凉山脱贫户的非义务教育支出占家庭年收入的 50％以上，成为可能导致其返贫的风险事项。

（4）多孩生育负担重。 在凉山的文化传统中，男子是家支体系传承和家族结构壮大的载体，实行父子连名续家谱的制度；与此同时，他们也认识到后代的繁衍和人口的壮大要依靠女性的生育能力，崇拜女性的生殖能力[6]。为此，凉山彝族的生育观是重男轻女、多子多福，由此导致的人口无序增长成为凉山的治理难题[7]。以 2012—2016 年为例，凉山州的人口自然增长率达 10.6‰，比全国高 5.4‰。2016 年全州人口出生率达 19.46‰，比全国高 6.51 个千分点，四孩以上的家庭达 6 096 户[8]。由于多生造成沉重负担引起的连锁效应极

---

① LEWIS O. Five families：Mexican case studies in the culture of poverty [M]. New York：Basic Books，1975.

② SCHULTZ T W. Capital formation by educationa [J]. Journal of Political Economy，1960 (6).

③ 王志章，杨珂凡. 教育阻断边疆民族地区代际贫困的具体路理：基于云南省怒江傈僳族自治州泸水市老窝镇的实地调查 [J]. 云南师范大学学报（哲学社会科学版），2020，52 (4)：100 - 110.

④ 《扶贫必扶智 阻断贫困代际传递》[EB/OL]. (2015 - 09 - 10) [2023 - 09 - 30]. http：//theory. people. com. cn/n/2015/0910/c49157 - 27565673. html.

⑤ 民族地区脱贫攻坚：来自凉山州喜德县的样本 [EB/OL]. (2017 - 03 - 28) [2023 - 09 - 30]. http：//tuopin. ce. cn/news/201703/28/t20170328_21484839. shtml.

⑥ 蔡富莲. 四川凉山彝族生育魂崇拜观念 [J]. 宗教学研究，2004 (4)：107 - 111.

⑦ 计划生育政策规定，夫妻双方都是少数民族的家庭可享受照顾生育政策，即每个家庭可生育 3 个孩子，但实际每个家庭的孩子数量基本在 3～5 人。

⑧ 张磊. 四川彝区贫困户可持续生计与脱贫状况调研报告 [R]. 成都：四川省社会科学院管理学所，2018.

易使贫困地区家庭陷入贫困陷阱[1]。

为了控制政策外生育，防止因超生致贫，2017年凉山州印发了《关于全面实施两孩政策完善计划生育服务管理的意见》《凉山州坚持和完善计划生育目标管理责任制实施方案（试行）》和《凉山州生育秩序整治行动实施方案》，全面整治生育秩序，在全州确定了十个人口超生重点县，并同各重点县签订了人口与计划生育目标管理责任书，全力确保2017年凉山全州符合政策生育率的县（市）达90％以上，十个重点县超生比例下降至12％以内[2]。经过全州各级各部门三年多的强力整治，凉山生育秩序整治工作取得了显著成效：2017年重点县政策外多孩率为11.12％，较上年同期下降了3.88个百分点，通过生育秩序整治工作减少政策外出生7 203人，政策外多孩率减少了14.59％。2018年凉山州全州出生人口70 327人，其中93.98％符合生育政策，十个重点县的政策外多孩率降到8.06％，较上年同期下降3.69个百分点[3]。尽管政策外多孩率逐渐降低，但是超生问题仍未得到根治。2020年政策外多孩生育率为4.36％，11个重点县政策外多孩生育率为5.90％，由此造成的多孩生育负担重仍然是凉山重要的返贫风险事项。

（5）不良习俗和消费习惯。 如前所述，高额彩礼、薄养厚葬、人情攀比等不良习俗和消费习惯容易造成凉山脱贫户的资金严重透支，极易形成返贫风险。

比如彩礼习俗是彝族婚嫁中的文化传统，给予女方适当彩礼具有回报、感恩父母的养育之恩、偿付和资助功能。然而，在经济发展的大背景下，家支资本博弈的驱动[4]、市场经济下的"女方市场"导向[5]和人情攀比下"炫耀性消费"的助推[6]导致传统的彩礼习俗已经发生了质变，高额彩礼问题在凉山日渐严重。根据四川大学王卓教授、中山大学李蔓莉博士"彝族长期贫困与代际传递的实证研究"课题组的调查，2009年以前，凉山彝族彩礼金额平均在2万元以下；2010年提高到7万元以上，且以每年2万元到3万元的增量快速上涨。2015年凉山州政府"婚丧嫁娶高价彩礼和铺张浪费问题调研组"对凉山

①　陈亚萍. 论多生、超生与农民贫困 [J]. 人口与经济, 2006 (6)：22-25.

②　凉山破除"越穷越生，越生越穷"现象 [EB/OL]. （2020-09-25） [2023-09-30]. https://www.thepaper.cn/newsDetail_forward_9352478.

③　数据来源：《凉山州2020年脱贫攻坚推进情况》调研报告. 由凉山州州政府提供.

④　王卓，李蔓莉. 凉山彝族婚姻习俗与贫困代际传递研究 [J]. 社会科学研究, 2019 (3)：92-100.

⑤　LAUGHLIN C D. Maximization, marriage and residence among the So [J]. American Ethnologist, 2010, 1 (1)：129-141.

⑥　李怀. 婚嫁消费升级的意义供给机制转型：一个多重逻辑的分析 [J]. 浙江学刊, 2017 (3)：121-128.

部分地区进行了专题调研，调研数据表明各县婚嫁彩礼额度极高①，据课题组计算，凉山部分地区农村居民的彩礼金额平均为 12.5 万～22.5 万元，城镇居民的彩礼金额平均为 17.5 万～60 万元。

凉山彝族祖先崇拜意识根深蒂固②，对逝者葬礼的举办既是子孙尊祖敬祖的义务性规范，也是先祖荫庇后代的互惠性表达③。改革开放以来，随着凉山经济的发展，却出现了畸形的丧葬消费观，花费大量费用隆丧厚葬，讲排场、讲面子、比阔气并以此炫耀卖弄。不仅造成了严重浪费，还给当事人带来了很大的经济压力，更重要的是助长了社会盲目攀比的习气，阻碍了乡风文明建设。据调查，20 世纪 80 年代，美姑、昭觉、布拖等县举办丧葬活动时最多宰杀 10 头牛，此后逐渐增加至宰杀 20 头、50 头牲畜，部分地区甚至增加至 100 头牲畜，除此之外，还有烟花、烟酒糖果等其他开支，费用更高④。

人情消费是基于人与人之间正常交往、礼尚往来方面的花费，主要功能是联络、培养和增进彼此的感情，促进交往交流。凉山彝族的传统生活中原本没有过重的人情消费：过年时，晚辈给长辈送肉，长辈则会给晚辈"卡巴"（彝语礼物，如鸡、羊等）作为回馈；婚嫁时，男方送给女方亲戚等在自身能力范围内的"卡巴"。然而，随着市场经济发展和城镇化进程的不断加快，凉山的人情消费观念和消费行为也发生了根本转变。从众心理、名利心理、攀比心理等使凉山的人情消费逐渐异化。

近年来，凉山的人情消费异化主要体现在两个方面。一是请客、送礼的名目众多，涵盖开学、就业、过生日、生孩子、参军、搬新居、老人去世、看望病人、结婚、小孩满月、送祖灵仪式等⑤。二是请客、送礼的频率高、金额大。郝彧等学者调查发现，凉山农村受访人群中 55％的人一年送人情礼金次数是 5～20 次，45％以上的人送礼达 20 次以上；53％的人送礼金额为 50 元或

---

① 凉山：重拳出击，从根源上遏制不良风气［EB/OL］．（2015 - 04 - 01）［2023 - 09 - 30］．http：//news. 163. com/15/0401/10/AM40LRSP00014AEE. html.

② 如彝文文献《古侯略夫》记载了一位叫苏贴阿约的彝族孤儿卖身换牲畜，为逝世的父母制作"灵牌"以超度父母的故事。李京的《云南志略》记载，彝族"祭祀时亲戚必至，宰杀牛羊动以千数，少者不下数百"。

③ 王美英．凉山彝族丧葬仪式与表征研究［J］．西南民族大学学报（人文社科版），2016，37（10）：47 - 53.

④ 按照彝族传统，在死者葬礼上鸣枪意为向前来蛮缠死者灵魂的魔鬼开火，实际是为了显示家支的势力。过去在这个场合里，谁家的枪鸣得越多，谁家就越体面。由于政府多次禁止丧葬鸣枪，各地以鞭炮代替枪支子弹。

⑤ 走进彝族，认识彝俗［EB/OL］．（2018 - 09 - 25）［2023 - 09 - 30］．http：//www. yizuren. com/s/xz/37368. html.

者 100 元，47％的人送礼金额在 200 元及以上，人情礼金超万元以上的屡见不鲜①。罗边伍各统计了自家 2015 年的人情消费开支，"因为亲友过生日、升学、搬家、结婚等支出超过 5 万元"②，人情消费支出较大。

为此，凉山各级地方政府制定了一系列政策措施，培育文明淳朴的乡风民风，促进凉山居民移风易俗。2012 年凉山州政府制定了《关于遏制婚丧嫁娶高额礼金和铺张浪费之风的规定》。2014 年发布了《关于印发〈巩固和深化彝区健康文明新生活运动宣传方案〉的通知》。在此基础上，2019 年凉山州坚持"党委统一领导、党政齐抓共管、部门各司其职、全社会共同参与"的原则，调动社会各界力量推动移风易俗，用好党员干部、妇女队伍、农村能人、综合帮扶队等四支队伍力量，充分发挥黑白理事会、道德评议会等群众组织的作用，积极推动移风易俗工作的开展。金阳县出台了《移风易俗十不准》，明确规定了婚丧嫁娶中的牲畜宰杀数量等内容。雷波县在试点镇探索婚嫁彩礼统一管理，明确规定彩礼最高数额为 8.6 万元。普格县通过修建民俗文化餐饮集中坝子，杜绝攀比之风③。目前，各项政策的执行取得了一定效果，不良习俗和消费习惯已有明显收敛，但作为长期形成的痼疾顽症，其很难在短期内完全消除，需要持续不懈地纠正，否则将成为导致脱贫人口返贫的风险因素。

(6) 人均可支配收入少。 该事项指脱贫人口的资金自由支配度不高，发展性资金短缺，抵抗突发事件风险冲击的能力低，脆弱、容易返贫。由于自然、历史等原因，凉山属于"一步跨千年"的"直过区"，集中连片贫困区域达 4.16 万平方公里，发展不平衡、不充分问题比较突出。如 2000 年，全国农村居民人均可支配收入为 2 253 元，凉山州居民人均可支配收入仅为 1 361 元；2020 年脱贫攻坚全面胜利后，全国农村居民人均可支配收入为 17 131 元，凉山州农村居民人均可支配收入为 15 232 元，原来的 11 个深度贫困县情况如下：普格县 10 831 元、布拖县 10 831 元、越西县 11 967 元、盐源县 14 953 元、雷波县 12 079 元、昭觉县 10 195 元、喜德县 10 778 元、美姑县 9 490.85 元、木里县 12 319 元、金阳县 9 750 元、甘洛县 9 636.2 元，与全国平均水平有较大差距。所以，对于凉山曾经的贫困县而言，脱贫人口增收致富能力弱，人均可支配收入少，抵御风险冲击能力较差，是当前返贫风险防范的短板。

---

① 郝彧，刘立策. 凉山彝族文化消费的区域特征研究 [J]. 西南民族大学学报（人文社科版），2019，40（11）：42-48.

② 罗边伍各，罗晖. 四川凉山彝族人情消费变迁对扶贫的影响现状研究 [J]. 红河学院学报，2016，14（6）：17-19.

③ 移风易俗，一场艰难的嬗变 [EB/OL]. (2020-09-16) [2023-09-30]. http://www.lszxc.cn/html/2020/lsxw_0916/14664.html.

5.2.3　物质资本风险事项

物质资本风险事项是指由于维持生产生活所需的生产资料、基础设施或固定资产短缺或受到损失，导致人们维持生计与提高生产力困难的事项。如前所述，凉山的物质资本风险事项主要包括五个方面，分别是基本生活用品短缺、住房条件差、交通不便、动力电不足、牲畜减少。

(1) 基本生活用品短缺。 凉山的深度贫困地区自然生存环境恶劣、相对闭塞，属于典型的"一方水土养不活一方人"的地方。美姑县拉木阿觉乡马依村尔日书进家，在 2015 年以前没有一件像样的家具：床是搭在四摞砖头上的一块木板；炉灶是三块砖，上架一口锅；没有任何桌椅。家常饭是土豆，米饭和肉都是奢侈品，一年最多可以在过彝族年、汉族春节和彝族火把节吃三次肉；大米要每十天赶集时才能吃到一次。脱贫攻坚实施后，2018 年初他终于入住了设施齐备的新房，生活也得到了根本改善①。为了解决贫困人口的基本温饱问题，凉山大力落实"两不愁、三保障"政策②，不但解决了贫困人口的吃穿问题，还根据贫困家庭短缺生活物件进行相应的补短行动，为建档立卡贫困户免费发放生活用品。先后发放 14.1 万套/户"四件套"（衣柜、碗柜、桌椅板凳、床）、1.24 万台冰箱、1.75 万台洗衣机、9.7 万台电视机、10.63 万台太阳能热水器、1.98 万张沙发。但由于发放人口基数庞大，基本生活物件存在使用期限的问题，从长期来讲，如果不培育脱贫户"造血"能力，增强自我发展能力，要想持续保障这部分人的基本生活用品不短缺，维持其生活质量，将会非常困难。

(2) 住房条件差。 实现全面脱贫以前，凉山农村贫困人口中有 5.7 万户贫困户住房达不到安全标准，部分房屋还是石板房、瓦板房、木板房、茅草房等③，这种房屋不避风雨、低矮潮湿、居住性差，维修成本高。以盐源县金河乡田坝村某贫困户的住房翻修为例，房屋建造的主要成本是材料和运费。在材料的花费方面，需要钢筋 2.3 吨，每吨 5 000 元；水泥 25 吨，每吨 450 元；沙石 73 方，细沙每方 80 元，粗沙每方 70 元；砖 13 000 块，每块 0.7 元。在运输的花费方面，田坝村距国道、省道较远，山高坡陡，交通不便，且村道主路正在实施水泥路硬化工程，陆路不通，材料要从攀枝花经雅砻江用船运输，

---

① 探访中国最穷困人口生活：衣食住行样样令人心酸 [EB/OL]. (2015-06-23) [2023-09-30]. http://gongyi.people.com.cn/n/2015/0623/c151132-27192162.html.

② 中国农村扶贫开发纲要（2011—2020 年）[EB/OL]. (2020-09-05) [2023-09-30]. http://www.gov.cn/gongbao/contnt/201content_2020905.htm.

③ 数据来源：由凉山州州政府提供。

运到田坝码头后还要经过二次或三次转运方能到达施工点，故运费很高。维修房屋产生的高额费用成为农户致贫的因素之一。

为了解决住房问题，凉山州统筹推进以易地扶贫搬迁、彝家新寨建设为重点的安全住房项目建设，坚持"统规统建""统规自建"等多种建设模式，易地搬迁群众 7.44 万户 35.3 万人，有 1 492 个集中安置点，其中 800 人以上的安置点共 24 个[①]；累计建成彝家新寨安全住房涉及 1 067 个村 6.66 万户，推动贫困群众实现了从"忧居"到"优居"的巨大转变。但是，易地扶贫搬迁和彝家新寨建设并不能覆盖全部贫困人口，仍有部分群众居住在原地原房，需要应对房屋维修的支出。

（3）交通不便。 对于凉山贫困户稳定增收而言，"交通仍是最大的瓶颈，物流成本较高"[②]。交通不便从两个方面影响农户的生计与发展，一是限制农户与外界的信息交流，影响农户的思想观念开放性和发展信息的可接收性；二是影响农户的产品销售，增加交通成本。

受自然条件的限制，凉山州大部分贫困县都没有被纳入国家高速路网。全州公路密度为 45 公里/百平方公里，全州不通油路的乡镇有 53 个、不通硬化路的村有 476 个、不通公路的村民小组有 3 441 个。地形地貌地质条件复杂，"硬骨头"项目多，施工难度大，建设成本远高于内地发达地区[③]。以普格县特尔果乡为例，"晴天一把刀，雨天一包糟"是对当地道路的最好总结，由于当地土壤以黏土为主，干旱时公路形成大量凸起的坚硬泥块，雨天则形成大量可以使车辆陷入的泥坑[④]。凉山州通过三轮"交通大会战"，新建和改建 2.06 万公里农村公路、2 113.5 公里国、省干线公路，实现了所有乡镇和建制村"100％通硬化路"[⑤]。但是，对于生活于偏远地区的凉山脱贫户而言，频发的泥石流、滑坡、暴雨等地质灾害极易冲毁交通道路，同时，公共交通工具的不足也增加了交通运输成本。如何进一步提高道路交通质量，完善城乡公共交通体系，是当前有效巩固凉山脱贫攻坚成果的重要内容。

（4）动力电不足。 动力电也被称为三相电，在灌溉、搅拌机等方面的生产

---

① 数据来源：凉山州 2020 年脱贫攻坚推进情况向民盟汇报，由凉山州州政府提供。

② 彭清华. 凉山脱贫攻坚调查 [J]. 求是，2019（16）：59－66.

③ 数据来源：凉山脱贫攻坚工作汇报，由凉山州州政府提供。

④ 凉山交通扶贫在"路"上 [EB/OL].（2016－08－19）[2023－09－30]. https：//www. sc. gov. cn/10462/10464/10465/10595/2016/8/19/10392756. shtml.

⑤ 梦想照进大小凉山深处 [EB/OL].（2021－02－10）[2023－09－30]. http：//www. lszxc. cn/html/2021/lsxw_0210/15108. html.

活动中广泛应用①。对于凉山农村而言，随着脱贫攻坚的全面胜利，其已从"照明时代"跨入"动力电时代"，动力电覆盖工程将致富的动力送到了农村，灌溉、排涝、电犁、脱粒、铡草、烘焙、粉碎饲料等生产生活、产业发展逐步升级到电力化阶段。以凉山的重要产业烤烟产业为例，如果其烘焙采用煤炭或柴油发电机，不但噪声大、成本高，而且烤出来的烟叶成色也不好，很难卖出好价格。采用动力电后，不仅提升了烤烟品质和售价，也降低了成本，有效增加了农民的产业收入。

随着用电人数增多、发展产业类别的增加，凉山群众对动电力需求越来越高，如果叠加强降雨、雷暴大风、洪涝、泥石流等自然灾害因素，常常出现动力电不足的问题。以凉山州会东县新云乡新发村三组为例，该村有村民 46 户，仅有一台 30 千伏安的变电压供电机，由于村民居住分散，长达 3 000 多米的供电半径使得供电量严重不足，"吹风下雨就停电，几家同时打苞谷面没法干"是常态②。为了克服动力电网脆弱问题，按照国家关于"三区三州"农网改造升级三年行动计划任务的总体部署，四川省于 2020 年 6 月 30 日前完成了凉山的农村电网攻坚项目建设，凉山农村电网所覆盖地区均完成动力电改造，基本满足了产业发展和农牧灌溉等要求③。下一步，进一步完善电力设施，着力提高动力电供电水平，为脱贫人口产业发展保电护航，将是凉山实施乡村振兴战略应采取的重要措施。

(5) 牲畜减少。家庭养殖的牲畜在凉山的民族文化体系中兼具节庆消费品和商品两种属性。一方面，基于特色地方传统文化，彝族家庭在生活中会对饲养牲畜进行大量的自我消耗，无论是婚丧嫁娶还是逢年过节，乃至宗教仪式都要消费大量的牲畜④。另一方面，牲畜也是家庭收入的重要来源之一。在早年社会生产力落后、商品经济不发达的状态下，彝族人常用牲畜、粮食、山货去换取针、线、盐之类的生活必需品。即使到了现代社会，在位置偏远、耕地面积与质量较差的情况下，农户依旧要进行牲畜养殖和贩卖以获得经济收入。在凉山的许多乡镇集市，农户背着鸡蛋、提着鸡鸭、赶着猪羊等进行交易仍是常态。

因此，牲畜是凉山脱贫户的重要资产和重要的收入来源。为落实精准扶贫

① 与动力电相对的是照明电，也叫单相电，220 伏，一条火线一条零线，是家庭用电路，用于电灯、空调等。

② 国网达州供电公司：援建凉山用好电 [EB/OL]. (2020 - 05 - 26) [2023 - 09 - 30]. http：//sc. people. com. cn/BIG5/n2/2020/0526/c 379469 - 34042873. html.

③ 收官! 四川"三区三州"农网改造升级三年行动计划完工 [EB/OL]. (2020 - 07 - 14) [2023 - 09 - 30]. https：//sichuan. scol. com. cn/ggxw/202007/57847754. html.

④ 明亮，王苹. 凉山彝族地区反贫困研究 [J]. 民族学刊，2019，10 (6)：23 - 31，116 - 119.

政策，促进贫困群众脱贫增收，凉山州出台了《关于推行"借羊还羊"精准扶贫措施的实施意见》，由各乡镇引导"借羊还羊、借牛还牛、借猪还猪、借鸡还鸡"等工作。但是，由于散户养殖缺乏经验或传统习惯的原因，政府和企业借养的牲畜病死或者被吃掉现象时有发生。2019 年 11 月，国家电网凉山供电公司免费发放 200 余只鸡苗给喜德县乐武乡各则村 50 多户贫困户，由于饲养不当，加上当地自然条件恶劣，部分鸡苗在饲养过程中死亡。还有一些贫困户，由于商品意识缺乏，将活下来的鸡苗宰杀食用，未能进行回购[①]。此外，如有亲友到家里做客，主人往往会宰杀自家的牲畜来招待客人，如果是重要的客人到来，则要杀猪、杀羊甚至还要杀牛来款待客人。可见，无论是客观原因还是主观意愿，家庭牲畜数量减少的情况在凉山很容易发生，给凉山脱贫户家庭的经济造成较大的负面影响，成为防范脱贫人口返贫应该关注的风险因素。

5.2.4 社会资本风险事项

社会资本风险事项是指能够为农户带来成本降低、便利性和预期收益的社会关系网络、人际信任和组织资源的缺失或减少。凉山脱贫人口的社会资本风险事项主要包括两个方面：一是集体经济发展滞后，二是亲友支持缺乏。

(1) 集体经济发展滞后。实践表明，集体经济的发展状态直接影响着农户脱贫致富的可持续性：村集体经济越强，农户收入就越多，返贫风险越低；村集体经济越弱，农户收入就越少，返贫风险越高。整体来看，集体经济的发展壮大对农业产业升级提档及产业结构调整都有非常重要的意义，集体经济的发展也有极强的益贫性[②]。

实施脱贫攻坚以来，凉山州政府非常重视发展壮大村级集体经济，先后出台了《凉山州 2018 年脱贫攻坚夏季战役集体经济发展专项方案》《关于进一步发展壮大村级集体经济的意见》《关于认真落实坚持和加强农村基层党组织领导扶持壮大村级集体经济工作的八项措施》等政策，有效推动了凉山村级集体经济组织的发展壮大和基层社会治理。2016 年以来，凉山州没有村集体经济组织的"空壳村"从 2 956 个减少到 235 个，在 2 072 个贫困村中，有 1 972 个村集体经济收入指标达到了标准。

集体经济的发展壮大使凉山村集体与村民实现了双赢，增强了"三农"发

---

① 王代强."扶贫鸡"改变各则村的"养羊路"：不搞一送了之 集中圈养分红 [N]. 四川日报，2020 - 03 - 22 (1).

② 吕小军. 脱贫攻坚贫困村集体经济发展研究：以南宁市良庆区大塘镇为例 [J]. 农业研究与应用，2017 (2)：86 - 88.

展后劲，但是仍然存在两个方面的问题。一是凉山贫困村中尚有 100 个村集体经济经营性累计收入没有达标；二是凉山已有的村集体经济发展薄弱，盈利能力较差。调研中一位凉山州领导同志说："2019 年，在凉山州，每个农民从村集体经济中能够获利 3 元，该村集体经济收入就算达标。"之所以如此，是因为凉山州村集体经济发展存在诸多问题，如农村产权制度改革相对滞后，"三资"（农村集体的资产、资金、资源）盘活不理想，人才、资金、管理等要素资源缺乏；部分干部缺乏带头发展村级集体经济的观念，有的存在"等、靠、要"的思想；大部分农村缺少经营性资产，发展渠道单一，发展集体经济主要靠种养业，风险大、见效慢、收入低，小打小闹的多、规模发展的少；许多集体经济组织不同程度存在组织机构不完善、民主管理不到位、租赁合同不规范、操作程序不合法、财务管理混乱、收益分配不明确、收入多少"凭口说"等问题。这些问题极大限制了凉山村集体经济的发展壮大和增收致富的效果，降低了脱贫人口参与市场竞争、抵御市场风险的能力。

(2) 亲友支持缺乏。作为脱贫人口的重要社会资本之一，亲友构成了脱贫人口的社会关系网络，这个以血缘、感情为链接的网络不单是脱贫人口对外交流的载体，也是脱贫人口解决生计困难的重要渠道。

在凉山，"家支"是亲友的重要组织形式，是彝族人民通过父系血缘集团联系在一起的家族关系[①]。每个家支拥有一个共同的男性祖先和姓氏，下面支系子弟会在自己的姓氏前面统一加上男性祖先的姓氏。与汉族地区传统的宗族不同，家支通常还是生产生活共同体，会维护成员的生命财产安全与利益，同时家支成员之间在生产生活中有互助和救济义务，并且这种互助是主动自发的，力量非常强大。

家支支持力度一方面取决于家支规模，规模越大，分担风险的能力就越强。另一方面取决于家支中是否存在能人。能人指能力出众的人，一般分为政治能人、经济能人和社会能人三种类型。在农村，乡村政治能人一般指在村基层组织中担任一定职务的人，包括村"两委"负责人、文书、会计等；经济能人是指经济型精英人物，这类能人一般头脑灵活，眼界开阔，懂经营，善管理，有多种收入来源，并且收入较高；社会能人是指在村内享有相当威望和声誉的传统宗族的长老或者体制内的退休干部[②]，其拥有经济资源（资本或要素资源）、人力资源（经营才能、创新能力、商业经验等）和社会资源（熟悉农

---

① 王卓，李蔓莉. 凉山彝族婚姻习俗与贫困代际传递研究 [J]. 社会科学研究，2019 (3)：92-100.
② 罗家德，孙瑜，谢朝霞，等. 自组织运作过程中的能人现象 [J]. 中国社会科学，2013 (10)：86-101, 206.

产品销售渠道、拥有与地方政府部门良好的社会关系）的禀赋优势，具有较强的号召力和凝聚力，能够带动农户脱贫致富[1]。所以，对于凉山脱贫人口而言，家支规模小、家支能人少就意味着所获得的亲友支持力度小，化解返贫风险的能力弱。对五保户、孤寡老人、失独家庭和外来户等缺乏亲友支持的凉山脱贫人口应该给予重点关注。

5.2.5 自然资本风险事项

自然资本风险事项是指农户从自然生态系统中能够获取的有利于生计的自然资源储备受到损害或损失的事项。在凉山，脱贫人口面临的自然资本风险事项主要包括可用水资源缺乏，耕地或林地减少。

（1）可用水资源缺乏。凉山水资源较为丰富，地表水资源量和地下水资源量分别约为 368.40 亿立方米和 68.99 亿立方米[2]。但是由于基础设施建设落后，蓄引提水能力只占水资源的 5%，且水资源空间分布不均，干旱山区存在严重的缺水现象，脱贫之前曾有七八十万群众的饮水安全不能得到保障[3]。群众的生产生活用水成本很高。以盐源县干海乡滑泥村为例，该村有三条河流流经，但是由于河低山高，村民生产无法自流灌溉，村内烤烟、苹果等产业用水只能依靠抽水机抽水浇地，离河近的田地每年灌溉费用为每亩百余元，离河远的每亩甚至要花三四百元，给村民生产造成了极大负担[4]。除了生产缺水，部分地区还存在严重的生活用水难以保障的情况，以盐源县官地镇和坪村为例，该村有 30 多户村民，村民饮用水全部来自 1 公里之外山沟中的蓄水池，这是当地唯一的水源地。

面对凉山严峻的农村用水形势，政府部门派出了 5 支队伍 317 人专项集中攻坚农村用水问题，专项攻坚队伍由综合帮扶工作队、技术帮扶工作队、援彝专家服务团、攻坚服务队暨督战专班和"管理补短"驻村工作队组成。据统计，"十三五"以来，凉山州累计投入资金 22.65 亿元，集中解决了全州建档立卡贫困人口的饮用水安全问题，44 万建档立卡贫困人口因此受益，同时巩固提升了 181 万人的饮水安全[5]。

---

① 周霞，周玉玺. 能人带动、组织承诺与农民专业合作社社员满意度研究：基于差序格局调节效应的跨层次分析 [J]. 经济与管理评论，2018，34（5）：84-96.

② 2014 年凉山州水资源公报 [EB/OL].（2017-05-12）[2023-09-30]. https：//max.book118.com/html/2017/0512/106296796.shtm.

③④ 李正勇. 瞄准穷根，用发展彻底改变彝区贫困面貌 [N]. 四川日报，2014-05-08 (3).

⑤ 王鑫昕. 攻克凉山"难中之难"：决不把饮水不安全问题带入小康社会 [N]. 中国青年报，2021-02-03 (1).

在凉山易地扶贫搬迁安置点，目前的措施集中于水利设施修建、供水管网建设，努力从源头上解决用水问题，但是水压低、供水管道被挖断、季节性缺水①等因素导致的可用水资源缺乏现象时常发生。如昭觉县阿并洛古乡洛伍阿木村的所觉安置点入驻脱贫户 19 户 78 人，因水源季节性枯竭，经常出现断水问题，供水保障率低②。同时，调研发现许多地区由于村社集体在资金、技术或人力方面的缺乏，导致水利设施后期维护困难，其应用功能不能充分发挥。如果不定期维护水利设施，提高水利设施的使用效能和寿命，水资源短缺将成为凉山部分脱贫人口潜在的返贫风险因素。

（2）耕地或林地减少。 耕地是粮食生产的物质基础，林地是林木资源培育创收的载体。耕地、林地上的经营性收入是凉山脱贫户收入的基本来源。比如利用耕地种植自给自足的玉米、马铃薯等农作物，借助林地种植花椒、苹果等经济作物是凉山的传统。但是传统粗放的种植方式、农业基础设施建设滞后、强降水等自然灾害频发、坡面水系植被不完善等造成凉山水土流失严重，耕地林地遭到破坏，许多地方的耕地林地面积不断减少，严重影响了农户的收入和效益。

为了控制水土流失、保护耕地林地，凉山州统筹协调脱贫攻坚、水土流失治理与农林资源开发。一方面大力争取国家资金支持，从 2016 年至 2020年，凉山州累计争取到 16 395 万元贫困县水土流失治理资金，先后实施和建设了 25 个水土保持重点工程，累计有 244.62 平方公里的水土流失得到治理，受益群众 1.03 万余户共计 4.6 万余人，人均增收达 350 元③。另一方面是改善农牧业生产条件，大力实施"1＋X"林业生态产业建设，改变以往粗放的种植习惯，以核桃种植为重点，兼顾培育花椒、华山松、油橄榄等特色产业，12.4 万户贫困户因此受益，涉及贫困人口 48.6 万人④。然而，目前凉山水土流失治理覆盖范围和力度仍然不足，水土流失致使耕地林地面积减少的现象依然严峻，制约着脱贫人口收入的持续增长，成为其返贫的潜在风险。

---

① 如水利部暗访工作组成员在昭觉县瓦呷社、结窝拢莫村的暗访中发现了此类管理型问题。详情参考《四川凉山州农饮安全督查暗访日记》，http://www.chinawater.com.cn/newscenter/df/sic/202006/t20200623_751918.html.

② 安置点供水"不够煮饭的"纪委监委现场督导整改 [EB/OL]. (2020-05-02) [2023-09-30]. https://www.ccdi.gov.cn/yaowen/202005/t20200502_216648.html.

③ 凉山：1.6 亿余元治理水土流失 有力推动贫困地区脱贫攻坚 [EB/OL]. (2020-12-17) [2023-09-30]. https://www.thepaper.cn/newsDetail_forward_10433464.

④ 四川凉山"三棵树"：脱贫路上的最美风景 [EB/OL]. (2020-12-01) [2023-09-30]. http://www.xinhuanet.com/fortune/2020-12/01/c_1126809405.htm.

5.3 凉山脱贫人口生计策略返贫风险事项阐释

5.3.1 生产经营风险事项

生产经营风险事项是指农户从事的生产活动与经营管理活动失利，生产经营性收入受损。凉山脱贫人口生产经营风险事项主要表现为两个方面，一是产业经营失败；二是创收模式单一。

(1) 产业经营失败。以产业扶贫实现"造血功能"是精准扶贫的重要途径，也是确保农村可持续性脱贫致富的重要举措。然而，农村新型产业的发展具有投入多、周期长的特点。为此，地方政府基于使产业扶贫资金投入起到立竿见影的效果[①]、快速实现困难群众脱贫目标[②]、完成任务并获得政绩[③]等方面的考虑，大多推行"短平快"的产业扶贫项目。在这类项目中，凉山群众以种植水果、蔬菜、菌类等初级农业经济作物为主，或者养殖鸡、鸭、牛、羊、驴等牲畜。如在泸州市龙马潭区的对口帮扶下，普格县荞窝镇发展了生姜产业（生姜的整个生长周期只有 120 天左右）；越西县则充分利用林下资源发展短平快的林下养殖产业；申普乡成立了果吉养殖专业合作社，养殖跑山鸡 1 200 只、蛋鸡 1.6 万只，种植柑橘 300 亩等[④]。这些短平快的扶贫项目固然具有投资少、见效快等特点，在脱贫攻坚中必不可少，但从长远来看，面对市场竞争和供需变化，如果没有继续帮扶，这些项目容易失败，脱贫户亦会再次陷入贫困。这样的案例在其他地方也存在，如四川广元市苍溪县发展了具有"短平快"特点的猕猴桃产业项目，依然走不出"年年扶年年贫"的怪圈[⑤]；赣南老区农业产业发展的调研结果显示，精准扶贫中的短平快项目在产业链深度上常常存在固有缺陷，且常与区域性农业发展规划不一致[⑥]；对武陵山区四个贫困

---

① 蒋永甫，龚丽华，疏春晓．产业扶贫：在政府行为与市场逻辑之间 [J]．贵州社会科学，2018 (2)：150.

② 祁中山．困惑与反思：精准扶贫的基层干部视角 [J]．法制与社会，2016 (34)：211.

③ 李博，左停．精准扶贫视角下农村产业化扶贫政策执行逻辑的探讨：以 Y 村大棚蔬菜产业扶贫为例 [J]．西南大学学报（社会科学版），2016，42 (4)：66－73，190.

④ 6 月 30 日前完成脱贫攻坚工程项目建设和问题整改：尽锐出战凉山 7 县全力冲刺 [EB/OL]．(2020－06－02) [2023－09－30]．http：//www.sc.gov.cn/10462/12771/2020/6/2/280475edaf5e406a84f85b7a0e690db2.shtml.

⑤ 郭晓鸣，虞洪．具有区域特色优势的产业扶贫模式创新：以四川省苍溪县为例 [J]．贵州社会科学，2018 (5)：14.

⑥ 李志萌，张宜红．革命老区产业扶贫模式、存在问题及破解路径 [J]．江西社会科学，2016 (7)：65.

县的调查研究显示，由于"短平快"项目技术壁垒的存在，这类项目在具体实施中很容易遭受失败①。凉山的短平快项目未来也面临着相同的考验，存在项目失败造成资产受损、脱贫人口重新返贫的风险。

此外，为了实现精准扶贫的"目标精准"，精准扶贫资金主要面向精准扶贫扶持个体，因此在产业发展项目选择与资金投入方面，贫困人口是选择和决策主体。由于许多凉山贫困群众存在经验不足、信息获取不畅等问题，经常会盲目选择、跟风投资，进行短视和非理性决策，最终导致产业同质化、市场供需失衡、价格大幅波动，这将严重冲击凉山脱贫户脆弱的产业基础，致使其返贫风险提升。

(2) 创收模式单一。创收模式的选择，不仅取决于客观的地理条件、先天资源条件，更重要的是劳动者素质。一般来说，地理条件、先天资源条件越好，劳动者素质越高，创收模式的选择就越丰富，抵御贫困风险的能力就越强。凉山大多数脱贫人口的创收以务农为主，收入来源单一，家庭经济韧性不强，比较容易出现返贫情况。

凉山农村劳动力素质和生计模式存在明显的空间差异特征。河谷山坡区域的农户劳动力素质相对更高，随着海拔的上升，分布在高寒山区、二半山区的农户劳动力素质普遍相对较低，尤其是高寒山区农户的文盲率非常高，谋生手段单一且产出低下②。为了扩大高寒山区、二半山区农户收入来源，凉山州不但通过易地扶贫搬迁来改变其生活环境，还因地制宜实施了产业扶贫政策。但这些政策措施在实践过程中存在诸多问题，如脱贫主导产业结构单一，基础薄弱，缺少龙头企业带动，市场结合不紧密，脱贫农户短期增收不稳定、长期增收难保证。调研发现，凉山脱贫户大多以玉米、土豆、荞麦等"老三样"传统种植为主，生产规模小，自给自足，缺乏区域化规模优势，增收效果不明显。在特色种养业方面，有的探索种植中药材，有的养芭蕉芋猪、阉鸡或黑山羊等，但总体知名度不高、技术水平低、销路狭窄、效益有限。有的外出务工创收，但大多从事体力劳动，就业不稳定，收入水平低。总之，创收模式单一依然是限制凉山脱贫人口发展的重要瓶颈，如何丰富其增收新路径，拓宽其致富新渠道，是当前防范化解返贫风险、巩固脱贫成果的重点内容。

5.3.2 迁移发展风险事项

迁移发展风险事项是指农户离开原来居住的地方到别的地方定居，开展新

---

① 李晶晶. 产业扶贫项目的运作机制与地方政府的角色 [J]. 当代经济，2017 (26)：17.
② 李立娜，何仁伟，李平，等. 典型山区农户生计脆弱性及其空间差异：以四川凉山彝族自治州为例 [J]. 山地学报，2018，36 (5)：792-805.

的生产生活所遇到的阻力和困难。在凉山，该风险事项主要指易地搬迁后脱贫人口面临的后续挑战，如搬迁移民对迁入地的生活环境、生产方式、风俗习惯或消费观念不适应，致使社会融入和经济融入困难，从而导致自身发展空间受限、返贫风险增高。

易地扶贫搬迁是我国为破解"一方水土不能养活一方人"这一贫困治理顽疾而提出的有效措施。通过易地扶贫搬迁，凉山州有 7.4 万户、35.32 万贫困人口住进新居摆脱了绝对贫困。但这并不意味着扶贫工作的结束，如何使搬迁移民实现"稳得住、能发展、能致富"的目标，才是下一阶段贫困治理的重点和难点。调研发现，进一步完善移民安置点的水、电、路、网等基础设施，让搬迁移民享受与迁入地原居民同等待遇的社会保障服务，解决好搬迁移民的子女入学与教育问题，提升其就业和自主创业能力，拓宽其增收致富渠道，增强搬迁移民的可持续生计能力等问题，既是当前凉山易地搬迁亟待解决的重要问题，更是防范脱贫人口返贫风险的必要措施。

5.4　凉山脱贫人口返贫风险指标体系构建

5.4.1　返贫风险指标构建思路

风险评价的本质是管理主体考虑潜在风险事项发生的可能性和对目标实现的影响程度。根据风险管理理论，评判某一事物对另一事物的影响大小通常需要对"影响度"进行衡量。即通过阐释"影响度"概念，把其分解为若干层面的指标，并赋权计算。COSO 根据风险事项的特性，加入了新的考虑变量——发生或然率（又称发生频率或者发生概率），即"可以从可能性和影响两个方面对潜在事项的不确定性进行评价"[①]。也就是说，风险事项发生的不确定性越大，风险就越大；反之风险就越小。从这个意义上讲，不确定性和风险是同一概念，可以从对风险事项的不确定性分析来研究风险问题。据此可以得出公式：

风险事项的不确定性＝风险事项发生的可能性×风险事项的影响　（1）

式（1）中："风险事项的不确定性"表示一个给定风险事项发生与否、发生时间、发生状况、发生后果的不确定性，这种不确定性就是风险；"风险事项发生的可能性"是指一个给定事项即将发生的概率；"风险事项的影响"是指一个给定事项所产生后果的严重程度。因此，本研究中脱贫人口的返贫风险评估，实际上是指对实现防止脱贫人口返贫目标构成不利影响的事项发生的可能性，以及所产生后果严重程度的"不确定性"进行估计。这种"不确定性"越

---

① 美国 COSO. 企业风险管理：整合框架［M］. 辽宁：东北财经大学出版社，2017：59.

大，脱贫人口的返贫风险越高；反之，脱贫人口的返贫风险就越低。为了避免语义混乱，本研究结合公式（1）对返贫风险进行了逻辑转换，并得出公式：

返贫风险＝返贫风险事项发生的可能性×返贫风险事项的影响（2）

式（2）中："返贫风险"表示脱贫人口返贫风险事项（如前所述共28个风险事项）的不确定性；"返贫风险事项发生的可能性"是指给定返贫风险事项即将发生的概率；"返贫风险事项的影响"是指这些返贫风险事项对实现防止脱贫人口返贫目标所产生不利后果的严重程度。

综上所述，对凉山脱贫人口返贫风险进行预警指标设计，其核心工作就是要从发生返贫风险事项的可能性和损害后果两个方面，对每个风险事项进行指标量化处理。这里的可能性和损害后果是 COSO 风险管理框架的通用术语，除此之外，还有严重程度、发生频率等术语。如前所述，"可能性"表示的是给定事项发生的或然比，是一种定性视角的界定，主要通过"高""中""低"等综合性定性尺度衡量；"发生频率"则是一种定量视角的界定，主要通过数值进行量化衡量[1]。

对于风险管理者而言，损害后果严重、发生概率高的风险事项是重点关注对象，而损害后果轻微、发生概率低的风险事项则毋庸多虑。对介于这两种极端情况之间的判断则有一定的难度，为此对可能性和损害后果进行量化是很重要的。就目前研究来看，定性方法多基于经验，采用专家判断法进行确定。如周陈斌在变电站改造项目风险评价中采用了专家打分法，即邀请专家对风险事项的发生概率和损害后果进行打分（1～10 分，分数越高代表概率越高，后果越严重）[2]。也有一些风险管理专家使用矩阵分析法对事项可能性和损害后果进行量化评估。除此之外，还有一些全定量或者半定量技术可以应用以实现量化评价，如保护层分析、马尔科夫模型、事件树、可靠性框图、故障树、蒙特卡罗方法、压力测试等。

由于本研究不仅要对凉山的区域性整体返贫风险进行预警，也要对脱贫农户个体返贫风险进行预警，所以采用的是定性与定量相结合的指标处理方法。若采用全定量的方法，就需要每个调查对象精准计算出 28 个具体的返贫风险事项导致的家庭损失金额，同时还要确保这些风险事项损失后果的数据闭合率达到 100%，考虑到调查内容的复杂性与调查对象的规模及特点，这显然不具

---

① "或然率"是学者方红星、王宏在翻译COSO公布的《Enterprise Risk Management‐Integrated Framework》时用的词语，实际上是发生频率或者发生概率。

② 周陈斌.项目风险识别、评价与管控：以 A 变电站改造项目为例［D］.苏州：苏州大学，2014.

有可行性。为此，在返贫风险指标处理时采用了判断性的衡量尺度，如"非常低""比较低""一般""比较高""非常高"等定性衡量标准。为了便于统计和测量，对上述标准赋予数值，分别对应量化分数 1～5 分。此外，在返贫风险事项发生的可能性方面，由于许多返贫风险事项具有二元逻辑的特性，无论是采用发生的频率或概率，还是采用五维度矩阵都无法准确度量。如"毒品吸食"风险指标只有"吸"和"不吸"两种状态，"罹患艾滋病"风险指标只有"已患"和"未患"两种状态，"不良习俗和消费习惯"风险指标只有"有"和"没有"两种状态。因此，本研究借鉴学界的普遍做法，将风险事项发生的可能性设计为"发生＝1""没发生＝0"。

5.4.2 返贫风险指标处理过程

凉山脱贫人口的返贫风险事项属于定性描述，具有一定的主观性和不可测量性，难以直接为返贫风险的定量精确测度提供支撑，因此，需要将这些指标进一步具象化，使其具备可量化特点。下文基于全面风险管理理论对风险内涵的描述，对凉山脱贫人口的返贫风险指标逐一进行处理，为后续风险测量问卷设计及访谈提纲编撰奠定基础。

5.4.2.1 生计资本风险指标

经过上述对风险事项的推导可知，凉山脱贫人口面临的生计风险事项主要分为人力资本风险事项、资金资本风险事项、物质资本风险事项、社会资本风险事项和自然资本风险事项。

(1) 人力资本风险事项的指标处理。第一，"患病或残疾"风险事项的指标处理。在事项发生可能性方面，以"是否有家庭成员患病或残疾"来衡量，本研究将其量化为"是＝1，否＝0"；损害后果方面按照"家庭成员每年治疗疾病或照顾残疾家人的支出占家庭年收入的比例"进行衡量，比例越高，说明该指标的损害性越大。发生可能性与损害后果之间存在递进逻辑关系，即如果受访者在发生可能性方面选择"否"，则不需要继续回答损害后果；反之则继续回答。

第二，"毒品吸食"风险事项的指标处理。由于吸毒会给脱贫家庭造成巨大危害，为一票否决性事项，仅对其发生可能性进行量化处理，即如果受访者选择"是"，该家庭必然触发高返贫风险预警，不需要回答其他问题。

第三，"罹患艾滋病"风险事项的指标处理。由于艾滋病会给脱贫家庭造成巨大危害，与吸毒一样都是一票否决性事项，仅需要对其发生可能性进行量化处理，即如果受访者选择"是"，该家庭必然触发高返贫风险预警，不需要回答其他问题。

第四，"劳动力人口不足"风险事项指标处理。在事项的发生可能性方面，以"家庭中是否有充足适龄劳动人口"进行衡量，将其量化为"是＝1，否＝0"；损害后果方面则按照劳动力的收入对家庭收入的影响程度，即劳动力收入占家庭年收入的比例进行衡量，影响程度越高，说明该指标的损害性越大。发生可能性与损害后果之间存在递进逻辑关系，即如果受访者在发生可能性方面选择"否"，则意味着不存在该风险事件，不需要继续回答损害后果；反之则继续回答。

第五，"内生发展动力不足"风险事项的指标处理。在事项的发生可能性方面，为了避免出现"社会认可偏差"问题，采用"是否积极主动参加劳动技能培训、外出务工、农业生产等脱贫致富活动"来反映内生发展动力，并将其量化为"是＝1，否＝0"；损害后果方面则按照"实现收入增长对政府和社会帮助的依赖程度"，即因政府帮扶所得收入占家庭年收入的比例进行衡量，依赖程度越高，说明该指标的损害性越大。发生可能性与损害后果之间存在递进逻辑关系，即如果受访者在发生可能性方面选择"是"，则意味着不存在该风险事件，不需要继续回答损害后果；反之则继续回答。

第六，"知识技能匮乏"风险事项的指标处理。在事项的发生可能性方面，本研究设计了"是否由于缺少知识技能的劳动力而制约了收入"这个问题，并将其量化为"是＝1，否＝0"；损害后果方面则按照"知识技能匮乏对家庭收入增长产生的负面影响程度"，即用劳动力知识技能匮乏导致的经济损失占家庭年收入的比例进行衡量，影响程度越高，说明该指标的损害性越大。发生可能性与损害后果之间存在递进逻辑关系，即如果受访者在发生可能性方面选择"否"，则意味着不存在该风险事件，不需要继续回答损害后果；反之则继续回答。

（2）资金资本风险事项的指标处理。 第一，"信贷困难"风险事项的指标处理。在事项的发生可能性方面，设计了"是否存在申请小额信贷的困难"这个问题，并将其量化为"是＝1，否＝0"；在损害后果方面，用信贷成功对收入增加的影响来反推损害后果，即用因信贷成功获得的收入占家庭年收入的比重来衡量影响程度。影响程度越大，说明该指标的损害后果越严重。发生可能性与损害后果之间存在递进逻辑关系，即如果受访者在发生可能性方面选择"否"，则意味着不存在该风险事件，不需要继续回答损害后果；反之则继续回答。

第二，"就业收入不稳定"风险事项的指标处理。在事项的发生可能性方面，设计了"您的家庭中是否有外出就业稳定的务工人员"这个问题，并将其量化为"是＝1，否＝0"；在损害后果方面，用"家庭中外出务工人员的收入对家庭收入的影响"衡量，即外出务工人员收入占家庭年收入的比重。影响程度越大，说明该指标的损害后果越大。发生可能性与损害后果之间存在递进逻辑关系，即如果受访者在发生可能性方面选择"是"，则意味着不存在该风险事件，不需要继续回答损害后果；反之则继续回答。

第三，"非义务教育负担重"风险事项的指标处理。在事项的发生可能性方面，设计了"家里现在或者未来 3～5 年是否有非义务教育阶段上学子女"这个问题，并将其量化为"是＝1，否＝0"；在损害后果方面，采用"非义务教育阶段支出占家庭年总收入的比重"来衡量，比重越大，说明该指标的损害后果越严重。发生可能性与损害后果之间存在递进逻辑关系，即如果受访者在发生可能性方面选择"否"，则意味着不存在该风险事件，不需要继续回答损害后果；反之则继续回答。

第四，"多孩生育负担重"风险事项的指标处理。在事项的发生可能性方面，以"家庭中是否有三个及以上的孩子"进行衡量，并将其量化为"是＝1，否＝0"；在损害后果方面，采用"养育孩子的花费占家庭年总收入的比重"来衡量，比重越大，说明该指标的损害后果越严重。发生可能性与损害后果之间存在递进逻辑关系，即如果受访者在发生可能性方面选择"否"，则意味着不存在该风险事件，不需要继续回答损害后果；反之则继续回答。

第五，"不良习俗和消费习惯"风险事项的指标处理。在事项的发生可能性方面，以受访人结合实际情况的主观判断进行衡量，即"是否存在不良习俗和消费习惯"。并将其量化为"是＝1，否＝0"；在损害后果方面，采用"不良习俗和消费习惯导致的支出占家庭年总收入的比重"来衡量，比重越大，说明该指标的损害后果越大。发生可能性与损害后果之间存在递进逻辑关系，即如果受访者在发生可能性方面选择"否"，则意味着不存在该风险事件，不需要继续回答损害后果；反之则继续回答。

第六，"人均可支配收入少"风险事项的指标处理。在事项的发生可能性方面，以"人均可支配收入是否能够支撑经营增收致富产业或应对突发事件"进行衡量，并将其量化为"是＝1，否＝0"；在损害后果方面，采用"发展增收致富产业或应对突发事件时资金短缺程度"来衡量，程度越高，说明该指标的损害后果越大。发生可能性与损害后果之间存在递进逻辑关系，即如果受访者在发生可能性方面选择"否"，则意味着不存在该风险事件，不需要继续回答损害后果；反之则继续回答。

(3) 物质资本风险事件的指标处理。第一，"基本生活用品短缺"风险事项的指标处理。在指标的发生可能性方面，以受访人家庭"是否存在缺乏基本生活用品情况"进行衡量，并将其量化为"是＝1，否＝0"；在损害后果方面，采用"购买基本生活用品支出占家庭年总收入的比重"来衡量，比重越大，说明该指标的损害后果越严重。发生可能性与损害后果之间存在递进逻辑关系，即如果受访者在发生可能性方面选择"否"，则意味着不存在该风险事件，不需要继续回答损害后果；反之则继续回答。

第二，"住房条件差"风险事项的指标处理。在事项的发生可能性方面，以受访人"居住环境是否安全并能够满足生活的基本需求"来衡量，并将其量化为"是＝1，否＝0"；具体问题设计参考了《危险房屋鉴定标准 JGJ 123—2016》中房屋危险性鉴定的 A 级表述，即无危险构件，房屋结构能满足安全使用要求①。在损害后果方面，采用"用于维修住房的费用占家庭年总收入的比重"来衡量，比重越大，说明该指标的损害后果越严重。发生可能性与损害后果之间存在递进逻辑关系，即如果受访者在发生可能性方面选择"否"，则意味着不存在该风险事件，不需要继续回答损害后果；反之则继续回答。

第三，"交通不便"风险事项指标处理。在事项的发生可能性方面，用"居住地现有交通设施是否满足居民需求"来衡量，并将其量化为"是＝1，否＝0"；在损害后果方面，采用"交通方面的费用支出占家庭年总收入的比重"来衡量，比重越大，说明该指标的损害后果越大。发生可能性与损害后果之间存在递进逻辑关系，即如果受访者在发生可能性方面选择"否"，则意味着不存在该风险事件，不需要继续回答损害后果；反之则继续回答。

第四，"动力电不足"风险事项的指标处理。本研究选取生产性基础设施中对凉山脱贫人口生产生活影响较大的动力电为例进行指标处理。在事项的发生可能性方面，用"居住地现有电力是否满足居民需求"来衡量，并将其量化为"是＝1，否＝0"；在损害后果方面，采用"改善电力不足方面的花费支出占家庭年总收入的比重"来衡量，比重越大，说明该指标的损害后果越严重。发生可能性与损害后果之间存在递进逻辑关系，即如果受访者在发生可能性方面选择"否"，则意味着不存在该风险事件，不需要继续回答损害后果；反之则继续回答。

第五，"牲畜减少"风险事项的指标处理。在事项的发生可能性方面，用"是否存在牲畜因病或其他原因导致数量减少的情况"来衡量，并将其量化为"是＝1，否＝0"；在损害后果方面，采用"牲畜减少的收入损失对家庭收入的影响"，即由于牲畜减少造成的经济损失在家庭年收入中所占的比例来衡量。

---

① B级指个别结构构件被评定为危险构件，但不影响主体结构安全，基本能满足安全使用要求；C级指部分承重结构不能满足安全使用要求，房屋局部处于危险状态，构成局部危房；D级指承重结构已不能满足安全使用要求，房屋整体处于危险状态，构成整幢危房。

影响程度越高，说明该指标的损害后果越严重。发生可能性与损害后果之间存在递进逻辑关系，即如果受访者在发生可能性方面选择"否"，则意味着不存在该风险事件，不需要继续回答损害后果；反之则继续回答。

（4）社会资本风险事项的指标处理。第一，"集体经济发展滞后"风险事项的指标处理。当前，我国村一级的互助组织主要包括农村信用合作社、农村资金互助合作社和农村集体经济组织。相较于前两者而言，农村集体经济组织在丰富脱贫人口创收途径、提高收入及激发其内在动力等方面发挥着更重要的作用。而"村集体经济发展滞后"是凉山互助组织发展所面临的主要难题。因此，本研究将以此为例进行指标处理。在指标的发生可能性方面，用"是否加入互助组织"来衡量，并将其量化为"是＝1，否＝0"；在损害后果方面，要考虑的内容是集体经济发展滞后给脱贫人口带来的损害，其假设前提是集体经济发展带来的利益分红可以帮助脱贫人口增加收入。为了准确反映这种影响，本研究拟采用"集体经济发展给脱贫人口收入增加带来的影响程度"，即脱贫人口在集体经济中获得的收入占家庭年收入的比重来衡量，影响程度越高，说明该指标的损害后果越严重。发生可能性与损害后果之间存在递进逻辑关系，即如果受访者在发生可能性方面选择"否"，则意味着不存在该风险事件，不需要继续回答损害后果；反之则继续回答。

第二，"亲友支持缺乏"风险事项的指标处理。在事项的发生可能性方面，用"家庭遇到困难时亲友的支持是否缺乏"来衡量，并将其量化为"是＝1，否＝0"；在损害后果方面，采用"脱贫人口在解决家庭困难对亲友资助的期待和重视程度"来衡量，影响程度越高，说明该指标的损害后果越严重。发生可能性与损害后果之间存在递进逻辑关系，即如果受访者在发生可能性方面选择"否"，则意味着不存在该风险事件，不需要继续回答损害后果；反之则继续回答。

（5）自然资本风险事项的指标处理。第一，"可用水资源缺乏"风险事项指标处理。在事项的发生可能性方面，用"家庭是否经常遭遇可用水资源不足情况"来衡量，并将其量化为"是＝1，否＝0"；在损害后果方面，采用"获得足够的生产或生活用水支出的费用占家庭年收入的比重"来衡量，比重越大，说明该指标的损害后果越严重。发生可能性与损害后果之间存在递进逻辑关系，即如果受访者在发生可能性方面选择"否"，则意味着不存在该风险事件，不需要继续回答损害后果；反之则继续回答。

第二，"耕地或林地减少"风险事项的指标处理。在事项的发生可能性方面，采用"家庭拥有的耕地或林地面积是否减少"来衡量，并将其量化为"是＝1，否＝0"；在损害后果方面，采用"耕地或林地减少的损失占家庭年收入的比重"来衡量，比重越大，说明该指标的损害后果越严重。发生可能性与损害后果之间存在递进逻辑关系，即如果受访者在发生可能性方面选择"否"，则意味着不存在该风险事件，不需要继续回答损害后果；反之则继续回答。

5.4.2.2 生计环境风险指标

凉山脱贫人口的生计环境风险事项主要分为政策环境风险事项、市场环境风险指标和生态环境风险事项。对三种风险事项的指标处理过程如下。

(1) 政策环境风险事项的指标处理。凉山脱贫人口面临的政策环境风险主要体现为"政策帮扶减弱"。在事项的发生可能性方面，实际上考察的是政策帮扶减弱是否会令脱贫人口产生压力，采用受访者"是否享受政策帮扶"来衡量，并将其量化为"是＝1，否＝0"；在损害后果方面，采用"政府的政策性补贴收入占家庭年收入的比重"来衡量，比重越大，说明该指标的损害后果越严重。发生可能性与损害后果之间存在递进逻辑关系，即如果受访者在发生可能性方面选择"否"，则意味着其对政策依赖程度轻，不存在该风险事件，不需要继续回答损害后果；反之则继续回答。

(2) 市场环境风险事项的指标处理。凉山脱贫人口面临的市场环境风险主要体现为"农畜产品滞销"和"市场价格波动"。第一，"农畜产品滞销"风险事项指标处理。在指标的发生可能性方面，采用受访者"是否经常遇到农畜产品滞销"来衡量，并将其量化为"是＝1，否＝0"；在损害后果方面，采用"农畜产品滞销给家庭年收入造成的损失程度"，即由于农畜产品滞销导致的经济损失在家庭年收入中的占比来衡量，程度越高，说明该指标的损害后果越严重。发生可能性与损害后果之间存在递进逻辑关系，即如果受访者在发生可能性方面选择"否"，则意味着不存在该风险事件，不需要继续回答损害后果；反之则继续回答。

第二，"市场价格波动"风险事项的指标处理。在事项的发生可能性方面，采用"农畜产品市场价格波动是否影响受访者家庭年收入"来衡量，并将其量化为"是＝1，否＝0"；在损害后果方面，采用"由于市场价格波动导致家庭年收入损失占家庭年收入的比重"来衡量，比重越大，说明该指标的损害后果越严重。发生可能性与损害后果之间存在递进逻辑关系，即如果受访者在发生可能性方面选择"否"，则意味着市场变化对其影响很小，不存在该风险事件，不需要继续回答损害后果；反之则继续回答。

(3) 生态环境风险事项的指标处理。凉山脱贫人口面临的生态环境风险主要体现为"自然灾害频发"。在事项的发生可能性方面，采用"现居住地是否经常遭受自然灾害"来衡量，并将其量化为"是＝1，否＝0"；在损害后果方面，采用"自然灾害给家庭财产造成的损失占家庭年总收入的比重"来衡量，比重越大，说明该指标的损害后果越严重。发生可能性与损害后果之间存在递进逻辑关系，即如果受访者在发生可能性方面选择"否"，则意味着不存在该风险事件，不需要继续回答损害后果；反之则继续回答。

5.4.2.3 生计策略风险指标

凉山脱贫人口面临的生计策略风险主要由生产经营风险和迁移发展风险构成。

(1) 生产经营风险事项的指标处理。 凉山脱贫人口面临的生产经营风险主要体现为"产业经营失败"和"创收模式单一"。第一，"产业经营失败"风险事项的指标处理。在指标的发生可能性方面，采用受访者"是否经历投资或生意失败"来衡量，并将其量化为"是＝1，否＝0"；在损害后果方面，运用"投资或生意失败损失占家庭年总收入的比重"来衡量，比重越大，说明该指标的损害后果越严重。发生可能性与损害后果之间存在递进逻辑关系，即如果受访者在发生可能性方面选择"否"，则意味着不存在该风险事件，不需要继续回答损害后果；反之则继续回答。

第二，"创收模式单一"风险事项的指标处理。在事项的发生可能性方面，采用"除了务农外，家庭是否经常通过经商、外出务工、发展产业等方式获得收入"来衡量，并将其量化为"是＝1，否＝0"；在损害后果方面，采用"传统务农收入占家庭年总收入的比重"来衡量，比重越大，说明该指标的损害后果越严重。发生可能性与损害后果之间存在递进逻辑关系，即如果受访者在发生可能性方面选择"是"，则意味着不存在该风险事件，不需要继续回答损害后果；反之则继续回答。

(2) 迁移发展风险的指标处理。 对于凉山的脱贫人口而言，在迁移发展过程中涉及的返贫风险主要表现为易地搬迁后面临的后续挑战。在该事项的发生可能性方面，采用"受访者是否是易地扶贫搬迁户"来衡量，并将其量化为"是＝1，否＝0"；在损害后果方面，采用"易地扶贫搬迁后生活支出压力"，即易地扶贫搬迁后的生活支出占家庭年收入的比重来衡量，比重越大，说明该指标的损害后果越严重。发生可能性与损害后果之间存在递进逻辑关系，即如果受访者在发生可能性方面选择"否"，则意味着不存在该风险事件，不需要继续回答损害后果；反之则继续回答。

5.4.3 返贫风险指标体系

通过上述对返贫风险事项的阐释，课题组厘清了凉山脱贫人口返贫风险事项的内涵、表现及特征，借鉴 COSO 全面风险管理框架和可持续生计理论，结合凉山的实际情况，按照风险管理的要求和特点，将各种独立的风险事项形成相互联系、相互制约的有机整体，最终构建了凉山脱贫人口返贫风险指标体系。

该指标体系由"目标层—准则层—领域层—指标层"四个层级结构及各指标的计算说明、指标方向组成。其中目标层是一级指标，即"凉山脱贫人口返贫风险"；依据可持续生计理论框架和凉山脱贫人口返贫风险来源的类型，从生计资本风险、生计环境风险和生计策略风险三个维度对一级指标进行分解，构成指标体系的准则层，即二级指标；结合前面的理论探讨与实际调查，对每个二级指标进行分解，构成指标体系的领域层，共 10 个三级指标；在此基础上，根据凉山返贫风险事项的类别和发生领域，对每个三级指标再进行分解，构成指标体系的指标层，共 28 个四级指标（表 1）。需要指出的是，在运用指标体系进行风险评价时，四级指标中有两个指标属于"一票否决"，即"毒品吸食"和"罹患艾滋病"。这两个指标中的任意一个指标值为"1"，即导致极高返贫风险，为此只对这两个指标的发生可能性进行处理，无须进行损害后果测量。其余 26 个指标皆需对其进行发生可能性和损害后果两个方面的处理和测量。

表 1 凉山脱贫人口返贫风险指标体系

目标层 （一级指标）	准则层 （二级指标）	领域层 （三级指标）	序号	指标层 （四级指标）	计算说明（可能性×危害程度） 可能性："是＝1，否＝0"
凉山 脱贫人口 返贫风险 A	生计资本 风险指标 （B_1）	人力资本 风险指标 （C_1）	1	患病或残疾（D_1）	是否有家庭成员患病或残疾×（治疗疾病或照顾残疾家人支出/家庭年收入）
			2	毒品吸食（D_2）	一票否决性指标，极高风险
			3	罹患艾滋病（D_3）	一票否决性指标，极高风险
			4	劳动力人口不足 （D_4）	是否有充足适龄劳动人口×（劳动力收入/家庭年收入）
			5	内生发展动力不足 （D5）	是否主动参加脱贫致富活动×（帮扶收入/家庭年收入）
			6	知识技能匮乏（D_6）	是否具备就业技能×（技能缺乏所致损失/家庭年收入）
		资金资本 风险指标 （C_2）	7	信贷困难（D_7）	申请小额信贷是否困难×（信贷增加收入/家庭年收入）
			8	就业收入不稳定 （D_8）	是否有外出就业稳定的务工人员×（外出务工收入/家庭年收入）
			9	非义务教育负担重 （D_9）	是否有非义务教育阶段子女×（非义务教育支出/家庭年收入）

（续）

目标层 （一级指标）	准则层 （二级指标）	领域层 （三级指标）	序号	指标层 （四级指标）	计算说明（可能性×危害程度） 可能性："是=1，否=0"
凉山 脱贫人口 返贫风险 A	生计资本 风险指标 （B_1）	资金资本 风险指标 （C_2）	10	多孩生育负担重 （D_{10}）	是否有三个以上孩子×（养育支出/家庭年收入）
			11	不良习俗和消费习惯 （D_{11}）	是否存在不良习俗和消费习惯×（习俗习惯支出/家庭年收入）
			12	人均可支配收入少 （D_{12}）	人均可支配收入是否能够支撑致富产业或应对突发事件×引发资金短缺的程度
		物质资本 风险指标 （C_3）	13	基本生活用品短缺 （D_{13}）	基本生活用品是否短缺×（生活用品支出/家庭年收入）
			14	住房条件差（D_{14}）	住房是否安全×（住房支出/家庭年收入）
			15	交通不便（D_{15}）	交通设施是否可满足需求×（交通支出/家庭年收入）
			16	动力电不足 （D_{16}）	用电需求能否满足×（改善电力不足的支出/家庭年收入）
			17	牲畜减少（D_{17}）	牲畜数量是否减少×（牲畜减少造成损失/家庭年收入）
		社会资本 风险指标 （C_4）	18	集体经济发展滞后 （D_{18}）	是否加入互助组织×（加入互助组织收益/家庭年收入）
			19	亲友支持缺乏（D_{19}）	亲友支持是否缺乏×对亲友支持的期待和依赖程度
		自然资本 风险指标 （C_5）	20	可用水资源缺乏 （D_{20}）	可用水资源是否缺乏×（用水支出/家庭年收入）
			21	耕地或林地减少 （D_{21}）	耕地林地是否减少×（耕地林地减少损失/家庭年收入）
	生计环境 风险指标 （B_2）	政策环境风险指标（C_6）	22	政策帮扶减弱（D_{22}）	是否享受政策帮扶×（政策性补贴收入/家庭年收入）
		市场环境 风险指标 （C_7）	23	农畜产品滞销（D_{23}）	是否存在农畜产品滞销×（滞销的损失/家庭年收入）
			24	市场价格波动（D_{24}）	是否遭受价格波动损失×（价格波动损失/家庭年收入）
		生态环境风险指标（C_8）	25	自然灾害频发（D_{25}）	是否易遭受自然灾害×（灾害损失/家庭年收入）

（续）

目标层 （一级指标）	准则层 （二级指标）	领域层 （三级指标）	序号	指标层 （四级指标）	计算说明（可能性×危害程度） 可能性："是＝1，否＝0"
凉山 脱贫 人口 返贫风险 A	生计策略 风险指标 （B_3）	生产经营 风险指标 （C_9）	26	产业经营失败 （D_{26}）	是否经历过投资或生意失败×（投资或生意损失/家庭年收入）
			27	创收模式单一 （D_{27}）	是否有除务农外的收入来源×（务农收入/家庭年收入）
		迁移发展风 险指标（C_{10}）	28	易地搬迁后续挑战 （D_{28}）	是否属于易地搬迁人口×（易地搬迁后增加支出/家庭年收入）

来源：课题组根据研究内容制作。

注：上表中计算说明的"可比性"和"危害程度"简化了前文中对风险事项问题的描述，故不会严格对应。

5.5　本章小结

　　本章首先依据返贫风险事项的定义和凉山脱贫人口的实际状况，将 28 个返贫风险事项归纳为生计环境返贫风险、生计资本返贫风险和生计策略返贫风险，并对其内涵、调查对象和影响进行了具体阐释。

　　其次，对返贫风险事项进行了指标化处理。在风险管理理论的基础上，根据 COSO 整合框架对风险事项特性的描述，确定了"返贫风险＝返贫风险事项发生的可能性×返贫风险事项的影响"风险指标量化思路，该计算方式能够将具有主观性和不可测量性的风险事项进一步量化处理，以实现返贫风险精准定量测度的可操作性。

　　最后，根据全面风险管理理论和可持续生计理论，结合凉山的实际情况，构建了凉山脱贫人口返贫风险指标体系。这一体系以"目标层—准则层—领域层—指标层"为框架，不仅包含凉山脱贫人口返贫风险的四级指标，也阐述并归纳了各指标的计算方式及指标方向，在对指标方向进行统一后，该体系能够为后续研究设计返贫风险调查问卷、访谈提纲提供科学的参考和指引，并为构建和优化凉山脱贫人口返贫风险预警模型提供坚实的理论基础和依据。

6 凉山脱贫人口返贫风险
预警模型的构建

本章围绕返贫风险事项和返贫风险指标体系设计凉山脱贫人口返贫风险调查问卷和凉山脱贫人口返贫风险访谈提纲，然后采取多级整群抽样方法，随机抽取凉山 17 个县（市）的脱贫农户进行调查。在此基础上，分别运用神经网络模型和因子分析法构建基于 BP 神经网络与因子分析法融合的返贫风险集成预警模型，并用调查采集到的农户样本数据对模型进行实证研究，将模型的预警结果与政府返贫监测对象认定结果进行比对分析，以验证模型的科学性和合理性。

6.1　问卷设计与调查实施

6.1.1　问卷设计

为了提高调查问卷的质量，本课题遵循严谨的问卷设计程序。在问卷设计前，课题组查阅了大量相关文献资料，对前期理论研究和实地访谈调研获得的凉山典型返贫案例、返贫风险事项和反贫工作经验进行总结、归纳和普适性分析，对调查目的、调查内容和调查对象有了清晰准确的把握和认知。在此基础上，根据第 5 章凉山脱贫人口返贫风险指标体系的框架和内容，结合返贫风险的指标处理思路和"返贫风险＝返贫风险事项发生的可能性×返贫风险事项的影响"指标量化方法，设计完成了问卷初稿。

随后，课题组在凉山州盐源县、普格县、喜德县分别投放调查问卷 30 份共计 90 份问卷，进行小样本测试，主要考量问卷的结构内容是否完整科学，题目是否容易理解，填写是否容易出现偏差等问题。结果发现问卷初稿存在三个问题：一是有的题目语言描述较为学术化、专业化，难以被农户理解，容易出现理解偏差；二是部分农户对国家通用语言文字不熟悉，问卷阅读和填写存在困难，有效问卷回收率较低；三是问卷题目数量偏多，影响了调查对象回答题目的意愿和态度，致使收集到的数据质量不高。为此，课题组根据填写者的反馈和专家意见，对问卷题目的语言表达进行了修改，使之更通俗易懂、简单明了和口语化，以符合当地农户交谈的习惯；同时，适当精简了问卷题目数量，以尽量减少问卷填写者的厌倦心理，提高其回答问卷的积极性；针对问卷填写中部分彝族农户遇到的语言问题，课题组专门翻译制作了彝文版本的问卷，并在问卷填写中为相关农户配备翻译辅导人员。由此，最终形成了"凉山脱贫人口返贫风险调查问卷"终稿，包括通用语言文字和彝文两个版本。

6.1.2　调查区域与样本选择

6.1.2.1　调查区域选择

调查区域的选择对研究结果的代表性和准确性有较大影响，因此在问卷调查之前首先需要确定问卷发放区域。通常情况下，问卷发放区域的选择有两种常见的标准。一是地理概念，即以一个具有某种特征的特定地理位置或地理范围为标准；二是行政区划，即以国家各级行政区域的划分为标准。为了确保调查对象的典型性与代表性，同时增强课题研究的针对性、可行性和实效性，本课题以行政区划为标准，选择凉山彝族自治州作为问卷发放区域，研究脱贫人口返贫风险的识别、预警与防范问题。

在问卷发放对象选取方面，主要选取已经脱贫或虽然返贫但曾经有过脱贫经历的人员。在具体操作过程中，问卷发放区域是覆盖全州 17 个县市和 2 072 个贫困村，还是选择部分区域进行抽样调查，则需要结合宏观贫困片区划分和微观贫困村分布两个层面来进行分析。

从宏观贫困片区划分来看，主要有两种分类。一是按国家连片特困地区划分。2012 年国务院扶贫办按照"集中连片、突出重点、全国统筹、区划完整"的原则，将凉山彝族自治州的普格、布拖、金阳、昭觉、喜德、越西、美姑、雷波八县划入连片特困地区①。二是按深度贫困县划分。2018 年国务院扶贫办公布的全国 334 个深度贫困县中，凉山彝族自治州的木里、盐源、普格、布拖、金阳、昭觉、喜德、越西、甘洛、美姑、雷波 11 个县位列其中。两种贫困片区划分的贫困区域虽然稍有差异，但可以看出凉山彝族自治州绝大多数县（市）属于贫困人口比较集中的地区。

从微观贫困村分布来看，2013 年凉山彝族自治州 17 个县（市）均有贫困村，这些贫困村既有连片分布，也有零散分布，共 2 072 个。其中，美姑县贫困村最多，为 272 个；甘洛县贫困村 208 个；越西县贫困村 208 个；昭觉县贫

---

① 扶贫办关于公布全国连片特困地区分县名单的说明［EB/OL］．［2012-6-14］．http：//www.gov.cn/gzdt/2012-06/14/content_2161045.htm.

困村 191 个；雷波县贫困村 171 个；布拖县贫困村 163 个；金阳县贫困村 150 个；喜德县贫困村 136 个；盐源县贫困村 122 个；普格县贫困村 103 个；木里县贫困村 97 个；会理市贫困村 58 个；西昌市贫困村 47 个；冕宁县贫困村 41 个；会东县贫困村 37 个；宁南县贫困村 36 个；德昌县贫困村 32 个[①]。可见，微观贫困村的分布数量与连片特困地区或者深度贫困县的划定趋势大体一致，以村为调查单位，能够保证调查的深入性、完整性和系统性。

此外，由于本课题的研究对象是凉山的脱贫人口，需要对脱贫人口的脱贫进度、脱贫稳定性和可持续性进行调查，因此课题组对凉山彝族自治州各县（市）的贫困村退出进度进行了分析（图 1）。

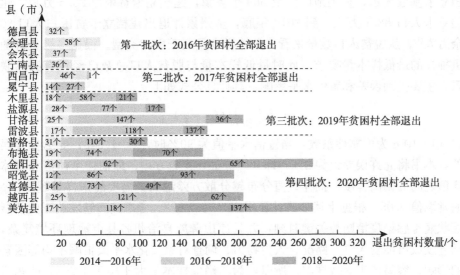

图 1 凉山彝族自治州贫困村退出进度

数据来源：凉山州乡村振兴局。

从图 1 可以看出，2014—2020 年，凉山彝族自治州 17 个县（市）先后分四个批次实现了现行标准下贫困村全部退出，贫困县全部摘帽消除了区域性整体贫困。第一批次是安宁河流域的德昌、会理、会东和宁南四个县，2016 年率先实现了 163 个贫困村全部脱贫；第二批次是西昌市、冕宁县，2017 年实现了 88 个贫困村全部脱贫；第三批次是木里、盐源、甘洛和雷波四个县，2019 年实现了 699 个贫困村全部脱贫；第四个批次是普格、布拖、金阳、昭觉、喜德、越西和美姑七个县，2020 年实现了 1 291 个贫困村全部脱贫。

---

① 数据来源：凉山州乡村振兴局。

综上所述，基于宏观贫困片区划分和微观贫困村的分布状况，考虑到不同批次、不同区域脱贫人口面临的返贫风险因素、类型及特征各有不同，为了确保调查样本结构的合理性和全面性，本课题最终确定以凉山彝族自治州整体行政区划为问卷调查区域。在调查对象的选择方面，采取多级整群随机抽样问卷方法，选择 17 个县（市）作为一级抽样群，然后从每个县（市）抽取 2～3 个乡镇作为二级抽样群，再从每个乡镇抽取 3～6 个贫困村（或已脱贫村）的脱贫人口作为调查对象。

6.1.2.2　调查样本数量

脱贫人口的前身是建档立卡贫困人口，根据凉山彝族自治州 2013 年底建档立卡基数显示，贫困地区涉及 569 个乡镇，建档立卡贫困户 20.5 万户，建档立卡人口 88.1 万人，到 2019 年底，全州累计退出建档立卡贫困户人口 80 余万人①。从脱贫人口数量来看，总体样本量属于极大类型。根据多级整群随机抽样的最低样本量要求，此时最低样本量与脱贫人口总数已经没有必然联系，主要受到误差和置信水平影响，其计算公式如下

$$n \geqslant \left(\frac{k}{\partial}\right)^2 p(1-p) \tag{1}$$

式（1）中 k 为可靠性系数，当置信水平值为 90% 时，$k = 1.645$；∂ 为抽样误差，本书将允许误差设为 2%，即 $\partial = 0.02$；p 为方差，即抽样个体值和整体均值之间的偏离程度，抽样数值分布越分散方差越大，需要的采样量越多。p 通常取值 0.05。根据上述公式计算得出，$n \geqslant 1\,692$。考虑到问卷发放正值新型冠状病毒感染疫情防控关键时刻，并且凉山彝族自治州各县市地理环境复杂，问卷发放可能受天气、路况、人力物力、调查对象文化水平或忙暇不均等因素的影响，容易产生无效样本。所以，为了确保样本量大于等于 1 692，课题组最终决定发放问卷 2 550 份。

6.1.2.3　多级整群抽样

非概率抽样方法和概率抽样方法是大规模抽样调查中经常采用的两种方法。所谓非概率抽样方法并不是以大数定律为基础，而是强调调查者采取主观判断标准的方式抽取样本，这种抽样方法实施简便、成本较低，缺点是样本选择主观性强，不但无法精确计算抽样误差，更难以证明样本统计值是否及多大程度上代表总体。鉴于此，本研究选定了概率抽样方法。在概率抽样中，简单随机抽样和多级整群抽样是较为常用的方法。其中简单随机抽样应用的一个重要前提是要了解并获取抽样总体的全部个体成员信息。换言之，课题研

---

① 数据来源：凉山彝族自治州统计局。

究要使用这种抽样法必须获取凉山彝族自治州 17 个县（市）退出建档立卡贫困户人口的全部样本信息。然而，课题组通过与政府部门的深入沟通和实地调研，了解到全州退出建档立卡贫困户人口的样本信息是一个动态复杂信息，在实现全面稳定脱贫目标前，农村人口的致贫、脱贫、返贫或再脱贫等状况时有发生，建档立卡贫困户与脱贫人口的样本信息是不断变化的，要全面、精确获取 17 个县（市）2 072 个贫困村的脱贫人口样本难度较高、可操作性不强。

为了解决这一难题，课题组采用了多级整群抽样方法。该方法按一定标准将研究总体分成若干个群，作为一级抽样单位。然后，再把一级抽样单位分成若干个子群，作为二级抽样单位，以此类推，在各级单位中按照随机原则，只要该群被选中，则该群中所有组成个体都被纳入调查的子样本中。换言之，多级整群抽样按照相关的分层变量对抽样单位进行分类、分层，然后在每类、层中选取一定数量的单位，再以抽样单位的整体成员作为研究所需子样本。当然，如此抽样虽无须获得子样本精确的抽样总体信息，但容易引起样本精准度降低的风险，所以在现实的抽样中应尽可能多地选取群[①]。

综上所述，课题组设计了凉山脱贫人口样本的多级整群抽样办法。首先，选择凉山彝族自治州下辖的 17 个县（市）作为一级抽样群，并拟在单个样本县（市）发放 150 份问卷，合计 2 550 份问卷，以保证最低样本量要求；其次，从每个县（市）中随机抽取 2～3 个乡镇作为二级抽样群；最后，随机抽取每个乡镇的 3～6 个贫困村或已脱贫村的脱贫人口发放问卷。具体问卷调查的样本村分布状况如图 2 所示。

6.1.2.4 样本基本情况

在凉山彝族自治州政府办公室、各县市人民政府和各乡镇村委会的大力协助下，课题组成立了三个调研小组，于 2019—2020 年，先后四次前往凉山彝族自治州对 17 个县（市）76 个行政村进行问卷调研。发放问卷 2 550 份，回收问卷 2 367 份，回收率 92.82%，其中，有效问卷 1 979 份，总体有效率 77.61%（表 1）。

根据样本量计算公式可知，本次最低样本量应为 1 692 份，凉山州 17 个县（市）平均最低样本量应为 99 份。课题组实际获得有效问卷 1 979 份，超过样本发放最低值，符合样本量要求。17 个县（市）平均样本量为 116 份，最低样本量为 100 份，超过 99 份。因此，本课题的有效样本总量符合要求，涉及覆盖面合理，能够较好地反映凉山脱贫人口的返贫风险现状。

---

① 巴比. 社会研究方法（第十一版）[M]. 邱泽奇，译. 北京：华夏出版社，2009：209 - 211.

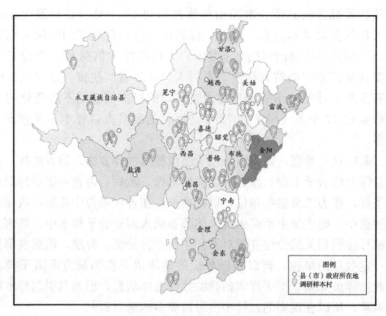

图2　课题问卷调查的样本村分布情况

来源：课题组根据相关资料绘制。

表1　问卷调查样本统计与分布

单位：份

县（市）	样本村	发放数量	回收数量	无效数量	有效数量
西昌市	杉树村、麻棚村、字库村、麻塘村、核桃村	150	138	24	114
会理市	石可莫村、回龙村、梅子村	150	143	20	123
木里县	日布佐村、米哑村、呷古村、麻窝村、田镇村	150	145	37	108
盐源县	狐狸洞村、核桃坪村、泡木林村	150	148	11	137
德昌县	老礁村、可郎村、响地村、纸房村	150	147	8	139
会东县	老旺山村、井山村、大坪子村、何家山村、大火地村	150	143	12	131
宁南县	红梁村、顺河村、幸福村	150	131	30	101
普格县	大槽村、特口村、觉甘史村、雨水村、甘拉村	150	139	28	111
布拖县	亚河村、补基村、石咀村、老鸠规村、嘿门子村	150	136	29	107
金阳县	红联中心村、天地坪村、金星村、丙底洛村	150	128	25	103
昭觉县	庆恒村、拉一木村、瓦古村、解放村、阿硕洛租村	150	132	29	103
喜德县	桌古村、甘哈觉莫村	150	146	28	118

（续）

县（市）	样本村	发放数量	回收数量	无效数量	有效数量
冕宁县	全阁村、经营村、坪坝村、红专村、三联村	150	144	22	122
越西县	布什觉村、洛木村、如宝村、克里村、保石村	150	135	28	107
甘洛县	呷洛村、热哈村、波波村、瓦姑录村、新茶村、阿兹觉村	150	142	9	133
美姑县	腾地村、碾碾村、阿卓瓦乌村、牛牛坝村、合姑洛村	150	133	21	112
雷波县	卡哈洛村、岩湾村、南塘村、山脚村、大杉坪村、铜厂沟村	150	137	27	110

来源：课题组根据研究内容制作。

6.1.3 数据质量检验

问卷调查结束后，课题组对数据基本特征、信度及效度进行分析，检验回收数据质量，以确保调查数据的完整性、准确性。

6.1.3.1 数据基本特征分析

课题组收集数据的基本特征主要包括脱贫状态类型、居住地分布、农户类型及家庭户主受教育程度等。通过对回收问卷数据的整理，分析调查对象的整体特征，发现以下特征。

在脱贫状态类型方面，本次调研的 1 979 个有效样本中，包括 11 个国家级深度贫困县脱贫户 1 234 户，占比 62.35%；其他县（市）脱贫户 745 户，占比 37.65%。有 22 户为曾经脱贫后来又返贫的返贫户，其余均为现行标准下的脱贫户。脱贫户中，政府认定的稳定脱贫户有 1 786 户，占比 90.25%；脱贫监测户（易返贫户）171 户，占比 8.64%（图 3）。

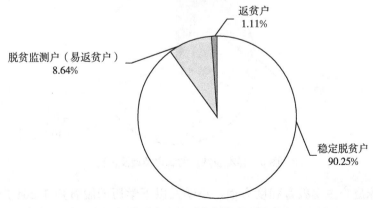

图 3　样本脱贫户的脱贫状态类型及占比

在居住地分布方面，居住地在高山区（海拔 2 500 米以上的地带）的脱贫户 287 户，占比 14.50%；居住在二半山区（海拔 1 500~2 500 米介于高山区和河谷平坝区之间的地带）的脱贫户 1 566 户，占比 79.13%；居住在河谷平坝区（海拔 1 400 米以下分布在河谷周边的平缓地带）的脱贫户 126 户，占比 6.37%（图 4）。

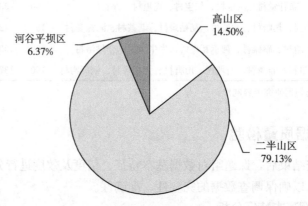

图 4　样本脱贫户的居住地分布及占比

在农户类型方面，纯农户（几乎所有劳动时间用来务农）脱贫户 604 户，占比 30.52%；一兼农户（一半以上的劳动时间用来务农）脱贫户 754 户，占比 38.10%；二兼农户（一半以上的劳动时间用来务工或经商）脱贫户486 户，占比 24.56%；非农户脱贫户（几乎所有劳动时间用来务工或经商）135 户，占比 6.82%（图 5）。

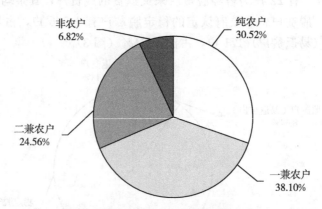

图 5　样本脱贫户的农户类型及占比

在家庭户主受教育程度方面，小学及以下学历的脱贫户 1 264 户，占比 63.87%；初中学历的脱贫户 537 户，占比 27.13%；高中学历的脱贫户

143 户，占比 7.23%；大专及以上学历的脱贫户 35 户，占比 1.77%（图 6）。

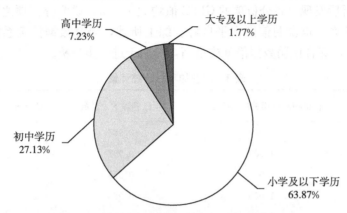

图 6 样本脱贫户家庭户主受教育程度及占比

综上所述，从数据基本特征来看，本次调研样本整体结构合理、层次分明、类型丰富，符合凉山脱贫人口的基本状况，具有很好的代表性和典型性，可以准确地作为凉山脱贫人口返贫风险研究的理论分析依据。

6.1.3.2 信度分析

信度指的是测量结果的可靠性、一致性和稳定性。换言之，测验结果是否反映了被测者稳定、一贯的真实特征。另外，信度也被解读为问卷各个条目之间是否具有良好的相关性。信度检验一般采用内部一致性系数，即克朗巴哈系数 α 来判断，其一般判断标准如表 2 所示[1]。

表 2 信度系数判断标准

α 范围	层面	结果
$\alpha < 0.5$	信度极低	非常不理想，舍弃不用
$0.5 \leqslant \alpha < 0.6$	信度较低	重新编制或修订
$0.6 \leqslant \alpha < 0.7$	信度一般	勉强接受，最好增加题项
$0.7 \leqslant \alpha < 0.8$	信度较高（佳）	可以接受
$0.8 \leqslant \alpha < 0.9$	信度很高（甚佳，理想）	可以接受
$\alpha \geqslant 0.9$	信度非常高（非常理想）	可以接受

来源：课题组根据研究内容制作。

采用 SPSS 对本次问卷信度进行分析，信度系数 α 值为 0.988，大于 0.9，

---

① 吴明隆. 问卷统计分析实务：SPSS 的操作与应用 [M]. 重庆：重庆大学出版社，2010：244.

基于表3可知，课题问卷收集的研究数据信度质量很高。在对分析项的 CITC 值进行分析后发现，各分析项的 CITC 值均大于 0.4，说明分析项之间具有良好的相关关系，也说明信度水平良好。综上所述，研究数据信度系数值高于 0.9（表3），综合说明数据信度质量高，可用于进一步分析。

表3　问卷的项总计统计量

分析项	校正项总计相关性（CITC）	项已删除的 α 系数	Cronbach's α 系数
指标 1	1.000	0.987	
指标 2	1.000	0.987	
指标 3	0.999	0.988	
指标 4	1.000	0.988	
指标 5	0.999	0.988	
指标 6	1.000	0.987	
指标 7	1.000	0.987	
指标 8	1.000	0.987	
指标 9	1.000	0.987	
指标 10	1.000	0.988	
指标 11	0.999	0.988	
指标 12	0.998	0.989	
指标 13	0.999	0.988	0.989
指标 14	0.999	0.988	
指标 15	0.999	0.988	
指标 16	1.000	0.987	
指标 17	1.000	0.987	
指标 18	0.999	0.988	
指标 19	0.999	0.988	
指标 20	1.000	0.987	
指标 21	1.000	0.987	
指标 22	1.000	0.987	
指标 23	0.999	0.988	
指标 24	0.999	0.988	
指标 25	1.000	0.987	
指标 26	1.000	0.988	

来源：课题组根据研究内容制作。

6.1.3.3 效度分析

效度（validity）即有效性，是指测量工具或手段能够准确测出所需测量的事物的程度。效度也指测量到的结果反映想要考察内容的程度，测量结果与要考察的内容越吻合，则效度越高；反之，则效度越低[①]。一般情况下，效度分为内容效度和结构效度。

内容效度是指设计的测验项目与所测变量维度的适合性和逻辑相符性。如前所述，为了设计系统严谨的返贫风险指标体系，本课题首先构建了"环境—资本—策略"分析框架，以此为理论指导分析出 3 个一级返贫风险事项、10 个二级返贫风险事项、24 个三级返贫风险事项；然后运用头脑风暴法补充了 7 个返贫风险事项；接着基于对凉山彝族自治州 11 个县（市）23 个贫困村的实地调研删除了 3 个不相关的风险事项；最后根据专家咨询讨论确定了凉山脱贫人口返贫风险事项清单。理论与实践相互印证，使问卷具有较好的内容效度。

结构效度是指测验项目所测变量的能力，一般通过探索性因素分析来证明量表的结构有效性。在进行结构效度检验之前，通常要进行样本充足性检测。根据 KMO 指标值判断标准（表 4）可知，KMO 值越大，各变量间的共同因素越多，数据就越适合做因素分析[②]。

表 4　KMO 指标值判断标准

KMO 统计量值	判断说明	因素分析适切性
0.90 以上	极适合进行因素分析	极佳的
0.80 以上	适合进行因素分析	良好的
0.70 以上	尚可进行因素分析	适中的
0.60 以上	勉强可进行因素分析	普通的
0.50 以上	不适合进行因素分析	欠佳的
0.50 以下	非常不适合进行因素分析	无法接受的

来源：课题组根据研究内容制作。

运用 SPSS 软件对脱贫农户样本进行数据效度检验，评价指标的 KMO 值为 0.993，并且显著性概率值为 0.000，小于 0.05 的显著水平（表 5），表示总体相关矩阵之间有共同因素存在，所以选择的分析指标具有较强的相关性。

---

① 张楚舒. 基于我国政府信息公开的政府公信力影响因素研究 [D]. 武汉：华中师范大学，2016.

② 吴明隆. 问卷统计分析实务：SPSS 的操作与应用 [M]. 重庆：重庆大学出版社，2010：208.

表 5　KMO 和 Bartlett 的检验

取样足够度的 Kaiser‑Meyer‑Olkin 度量		0.993
Bartlett 的球形度检验	近似卡方	383 555.254
	df	325
	Sig.	0.000

来源：课题组根据研究内容制作。

6.2　研究方法基本原理及简介

本部分将基于前述工作构建凉山脱贫人口返贫风险预警模型。

目前在风险预警方面常见的方法与模型包括模糊综合评价①、层次分析②、专家打分③、灰色关联分析④、因子分析法⑤及神经网络⑥等。从现有文献来看，已有研究以单一的预警模型为主，在预警准确度和稳定度方面均有一定的提升空间。为此，本研究课题试图把神经网络和因子分析法这两种单一预警模型进行融合，构建一种新的风险集成预警模型，以期在凉山脱贫人口返贫风险预警中能够取得更好的效果。本部分将对神经网络和因子分析法的基本原理及应用进行简单介绍，以便以此为基础构建基于神经网络与因子分析法融合的返贫风险集成预警模型。

6.2.1　神经网络的基本原理及应用

6.2.1.1　神经网络的基本原理

神经网络，又称为人工神经网络（Artificial Neural Network，ANN）。其现实参照是生物神经系统原理。生物神经系统的基本结构是神经细胞，即所谓的生物神经元或神经元。细胞体、轴突和树突是神经元的三个组成部分（图 7）。

---

① 李翠平，侯茜，秦洁璇. 矿冶企业生产事故安全预警技术研究 [M]. 北京：冶金工业出版社，2015：112.

② 寿晖. 宏观审慎监管下我国银行业系统性风险测度研究 [M]. 南昌：江西高校出版社，2017：103.

③ 聂晓愚. 石油涉外企业社会风险预警管理理论及实证研究 [M]. 沈阳：东北大学出版社，2016：107.

④ 陆莹. 地铁施工安全风险自动识别与预警 [M]. 南京：东南大学出版社，2017：98.

⑤ 刘志祥. 中国上市公司财务预警模型的构建与应用研究 [M]. 北京：中国商务出版社，2016：118.

⑥ 孙建平. 城市安全风险防控概论 [M]. 上海：同济大学出版社，2018：96.

轴突大多和其他神经元的树突形成突触，所以不同神经元之间由突触连接在一起。在生物学上，人类大脑是由神经元构成的复杂神经网络。树突由于电化学作用接受外界的刺激，通过胞体内的活动体现为轴突电位，当轴突电位达到一定值则形成神经脉冲或动作电位，再通过轴突末梢传递给其他神经元[①]。简而言之，在外部多元刺激下，人类大脑中神经元细胞的树突在神经元细胞体内发生作用，最后会转化为一个输出结果。由此可见，神经元的作用活动是一个多输入单输出、非线性系统的动态过程。

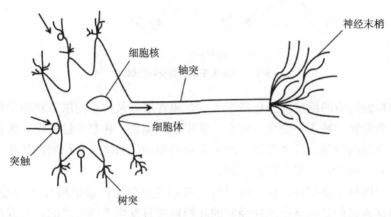

图 7　生物神经元系统

来源：课题组根据相关资料绘制。

在模仿生物神经网络行为特征的基础上，人们发明了一种本质为运算模型、由大量节点（或称神经元）构建的人工神经网络。每个节点象征着一种特定的输出函数，学者将其称为激励函数（activation function）。节点间的连接象征着信号的加权值，又称权重。激励函数、权重值不同，意味着网络连接方式不尽相同，网络的输出结果会有所差异。神经网络的作用机理如图 8 所示。其中，X 代表神经元输入信号，类似于树突接收的多元外部刺激；W 代表权重，权重值不同意味着输入 X 的刺激强度就不同；Y 是输出信号。若想对神经网络的工作机理形成系统的认识并将其应用至返贫风险预警模型中，就要对其连接模式、激活函数、学习训练三个方面进行深入研究。

（1）神经网络的连接模式。作为一个庞大、复杂且互相关联的系统，神经网络不同单元间的互联模式会影响该网络的性质和功能。按照网络内部数据的流向，可将连接模式分为两种网络类型，一是前馈型网络，二是反馈型网络。

---

① 冯江平．广告心理学［M］．上海：华东师范大学出版社，2012：136.

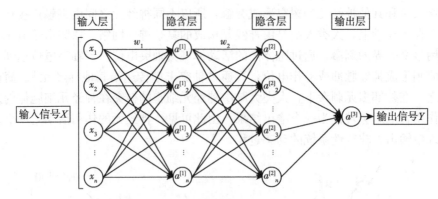

图 8　神经网络工作机理
来源：课题组根据相关资料绘制。

前馈型神经网络的组成部分包括输入层、隐含层（又称中间层）和输出层。数据信号会沿循"输入—隐含—输出"顺序依次流动。在整个过程中，数据信号不存在反馈的回路。反馈型神经网络与前馈型神经网络具有相同的构成，只是数据信号在网络各层都有信息反馈。

按照网络连接拓扑结构，可以将连接模式分为层次型结构和互联型结构。层次型结构指的是网络中的神经元的互相连接只发生于同层之间；互联型结构是指整个网络中不同层的神经元之间可以互相连接，连接密度不同导致出现稀疏互联、局部互联和全部互联三种形态。除此之外，还有按照性能区分的连续型和离散型网络，按照连接突触性质区分的一阶线性关联网络和高阶非线性关联网络。

（2）神经网络的激活函数。在神经网络中，除了网络结构外，激活函数也是影响网络解决能力的重要因素。激活函数类型多样，对学者而言，如何选择恰当的激活函数以解决实际问题至关重要。激活函数是指上层节点的输出和下层节点的输入之间的函数关系（图9），包括四种形式。一是阈值函数。此函数采用人工神经元模型，该模型又被称为 MP 模型。模型中神经元的输出值 1 代表神经元的兴奋，0 代表神经元的抑制。二是线性函数。在面临复杂网络时，该函数会在很大程度上降低网络收敛性，故较少学者采用此函数。三是对数 S 形函数。该函数应用最为广泛，要求输出值介于 0～1。四是双曲正切 S 形函数，其输出值介于 -1～1。

（3）神经网络的学习训练。神经网络系统具有学习能力，其学习训练过程可以被描述为：在选择网络模型和激活函数后，将数据输入模型中得到输出结果，然后在计算实际输出结果和期望输出结果之间误差的基础上反复自动修正

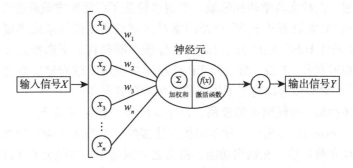

图 9 神经网络中的激活函数
来源：课题组根据相关资料绘制。

函数权值，最后找到最合适模型。可见，神经网络的学习规则实际上是修正权值的一种算法。

神经网络的学习训练有三种形式。第一种是有监督或称有导师的学习，这种方式要求有预先给定的样本标准，然后根据样本标准进行分类模仿；第二种是无监督学习，或称无导师学习，这种方式虽然没有预先给定样本标准，但它会预先规定学习方式或规则，系统据此自动发现环境特征和规律性，具有更近似于人脑的功能；第三种是 Hebb 型规则，即利用神经元之间的活化值（激活值）来反映它们之间连接性的变化，来修正其权值等。

6.2.1.2 神经网络的应用

随着研究不断深入，神经网络数量逐渐增多，不同类型的神经网络被应用于各个领域。限于篇幅原因，这里举例介绍当前应用较为广泛的 BP 神经网络、Hopfield 神经网络和 GRNN 神经网络。

（1）BP 神经网络的应用。 鲁梅尔哈特（Rumelhart）和麦克利兰（McCelland）在 1986 年提出的 BP 神经网络是一种按误差逆传播算法训练的多层前馈网络，应用最为广泛。BP 神经网络由一个输入层、数个隐含层（可以是一层，也可以是多层）及一个输出层构成。不同层的神经元之间全连接，相同层神经元之间不相互连接。主要特点是信号传递方向为前，出现误差后它会反向传递，依据预测误差调整网络权值和阈值，从而使 BP 神经网络预测输出不断接近期望输出。

BP 神经网络应用极为广泛。在自然科学研究方面，安慧等基于 BP 神经网络对淮河流域水生态足迹进行了分析与预测[①]；姚璐峤等将此网络应用于氢

---

① 安慧，范历娟，吴海林，等．基于 BP 神经网络的淮河流域水生态足迹分析与预测 [J]．长江流域资源与环境，2021，30（5）：1076－1087.

气泄漏检测。在社会科学研究领域，李丽珍构建了广泛地方政府隐性债务风险预警系统[1]；蒙大斌等基于 BP 神经网络对区域科研诚信体系成熟度进行了评价[2]；俞立平基于 BP 人工神经网络实证分析了回归盲点下高校人文社科研究效率的影响因素[3]；王薇、曹亚将 BP 神经网络应用于政府突发事件应急管理能力评估[4]；梁华伟等则构建了体育赛事风险预警模型[5]。

（2）Hopfield 神经网络的应用。 Hopfield 神经网络又称 HNN，是由霍普菲尔德（Hopfield）提出的一种单层相互连接的反馈型人工神经网络。网络中的每个神经元兼具输入和输出功能。换言之，网络中的神经元在 t 时刻的输出状态实际上间接地与自己 $t-1$ 时刻的输出状态有关。Hopfield 神经网络分为离散型和连续型两种。离散型适用于联想记忆，较多应用于对上市公司的财务困境预警[6]、研究中心综合实力评价[7]、项目风险分析[8]等方面；连续型则在处理优化问题方面比较有效，多应用于输气干线优化[9]、设备布置问题[10]、路由选择算法[11]等。

（3）GRNN 神经网络的应用。 广义回归神经网络简称 GRNN 神经网络，是径向基神经网络形式之一。该神经网络的学习速度快、非线性映射能力强。由于其整个训练学习十分依赖于客观数据，为此，GRNN 神经网络一方面可

① 李丽珍．地方政府或有隐性债务风险预警系统构建与应用研究：基于 BP 神经网络分析法 [J]．财经论丛，2021（3）：14-25.

② 蒙大斌，张立毅，刘小军．区域科研诚信体系成熟度评价模型研究：基于 BP 神经网络方法 [J]．科技进步与对策，2019，36（21）：118-124.

③ 俞立平．回归盲点下高校人文社科研究效率影响因素研究：基于 BP 人工神经网络的分析 [J]．软科学，2021，35（11）：130-137.

④ 王薇，曹亚．基于 BP 神经网络的政府突发事件应急管理能力评价 [J]．科技管理研究，2018，38（19）：75-81.

⑤ 梁华伟，原颜东，薛红卫．基于 BP 神经网络的体育赛事风险预警模型 [J]．统计与决策，2018，34（16）：85-88.

⑥ 杨旸，林辉．基于离散 Hopfield 网络的上市公司财务困境预警研究 [J]．华东经济管理，2016，30（12）：156-162.

⑦ 李瑾，刘丽红．基于离散 Hopfield 神经网络的我国农口国家工程技术研究中心综合实力评价研究 [J]．科技管理研究，2015，35（23）：54-58.

⑧ 宋涛，唐德善，曲炜．基于离散型 Hopfield 神经网络的项目风险分析模型 [J]．统计与决策，2005（6）：24-26.

⑨ 周昊，段善宁，周宁，等．基于连续型 Hopfield 神经网络输气干线优化 [J]．石油机械，2011，39（11）：20-23.

⑩ 徐斌，张国基．连续型 Hopfield 神经网络求解设备布置问题 [J]．华南理工大学学报（自然科学版），2001（9）：9-12.

⑪ 马传水，阮传概．基于连续型 Hopfield 神经网络的路由选择算法 [J]．北京邮电大学学报，1998（3）：67-71.

以在处理不稳定数据时保持较好的预测效果，另一方面在避免出现主观假定影响预测结果方面表现不俗。目前，GRNN 神经网络在自然科学领域应用极为广泛，如复泵故障诊断①、光伏发电功率预测②、煤矿井下定位③、刀具寿命预测④、地方财政收入预测⑤、人脸识别算法⑥、矿区地表变形预测⑦、生态足迹影响因素预测⑧等。与此同时，也有部分学者开始将其应用至社会科学领域，如地铁疏散预警⑨。

　　课题组对上述三种神经网络进行比较后发现，BP 神经网络相较于其他两种神经网络而言具有以下优势：首先，BP 神经网络的相关研究相对成熟，且应用于社会科学领域中的相关成果较为丰富，能够为本课题提供较为夯实的理论基础。其次，已有理论研究和相关应用实践表明，相较于另外两种神经网络，BP 神经网络算法的运用更能提高效率，运行相对简单便捷。最后，在操作可行性方面，MATLAB 中的工具箱可以为 BP 神经网络的运行提供良好的操作平台，更具可行性。综上所述，本课题选取神经网络中的 BP 神经网络与因子分析法相结合，进而构建凉山脱贫人口返贫风险的集成预警模型。

6.2.2　因子分析法的基本原理及应用

6.2.2.1　因子分析法的基本原理

　　因子分析法是实证研究中普遍使用的一种研究方法。一般来说，实证研究往往会遇到将定性表达的关系进行定量化描述的问题，这时就需要采集丰富的

　　① 别锋锋，都腾飞，庞明军，等.基于 ICEEMDAN - GRNN 神经网络的往复泵故障诊断方法研究 [J].机械设计与制造，2021（3）：127 - 131.

　　② 姚宏民，杜欣慧，秦文萍.基于密度峰值聚类及 GRNN 神经网络的光伏发电功率预测方法 [J].太阳能学报，2020，41（9）：184 - 190.

　　③ 史明泉，崔丽珍，赫佳星.基于 PSO - GRNN 神经网络的煤矿井下定位算法研究 [J].中国矿业，2020，29（2）：88 - 93.

　　④ 李浩平，欧阳俊，谢雪媛.基于 AGA - GRNN 神经网络的刀具寿命预测研究 [J].三峡大学学报（自然科学版），2018，40（6）：84 - 87.

　　⑤ 蒋锋，张婷，周琰玲.基于 Lasso - GRNN 神经网络模型的地方财政收入预测 [J].统计与决策，2018，34（19）：91 - 94.

　　⑥ 简毅，卢峥，蒲永材，等.基于遗传优化 GRNN 神经网络的人脸识别算法 [J].兵器装备工程学报，2018，39（2）：131 - 135.

　　⑦ 高彩云，崔希民，高宁，等.GRNN 神经网络在矿区地表变形预测中的应用 [J].金属矿山，2014（3）：97 - 100.

　　⑧ 金新，唐德善，陈丽夫.基于 GRNN 神经网络的生态足迹影响因素预测 [J].水电能源科学，2014，32（5）：137 - 139.

　　⑨ 马成正，姜秋耘.基于 GRNN 神经网络的地铁疏散预警及对策研究 [J].都市快轨交通，2016，29（3）：37 - 41.

信息，并从中提炼出大量不同类型的变量数据。然而如果使用的变量类型和数量太多，在实践操作中就会面临信息收集任务艰巨、研究问题复杂程度大大增加等问题。为了使问题简单化，减少信息收集的工作量，同时使分析数据更加精确有效，可以采用因子分析法把较多的变量浓缩为少数有代表性的核心因子。归纳而言，因子分析法实际上就是基于变量内部相关的依赖关系分析，将多个依赖关系较为密切的变量归结为少数几个公共因子的一种多变量统计分析方法[①]。

因子分析法将关系较为密切的原始变量分类归并为新的变量，这些变量所综合的信息互不重叠，即为公共因子。以少数新的公共因子代表原先的复杂变量，可以在不改变原变量信息的基础上使研究问题的纬度减少，进而有利于分析研究原变量间的相互关系[②]。其数学模型为：

针对某个研究问题选择了 m 个调查样本，每个调查样本都有 s 个变量，且这 s 个变量之间有相互关系。那么，样本和变量可以生成一个 $m \times s$ 阶原始数据矩阵：

$$A = \begin{bmatrix} a_{11} & \cdots & a_{1s} \\ \vdots & \ddots & \vdots \\ a_{m1} & \cdots & a_{ms} \end{bmatrix} \tag{2}$$

变量 s 越大说明变量越多，意味着研究问题较为复杂，需要通过降维的方式提炼出新的公共因子来对原始变量 s 进行替代，并且新的公共因子之间彼此独立。假设原变量 s 的指标是 x_1，x_2，$\cdots$，x_s，新的公共因子是 F_1，F_2，$\cdots$，F_n，e_1，e_2，$\cdots$，e_n 为不可观测且不相关的变量，F 和 e 没有关联性，即 Cov（F，e）$=0$（即公共因子与特殊因子不相关），则可以构建因子分析模型：

$$x_1 = b_{11}F_1 + b_{12}F_2 + \cdots + b_{1n}F_n + e_1$$
$$x_2 = b_{21}F_1 + b_{22}F_2 + \cdots + b_{2n}F_n + e_2 \tag{3}$$
$$\vdots \qquad \vdots \qquad \vdots \qquad \vdots \qquad \vdots$$
$$x_s = b_{s1}F_1 + b_{s2}F_2 + \cdots b_{sn}F_n + e_n$$

在该模型中，矩阵形式可以表达为 $X = BF + e$，其中 $X = (x_1, x_2, \cdots, x_s)$，$F = (F_1, F_2, \cdots, F_n)$，$e = (e_1, e_2, \cdots, e_n)$；$F$ 代表公共因子，矩阵 B 代表因子载荷矩阵，e 是 X 的特殊因子。要想把握因子分析法的深刻内涵并将其应用至本课题的研究中，需要在对该方法的统计意义进行归纳的同时梳理其操作步骤。

（1）因子分析模型的统计意义。 在因子分析模型中，变量共同度和公共因子的方差贡献是因子载荷矩阵中的重要统计量，它们对因子分析结果的解释十

---

① 马文良．企业竞争力测量及其影响因素研究［D］．上海：复旦大学，2009.
② 陈正伟．综合评价技术及应用［M］．成都：西南财经大学出版社，2013：119.

分重要。

第一，变量共同度的统计意义。变量共同度是因子载荷矩阵 $\boldsymbol{A}$ 的第 i 行的元素的平方和。记为

$$h_i^2 = \sum_{j=1}^{k} a_{ij}^2 \ (i=1, \ 2, \ \cdots, \ p) \tag{4}$$

其中，共同度 h_i^2 刻画的是全部公共因子对变量 x_i 的方差做出的贡献，反映全部公共因子对变量 x_i 的影响[1]。h_i^2 越大，表明 $\boldsymbol{X}$ 对 $\boldsymbol{F}$ 每一分量的依赖程度越大。σ_i^2 是特定变量产生的方差，称为特殊因子方差，仅与变量 x_i 本身的变化相关，它是使 x_i 的方差为 1 的补充值。

对（4）式两边取方差，得

$$Var(x_i) = a_{i1}^2 Var(f_1) + a_{i2}^2 Var(f_2) + \cdots + a_{ik}^2 Var(f_k) + Var(\beta_i) = \sum_{j=1}^{k} a_{ij}^2 + \sum_{i=1}^{p} \beta_i^2 \tag{5}$$

如果 $h_i^2 = \sum_{j=1}^{k} a_{ij}^2$ 的结果接近 $Var(x_i)$，且 β_i^2 非常小，就意味着因子分析的效果比较好。

第二，公共因子的方差贡献的统计意义。因子载荷矩阵中各列元素的平方和记为

$$g_j^2 = \sum_{i=1}^{p} a_{ij}^2 \ (j=1, \ 2, \ \cdots, \ k) \tag{6}$$

其中，g_j^2 为公共因子 F_j 对变量组 $\boldsymbol{X}$ 的方差贡献，即 S_j 表示同一公共因子 F_j 对诸变量所提供的方差贡献之总和，是衡量公共因子相对重要性的指标。

对（4）式进行变换，得

$$Var(x_i) = a_{i1}^2 Var(f_1) + a_{i2}^2 Var(f_2) + \cdots + a_{ik}^2 Var(f_k) + Var(\beta_i) = \sum_{j=1}^{k} g_j^2 + \sum_{i=1}^{p} \beta_i^2 \tag{7}$$

g_j^2 越大，表明公共因子 F_j 对变量组 X 的贡献越大，或者说对变量组 X 的影响和作用就越大。如果将因子载荷矩阵 $\boldsymbol{A}$ 的所有 g_j^2（$j=1, \ 2, \ \cdots, \ k$）都计算出来，并将其按照大小进行排序，最终可确定最有影响力的公共因子。

(2) 因子分析法的操作步骤。 因子分析法使用时，基本步骤如下。

第一，因子分析的可行性判断。以 KMO 和 Bartlett 检验结果确定不同因

---

① 段情. 计量经济学在贵州经济研究分析中的实践探索 [M]. 贵州：贵州大学出版社，2018：86.

子指标之间是否具有相关性。

第二，筛选确定因子变量，计算公共因子的方差贡献率和累计贡献率。

第三，建立因子荷载矩阵，采用方差最大正交旋转方法得到旋转后的因子荷载矩阵。

第四，确定因子得分表达方式，并计算因子变量得分。

第五，对预警区间进行划分，将计算结果放入预警区间确定警情状态。

6.2.2.2 因子分析法的应用

作为一种降维、简化数据的技术，因子分析法已经被普遍应用于评价测度、影响因素、风险预警等方面。

在评价测度的研究方面，郭艳俊等通过因子分析法对 28 个指标数据进行加权，然后通过定量分析法比较了河西走廊各城市旅游竞争力[①]；曹鑫、阮娴静用因子分析法提取主成分建立模型，根据因子特征根和方差贡献率确定我国医药企业创新发展能力评价的主成分因子为市场开拓能力、企业成长能力、营运发展能力、产品创新能力[②]；杨柳、秦玉友基于因子分析法对农村中小学办学条件水平进行了测度，发现在经济发展水平存在地区差异的背景下，房屋建设能力、土地可利用程度、学生数量是影响农村中小学办学条件水平的重要因素[③]。

在影响因素的研究方面，郭岩、陈文斌采用因子分析法的降维原理，分析归纳出黑龙江省地方政府生态文明建设重视程度的重要影响因素分别是监督管理、服务与执行、制度建设、生产生活[④]；赖玲玲、彭丽芳基于双因子分析法的视角，分析得出农产品及其价格、卖家服务质量、电商平台使用、信任度、信息质量和网店设计六个因子是影响消费者对农产品网络购买意愿的关键[⑤]；赫玉芳等利用因子分析法分析出影响医学生就业压力的主要因素包括就业指导、心理弹性、岗位待遇、专业设置、综合素质[⑥]。

---

① 郭艳俊，杨林娟，柴洪，等．基于因子分析法的河西走廊五市旅游竞争力分析 [J]．中国沙漠，2021，41（5）：238-241.

② 曹鑫，阮娴静．基于因子分析法的我国医药企业创新发展能力评价研究 [J]．中国药房，2020，31（16）：1931-1937.

③ 杨柳，秦玉友．农村中小学办学条件水平的测度与评价：基于因子分析法 [J]．现代教育管理，2020（3）：52-58.

④ 郭岩，陈文斌．基于因子分析法的地方政府重视生态文明建设程度评价研究：以黑龙江省为例 [J]．生态经济，2021，37（12）：218-223.

⑤ 赖玲玲，彭丽芳．农产品网络购买意愿影响因素研究：基于双因子分析法的视角 [J]．价格理论与实践，1-4 [2022-04-24].

⑥ 赫玉芳，宁春雪，姚佩欣，等．基于因子分析法的吉林省医学生就业压力影响因素分析 [J]．医学与社会，2021，34（4）：27-31.

在风险预警的研究方面，课题组在中国知网数据库中以"因子分析"和"风险"为篇名，以核心期刊和 CSSCI 为文献来源，搜集到与利用因子分析进行风险预警高度相关的文章共 92 篇。其中具有代表性的研究如欧国良等利用因子分析法对房地产企业财务风险进行了预警[1]；刘新立以湖南省为例，对区域水灾风险进行了因子分析[2]；徐鹏基于公众"风险—收益"感知视角对农产品供应链金融风险进行了因子分析[3]。上述研究成果为本课题运用因子分析法进行返贫风险预警研究提供了有益的思路和方法。

6.2.3　BP 神经网络与因子分析法的优劣性评价

6.2.3.1　BP 神经网络的优劣性评价

相比于传统的分析工具和其他类型的神经网络，BP 神经网络表现出独特的优势：一是能以任意精度逼近任何非线性连续函数[4]，所以 BP 神经网络在本质上是一个从输入到输出且能够实现任何复杂非线性映射，这使该方法天然具备适合求解内部机制复杂问题的特性。二是 BP 神经网络中信息的分布、储存和并行处理使其具有强大的容错性和快速的处理力。三是迥然于传统分析工具的预先设置和机械算法，BP 神经网络可以根据样本进行自动学习，进行自适应，从而找出样本中的隐藏规律。

但是，BP 神经网络也存在诸多不足。一是在算法的学习方面，鉴于 BP 神经网络采取的是梯度下降法，所以其优化的目标函数常出现"锯齿形现象"，导致算法低效。二是 BP 神经网络的训练至关重要，但其致力于求解复杂非线性函数的全局极值。由于样本或者信息机理过于复杂，可能算法陷入局部极值，导致训练失败。三是 BP 神经网络的结构对网络的逼近能力有直接影响，所以结构的选择至关重要。

6.2.3.2　因子分析法的优劣性评价

因子分析法就是通过少数几个公共因子来解释协方差结构的因子模型。相较于传统分析方法，因子分析法并非如主成分分析法那样对原始变量进行取舍，而是利用降维技术对原始变量信息进行重新组合，找出影响变量的公共因

---

①　欧国良，吴刚，朱祥波. 基于因子分析法的房地产企业财务风险预警研究 [J]. 社会科学家，2018 (9)：56-63.

②　刘新立. 区域水灾风险的相关分析与因子分析：以湖南省为例 [J]. 经济科学，2004 (2)：94-101.

③　徐鹏. 因子分析视阈下线上农产品供应链金融风险防范研究 [J]. 农林经济管理学报，2016，15 (6)：674-680.

④　杨晓帆，陈延槐. 人工神经网络固有的优点和缺点 [J]. 计算机科学，1994，21 (2)：4.

子。如此一来，其优势也逐渐体现，即能够化简数据，使原本复杂的信息分析更加主次分明。此外，因子分析过程中的旋转使因子变量具有可解释性，命名清晰性更高。然而，由于因子分析在计算相关因子得分时采用的是最小二乘法，所以因子分析可能会失效。

综上所述，BP 神经网络与因子分析法各有优缺点。一方面，相对传统的分析工具，BP 神经网络的多参数适应性好，精度高，预测误差小，但由于没有降维技术，导致因子过多、信息冗余，其数据采集困难，计算过程复杂、计算量庞大，容易导致算法低效；另一方面，因子分析法具有降维功能，可以降低数据采集和分析的难度，减少研究问题的复杂性，简单高效，但在面对复杂、多元的变量时，其识别功能的精准度不够。为此，本课题尝试将这两种方法进行融合，构建一种新型的风险集成预警模型，以实现对凉山脱贫人口返贫风险的快速、准确评估和预警，为返贫风险的有效识别防范奠定科学基础。

6.3 基于 BP 神经网络与因子分析法融合的返贫风险集成预警模型构建

6.3.1 模型构建

BP 神经网络与因子分析法各有优劣，如何在应用中将两种方法结合起来以发挥其优势，规避其不足，已有学者做出了尝试。如张明慧、程红霞利用因子分析和神经网络构建了信息系统风险评估模型[1]；程凯、董雪提出了一种因子分析和神经网络的光纤通信网络风险预测模型[2]；王珍基于因子分析——BP 神经网络模型对空气质量进行了综合评价[3]。这些研究成果为本课题提供了良好的启示和借鉴。本课题在理论及调研的基础上，选择目前应用最为广泛的神经网络工具——MATLAB 的 BP 神经网络与因子分析法相结合，构建了返贫风险集成预警模型（图 10）。

6.3.1.1 基于因子分析法构建模型

（1）提取公共因子。首先，在因子分析中，共同度值的作用在于排除不合

---

① 张明慧，程红霞. 因子分析和神经网络的信息系统风险评估模型 [J]. 现代电子技术，2019，42（13）：101 - 105.

② 程凯，董雪. 因子分析和神经网络的光纤通信网络风险分析 [J]. 激光杂志，2016，37（2）：118 - 121.

③ 王珍. 基于因子分析—BP 神经网络模型在空气质量综合评价中的应用 [D]. 昆明：云南大学，2015.

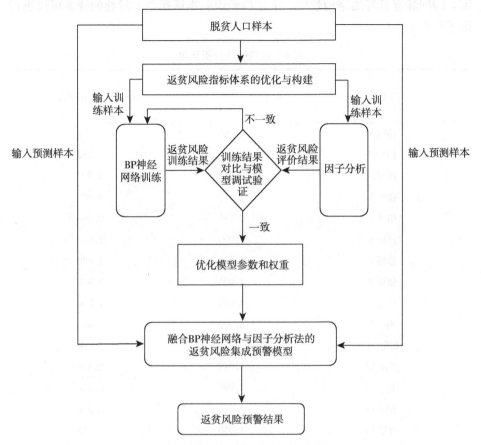

图 10 基于 BP 神经网络与因子分析法融合的返贫风险集成预警模型
来源：课题组根据研究内容绘制。

理选项，方差解释率值的作用在于说明信息提取水平，因子载荷系数的作用是衡量因子（维度）和题项对应关系。凉山脱贫人口返贫风险是一个多维概念，在问卷设计中，返贫风险由 28 个指标构成（其中"吸毒"和"感染艾滋"两个指标为"一票否决"指标，无需对这两个因子进行风险损害后果测量），通过 SPSS 对 1 979 份有效问卷的数据进行分析发现（表 6），所有研究项对应的共同度值均高于 0.3，说明研究项所含原始信息可以被有效地提取。进一步对样本脱贫户数据进行效度评估，KMO 值为 0.993，大于 0.6，意味着数据具有良好的效度。此外，提取到一个因子的方差解释率值是 99.893%，旋转后累积方差解释率为 99.893%，大于 50%，意味着研究项的信息量可以被有效提取出来。其次，因子载荷系数绝对值均大于 0.4，说明选项和因子有对应关系，即问卷有良好的结构效度。上述检验说明本课题调查问卷的样本可以进行因子分析。

表6　结构效度分析结果

分析项	因子载荷系数	共同度（公因子方差）
	因子1	
指标1	1.000	0.999
指标2	1.000	0.999
指标3	0.999	0.999
指标4	1.000	1.000
指标5	0.999	0.999
指标6	1.000	1.000
指标7	1.000	1.000
指标8	1.000	0.999
指标9	1.000	1.000
指标10	1.000	1.000
指标11	1.000	0.999
指标12	0.998	0.996
指标13	0.999	0.998
指标14	0.999	0.998
指标15	1.000	0.999
指标16	1.000	1.000
指标17	1.000	0.999
指标18	0.999	0.999
指标19	0.999	0.998
指标20	1.000	1.000
指标21	1.000	0.999
指标22	1.000	1.000
指标23	0.999	0.999
指标24	0.999	0.997
指标25	1.000	0.999
指标26	0.999	0.999
特征根值（旋转前）	25.972	

（续）

分析项	因子载荷系数	共同度（公因子方差）
	因子1	
方差解释率（旋转前）	99.893%	
累积方差解释率（旋转前）	99.893%	
特征根值（旋转后）	25.972	
方差解释率（旋转后）	99.893%	
累积方差解释率（旋转后）	99.893%	

来源：课题组根据研究内容制作。

根据 Kaiser 准则，选择特征值大于 1 的因子，可以得到因子分析碎石图。图 11 显示，有特征根大于 1 的三个较为明显的公共因子。表 7 显示，三个公共因子的累计方差为 0.28，意味着三个公共因子累积的方差贡献率达到 28%，解释度不够。为此本研究调整因子旋转方式，继续采用因子分析法提取公因子，提取到 13 个公共因子。这 13 个公共因子累积的方差贡献率达到 62%（表 8），可以涵盖所选取的 26 个指标的大部分信息，能够解释评价指标的内容，可以全面地对凉山脱贫人口返贫风险进行评价。

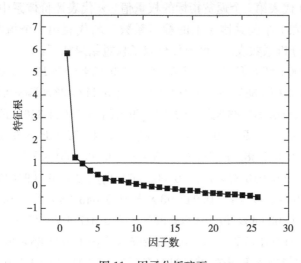

图 11　因子分析碎石
来源：课题组根据研究内容绘制。

（2）确定因子权重。 为计算因子的权重，可以根据以下计算公式：

表 7　factors＝3 的累计方差贡献率

分析项	因子 1	因子 2	因子 3
合计（特征值）	5.17	1.22	0.91
方差	0.20	0.05	0.04
累计方差	0.20	0.25	0.28

来源：课题组根据研究内容制作。

表 8　factors＝13 的累计方差贡献率

分析项	F_1	F_2	F_3	F_4	F_5	F_6	F_7	F_8	F_9	F_{10}	F_{11}	F_{12}	F_{13}
合计（特征值）	1.86	1.48	1.44	1.04	1.03	1.00	1.00	0.99	0.98	0.97	0.88	0.69	0.64
方差	0.07	0.06	0.06	0.06	0.06	0.04	0.04	0.04	0.04	0.04	0.04	0.04	0.03
累计方差	0.07	0.13	0.19	0.25	0.31	0.35	0.39	0.43	0.47	0.51	0.55	0.59	0.62

来源：课题组根据研究内容制作。

$$D_i = \sum_{j=1}^{n} W_i F_j \qquad (8)$$

式（8）中，D_i 代表第 i 个返贫指标的权重值，n 代表评价体系中指标的数量，W_i 代表变量在第 i 个公共因子上的载荷系数，F_j 代表第 j 个指标的数值。据此，根据因子分析系数表 9，可得部分因子权重结果如下：

$D_1 = -0.006\ 42 \times F_1 + 0.012\ 65 \times F_2 + 0.014\ 05 \times F_3 + 0.011\ 02 \times F_4 + 0.004\ 26 \times F_5 + 0.018\ 38 \times F_6 + 0.010\ 21 \times F_7 + 0.112\ 423 \times F_8 + 0.003\ 64 \times F_9 + 0.012\ 603 \times F_{10} + 0.013\ 83 \times F_{11} + 0.015\ 79 \times F_{12} + 0.034\ 336 \times F_{13}$

$D_2 = -0.031\ 2 \times F_1 + 0.040\ 11 \times F_2 + 0.047\ 32 \times F_3 + 0.048\ 22 \times F_4 + 0.005\ 02 \times F_5 + 0.031\ 38 \times F_6 + 0.022\ 18 \times F_7 + 0.335\ 351 \times F_8 + 0.006\ 61 \times F_9 + 0.078\ 342 \times F_{10} + 0.018\ 31 \times F_{11} + 0.005\ 96 \times F_{12} + 0.006\ 209 \times F_{13}$

$D_3 = -0.023\ 39 \times F_1 + 0.042\ 93 \times F_2 + 0.043\ 83 \times F_3 + 0.049\ 3 \times F_4 + 0.031\ 49 \times F_5 + 0.020\ 45 \times F_6 + 0.005\ 35 \times F_7 + 0.317\ 917 \times F_8 + 0.036\ 77 \times F_9 + 0.072\ 583 \times F_{10} + 0.108\ 7 \times F_{11} + 0.143\ 265 \times F_{12} + 0.034\ 86 \times F_{13}$

$D_4 = 0.036\ 178 \times F_1 + 0.008\ 01 \times F_2 + 0.002\ 19 \times F_3 + 0.032\ 587 \times F_4 + 0.004\ 127 \times F_5 + 0.068\ 81 \times F_6 + 0.022\ 969 \times F_7 + 0.073\ 681 \times F_8 + 0.004\ 53 \times F_9 + 0.150\ 79 \times F_{10} + 0.080\ 47 \times F_{11} + 0.011\ 34 \times F_{12} + 0.311\ 779 \times F_{13}$

……

表 9 因子分析系数

公共因子	F_1	F_2	F_3	F_4	F_5	F_6	F_7	F_8	F_9	F_{10}	F_{11}	F_{12}	F_{13}
D_1	−0.006 42	−0.012 65	−0.014 05	−0.011 02	−0.004 26	−0.018 38	−0.010 21	0.112 423	−0.003 64	0.012 603	0.013 83	−0.015 79	0.034 336
D_2	−0.031 2	−0.040 11	−0.047 32	−0.048 22	−0.005 02	−0.031 38	−0.022 18	0.335 351	−0.006 61	0.078 342	−0.018 31	−0.005 96	0.006 209
D_3	−0.023 39	−0.042 93	−0.043 83	−0.049 3	−0.031 49	−0.020 45	−0.005 35	0.317 917	−0.036 77	0.072 583	−0.108 7	0.143 265	−0.034 86
D_4	0.036 178	−0.008 01	−0.002 19	0.032 587	0.004 127	−0.068 81	0.022 969	0.073 681	−0.004 53	−0.150 79	−0.080 47	−0.011 34	0.311 779
D_5	−0.039 98	−0.020 54	1.086 945	−0.047 45	−0.029 09	0.009 607	−0.067 25	−0.018 69	−0.035 75	0.085 145	−0.026 7	−0.018 35	−0.030 03
D_6	−0.006 44	−0.019 48	−0.018 42	−0.004 68	0.020 061	−0.006 11	0.019 885	0.180 911	−0.011 78	−0.113 08	−0.009 71	−0.069 2	0.025 273
D_7	−0.016 84	−0.002 45	−0.009 47	0.007 907	0.074 982	−0.020 73	0.004 132	0.001 267	0.054 108	−0.03	0.059 38	−0.019 06	0.011 675
D_8	−0.145 83	−0.028 71	−0.050 08	−0.043 19	0.911 356	0.016 211	−0.047 95	−0.039 34	−0.094 48	0.062 679	−0.068	0.044 764	0.014 252
D_9	1.065 166	−0.047 67	−0.089 44	−0.124 78	−0.096 81	0.064 505	−0.090 58	−0.122 34	−0.111 55	0.262 893	0.001 597	−0.029 48	−0.382 97
D_{10}	0.030 206	0.005 693	0.005 476	0.038 258	0.032 254	−0.075 47	0.031 95	0.031 116	0.098 751	−0.299 82	0.008 032	−0.126 69	0.213 263
D_{11}	−0.002 47	−0.010 96	−0.014 54	−0.015 84	0.014 939	−0.001 72	0.025 246	0.030 139	0.074 412	−0.082 21	0.190 93	0.085 086	0.029 837
D_{12}	−0.015 25	−0.015 43	−0.010 3	−0.033 29	−0.009 45	0.119 66	−0.035 4	0.047 661	0.011 706	−0.058 91	0.055 493	0.107 214	−0.207 03
D_{13}	0.015 877	−0.062 34	−0.075 01	−0.020 52	−0.026 73	0.777 413	−0.133 96	−0.088 83	−0.061 91	0.072 472	0.148 492	−0.100 46	0.355 342
D_{14}	−0.014 12	−0.015 84	−0.020 39	0.006 466	−0.003 96	0.182 579	0.055 79	0.017 044	0.004 085	−0.058 17	−0.274 5	−0.010 84	−0.135 28
D_{15}	−0.020 02	−0.008 49	−0.033 33	−0.020 75	−0.004 69	−0.034 27	−0.031 69	0.025 929	0.224 527	0.063 444	0.109 773	0.032 946	0.092 482
D_{16}	0.009 995	−0.008 76	0.001 085	−0.040 84	0.010 445	0.010 376	−0.001 46	0.054 716	0.049 787	0.237 83	0.214 438	0.157 108	−0.076 51
D_{17}	−0.012 83	1.044 512	−0.022 83	−0.046 43	−0.022 59	−0.021 99	−0.021 93	−0.023 15	−0.021 85	0.062 297	−0.001 98	0.025 333	−0.045 84
D_{18}	−0.020 05	−0.002 52	−0.064 66	−0.081 75	−0.012 44	−0.032 35	0.927 972	−0.090 99	−0.045 48	0.115 467	0.071 428	−0.025 07	−0.042 91
D_{19}	−0.067 76	−0.002 34	−0.065 4	−0.023 74	−0.016 54	0.043 363	−0.105 12	−0.073 62	0.649 344	0.060 333	−0.128 29	−0.012 11	−0.109 14
D_{20}	−0.011 15	−0.022 33	−0.035 77	0.031 694	−0.013 32	−0.066 39	−0.007 59	0.105 618	0.028 666	0.167 543	0.106 719	0.024 102	0.246 339
D_{21}	−0.150 2	−0.067 76	−0.049 11	0.775 603	−0.015 19	−0.024 74	−0.102 29	−0.053 83	0.152 14	0.144 497	0.172 452	0.067 554	−0.225 26
D_{22}	−0.026 32	−0.015 14	−0.011 91	0.252 885	0.001 246	−0.023 63	−0.039 64	−0.020 81	0.068 917	−0.144 16	−0.150 6	−0.036 99	0.038 751
D_{23}	0.005 655	−0.017 07	−0.013 82	0.025 161	−0.008 07	−0.007 1	0.057 935	0.037 233	0.013 403	−0.077 14	−0.167 46	0.216 315	0.034 893
D_{24}	0.007 798	−0.013 35	−0.004 4	−0.001 86	−0.02	0.013 918	−0.019 93	−0.022 34	−0.008 16	0.009 734	0.010 315	0.319 115	0.003 76
D_{25}	−0.046 86	−0.016 29	−0.024 34	−0.004 12	0.031 127	−0.002 9	0.032 288	0.216 222	−0.003 76	−0.036 86	0.067 804	−0.225 76	−0.212 82
D_{26}	−0.031 46	−0.010 22	−0.029 14	−0.017 16	−0.008 97	−0.007 11	−0.013 22	0.030 173	0.026 117	0.300 838	0.012 274	0.012 364	0.019 418

6.3.1.2　基于 BP 神经网络构建模型

依据 BP 神经网络算法步骤对模型进行设计。本课题采用凉山脱贫人口返贫风险预警三层网络模型，其中返贫风险事项为输入层，返贫风险等级为输出层，中间为隐含层。模型的具体设计如图 12 所示。

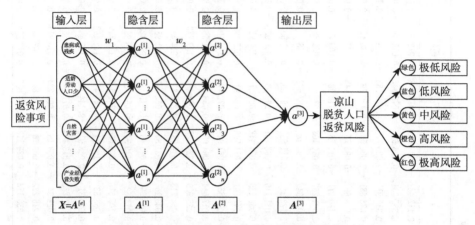

图 12　基于 BP 神经网络的返贫风险预警模型
来源：课题组根据研究内容绘制。

（1）输入层设计。输入层由输入的特征决定，所以输入信号的纬度决定了输入层点数，而在脱贫人口返贫风险评估预测中输入信号的纬度多指返贫风险预警指标。本研究将患病或残疾、适龄劳动人口少、内生发展动力不足等 26 项凉山脱贫人口返贫风险评价指标作为 BP 神经网络的 26 个输入节点。

（2）隐含层设计。在神经网络模型中，输入层对应数据输入，输出层对应结果输出，隐含层对应数据计算，是整个网络模型中较为核心的部分。因为用户看不到，故被称为隐含层或者隐藏层。传统的机器学习结构一般情况下不包括隐含层，比如 Logistic Regression 就可以被视为无隐含层的神经网络；也有一些只有单隐含层，比如 Support Vector Machine。多隐含层常见于深度学习结构中。相比于单层网络结构，多层网络结构更能表达数据，从原始输入数据中挖掘和学习模式，并通过一层一层的特征提取将原始具体数据表达得更加抽象，从而提高分类准确率[①]。但这种提高是有限度的，如果隐含层过多，结构过于复杂，准确率反而会下降，这是因为随着隐含层的增加，反向传播算法中的梯度会随之减少，并趋向于零，称为梯度消失。所以，设置隐含层的个数显得极为重要。本课题的输入神经元数为 26。按照柯尔莫哥洛夫理论（Kolmog-

---

① 田丽红．活动型社会网络的多重推荐算法研究［D］．北京：北京交通大学，2018．

orov theory）可知，隐含层的神经元数等于输入神经元数乘以 2 加 1，即为 53，在 53 的基础上进行左右拓展，取神经元个数为 46 到 60 个，分别训练神经网络，得到训练次数、误差、神经元个数之间的关系。经过计算发现，当隐含层神经元数为 52 时，无论是误差还是训练次数均为最小，故隐含层神经元的个数确定为 52。

（3）激活函数的选择。 本课题选择的激活函数为 Sigmoid 函数，该函数的特点是输出值在 0～1 之间，数据在传递过程中不容易发散。公示如下

$$S(\chi) = \frac{1}{1 + e^{-\chi}} \tag{9}$$

其对 χ 的导数可以用自身表示：

$$S'(\chi) = \frac{e^{-\chi}}{(1 + e^{-\chi})^2} = S(\chi)(1 - S(\chi)) \tag{10}$$

（4）输出层的设计。 本课题将返贫风险 BP 神经网络预警模型的输出层设为 5，分别是第一类极低风险区（$R1$）、第二类低风险区（$R2$）、第三类中风险区（$R3$）、第四类高风险区（$R4$）、第五类极高风险区（$R5$）。

6.3.2 预警方法与步骤

6.3.2.1 预警方法

基于 BP 神经网络和因子分析法的返贫风险集成预警模型的核心思路是将 BP 神经网络和因子分析法两种方法进行整合。值得一提的是，该课题对于这两种方法的整合不同于现有研究做法，现有研究利用因子分析法降维影响因子，然后将影响因子对应的数据录入神经网络进行训练，此类研究更多是简单的整合。本课题构建模型是以 BP 神经网络为基础，以因子分析法为参照的有机整合，其本质是调适、验证和优化后的神经网络。

具体而言，首先，BP 神经网络的学习规则是使用梯度下降法，通过反向传播不断调整网络的权值和阈值，使网络的误差平方和最小。在实践中，为了实现这种反向传播，BP 神经网络的参考信息往往是具有连续性的客观历史数据。然而，在凉山脱贫人口返贫风险预警模型研究中，26 个指标对应的信息是主观判断分数，并且并非呈连续性。因子分析的评价结果恰好充当了参考数据的角色，这是至关重要的。其次，返贫风险样本的指标数据输入 BP 神经网络后，BP 神经网络会发生两种学习机制。一种是 BP 神经网络依靠自身的反向传播不断调整网络的权值和阈值。另一种是 BP 神经网络的输出结果会以因子分析评价结果为参照对象，如果两者结果不一致，则 BP 神经网络会再次进行反向传播，不断调整自身网络的权值和阈值，直到二者结果一致，这就意味

着 BP 神经网络与因子分析法实现了拟合。这种不断拟合的过程就是返贫风险集成预警模型的参数和权重逐渐最优的过程。最后，基于 BP 神经网络与因子分析法融合的返贫风险集成预警模型的网络结构、参数和权重稳定之后，可以将相关样本代入，实现预警功能。

6.3.2.2　预警步骤

第一，进行模型训练。将 1 979 个样本脱贫户的 80% 作为训练样本，进行因子分析和 BP 神经网络分析，直至二者结果一致，得到调适后的神经网络模型，即基于 BP 神经网络和因子分析法的返贫风险集成预警模型。

第二，进行模型预警。通过实证研究将 1 979 个样本脱贫户的 20% 作为预测验证样本，进行模型预警效果检验。

第三，将模型预警结果与政府返贫监测对象认定情况进行比较，对出现差异的农户样本进行实地、入户调查了解，以验证模型的科学性与精准性。

6.4　基于 BP 神经网络与因子分析法融合的返贫风险集成预警模型实证分析

为了验证凉山脱贫人口返贫风险集成预警模型预测的准确性，本课题利用调研数据对模型进行了实证分析。

6.4.1　模型训练

6.4.1.1　因子分析结果分析

本课题从 1 979 个样本脱贫户中选取 80% 即 1 583 个样本的调研数据录入SPSS 软件，可以计算出公共因子的综合因子得分，对综合因子得分进行归一化处理，可得表 10。

表 10　因子分析法得分归一化结果

样本号	Factor1	Factor 2	……	Factor12	Factor13	综合因子得分	归一化结果
1	−0.564 284	−1.155 303	……	2.129 748	0.238 928	−2.300 082	0.271 805
2	2.401 303	−1.524 04	……	0.730 173	1.371 381	7.991 835	0.529 674
3	−0.427 855	−1.036 71	……	0.759 533	0.816 984	−3.227 367	0.265 111
4	−0.324 598	−0.645 89	……	−1.003 090	3.464 641	−0.615 963	0.283 963
5	1.029 268 1	2.289 019	……	1.697 869	1.770 047	3.708 062	0.398 819
6	−0.679 996	1.489 323	……	0.735 215	1.698 172	2.370 159	0.391 423

（续）

样本号	Factor1	Factor 2	……	Factor12	Factor13	综合因子得分	归一化结果
7	−0.774 443	−0.626 848	……	−0.954 118	−1.710 393	−3.499 873	0.263 144
……	……	……		……	……		……
1577	−0.074 34	−0.239 92		5.115 084	1.959 373	2.800 633	0.393 803
1578	−0.812 07	−0.916 41		3.724 553	−1.593 11	−1.209 8	0.279 676
1579	−0.392 58	−0.663 32		−0.154 92	−0.097 36	−3.787 3	0.261 069
1580	−0.401 72	1.000 682	……	−1.028 32	−2.533 8	−6.682 77	0.240 166
1581	−0.344 99	0.157 377		−1.986 03	1.534 923	−3.206 29	0.265 263
1582	−0.280 14	1.798 954	……	3.540 666	2.510 006	1.299 967	0.285 508
1583	2.446 575	2.638 409	……	−2.927 91	0.707 486	8.852 247	0.702 48

来源：课题组根据研究内容制作。

根据归一化结果分值将 1 583 个样本分为五个风险区。根据样本的风险区分布可知，处于第一类极低风险区（$R1$）的样本数量为 991 户，其区间值为 [0.235 413，0.341 263]，平均返贫风险值为 0.275 472；处于第二类低风险区（$R2$）的样本数量为 313 户，其区间值为 [0.341 236，0.445 632]，平均返贫风险值为 0.390 624；处于第三类中风险区（$R3$）的样本数量为 250 户，其区间值为 [0.445 632 1，0.598 743 2]，平均返贫风险值为 0.507 373；处于第四类高风险区（$R4$）的样本数量为 9 户，其区间值为 [0.598 743，0.653 694]，平均返贫风险值为 0.627 653；处于第五类极高风险区（R5）的样本数量为 20 户，其区间值为 [0.653 694，0.754 055]，平均返贫风险值为 0.684 419。

6.4.1.2 BP 神经网络结果分析

本课题在 MATLAB 平台环境下，采用神经网络工具箱创建 BP 神经网络，并对其进行训练和优化。主要步骤如下。

(1) 确定训练样本和测试样本。本课题从 1 979 个样本脱贫户中选取 80%即 1 583 个样本数据输入神经网络，作为训练样本。

(2) 设置神经网络参数。将隐含网络层数设置为 1，输入层节点数设置为 26，最小训练速率设置为 0.1，动态参数设置为 0.6，sigmoid 参数设置为 0.9，允许误差设置为 0.1，最大训练次数设置为 1 000。

(3) 输出神经元权值。BP 神经网络会根据训练样本持续调节各单元间的连接权值，以使其达到平衡，当训练次数达到一定程度，神经网络训练的结构图形出现收敛，目标误差出现在允许范围内时，意味着神经网络输出稳定，训练结束。在 MATLAB 软件中运行 1 000 次后，输出各个神经元（节点）的权值。

（4）训练结果评价。验证能见度函数梯度与学习次数反映的是 BP 神经网络训练效果的好坏。根据图 13 可知，次数增多，函数梯度会下降。当迭代数达到 6 次时，函数梯度到达较小值。同时，动量参数减小，交叉验证次数达到 6 次。6 次以后，实验失败次数开始逐渐增多，神经网络自回归性能训练出来的结果会变得不理想，因此，神经网络的训练迭代次数取 6。

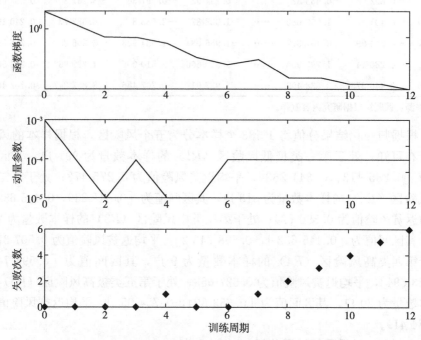

图 13 验证能见度函数梯度与学习次数
来源：课题组根据研究内容绘制。

误差分布图 14 显示，随着多次学习训练和调适，BP 神经网络的误差值逐渐缩小，学习效果比较理想。最终，BP 神经网络的测试输出与测试样本输出误差基本能够限定在小于 0.1 的范围，在可接受范围之内，意味着凉山脱贫人口返贫风险 BP 神经网络预警模型具有一定的科学性。

6.4.1.3 模型训练结果综合比较

返贫风险预测模型训练结果的比较包括两个方面，一是样本脱贫户返贫风险综合得分结果的比较，二是样本脱贫户风险等级划定结果的比较。

（1）样本综合得分结果比较。根据模型训练结果，整体而言，神经网络计

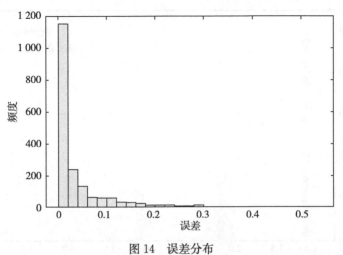

图 14　误差分布

来源：课题组根据研究内容绘制。

算出的返贫风险综合得分与因子分析法计算出来的得分总体基本趋势一致，拟合度较高。相比而言，神经网络各分值之间的差异稍微明显一点，说明基于神经网络与因子分析法融合的返贫风险集成预警模型计算结果在风险区分度方面可能表达更佳。

(2) 样本风险等级划定结果比较。基于计算结果可知，神经网络训练的风险区、因子分析计算得出的风险区和原始类别的风险区划分基本一致[①]。

此外，根据图 15 可知，神经网络与因子分析法确定的样本风险等级的频数存在一定差异。为了更准确地解读这个差异，本研究根据计算结果制定了神经网络训练结果比较表。根据表 11 可知，1 583 个样本脱贫户中有 1 523 个样本的神经网络测试值、因子分析测试值与期望风险值一致，表明利用神经网络来预警返贫风险是有效的。另外，有 60 个样本的因子分析测试值与神经网络因子分析值不一致，但是神经网络却与期望风险类型一致。根据计算结果可知，神经网络的正确率为 98.13%，因子分析法的正确率为 97.98%。综上可知，基于神经网络与因子分析法融合的返贫风险集成预警模型的精准度比因子分析法高，具有极佳的预测效果，因此在预警凉山脱贫人口返贫风险方面采用该模型是合适的。

---

①　原始类别的风险区划指的是政府认定的返贫农户的风险类别，即稳定脱贫户、脱贫监测户（脱贫易返贫户）和返贫户。

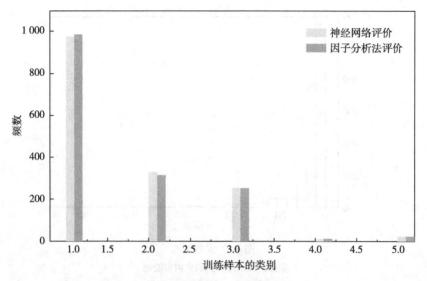

图 15　训练样本的类别比较

来源：课题组根据研究内容绘制。

表 11　神经网络模型训练数据（部分）

农户样本号	农户类型	期望风险值	因子分析法训练值	BP 神经网络训练值	BP 神经网络与因子分析法对比
0001	稳定脱贫户	1	1	1	
0002	脱贫监测户（脱贫易返贫户）	3	3	3	
0003	稳定脱贫户	1	1	1	
0004	稳定脱贫户	1	1	1	
0005	稳定脱贫户	2	2	2	
0006	稳定脱贫户	2	2	2	
0007	稳定脱贫户	1	1	1	
0008	脱贫监测户（脱贫易返贫户）	3	3	3	
0009	稳定脱贫户	2	1	1	
0010	稳定脱贫户	1	1	1	
0011	稳定脱贫户	1	1	1	
0012	稳定脱贫户	1	1	1	
0013	稳定脱贫户	1	1	1	
0014	脱贫监测户（脱贫易返贫户）	3	2	3	*
0015	稳定脱贫户	1	1	1	

（续）

农户样本号	农户类型	期望风险值	因子分析法训练值	BP神经网络训练值	BP神经网络与因子分析法对比
0016	稳定脱贫户	1	1	1	
...	...	...	...	...	...
0019	稳定脱贫户	1	2	1	＊
...	...	...	...	...	...
0062	脱贫监测户（脱贫易返贫户）	3	2	3	＊
0063	稳定脱贫户	3	3	2	＊
...	...	...	...	...	...
0067	稳定脱贫户	2	1	2	＊
...	...	...	...	...	...
0074	稳定脱贫户	2	1	2	＊
...	...	...	...	...	...
0076	稳定脱贫户	2	1	2	＊
...	...	...	...	...	...
0080	稳定脱贫户	2	1	2	＊
...	...	...	...	...	...
0083	稳定脱贫户	1	5	1	＊
...	...	...	...	...	...
0111	稳定脱贫户	2	1	2	＊
...	...	...	...	...	...
0122	稳定脱贫户	2	2	1	＊
...	...	...	...	...	...
0172	脱贫监测户（脱贫易返贫户）	3	2	3	＊
...	...	...	...	...	...
0241	稳定脱贫户	2	1	2	＊
...	...	...	...	...	...
0243	稳定脱贫户	2	1	2	＊
...	...	...	...	...	...
0245	稳定脱贫户	2	1	2	＊
...	...	...	...	...	...
0265	稳定脱贫户	4	3	3	

（续）

农户样本号	农户类型	期望风险值	因子分析法训练值	BP 神经网络训练值	BP 神经网络与因子分析法对比
...	...	...	...	...	...
0274	脱贫监测户（脱贫易返贫户）	3	1	3	$*$
...	...	...	...	...	...
0396	稳定脱贫户	2	2	1	$*$
...	...	...	...	...	...
0398	稳定脱贫户	2	2	1	$*$
...	...	...	...	...	...
0400	稳定脱贫户	2	3	1	$*$
...	...	...	...	...	...
0415	稳定脱贫户	4	3	3	
...	...	...	...	...	...
0420	稳定脱贫户	2	1	2	$*$
...	...	...	...	...	...
0456	稳定脱贫户	2	2	1	$*$
...	...	...	...	...	...
0519	稳定脱贫户	2	1	2	$*$
...	...	...	...	...	...
0551	稳定脱贫户	2	1	2	$*$
...	...	...	...	...	...
0563	稳定脱贫户	2	3	2	$*$
...	...	...	...	...	...
1576	稳定脱贫户	2	2	2	
1577	稳定脱贫户	2	2	2	
1578	稳定脱贫户	2	2	2	
1579	稳定脱贫户	2	2	2	
1580	稳定脱贫户	2	2	2	
1581	稳定脱贫户	2	2	2	
1582	稳定脱贫户	2	2	2	
1583	脱贫监测户（脱贫易返贫户）	4	3	3	

来源：课题组根据研究内容制作。

注：农户类型是指凉山彝族自治州人民政府对农户返贫风险等级的认定，期望风险值为 BP 模型训练导师值，测试值为模型运算输出值；表中 1 为"极低风险区"，2 为"低风险区"，3 为"中风险区"，4 为"高风险区"，5 为"极高风险区"；"$*$"代表对比项目数据不吻合。

6.4.1.4　预警指标体系的权重

根据训练好的基于 BP 神经网络与因子分析法融合的返贫风险集成预警模型，可以得到预警指标体系的权重（表 12、表 13、表 14、表 15、表 16）。

对于处于极高风险区的农户而言，其生计资本风险（0.696 5）、生计环境风险（0.200 4）和生计策略风险（0.103 1）的指标权重都比较高，其中生计资本风险的权重最高。在生计资本风险中，物质资本风险最高，说明对处于极高风险区的农户而言，基本的吃、住等问题的挑战依然比较严峻。其次是资金资本风险，表明极高风险的农户普遍面临低收入高支出的问题。剩下的依次为人力资本风险、社会资本风险和自然资本风险。

与极高风险区的农户相类似，高风险区的农户也是生计资本风险的权重最高。不同的是，高风险区的农户生计策略风险（0.142 1）要高于生计环境风险（0.127 7）。生计策略风险中的生产经营风险最高，可能是因为对于脱贫农户而言，在政策支持和模范引导下，产业经营可能是其选择较多的脱贫之路。然而，由于技术、知识、经验的缺乏，也最容易出现经营失败。在生计资本风险中，资金资本风险的权重比物质资本风险的权重高，意味着他们已经摆脱了最基本的生存困境，风险点更多体现为支出增加和收入降低。

处于中风险区的农户在 B 层的指标权重排序与极高风险区的农户相类似。在权重最高的生计资本风险（0.706 8）中，其下一层的风险分布较为接近，资金资本风险（0.203 3）、物质资本风险（0.193 4）和人力资本风险（0.160 5）的比重相差不大，说明中风险区的农户风险点较为均衡。

处于低风险区的农户在 B 层的风险中，生计资本风险指标权重最高。在 C 层中，资金资本风险比重最大（0.241 7），人力资本风险（0.157 6）、物质资本风险（0.146 3）、自然资本风险（0.105 0）的权重较为接近。在资金资本风险中，资金短缺的指标最高，说明对于低风险区的农户而言，缺乏充足的资金是限制其进一步发展的重要因素。

极低风险区的农户生计资本风险最高（0.782 4）。C 层指标权重排序从高到低依次为资金资本风险（0.231 9）、物质资本风险（0.216 3）、人力资本风险（0.184 2）、社会资本风险（0.080 5）、自然资本风险（0.069 5）。生计环境风险中市场环境风险指标权重较高，意味着极低风险区的农户更容易受到市场环境的影响导致收入降低，产生风险。

综上可知，所有返贫农户的主要返贫风险是生计资本风险，而在生计资本风险中，物质资本风险、资金资本风险和人力资本风险又占主要地位。

表 12 凉山脱贫人口返贫风险评价指标体系指标相对权重（极高风险区 R5）

A层	指标相对权重	B层	指标相对权重	C层	指标相对权重	D层	指标相对权重
凉山脱贫人口返贫风险评价		生计资本风险 (B₁)	0.696 5	人力资本风险 (C₁)	0.115 1	患病或残疾 (D₁)	0.015 7
						吸毒 (D₂)	必返贫项
						感染艾滋病 (D₃)	必返贫项
						适龄劳动力人口少 (D₄)	0.027 4
						内生发展动力不足 (D₅)	0.028 8
						知识和技能缺乏 (D₆)	0.043 2
						信贷困难 (D₇)	0.028 9
						就业收入不稳定 (D₈)	0.042 1
				资金资本风险 (C₂)	0.204 2	非义务教育负担重 (D₉)	0.047 7
						多孩生育负担重 (D₁₀)	0.036 7
						不良习俗和消费习惯 (D₁₁)	0.008 5
						资金短缺 (D₁₂)	0.040 3
				物质资本风险 (C₃)	0.249 9	基本生活用品短缺 (D₁₃)	0.046 6
						住房条件差 (D₁₄)	0.031 3
						交通不便 (D₁₅)	0.073 5
						生产性基础设施差 (D₁₆)	0.059 3
						牲畜减少 (D₁₇)	0.039 2
				社会资本风险 (C₄)	0.070 3	未加入互助组织 (D₁₈)	0.052 2
						亲友支持缺乏 (D₁₉)	0.018 1
				自然资本风险 (C₅)	0.057 1	可用水资源缺乏 (D₂₀)	0.025 3
						耕地或林地减少 (D₂₁)	0.031 8
		生计环境风险 (B₂)	0.200 4	政策环境风险 (C₆)	0.038 6	政策帮扶减弱 (D₂₂)	0.038 6
				市场环境风险 (C₇)	0.106 0	农产品滞销 (D₂₃)	0.029 2
						市场价格波动 (D₂₄)	0.076 8
				生态环境风险 (C₈)	0.055 8	自然灾害 (D₂₅)	0.055 8
		生计策略风险 (B₃)	0.103 1	生产经营风险 (C₉)	0.075 0	产业经营失败 (D₂₆)	0.044 4
						创收模式单一 (D₂₇)	0.030 6
				迁移发展风险 (C₁₀)	0.028 0	易地搬迁后续挑战 (D₂₈)	0.028 0

表 13 凉山脱贫人口返贫风险评价指标体系指标相对权重（高风险区 R4）

A层	指标相对权重	B层	指标相对权重	C层	指标相对权重	D层	指标相对权重
凉山脱贫人口返贫风险评价		生计资本风险 (B₁)	0.730 3	人力资本风险 (C₁)	0.113 4	患病或残疾 (D₁)	0.047 8
						吸毒 (D₂)	必返贫项
						感染艾滋病 (D₃)	必返贫项
						适龄劳动力人口少 (D₄)	0.020 0
						内生发展动力不足 (D₅)	0.016 5
						知识和技能缺乏 (D₆)	0.029 1
						信贷困难 (D₇)	0.034 2
						就业收入不稳定 (D₈)	0.029 4
						非义务教育负担重 (D₉)	0.059 1
						多孩生育负担重 (D₁₀)	0.031 4
						不良习俗和消费习惯 (D₁₁)	0.036 1
				资金资本风险 (C₂)	0.235 0	资金短缺 (D₁₂)	0.044 9
				物质资本风险 (C₃)	0.213 1	基本生活用品短缺 (D₁₃)	0.024 2
						住房条件差 (D₁₄)	0.050 6
						交通不便 (D₁₅)	0.058 8
						生产性基础设施差 (D₁₆)	0.057 7
						牲畜减少 (D₁₇)	0.021 9
				社会资本风险 (C₄)	0.113 4	未加入互助组织 (D₁₈)	0.048 9
						亲友支持缺乏 (D₁₉)	0.064 5
						可用水资源缺少 (D₂₀)	0.023 6
				自然资本风险 (C₅)	0.055 3	耕地或林地减少 (D₂₁)	0.031 7
		生计环境风险 (B₂)	0.127 7	政策环境风险 (C₆)	0.019 9	政策帮扶减弱 (D₂₂)	0.019 9
				市场环境风险 (C₇)	0.055 8	农产品滞销 (D₂₃)	0.048 7
						市场价格波动 (D₂₄)	0.007 2
				生态环境风险 (C₈)	0.052 0	自然灾害 (D₂₅)	0.052 0
		生计策略风险 (B₃)	0.142 1	生产经营风险 (C₉)	0.083 3	产业经营失败 (D₂₆)	0.047 5
						创收模式单一 (D₂₇)	0.035 8
				迁移发展风险 (C₁₀)	0.058 8	易地搬迁后续挑战 (D₂₈)	0.058 8

表 14　凉山脱贫人口返贫风险评价指标体系指标相对权重（中风险区 R3）

A 层	指标相对权重	B 层	指标相对权重	C 层	指标相对权重	D 层	指标相对权重
凉山脱贫人口返贫风险评价		生计资本风险 (B₁)	0.706 8	人力资本风险 (C₁)	0.160 5	患病或残疾 (D₁)	0.036 4
						吸毒 (D₂)	必返贫项
						感染艾滋病 (D₃)	必返贫项
						适龄劳动人口少 (D₄)	0.049 8
						内生发展动力不足 (D₅)	0.033 5
						知识和技能缺乏 (D₆)	0.040 8
						信贷困难 (D₇)	0.013 1
						就业收入不稳定 (D₈)	0.029 9
				资金资本风险 (C₂)	0.203 3	非义务教育负担重 (D₉)	0.046 1
						多孩生育负担重 (D₁₀)	0.055 3
						不良习俗和消费习惯 (D₁₁)	0.020 8
						资金短缺 (D₁₂)	0.038 0
				物质资本风险 (C₃)	0.193 4	基本生活用品短缺 (D₁₃)	0.006 7
						住房条件差 (D₁₄)	0.043 1
						交通不便 (D₁₅)	0.039 0
						生产性基础设施差 (D₁₆)	0.056 8
						牲畜减少 (D₁₇)	0.047 7
				社会资本风险 (C₄)	0.065 6	未加入互助组织 (D₁₈)	0.024 8
						亲友支持缺乏 (D₁₉)	0.040 7
				自然资本风险 (C₅)	0.084 0	可用水资源缺乏 (D₂₀)	0.034 6
						耕地或林地减少 (D₂₁)	0.049 4
		生计环境风险 (B₂)	0.157 0	政策环境风险 (C₆)	0.049 2	政策帮扶减弱 (D₂₂)	0.049 2
				市场环境风险 (C₇)	0.047 7	农产品滞销 (D₂₃)	0.022 4
						市场价格波动 (D₂₄)	0.025 3
				生态环境风险 (C₈)	0.060 1	自然灾害 (D₂₅)	0.060 1
		生计策略风险 (B₃)	0.136 2	生产经营风险 (C₉)	0.098 3	产业经营失败 (D₂₆)	0.042 3
						创收模式单一 (D₂₇)	0.056 1
				迁移发展风险 (C₁₀)	0.037 9	易地搬迁后续挑战 (D₂₈)	0.037 9

表 15 凉山脱贫人口返贫风险评价指标体系指标相对权重（低风险区 R2）

A层	指标相对权重	B层	指标相对权重	C层	指标相对权重	D层	指标相对权重
凉山脱贫人口返贫风险评价		生计资本风险 (B_1)	0.712 9	人力资本风险 (C_1)	0.157 6	患病或残疾 (D_1)	0.031 1
						感染艾滋病 (D_2)	必返贫项
						吸毒 (D_3)	必返贫项
						适龄劳动人口少 (D_4)	0.046 4
						内生发展动力不足 (D_5)	0.057 9
						知识和技能缺乏 (D_6)	0.022 2
						信贷困难 (D_7)	0.031 5
						就业收入不稳定 (D_8)	0.033 9
				资金资本风险 (C_2)	0.241 7	非义务教育负担重 (D_9)	0.038 5
						多孩生育负担重 (D_{10})	0.027 6
						不良习俗和消费习惯 (D_{11})	0.050 0
						资金短缺 (D_{12})	0.060 1
				物质资本风险 (C_3)	0.146 3	基本生活用品短缺 (D_{13})	0.036 1
						住房条件差 (D_{14})	0.040 9
						交通不便 (D_{15})	0.036 3
						生产性基础设施差 (D_{16})	0.006 7
						牲畜减少 (D_{17})	0.026 4
				社会资本风险 (C_4)	0.062 3	未加入互助组织 (D_{18})	0.033 0
						亲友支持缺乏 (D_{19})	0.029 3
				自然资本风险 (C_5)	0.105 0	可用水资源缺少 (D_{20})	0.058 2
						耕地或林地减少 (D_{21})	0.046 8
		生计环境风险 (B_2)	0.165 8	政策环境风险 (C_6)	0.057 5	政策帮扶减弱 (D_{22})	0.057 5
				市场环境风险 (C_7)	0.072 6	农产品滞销 (D_{23})	0.042 6
						市场价格波动 (D_{24})	0.030 0
				生态环境风险 (C_8)	0.035 7	自然灾害 (D_{25})	0.035 7
		生计策略风险 (B_3)	0.121 3	生产经营风险 (C_9)	0.088 8	产业经营失败 (D_{26})	0.043 1
						创收模式单一 (D_{27})	0.045 7
				迁移发展风险 (C_{10})	0.032 5	易地搬迁后续挑战 (D_{28})	0.032 5

表16 凉山脱贫人口返贫风险评价指标体系指标相对权重（极低风险区 R1）

A层	指标相对权重	B层	指标相对权重	C层	指标相对权重	D层	指标相对权重
凉山脱贫人口返贫风险评价		生计资本风险 (B_1)	0.7824	人力资本风险 (C_1)	0.1842	患病或残疾 (D_1)	0.0544
						吸毒 (D_2)	必返贫项
						感染艾滋病 (D_3)	必返贫项
						适龄劳动力人口少 (D_4)	0.0302
						内生发展动力不足 (D_5)	0.0501
						知识和技能缺乏 (D_6)	0.0494
						信贷困难 (D_7)	0.0419
						就业收入不稳定 (D_8)	0.0553
						非义务教育负担重 (D_9)	0.0074
						多孩生育负担重 (D_{10})	0.0605
				资金资本风险 (C_2)	0.2319	不良习惯和消费习惯 (D_{11})	0.0351
						资金短缺 (D_{12})	0.0317
				物质资本风险 (C_3)	0.2163	基本生活用品短缺 (D_{13})	0.0543
						住房条件差 (D_{14})	0.0669
						交通不便 (D_{15})	0.0233
						生产性基础设施差 (D_{16})	0.0356
						牲畜减少 (D_{17})	0.0361
				社会资本风险 (C_4)	0.0805	未加入互助组织 (D_{18})	0.0478
						亲友支持缺乏 (D_{19})	0.0327
				自然资本风险 (C_5)	0.0695	可用水资源缺乏 (D_{20})	0.0589
						耕地或林地减少 (D_{21})	0.0105
		生计环境风险 (B_2)	0.1565	政策环境风险 (C_6)	0.0512	政策帮扶减弱 (D_{22})	0.0512
				市场环境风险 (C_7)	0.0767	农产品滞销 (D_{23})	0.0363
						市场价格波动 (D_{24})	0.0404
				生态环境风险 (C_8)	0.0286	自然灾害 (D_{25})	0.0286
		生计策略风险 (B_3)	0.0611	生产经营风险 (C_9)	0.0397	产业经营失败 (D_{26})	0.0244
						创收模式单一 (D_{27})	0.0153
				迁移发展风险 (C_{10})	0.0214	易地搬迁后续挑战 (D_{28})	0.0214

6.4.2　模型预警的实证结果分析

为了验证模型的预测效果，课题组将剩余的 20％ 的预测样本（396 个脱贫农户样本）代入返贫风险集成预警模型进行预测，然后将预测结果与因子分析结果、政府返贫监测对象认定结果进行对比分析。

6.4.2.1　预测样本的结果输出

根据图 16 可知，396 个预测样本中被划定为极低风险区的农户有243 户，占比 61.11％；低风险区和中风险区数量较为均等，分别为 74 户和 73 户；高风险区和极高风险区的农户数量较为均等，分别为 4 户和3 户，分别占比 1.01％ 和 0.758％。从整体趋势来看，随着风险等级的升高，返贫农户数量呈现骤减趋势，这与目前调研的凉山脱贫人口的实际整体状况相符。

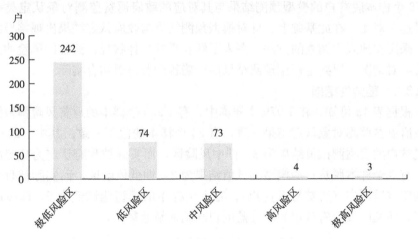

图 16　返贫风险预警集成模型预警结果

来源：课题组根据研究内容绘制。

6.4.2.2　预测样本结果比较

将预测样本的综合得分与因子分析的综合得分再次进行比较，二者的总体趋势也较为一致，说明返贫风险集成预警模型的预测功能稳定、有效。

同时，将预测样本的风险判断结果与政府返贫监测对象认定结果进行比较可知，二者在总体趋势上保持一致。具体来说，在 396 个样本中，二者对 392个样本的预测结果相同，相同率达到 98.74％，仅有 4 个样本结果存在明显差异（表 17）。说明返贫风险集成预警模型预测结果与政府在实践中对脱贫农户返贫风险的把握情况基本一致，模型具有较强的实用性。

表 17　政府返贫监测对象认定结果与神经网络模型预测值的差异样本

农户样本号	政府返贫监测对象认定	神经网络模型预测值	政府认定与预测值对比
1606	稳定脱贫户	3	*
1615	稳定脱贫户	3	*
1630	稳定脱贫户	3	*
1696	稳定脱贫户	3	*

来源：课题组根据因子分析结果制作。

注："　*　"代表对比项目数据不吻合。

6.4.3　模型预警结果与政府返贫监测对象认定的比较分析

为了进一步验证返贫风险集成预警模型的可靠性和精确性，课题组把 1 979 个样本脱贫户的模型预测结果与其对应的政府返贫监测对象认定类型进行了逐一对比。在此基础上，针对模型预测结果与政府认定结果出现差异的样本，采用实地入户调查的方法，深入了解农户的生计状况、面临的风险冲击及风险应对情况，以判定模型预测结果的准确程度及是否切合实际。

6.4.3.1　差异性结果

根据表 18 可知，在 1 979 个样本中，有 1 955 个样本的返贫风险预警结果与政府返贫监测对象认定结果一致，有 24 个样本的值不一致。其中，20 个样本脱贫户的模型测试值结果为 3，即中风险区，而实际被政府认定为稳定脱贫户。有 3 个样本脱贫户的模型测试值结果为 2，即低风险区，而实际被政府认定为脱贫监测户（脱贫易返贫户）；有 1 个样本的模型测试值为 5，即极高风险区，而实际被政府认定为脱贫监测户（脱贫易返贫户）。

表 18　模型预警结果与政府返贫监测对象认定结果差异

农户样本号	政府返贫监测对象认定	模型测试值	政府认定与预测值对比
263	稳定脱贫户	3 中风险区	*
415	稳定脱贫户	3 中风险区	*
543	稳定脱贫户	3 中风险区	*
570	稳定脱贫户	3 中风险区	*
615	稳定脱贫户	3 中风险区	*
781	稳定脱贫户	3 中风险区	*
1009	稳定脱贫户	3 中风险区	*

（续）

农户样本号	政府返贫监测对象认定	模型测试值	政府认定与预测值对比
1144	稳定脱贫户	3 中风险区	[*]
1151	脱贫监测户（脱贫易返贫户）	2 低风险区	[*]
1302	稳定脱贫户	3 中风险区	[*]
1304	稳定脱贫户	3 中风险区	[*]
1324	稳定脱贫户	3 中风险区	[*]
1360	脱贫监测户（脱贫易返贫户）	2 低风险区	[*]
1364	稳定脱贫户	3 中风险区	[*]
1393	稳定脱贫户	3 中风险区	[*]
1403	稳定脱贫户	3 中风险区	[*]
1466	脱贫监测户（脱贫易返贫户）	5 极高风险区	[*]
1510	脱贫监测户（脱贫易返贫户）	2 低风险区	[*]
1560	稳定脱贫户	3 中风险区	[*]
1571	稳定脱贫户	3 中风险区	[*]
1606	稳定脱贫户	3 中风险区	[*]
1615	稳定脱贫户	3 中风险区	[*]
1630	稳定脱贫户	3 中风险区	[*]
1696	稳定脱贫户	3 中风险区	[*]

来源：课题组根据研究内容制作。

注：农户类型是指凉山彝族自治州人民政府对农户返贫风险等级的认定；测试值为模型运算输出值；"[*]"代表对比项目数据不吻合。

6.4.3.2 差异性分析

分析发现，出现上述差异主要有两个方面的原因：一是政府在返贫监测对象认定标准的确定上与模型采用的预测指标不同；二是模型的预警等级划分与政府认定类型的对应性不强，导致吻合度产生偏离。

根据《关于印发〈凉山州 2020 年贫困退出验收实施方案〉的通知》（凉脱贫指挥办发〔2020〕114 号）的内容，从政府认定标准来看，贫困户脱贫要满足三个标准才能被认定为脱贫，即所谓的"1、2、3"标准。其中"1"是指一个超过，即当年人均年纯收入超过当年国家脱贫线。脱贫线是省级政府在中央政府文件的指导下根据当地经济发展情况确定的，2020 年为 4 000 元，2019年为 3 700 元，2018 年为 3 500 元，2017 年为 3 318 元。"2"是指"两不愁"，即不愁吃、不愁穿。"3"是指"三保障"，即住房、医疗和教育有保障（凉山州后来增加了饮水安全）。具体而言，住房保障是指房屋安全鉴定等级要达到B级以上；医疗保障要达到小病不出村，大病不出乡，重病不出县（区），家中要有常用药品，村级卫生室常备 60～80 种常用药；教育保障是指确保义务教育阶段不辍学，免费教育要应纳尽纳；饮水保障方面要求自来水直接入户，并且家中要有三个及以上水龙头、冬天要有能通水的水龙头。根据此脱贫标准，凉山州对贫困户进行了等级划分："返贫户"是指不满足"1、2、3"标准的农户；"脱贫监测户（脱贫易返贫户）"是指达到"1、2、3"标准，但人均年纯收入低于 5 000 元的农户；"稳定脱贫户"是指达到"1、2、3"标准，且人均年纯收入超过 5 000 元的农户。可见，政府对脱贫农户的返贫风险类型划分实质涉及的是人均年纯收入、吃、穿、住房、义务教育、饮用水、医疗七个方面，相对于返贫风险集成预警模型的 28 个指标来说，该标准评价维度较为狭窄，涵盖的返贫风险要素有限。

本课题组对 24 个差异样本进行实地入户调研后发现，政府在对其认定时主要采用的是六个指标（即人均可支配收入少、基本生活用品短缺、住房条件差、可用水资源缺乏、患病或残疾），从返贫风险趋势来看，其认定结果与模型预测基本一致。但在计算具体风险得分时，由于模型指标更为广泛、精细，一旦样本出现多种风险叠加，各种风险指标的权重值就会对评分产生较大影响，从而导致最终预测结果与政府认定结果出现差异。

（1）对政府认定为稳定脱贫户的回访调研。 通过实地入户回访调查发现，表 18 中的 20 个被政府认定为稳定脱贫户而模型预测为存在中度返贫风险的农户样本，实际上均有一定程度的返贫风险。

以第 1 606 户农户为例（以下均为化名），该户的户主为布拖县石咀村的解石此联，其婚后育有七个孩子，三个男孩、四个女孩。解石此联靠跑货运车维持生计，收入较为可观。然而，2015 年的一次交通事故导致解石此联残疾。巨额的医疗费用让这个家庭一夜之间陷入贫困，连基本的吃穿都成了问题。在政府的帮助下，解石此联一家成为建档立卡贫困户，享受了各项帮扶政策，扶贫工作人员积极与其联系，为其妻子吉力么惹力就近寻找到一份清洁工作，这样他妻子既能赚钱补贴家用，又能照顾他。随着大儿子和二儿子逐渐成年，他们也开始通过务工赚钱来回馈家庭。解石此联一家在 2019 年顺利脱贫。然而，随着年龄增长，两个儿子的婚事被提上日程，高额彩礼成了一项巨大的经济负担。此外，其余五个孩子中两个在上技校，两个在上初中，一个在上小学。诸多额外教育支出使整个家庭捉襟见肘，课题组明显感到在未来五年内该家庭具有较大的返贫风险。（2020 - 11 - 03 - BTX - TJZSZC - 01）

然而政府在对其进行返贫监测时，由于该户满足"1、2、3"标准，且人均年纯收入超过 5 000 元，因此被认定为稳定脱贫户。但是诸如因高额彩礼及额外教育支出等导致的潜在返贫风险因素未被考虑在内。

第 1 615 户农户的户主是莫色么有外，其家住在平均海拔 2 500 多米的美姑县腾地村，他家是该村 92 户贫困户之一。由于地势特殊，耕地匮乏，生计资源短缺，他与其他许多村民一样仅依靠种植土豆、花椒等农作物来获得收入，生活比较困难。为了摆脱贫困，他们在当地政府安排下从原来的高山区搬到海拔 500 多米的河谷地区安置点，通过易地扶贫搬迁，改善了生存环境，实现了脱贫。在村支部书记的带领下，莫色么有外同许多村民一样种植冬桃树，发展冬桃产业，同时贷款投资了农家乐，希望能增加收入。按照村里的规划，未来村里还要修建停车场、举办桃花节，大力发展乡村旅游。可是由于同质化竞争严重，加之新冠疫情影响，客流量大幅度减少，他投资的农家乐多数时候处于停业状态。此外，冬桃产业的发展前景也不确定，价格波动很大，2018年销量较好时，冬桃价格高达 50 元/千克，但是去年冬桃售价已降至 23 元/千克。莫色么有外虽然充满干劲，但是也对未来充满担忧，在访谈时，他说："我们村支书自己也害怕，他也没有多少种植和销售经验，一是担心种不活，劳民伤财，二是担心种活了冬桃也不一定好卖。其他地方都是规模化种植，种植技术很成熟，也有销售渠道，我们比不了。我们凑钱发展冬桃产业，还发展旅游业，没有种植经验和销售渠道，就怕最后没赚到钱，还赔了本钱，再变成贫困户。"（2020 - 11 - 05 - MGX - NNBZTDC - 02）

由于莫色么有外家满足返贫监测的"1、2、3"标准，人均年纯收入目前高于 5 000 元，因此被政府认定为稳定脱贫户，而事实上该户在市场风险面前，抗风险能力较弱，存在一定的返贫风险。相对于政府的认定结果，模型的预测更加贴近实际。

第 1 630 户农户的户主是普格县特口乡特口村的呷西曲木。特口村在普格县与布拖县交界处的高寒山区，现在整体搬迁到距县城 28 公里的地方。全乡196 户建档立卡贫困户的房子都是统规统建，居住环境有了极大改善。呷西曲木一家搬迁脱贫后，生活依旧艰苦，面临的最大问题是如何保持收入稳定。由于特口乡土地资源少，为了化解人地矛盾，外出务工成为脱贫人口主要的生计策略之一。呷西曲木家现在的主要收入来源是建筑工地务工，但是受新冠疫情、房地产经济不景气、地方环保政策等因素的影响，建筑工地招工人数在逐渐减少，很多工地都停工了，呷西曲木夫妇经常是干一季、在家闲一季，收入极不稳定。呷西曲木想转行从事其他类型的工作，又因缺乏相关专业技能求职受阻。他的爱人阿西阿嘎由于学历水平低、不精通汉语，诸多厨师、保姆技能培训也参加不了，一时间难以找到合适的工作。在入户回访调查时，呷西曲木对课题组说："多亏前几年打工我们存了一些钱，一家人每个月的生活开支，小孩上学的费用，家里父母吃药费用，现在还能勉强应付，但如果时间长了，我们就撑不住了，真希望外面的工地尽快红火起来，好早点外出务工挣钱。"（2020 - 11 - 07 - PGX - RDDSZTKC - 03）

显然，作为政府认定的稳定脱贫户，呷西曲木家当前的状况符合相关的认定标准，但从实际情况看，就业收入不稳定和就业技能缺乏造成家庭创收模式较为单一，已使其产生了一定的返贫风险。这种风险在政府现有认定标准中没有得到体现，而模型的预测结果则较好地体现了呷西曲木家的风险状态，对于防范其返贫风险具有重要意义。

第1 696 户农户的户主是雷波县铜厂沟村的哈吉万军，他父亲母亲年事已高，脱贫之前生活窘迫，没有像样的房子，2017 年他家被纳入建档立卡贫困户。对接帮扶他家的是广东省佛山市顺德区。在顺德区北滘总商会开展的"百企帮百村"雷波县帮扶工作中，哈吉万军参加了厨师技能培训，后来在顺德从事了两年餐饮工作，在积累经验的同时，也增加了收入，实现了脱贫。2019年考虑到父母年龄大，需要照顾，哈吉万军回到家乡在地方政府帮助下申请了小额贷款，开了一家小饭店。然而由于他不善经营管理，顾客越来越少，最后饭店关门了，还欠下了银行贷款。虽然贷款是免息的，但对于整个家庭来说也是一个不小的负担。后来他又借了亲戚朋友的钱去跟人合伙开超市、办养鸡场，但都经营失败了。他欠了很多外债的事情并没有告诉其他人。他说："咋可能告诉别人我欠了那么多钱，那多丢人啊！村里干部给我争取了那么好的政策，我都没有成功，真没有脸见他们。况且如果让亲戚朋友知道我借了他们的钱还不起，以后他们再也不会帮我了。我现在正想其他办法筹钱，再开个饭店，我认为我一定会赚到钱的。"（2020 - 11 - 10 - LBX - WSZTCGC - 01）

由于隐瞒债务，按照确认标准，哈吉万军家被政府确定为稳定脱贫户，而根据模型预测指标，由于创业经失败、社会资本消耗和欠下外债，该户已成为存在中度返贫风险的脱贫农户。课题组继续对与模型预测存在差异的政府认定为稳定脱贫户的其余 16 个样本进行回访调查。调查结果显示，与政府认定结果相比，模型的预测更符合实际调研情况，更能准确反映这些农户面临的潜在返贫风险。

（2）对政府认定为脱贫监测户的回访调研。表 18 中有四个脱贫监测户是政府认定的，该认定结果与模型预测结果也存在差异。为了准确了解农户的实际风险状况，课题组对这四个样本逐一进行了实地入户回访调查。

第 1 446 户农户的户主是普格县甘拉村 72 岁的阿婆吉克金子。在老伴过世后，她一直独自一人生活在高山区的平房里，以土豆和玉米为主要食物，一件衣服穿到破。每逢暴雨天，她家房子就四处漏水。脱贫攻坚过程中，阿婆在当地政府帮助下搬迁到了河谷平坝地区，住上了宽敞明亮的新房子。考虑到她的生活条件和身体状况，当地脱贫攻坚干部自筹费用为她购置了床、柜子、桌子等基本生活用品。县畜牧局还为她分发了 15 只兔子、10 只鸡，让她饲养售卖补贴家用。在访谈时，吉克金子已经脱贫。她泪眼婆娑地握着陪伴我们走访的村干部的手，一直表达感谢。经由干部的翻译我们才知道，阿婆说的是她这辈子没有想过能够过上这样的好生活，住上这么新的房子，政府对她比父母都要好。但课题组发现，阿婆年事已高，下地务农已比较困难。阿婆自己也不懂如何养殖家畜，家里饲养的鸡和兔基本处于散养状态，更多是用来自己食用。现在家里的收入全部来源于政策补贴。村干部对她家的情况也很担忧："按照现行标准，我们政策好，她已经脱贫，而且是稳定脱贫，我们为她高兴。但是她一个老人家，年龄大，没有劳动力，不能干活；患有哮喘，需要经常吃药治疗，几乎没有收入来源，就靠着那二亩地的土豆和玉米过活。亲戚朋友也没有几个，跟她一辈的老姐妹都去世了，小辈的亲戚几乎不来往，她又是一个人生活。如果没有后续的政策支持或者政策补贴标准变少，她的日子就会变得每况愈下，稍有不慎就可能返贫，现在她全靠政府支撑着。"（2020 - 11 - 12 - PGX - RDDSZGLC - 02）

　　按照现有标准，吉克金子被政府认定为脱贫监测户，而模型预测结果则显示她属于极高返贫风险类型。由于政府对脱贫农户的认定仅包括稳定脱贫户、脱贫监测户和返贫户三种类型，对脱贫监测户只能判断其存在一定返贫风险，不能反映其风险的具体程度，因此对吉克金子来说，她只能获得与其他脱贫监测户一样的帮扶政策和措施。显然，这样的风险防范措施对存在极高返贫风险的她是不够的。而返贫风险集成预警模型对农户返贫风险进行了详细的等级划分，使风险识别更加精准，对分级分类采取风险应对措施，有效消除或降低返贫风险是非常有利的。

　　剩余第 1 151、1 360、1 510 户三个农户样本均被政府认定为脱贫监测户，而模型预测结果则是低返贫风险。课题组在实地入户调查中发现，这三个样本虽然受到了返贫风险事件带来的负面冲击，但由于其脱贫后积累了良好的生计资本，提升了风险抵御能力，返贫风险并不高。

　　第 1 151 户农户的户主是金阳县天地坪村的阿荣洛支。阿荣洛支在 2017 年被发现患有卵巢癌。癌症的巨额治疗费用使整个家庭瞬间陷入贫困，由于需要看护，丈夫不能外出打工挣钱，家里的积蓄也被花光了，治疗一度几乎中断。成为建档立卡贫困户后，阿荣洛支的癌症手术费、住院费等治疗费用大部分得到了报销，丈夫在周边打打零工，边挣钱边照顾他。2020 年阿荣洛支家脱贫，由于癌症尚未康复，家庭收入不稳定，被政府认定为存在一定的返贫风险，所以被划为脱贫监测户。在访谈中，阿荣洛支表示，2020 年是治疗化疗后的第三个年头。医生告诉她，过了三年癌症的复发率会降至 20% 左右。每年的定期检查结果也显示她的身体正在恢复正常，只是不能过度劳累，轻度的农活是没有问题的。所以，现在她们家的情况是她主要在家里饲养牲畜补贴家用，丈夫外出务工，挣钱用于偿还前期亲戚朋友的欠款，现在快要还清了，同时她的儿子也从技校毕业了并找到了工作，偶尔还给家里寄钱。（2020 - 11 - 14 - JYX - PLZTDPC - 03）

总体来看，阿荣洛支一家不仅摆脱了贫困，而且发展势态持续向好，家庭收入日趋稳定，收入来源逐渐多元，加之越来越完善的医疗保险政策和医疗条件，大大降低了癌症复发可能引发的返贫风险。

第 1 360 户农户的户主是甘洛县波波村的阿库由嘎。他曾是村里的贫困户，虽然身体健康，但是好吃懒做，不找工作不挣钱，老婆也跑了。后来破罐子破摔，连自己家的四亩地也荒着，就等着政府救济和帮扶。脱贫攻坚结束后，他也实现了脱贫，但是考虑到他的人均年纯收入才 3 800 元，而且因为存在"就业不稳定"的风险，所以政府将他划入脱贫监测户。在访谈过程中，我们发现阿库由嘎有很多可以改变的机会，比如他的姑父是外村的种植大户，一直都缺人手，他去帮了一段时间，虽然工资待遇不错，但他还是离开了，原因是他觉得种植工作太辛苦、不想干；他学过汽车修理，会一些修理技术，在县城修理厂工作了半年，后来也不愿意去了，觉得厂里管得太严、不自由；回家种地或搞养殖，他又觉得投入产出不高，还很麻烦。现在他偶尔打打零工，通过做一些临时工作赚点钱来维持生活。（2020 - 11 - 16 - GLX - BBXBBC - 01）

对于阿库由嘎来说，他的身体状况、专业技能和社会资本都比较良好，只是由于个人内生动力不足，存在"等、靠、要"的懒惰思想，导致工作不稳定、收入较低等问题。对于他来说，只要增强自身发展的主观能动性，变"要我脱贫"为"我要脱贫"，其返贫风险并不高。

第 1 510 户农户的户主是木里县呷古村的阿苏布谷，他家被划定为脱贫监测户的主要原因是"火灾"。谈起那场大火，阿苏布谷依然感到心悸和后怕，他对课题组讲道："去年我们这里由于天气干燥发生了山火，火势蔓延很快，我家承包的十多亩庄稼地也着火了，当时地里的荞麦快要成熟了，本想着能够靠这些荞麦卖个好价钱，谁曾想被大火烧成了灰。一年来家里投入的人力、物力都打了水漂，损失十多万元，我当时真的很伤心、难受，感觉天都要塌下来了。所幸前些年还有些积蓄，加上今年政府支持我申请到了小额贷款，我又重新用这些钱承包了十多亩地来种植荞麦，希望能够尽快赚到钱，不然我真不知道该怎么办了。"因为这次火灾,政府将阿苏布谷认定为脱贫监测户,同时在等级表格中加的备注是"因灾"。访谈中阿苏布谷说:"本来我们彝族是个崇尚火的民族。'生于火堆边,死在火堆上'是我们这边的说法。你看,我们每年都举行火把节,家家户户屋里都使用火塘,本来火是个好东西,但是弄不好也吓人啊,我们好不容易脱贫,眼看要过上好日子了,但一场火灾就把我们的成果化为乌有。"鉴于凉山有不少火灾易发区,为防止因火灾致贫返贫,在州委政府和县里的安排下,各县消防救援大队与贫困村进行了结对帮扶,并在许多村成立了微型消防站,最大限度避免火灾发生。访谈时阿苏布谷告诉课题组:"最近我参加了好几次村里组织的防火安全知识讲座和消防安全培训,掌握了一些预防火灾的方法,感觉心里踏实多了,以后再遇到类似情况就知道该如何处理了。"(2020 - 11 - 18 - MLX - MNPXGGC - 02)

可见,虽然这次的火灾损失较大,但阿苏布谷家自身积累的生计资本和政府采取的火灾防范措施,大大增强了其灾后恢复能力,模型将其预测为低返贫风险,是比较符合实际的。

综上所述,通过对模型预测结果与政府认定结果出现差异的 24 户样本进行回访调查,实地查看、了解样本家庭的生产生活状况,并结合其风险感知与风险影响因素分析后发现,返贫风险集成预警模型具有良好的适应性和预测的准确性。从宏观上看,该模型的预测结果与政府返贫监测对象认定结果整体趋于一致;从微观上看,相对于政府的认定方法,模型的预测标准、指标及其权重更加精确、具体,更能准确反映农户的实际生计状况和返贫风险水平。

6.4.4 模型的创新性和适用性分析

从上述研究可知,脱贫人口的返贫风险是复杂、不确定的系统性风险,具有风险叠加性特征。在返贫风险的形成过程中,各种风险因素会交织在一起,相互作用,相互影响,如不及时化解,易引发系统性风险,甚至造成返贫。本课题总结了其他学者建立风险预警模型的方法及其优缺点,从生计资本、生计环境、生计策略等多维度相结合的新视角建立了返贫风险分析指标体系,创新性地提出了融合因子分析法与神经网络模型二者优势的脱贫人口返贫风险集成预警模型。

该模型在理论上具有创新性,主要表现在两个方面:首先,该模型通过吸收反贫困理论、可持续生计理论和全面风险管理理论的思想,并将其与凉山脱贫人口实际情况有机结合,从比较全面的视角来构建基于多风险源叠加的返贫风险分析框架,更好地解释了风险的形成机理、影响因素和传导机制,扩展和丰富了返贫风险的理论研究。其次,和现有大部分风险预警模型不同,脱贫人口返贫风险集成预警模型采取因子分析法与 BP 神经网络模型二者结合的方法，训练优化风险预警模型。该模型在返贫风险预警的分类准确率、精确性和效率等方面都取得了较好的效果，利用该方法构建返贫风险预警模型在国内尚属首次，与国外相关研究相比也有特色。

此外，对模型预测结果与政府返贫监测对象认定结果进行比较发现，二者结果的一致性为 98.79%，差异性为 1.21%。进一步对出现差异的农户样本进行入户回访调查，结果表明，相对于政府认定结果，模型预测结果更加精确，更能准确反映农户的实际生计状况和返贫风险水平。这说明，按照政府现行的返贫监测对象认定方法，在凉山 105.2 万脱贫人口中，大约有 1.27 万人存在认定误差，这必然会对当前的防范返贫工作带来较大的不利影响。因此，相对于政府现行认定方法，本课题构建的返贫风险集成预警模型具有较大的优越性，更适用于脱贫人口返贫风险的识别和预警。同时，从预警功能来看，该模型不仅可以应用于返贫风险预警，还可以测量返贫风险的具体程度和类型，可较翔实地反映出不同类型脱贫农户的风险特征，对于凉山建立健全返贫风险防范化解机制，实施分级分类风险管控措施，防止脱贫农户返贫具有重要的实用价值。

6.5 本章小结

本章从理论和实证两个方面对凉山脱贫人口返贫风险集成预警模型的构建进行了探讨，同时验证了模型的可靠性和精确性，并对模型的创新性和适用性进行了分析。首先，本章围绕返贫风险事项和返贫风险指标体系设计了调查问卷和访谈提纲，并采取多级整群抽样方法，对 1 979 户脱贫农户样本进行调查。与此同时，系统梳理了神经网络与因子分析法的基本原理，并对二者的优劣进行了比较分析，在此基础上设计了融合神经网络模型和因子分析法的返贫风险预警集成模型框架。随后，选择目前应用最为广泛的神经网络工具——MATLAB 的 BP 神经网络与因子分析法相结合构建模型，选取 80% 的样本数据（1 583 户）对模型进行训练和优化。为了验证优化模型的预测效果，用剩余 20% 的样本数据（396 户）对模型进行实证研究，并将预测结果与因子分析结果、政府返贫监测对象认定结果进行对比分析。结果表明，模型预测与因子分析结果总体趋势一致，模型预测功能稳定、有效，相较于政府目前的返贫监测对象认定方法，模型预测更符合实地入户回访调查情况，更能精准反映农户面临的返贫风险。因此，该模型具有良好的创新性和适用性，既进一步扩展和丰富了返贫风险的理论研究成果，又对凉山脱贫人口返贫风险的识别和预警具有重要的实用和参考价值。

7 凉山脱贫人口返贫风险
预警结果分析

为系统、准确地掌握凉山脱贫人口返贫风险的特点，本章基于模型预警结果，首先从整体的角度出发，分析凉山返贫风险的概况，并对各县（市）返贫风险进行评价；其次，对不同风险等级区域中生计资本风险、生计策略风险、生计环境风险及特殊社会问题等各个风险事项进行逐一分析，以期能够更准确地了解返贫风险的特征，为下一章提出返贫风险的防范策略奠定基础。

7.1 凉山脱贫人口返贫风险整体分析

7.1.1 返贫风险概况

通过前面构建的返贫风险集成预警模型预测及样本统计分析发现，虽然凉山已成功完成脱贫攻坚任务，消除了绝对贫困和区域性整体贫困，但受经济、社会、文化和自然环境等因素的影响，部分已脱贫人口还存在不同程度的返贫风险，并且风险种类多样，来源复杂。

具体来说，运用返贫风险集成预警模型对凉山脱贫户的返贫风险进行预测，结果表明，在 1 979 个样本脱贫户中，有 324 户处于中风险区，12 户处于高风险区，23 户处于极高风险区，三者共占样本的 18.14%（图 1）。

按照这一比例计算，凉山 105.2 万脱贫人口中，大约有 19.1 万人存在返贫风险。说明作为我国最具代表性的脱贫地区，凉山依然存在脱贫人口数量多、发展基础薄弱等特点，由此产生的返贫风险依然存在。因此，如何巩固拓展凉山脱贫攻坚成果，防止规模性返贫的任务依然艰巨。

与此同时，凉山脱贫人口返贫风险的另一大显著特征为风险种类复杂多样，风险叠加效应显著，生计环境风险、生计资本风险和生计策略风险的相互叠加，很大程度上增加了凉山脱贫人口返贫风险的监测和治理难度（图 2）。

为此，课题在理论研究阶段，借鉴可持续生计理论和全面风险管理理论的多维分析框架，建构了脱贫人口返贫风险评估指标体系，从 3 大准则、10 个

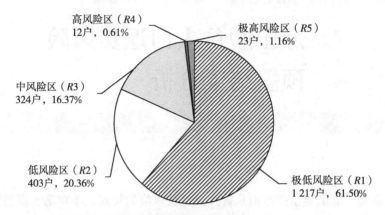

图 1　凉山样本脱贫户返贫风险类型占比

来源：课题组根据研究内容绘制。

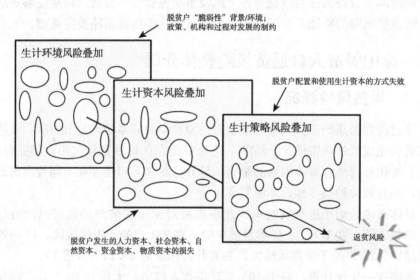

图 2　凉山样本脱贫户返贫风险叠加示意

来源：课题组根据研究内容绘制。

领域及 28 个指标出发，对农户返贫风险进行全面分析，并对各风险指标进行逐一验证。这使模型不仅吸收了早期学者们关于返贫风险研究的各种因素，而且考虑了凉山返贫风险的多样性和叠加性，增加了具有地方特色的个性化内容，从而更贴合实际。这一点在模型预测结果中得到很好的体现。通过预测结果可以发现，凉山脱贫家庭返贫，并非单一风险影响，而是生计环境风险、生计资本风险和生计策略风险互相叠加导致的结果。比如，生计环境的某方面因素出现了风险，继而引发生计资本风险，结果导致生计策略的风险，在多种风险的叠加冲击下，形成返贫风险，引起脱贫家庭在生产生活上的困难，最终导致返贫发生。课题组在对越西县普雄镇脱贫家庭进行调研时发现，该镇 197 户建档立卡贫困户中，部分返贫户因为泥石流、洪水等生态环境风险，导致患大病或就业收入不稳定的生计资本风险，以至引发产业经营失败、创收模式单一的生计策略风险，在多重风险叠加冲击下，这些农户家庭再次陷入贫困状态。

7.1.2 各县（市）返贫风险评价

凉山有 2 个县级市和 15 个县，各地生态环境、经济状况与社会发展水平等方面均存在较大差异，故其脱贫农户的返贫风险特征也各不相同（表 1）。总体而言，凉山 1 979 个脱贫农户样本中，81.86% 处于极低风险与低风险两个区域，16.37% 处于中风险区域，1.77% 处于高风险和极高风险区域。其中，西昌市、会理市、德昌县、会东县、金阳县和越西县的高返贫风险农户人数较少，返贫风险防范压力相对较小。盐源县、昭觉县、甘洛县、雷波县、布拖县和普格县的高返贫风险农户人数较多，返贫风险防范压力相对较大。

表 1 凉山各县（市）脱贫户样本返贫风险等级人数统计

单位：人

县（市）	极低风险区 (R1)	低风险区 (R2)	中风险区 (R3)	高风险区 (R4)	极高风险区 (R5)
西昌市	96	15	5	0	0
会理市	118	1	1	0	0
木里藏族自治县	56	25	20	0	2
盐源县	64	19	52	2	2
德昌县	97	18	28	0	0
会东县	61	48	29	0	0
宁南县	66	19	13	0	2
普格县	45	28	31	3	5
布拖县	76	21	2	2	0
金阳县	58	19	28	0	0
昭觉县	34	40	23	3	1
喜德县	76	35	4	0	3
冕宁县	77	25	25	0	1

（续）

县（市）	极低风险区 （R1）	低风险区 （R2）	中风险区 （R3）	高风险区 （R4）	极高风险区 （R5）
越西县	64	17	21	0	0
甘洛县	106	21	10	1	3
美姑县	66	26	16	0	1
雷波县	57	26	16	1	3

来源：课题组根据研究内容制作。

在凉山不同返贫风险等级的农户中，各县（市）所占比例差异较大（表2）。西昌市、会理市、甘洛县、德昌县的极低风险区域占比相对较高，表明在巩固拓展脱贫攻坚成果的进程中，这些区域的脱贫人口大多已具备了一定的可持续生计能力，抗返贫风险能力较强，已实现稳定脱贫，目前主要任务是防范零星性返贫风险。值得注意的是，甘洛县的情况较为特殊，虽然在极低风险区域内脱贫农户的占比为8.71％，但在高风险区占比为8.33％，在极高风险区占比达13.04％，说明该地区脱贫农户发展非常不均衡，特别需要根据风险评估结果对农户实施分级分类管理，及时将不同风险等级的农户纳入监测范围，并采取针对性的风险防范措施。同时，盐源县和雷波县的脱贫户在各个风险区域的占比较为均衡，意味着这两个地方的返贫风险预防和管控较为复杂，除了要重点关注高风险和极高风险农户的基本生计状况，还要特别注意夯实发展中度风险的农户生计资本，提升其抵御风险的能力，使其尽快转变为低风险类型，以巩固、扩大、稳定脱贫群体数量。另外，普格县与昭觉县面临高返贫风险和极高返贫风险的农户占比较高，表明相对于其他地区，该区域发展基础较为薄弱，防范化解规模性返贫风险的压力较大，为此，政府有必要整合统筹各方面资源，多措并举加大对高风险农户的帮扶，在增强其可持续生计能力的同时，对符合条件的农户要及时通过特困供养、低保、社会救助等方式将其纳入兜底保障，以筑牢防返贫底线。

表2　凉山各县（市）脱贫农户样本返贫风险等级比例对比

县（市）	极低风险区 （R1）	低风险区 （R2）	中风险区 （R3）	高风险区 （R4）	极高风险区 （R5）
西昌市	7.89％	3.72％	0.93％	0.00％	0.00％
会理市	9.70％	0.25％	0.31％	0.00％	0.00％
木里藏族自治县	4.60％	6.20％	6.21％	0.00％	8.70％

(续)

县（市）	极低风险区 (R1)	低风险区 (R2)	中风险区 (R3)	高风险区 (R4)	极高风险区 (R5)
盐源县	5.26%	4.71%	16.15%	16.67%	8.70%
德昌县	7.97%	4.47%	8.70%	0.00%	0.00%
会东县	5.01%	11.91%	9.01%	0.00%	0.00%
宁南县	5.42%	4.71%	4.04%	0.00%	8.70%
普格县	3.70%	6.95%	9.63%	25.00%	21.74%
布拖县	6.24%	5.21%	0.62%	16.67%	0.00%
金阳县	4.77%	4.71%	8.70%	0.00%	0.00%
昭觉县	2.79%	9.93%	7.14%	25.00%	4.35%
喜德县	6.24%	8.68%	1.24%	0.00%	13.04%
冕宁县	6.33%	6.20%	7.76%	0.00%	4.35%
越西县	5.26%	6.45%	6.52%	0.00%	0.00%
甘洛县	8.71%	5.21%	3.11%	8.33%	13.04%
美姑县	5.42%	6.45%	4.97%	0.00%	4.35%
雷波县	4.68%	6.45%	4.97%	8.33%	13.04%

来源：课题组根据研究内容制作。

7.1.3 各风险子项分析

根据返贫风险集成预警模型，课题组基于可持续生计理论构建了 28 个指标，对影响返贫风险的各风险子项进行了逐一测度。从风险预警结果来看（图 3），不同返贫风险区域（极高风险、高风险、中风险、低风险、极低风险）中脱贫户的风险子项与其所处的风险等级基本吻合，仅有个别子项的值与其整体趋势存在差距。首先，极高风险区域脱贫户的各项风险值基本位于 4～5 的阈值，各风险子项对其影响均较大。其次，高风险区域脱贫户的各项风险值之间的极差较大，表明整体趋势不稳定。例如，内生发展动力不足（D_5）、知识和技能缺乏（D_6）、非义务教育负担重（D_9）等风险子项对该区域脱贫户的影响较大，其数值均超过 4。而住房条件差（D_{14}）、耕地或林地减少（D_{21}）及产业经营失败（D_{26}）等风险对他们的影响较小，其数值均位于 1 之下。再次，中风险脱贫户的各项风险值大多位于 2～3 的阈值，仅有知识和技能缺乏（D_6）、资金短缺（D_{12}）的风险子项超过 3 的临界值。此外，与中风险脱贫户相似，低风险脱贫户在各风险子项的数值相对稳定，仅有适龄劳动力人口少（D_4）与不良习俗和消费习惯（D_{11}）的子项超过低风险的临界值。最后，极低风险区域脱贫户的各项数值趋于稳定，均位于 0～1 的值域，各风险子项对该区域脱贫户的影响较小，属于稳定脱贫范畴。

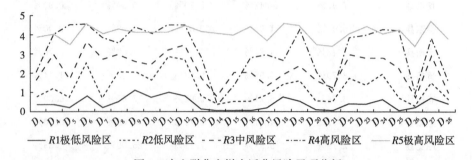

图 3　凉山脱贫户样本返贫风险子项分析

注：由于 D_2（吸毒）、D_3（感染艾滋病）两项风险事项为"一票否决性"返贫指标，故无须在图中体现。

来源：课题组根据研究内容绘制。

　　课题组通过对凉山不同等级脱贫户各风险子项趋势的分析，发现在防范凉山返贫风险时还需要考虑三个方面的问题。首先，受经济发展水平和政府风险管控方式的影响，凉山部分地方的返贫风险有加剧的趋势。部分高返贫风险的脱贫户在部分风险事项上已经达到了极高风险的等级，如果地方政府不及时干预，这部分脱贫户可能会成为极高返贫风险的脱贫户。凉山州政府及相关部门需要对这些群体提前精准识别，采取分级分类的措施积极干预，防微杜渐，完善事前预警制度。其次，凉山脱贫户返贫风险事项多集中在资金短缺、知识和技能缺乏、交通条件滞后、就业收入不稳定等生计资本风险事项方面。经过多年的改革和发展，凉山极大地推动了区域内基本公共服务的发展，但研究也发现部分地方的基本公共服务均等化程度还存在不足之处，服务的质量还有待提高。因此，政府部门需要进一步推动凉山基本公共服务均等化，提升脱贫户在基础设施、教育、金融、就业服务等方面的可及性与获得感。最后，各风险子项的数值仍然较高。凉山虽然已经完成了脱贫攻坚工作，但其返贫风险仍然存在，而且具有类型复杂、叠加性强的特点。政府需要整合各种社会资源，发动各种社会力量对凉山脱贫户的返贫风险开展综合治理，尽可能降低风险的危害程度。总而言之，根据凉山脱贫户样本返贫风险等级分析，研究认为政府应该坚持以系统原则、共性与特性相结合原则和详略得当原则建立风险防范化解机制，对返贫风险开展综合治理。

7.2 凉山脱贫人口生计资本的返贫风险分析

7.2.1 人力资本返贫风险

7.2.1.1 因病返贫风险

自深入实施健康扶贫工程以来，凉山的医疗卫生条件有了极大的改善，医疗保障体系日益健全，全民医保目标基本实现，因病致贫得到有效遏制。在医疗保障体系建设方面，"凉山州共建成三级乙等疾控中心1家、二级甲等1家、二级乙等16家，新配备中专以上学历村医3 787名；建档立卡贫困人口全部参加城乡居民基本医疗保险和大病保险，全州所有医疗机构（含公立、私立机构）'先诊疗后付费政策'得到深入贯彻和落实"①。在遏制因病致贫成效的调查中，76.76%的样本脱贫户表示由于医疗条件的改善和医保政策的实施，医疗费用支出占家庭收入的比重越来越小。在家中仍有患者的460户脱贫户中，80.43%的家庭表示每年治疗患病或残疾的费用占家庭年收入的比例较低，医疗费用可通过贫困人口医保政策、医疗救助政策等进行部分报销，家庭经济压力得到有效缓解。

在对有病患的高风险与极高风险农户家庭调查中，91%的受访者认为患病医疗支出占家庭收入的比例过高，现有的医保政策与医疗资源对缓解疾病对于其家庭的冲击作用有限。从返贫风险预警模型的风险预警结果来看（图4），患病或残疾的返贫风险对高和极高返贫风险区的脱贫户存在较大影响，风险值分别达到2.071和3.913。对其他风险等级脱贫户的影响虽然相对较小，但患病或残疾返贫的风险依旧不能被忽视，数据与预警结果较为符合。可见，因病返贫风险依然是凉山脱贫人口，特别是高返贫风险人群的重要风险事项。其主要原因可能有以下三个方面。

首先，凉山许多高风险脱贫人口卫生健康意识不强。由于他们大多居住在高山区或半山区，离城市距离较远，生产生活环境艰苦，加之受传统习俗的影响，对自身和家人的卫生健康状况重视程度不够。一些不良的卫生习惯、烹饪手段、饮酒方式容易导致疾病感染，在经济收入相对困难的情况下，很容易导致"小病不医成大患"的情况，进而诱发因病返贫的风险。

其次，凉山部分基层医疗资源的利用效率不高。近年来，凉山的医疗条件得到较大的提升，为当地患者带来了直接福利。但部分地区的基层医疗资源仍然存在一定闲置和利用效率不高的现象。以布拖县瓦都乡卫生院为例，该院共

---

① 数据来源：凉山彝族自治州人民政府。

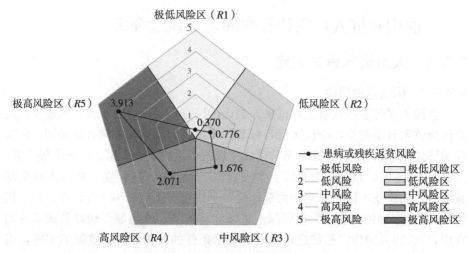

图 4　不同风险区样本脱贫户患病或残疾返贫风险等级示意
数据来源：返贫风险集成预警模型预测结果。

有 8 名医护人员，还有 4 名村医轮流值班，2019 年以来除几名住院病人外，平均每月接诊仅 20 余人[①]，在一定程度上导致了医疗人才资源的浪费，限制了基层医疗服务保障作用的发挥。

最后，凉山基层医疗机构和人才队伍的专业水平有待提高。医疗人才队伍建设是脱贫户实现健康可持续发展的保障。截至 2018 年底，凉山州每千人均卫技人员、执业（助理）医师、注册护士数分别仅为四川省平均水平的 77%、65% 和 75%。在凉山 11 个深度贫困县的中医院里，只有木里县和盐源县达到二级水平。可见，尽管近年来凉山的医疗条件得到较大提升，但基层医疗机构和人才队伍的专业水平难以充分有效满足当地脱贫户的医疗需求。因而，为了保障脱贫户切实摆脱因病返贫风险的威胁，凉山的卫生宣传教育、医疗公共服务和医保政策均需进一步完善。

7.2.1.2　失业返贫风险

自精准扶贫实施以来，凉山州政府积极向贫困劳动力提供公共就业服务，就业扶贫成效显著。根据凉山州政府就业调研报告显示，2019 年全州共筹集 2.55 亿元用于就业创业补助，11 个深度贫困县共支出就业创业补助资金 6 964.32 万元[②]。同年，凉山州政府通过"就业援助月"和"春风行动"等活

---

① 数据来源：凉山彝族自治州人民政府。

② 数据来源：四川省政府转发凉山彝族自治州人民政府就业报告。见：http://www.sc.gov.cn/10462/10464/10465/10595/2019/10/18/6fc241f9b4964ffda3bfd8e71ba727fd.shtml.

动，开展招聘会、送岗下乡、职业培训、职业指导等公共就业服务，共培训贫困劳动力 44 403 人，送岗下乡活动 48 场，提供就业岗位 4 万余个，达成就业意向的贫困家庭劳动力 3 800 余人[①]。在样本脱贫户中，60.64％的脱贫户表示政府为其提供的公共就业服务，有助于脱贫人口家庭劳动力实现就业，稳定了脱贫家庭的劳动收入来源。

另一方面，根据模型预测结果显示，凉山脱贫劳动力的失业返贫风险仍然存在，主要由劳动力的数量（适龄劳动力人口少）和质量（劳动力内生发展动力不足、知识和技能缺乏）引发，且不同风险区域脱贫人口面临的风险程度差异较大（图 5、图 6、图 7）。首先，上述风险项对极高与高返贫风险脱贫户的影响较大，尤其是高风险脱贫户，每个子风险项的值都已经超过高风险的临界值。其次，中风险脱贫户也受到适龄劳动力人口不足、知识和技能缺乏的困扰，他们的风险值已经接近中风险的临界值，有可能发展到高风险。最后，虽然极低和低返贫风险脱贫户受这些风险项的影响相对较小，但其中蕴含的因"适龄劳动力人口不足"及"知识和技能缺乏"而返贫的风险依然值得特别关注和持续监测。这表明，在这些区域中，为避免失业返贫，需要在补充家庭劳动力的同时，提高其知识和技能水平。

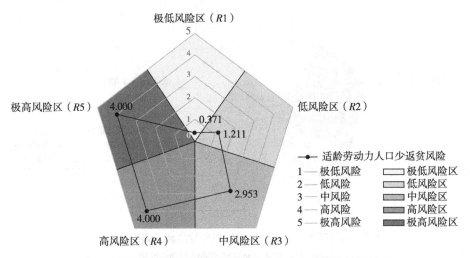

图 5　不同风险区样本脱贫户适龄劳动力人口少风险等级示意
数据来源：返贫风险集成预警模型预测结果。

---

① 数据来源：四川省政府转发凉山彝族自治州人民政府就业报告。见：http://www.sc.gov.cn/10462/10464/10465/10595/2019/10/18/6fc241f9b4964ffda3bfd8e71ba727fd.shtml.

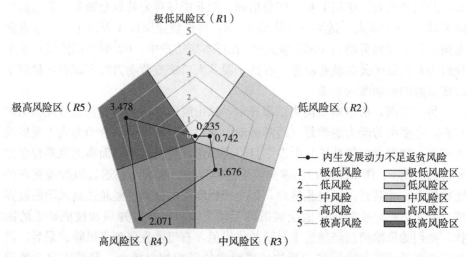

图 6　不同风险区样本脱贫户内生发展动力不足风险等级示意

数据来源：返贫风险集成预警模型预测结果。

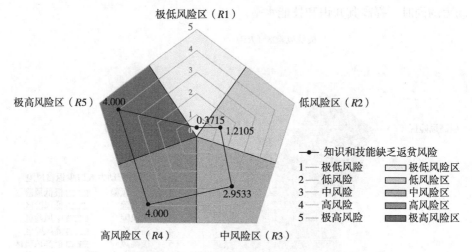

图 7　不同风险区样本脱贫户知识和技能缺乏风险等级示意

数据来源：返贫风险集成预警模型预测结果。

同时，样本调查问卷分析也印证了模型对凉山脱贫劳动力失业返贫风险的预测结果。40.53%的样本脱贫户认为，缺乏劳动技能或劳动技能无法满足劳动力市场的需求给家庭劳动力就业带来了不利影响。在这部分样本脱贫户中，89%的家庭表示劳动力知识和技能缺乏对自身家庭收入的增长产生了较大的负面影响（图8）。

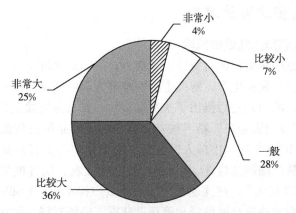

图8　凉山样本脱贫户劳动力知识和技能缺乏对家庭收入的影响

数据来源：调查问卷数据统计结果。

　　分析发现，凉山脱贫户目前存在三个方面的失业返贫风险。第一，劳动技能培训的供需匹配程度还需要进一步提升。尽管凉山州政府对脱贫家庭劳动力进行了多批次的劳动技能培训，有力地促进了脱贫劳动力的就业，但部分脱贫户向课题组表示，政府相关部门对脱贫劳动力的培训课程存在门类较少、差异化程度不高、课时较短等不足，容易导致学员掌握的劳动技能同质化程度较高且熟练程度不足。除此之外，培训的供需匹配程度较低、培训精确度不够等问题也会影响凉山脱贫人口劳动力的就业率和劳动收入水平。第二，"因懒返贫"风险仍然存在。"得过且过""坐等帮扶"和"思想懒惰"等贫穷思维曾经是阻碍凉山群众脱贫致富的重要因素。政府通过开展"四好创建""三建四改五洗""树新风、助脱贫"和"巾帼行动计划"等活动，在一定程度上阻断了这些思想的进一步发展。但在调研中发现，个别脱贫户仍有这种贫困文化思维，由此引发的内生发展动力不足问题对脱贫户稳定脱贫仍然存在一定影响。第三，就业社会保障与补贴政策还有发展空间。2017年凉山州颁布了《凉山州财政局　凉山州人力资源和社会保障局关于贯彻〈四川省就业创业补助资金管理使用办法〉的实施意见》，用以补贴与保障劳动力就业。2019年凉山州政府响应中央政府与四川省政府的号召，出台了系列政策，对技能培训实行分级补贴。但课题组经过调研发现，凉山脱贫人口的政府就业补贴标准与水平亟须提升，就业的社会保障也需要进一步完善。只有完善就业社保体系并提高补贴标准，才能帮助贫困劳动力解决就业的后顾之忧，使他们全心全意投入到工作中，从而摆脱失业返贫风险。

7.2.2 资金资本返贫风险

7.2.2.1 金融信贷困难返贫风险

为了提升凉山脱贫户的可持续生计能力，凉山州政府出台了多项金融信贷政策，满足脱贫户发展生产、解决生活困难等方面对资金的需求。为实现金融支持产业扶贫，凉山州先后推出了扶贫再贷款、支农再贷款发放个人、产业精准扶贫贷款、"政担银企户"精准扶贫贷款、民贸民品贴息贷款等扶贫金融信贷产品。截至 2020 年底，中国人民银行（凉山州中心支行）共争取人民银行支农、扶贫再贷款限额总量 37.5 亿元，已发放支农、扶贫再贷款余额分别为 11.66 亿元和 20 亿元[①]。在课题组调研的脱贫户样本中，1 669 户脱贫家庭表示曾经通过政府的扶贫金融信贷政策帮助获得了经济支持，并在一定程度上解决了家庭在生产生活中面临的资金短缺问题。

然而，凉山脱贫户仍然存在一定的金融信贷返贫风险。从返贫风险预警模型的风险预警结果来看，金融信贷困难对极高返贫风险、高返贫风险与中返贫风险脱贫户的影响较大，而对其他返贫风险等级的脱贫户影响相对较小（图 9）。形成这种现象的原因有两个方面，一方面在于政府提供的贷款与脱贫户所需的资金两者之间不匹配。调查显示，有 45% 的样本脱贫户家庭在发展产业或应对突发事件时，往往面临资金不足的问题，需要寻求金融信贷的支持，高风险农户由于资本积累能力较弱，这种情况尤为明显。另一方面是缺乏抵押物及收入不稳定，高风险脱贫户样本普遍表示申请小额信贷比较困难，而这部分脱贫户中有 81.93% 的家庭希望得到政府在金融信贷方面的援助。这种资金供需结构矛盾可能造成凉山脱贫户资金周转困难，制约脱贫户致富增收，继而导致重返贫困。

因此，为了巩固凉山扶贫攻坚的成果，降低因金融信贷困难造成的返贫风险，政府需要进一步完善凉山脱贫户的金融信贷支持政策，特别是针对高风险农户，应精准施策、精准放贷，满足其发展需求。同时，为了提高扶贫金融信贷的效率和质量，也需要加快扶贫金融信贷体系的创新，完善免担保免抵押、财政贴息、基准利率放贷等贷款模式，为脱贫户提供更加优质和便捷的金融信贷服务，保证其资金需求能够得到及时有效的满足。

---

① 凉山："再贷款＋N"模式连接金融精准扶贫"快车道"[EB/OL]. [2021-02-09]. http://www.lszxc.cn/html/2021/lsxw_0209/15100.html.

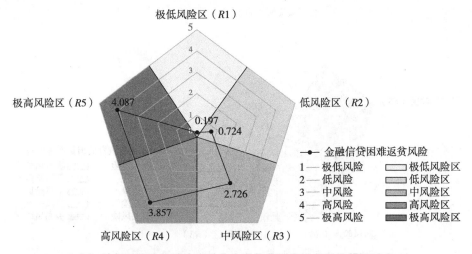

图 9 不同风险区样本脱贫户金融信贷困难返贫风险等级示意
数据来源：返贫风险集成预警模型预测结果。

7.2.2.2 非义务教育负担重返贫风险

教育能有效提升劳动者的素质和技能，是防止凉山脱贫户返贫的重要手段。多年来，凉山州政府持续加大教育资金投入，有效降低了脱贫户"因学返贫"的风险。一方面，大力实施对义务教育的补助政策。凉山州政府推行 15 年免学费教育政策，已免除 85.6 万名义务教育阶段学生的学杂费、作业本费和教科书费，并为 33 万个义务教育阶段家庭经济困难的寄宿生发放生活补助。另一方面，积极落实对非义务教育支出的补贴政策。为了减轻非义务教育学生家庭的经济压力，凉山州政府通过发放补贴的政策措施，帮助当地考上大学的学生完成学业。

但凉山脱贫户仍然面临较大的非义务教育负担重返贫风险。根据返贫风险预警模型的检测结果来看，非义务教育负担重返贫风险对不同风险区的脱贫户仍然有不同程度的影响（图10）。第一，不同风险区的样本脱贫户面临不同程度的非义务教育负担重风险，总体上看，从极低风险区到极高风险区的脱贫户均存在非义务教育负担重的返贫风险。第二，极高风险区和高风险区样本脱贫户的非义务教育负担重返贫风险最高，其中，处于高风险区的样本脱贫户的非义务教育负担重返贫风险值达到 4.426，面临的非义务教育负担重返贫风险最大。第三，处于低风险区和中风险区脱贫户的非义务教育负担重返贫风险值达到 2.032 以上，超过低风险的临界值，说明非义务教育负担重返贫风险是各风险子项中影响较大的因素。

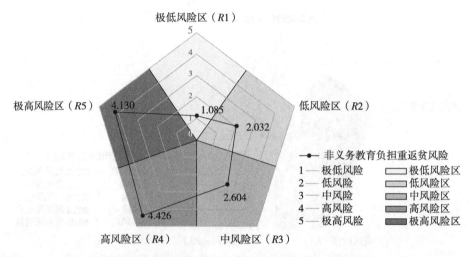

图 10　不同风险区样本脱贫户非义务教育负担重返贫风险等级示意

数据来源：返贫风险集成预警模型预测结果。

同时，课题组的访谈调研也验证了返贫风险预警模型的检测结果。47.04％的样本脱贫户有子女接受非义务教育。在这部分脱贫户中，表示子女非义务教育占家庭年收入比较大和非常大的比例高达 38％（图 11），受访者认为子女的非义务教育支出对家庭产生了较大的经济压力。同时，一些调查资料也印证了这一问题，一些脱贫户表示，中职教育、高中教育和高等教育等非义务教育阶段产生的住宿费、生活费、课外培训费、往返路费和学费等均是较大的负担，让他们感到吃力①。此外，课题调研还发现，地方政府对脱贫户的非义务教育虽有补贴，但标准较低，每生每年幼教 1 100 元，高中 800 元，中职 2 000 元②，不足以解决脱贫户非义务教育负担重的问题，尤其是有多孩接受非义务教育的家庭，往往会面临较大的返贫风险。

7.2.2.3　多孩生育支出负担重返贫风险

在凉山，传统多子生育文化和家支体系传承习俗在群众中有较大的影响。重男轻女、多子多福的生育观念在当地群众中比较盛行，由此产生的人口超生现象对凉山经济社会事业的发展产生了消极影响。为此，凉山州政府推出"少生快富"工程，成果丰硕。第一，凉山州出台了多项政策措施用以改变当地的

---

① 民族地区脱贫攻坚：来自凉山州喜德县的样本［EB/OL］．［2017 - 03 - 28］．http：//tuopin.ce.cn/news/201703/28/t20170328_21484839.shtml.

② 凉山州这些教育补助政策，你必须知道！［EB/OL］．［2016 - 08 - 16］．http：//www.lsz.gov.cn/xxgk/zdlyxxgk/jy/201608/t20160816_581798.html.

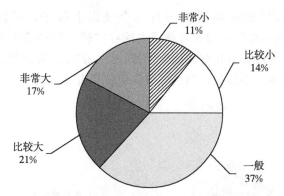

图 11 样本脱贫户非义务教育支出占家庭年收入的比例

数据来源：调查问卷数据统计结果。

生育观念，提高生育质量。2017 年凉山州政府依据《中华人民共和国宪法》《中华人民共和国婚姻法》《四川省计划生育条例》和《凉山彝族自治州自治条例》，出台了《凉山州"十三五"健康扶贫规划》。该规划要求，全州生育秩序整治重点县政策外多孩率到 2017 年降低至 15％以内（其中四孩及以上比例降至 12％以内），到 2020 年降低至 5％以内。第二，凉山州政府坚决落实计划生育"五项制度"，包括强化"一票否决"制度、领导干部联系制度、落实"包村包户"责任制和落实避孕节育奖励制度。2018 年全州出生 70 327 人，符合政策生育率的为 93.98％，重点县政策外多孩率为 8.06％，较上年同期下降 3.69 个百分点。截至 2019 年 8 月底，全州新出生 38 054 人，政策外多孩数 1 788 人、多孩率 4.70％，较上年同期下降 1.73 个百分点，已落实长效节育措施 235 414 人，落实率 76.28％；十个重点县新出生 27 199 人，政策外多孩数 1 690 人、多孩率 6.81％，较上年同期下降 2.05 个百分点①。

目前，从返贫风险预警模型的风险预警结果来看，凉山多孩脱贫户仍然面临多孩生育养育成本较高引致的返贫风险。首先，位于高风险区和极高风险区多孩脱贫户的多孩家庭额外支出风险值分别达到 4.071 和 4.130，面临较大的返贫风险。而位于其他风险区脱贫户的多孩家庭额外支出风险值较低，返贫风险的影响较小，但仍需持续关注（图 12）。其次，根据四川省社会科学院管理学研究所的研究报告来看，2012—2016 年，凉山州的人口自然增长率达 10.6‰，比全国高 5.4 个千分点。2016 年全州人口出生率达 19.46‰，比全国高 6.51 个千分点，四孩以上的超生人口达 6 096 人。最后，课题组经过入户

---

① 凉山破除"越穷越生，越生越穷"现象［EB/OL］．［2020 - 09 - 25］．http：//www.lsz. gov. cn/jrls/jdxw/202009/t20200925_1706496.html.

访谈发现，34.16％的样本脱贫户有三个及以上孩子，在这部分家庭中，47.25％的家庭表示在生育和养育孩子方面存在较大的经济压力。对此，政府一方面需要积极宣传和引导群众优生优育；另一方面需要对目前拥有三孩及以上的脱贫户多观察、多帮扶，防范多孩支出使其重返贫困。

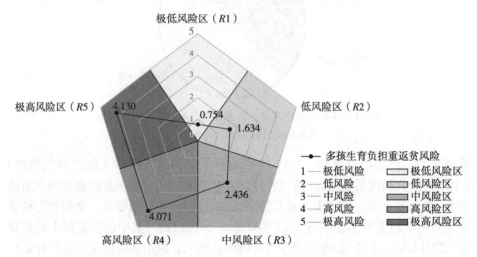

图 12　不同风险区样本脱贫户多孩生育负担重返贫风险等级示意
数据来源：返贫风险集成预警模型预测结果。

7.2.2.4　人均可支配收入偏低返贫风险

脱贫攻坚后，凉山以安宁河流域高质量发展为总牵引，构建提升"一核一谷三带"区域发展新格局，突出做好资源能源、特色农业、文化旅游"三篇大文章"，致力于提高脱贫人口可支配收入。2022 年凉山州人均可支配收入 26 006 元，同比增长 6.7％。其中，城镇居民人均可支配收入 39 357 元，同比增长 5.1％；农村居民人均可支配收入 17 950 元，同比增长 6.8％[①]。同年，我国城镇居民人均可支配收入为 49 283 元；农村居民人均可支配收入 20 133 元[②]。由此可见，虽然脱贫后凉山脱贫人口的可支配收入呈现不断上升的趋势，城乡居民在可支配收入上的差距也在不断缩小，但相较于全国范围而言，仍然处于相对滞后的局面。

对于凉山的脱贫人口而言，人均可支配收入较低与其返贫风险紧密相连，

①　2022 年凉山居民收入稳定增长 [EB/OL]. [2023-02-07]. https：//baijiahao. baidu. com/s? id=1757137316213811677&wfr=spider&for=pc.

②　2022 年全国居民人均可支配收入 36 883 元 [EB/OL]. [2023-01-17]. https：//baijiahao. baidu. com/s? id=1755234554805325482&wfr=spider&for=pc.

原因在于，人均可支配收入与脱贫人口抵御各种返贫风险的能力成正比。若人均可支配收入偏低，则意味着他们在面临各种返贫风险时，或是难以自由支配其拥有的资金，或是其拥有的资金存量难以抵御风险。无论发生上述哪种情况，都会加剧这一群体的返贫风险。从返贫风险预警模型的风险预警结果来看，人均可支配收入不足已经成为凉山脱贫人口返贫的重要风险源（图13）。该风险会对各风险区域中脱贫人口的返贫风险产生普遍性影响，其中，对极高风险区和高风险区的影响最显著，风险值分别达到4.478和4.500，对中风险区和低风险区的影响也超出了风险阈值，分别达到3.474和2.697。相较而言，人均可支配收入低对极低风险区内产生返贫风险的影响较小，但由此引发的返贫风险依然存在，仍应引起足够的重视。

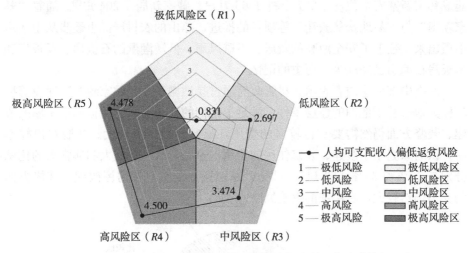

图13　不同风险区样本脱贫户人均可支配收入偏低返贫风险等级示意
数据来源：返贫风险集成预警模型预测结果。

7.2.3　物质资本返贫风险

凉山州政府积极贯彻《中国农村扶贫开发纲要（2011—2020）》提出的"两不愁、三保障"政策，不仅解决了辖区内贫困人口的吃穿问题，还结合贫困家庭物件补短行动，为建档立卡贫困户免费发放衣柜、碗柜、桌椅板凳、床等"四件套"14.1万套、电视机9.7万台、太阳能热水器10.63万台、洗衣机1.75万台、沙发1.98万张和电冰箱1.24万台。通过这些物质资本层面的精准扶贫工作，凉山人民群众的生产生活条件有了显著改善，其物质生活水平得到了大幅提升。不过，由于凉山发展基础薄弱、历史欠账较多，仍有

17.79％的样本脱贫户希望政府能够持续为改善其基本物质生活条件提供帮助，同时，希望能够在住房保障、公共交通及水电等公共基础设施建设、完善方面继续加大投入，以增强脱贫的稳定性和可持续性。

7.2.3.1 住房支出返贫风险

住房安全是脱贫最直观的标志之一，凉山州政府通过易地搬迁等政策措施基本解决了凉山脱贫户的住房安全问题。据 2019 年《凉山州深度贫困脱贫攻坚工作汇报》显示，截至 2019 年，凉山仍有 5.7 万户贫困户的住房还未达到安全标准，甚至部分贫困户住的还是石板房、瓦板房或茅草房。为此，政府启动了彝家新寨建设与易地扶贫搬迁项目。截至 2020 年，凉山累计建成易地扶贫搬迁安全住房 7.44 万套并同步完善相关配套设施，35.32 万群众搬入新居；建成彝家新寨安全住房 1 067 个村 6.66 万户、藏家新居 7 204 户①。随着"彝家新寨"与"易地扶贫搬迁"等项目的推进，凉山的农村居民也逐步从土坯房中搬出来，住上了安全敞亮的新居。不避风雨、低矮潮湿的石板房、瓦板房和木板房在凉山已经成为"历史的记忆"。

调查中部分受访者表示，尽管政府通过易地搬迁及"彝家新寨"建设等措施极大地改善了他们的住房条件、满足了他们的住房需求，但他们在房屋的改建、装修方面仍然需要支付较多的费用，家庭经济压力较大。在脱贫户样本中，认为家庭用于改建、装修住房的费用占家庭总收入比较大和非常大的比例分别是 36％和 25％（图 14）。可见，易地搬迁脱贫户在房屋改建、装修方面的支出仍然较大，有潜在的返贫风险。

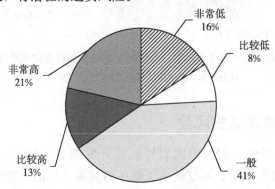

图 14 运用于改建、维修住房的费用占样本脱贫户家庭总收入的比例

数据来源：调查问卷数据统计结果。

---

① 8 年艰辛鏖战 数说凉山巨变 ［EB/OL］．［2021-04-23］. http：//www. scdfz. org. cn/gzdt/zyhy/content_57610.

从返贫风险预警模型的风险预警结果来看,凉山脱贫人口仍然面临因住房支出高引致的返贫风险(图15)。从整体看,住房支出风险会对不同风险区域返贫产生普遍性的影响,但是影响程度波动较大。其中,对极低风险、低风险、中风险及高风险地区脱贫人口返贫的影响并不显著,其风险值分别为0.068、0.384、0.769、0.357。但对于极高返贫风险区域而言,住房支出多已经成为影响该区域脱贫人口返贫风险的显著因素,风险值高达4.087。意味着当地政府部门要尤其对该风险事项进行紧密监测,并采取相关措施减少脱贫人口的住房支出,从而降低其返贫风险。

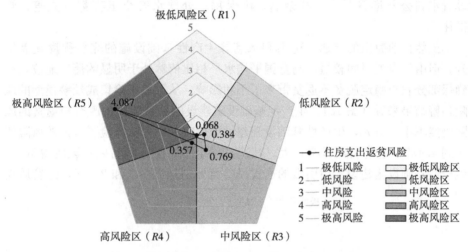

图 15　不同风险区样本脱贫户住房支出返贫风险等级示意

数据来源:返贫风险集成预警模型预测结果。

7.2.3.2　生产性基础设施建设滞后返贫风险

交通、电力和水利等生产性基础设施的完善程度与凉山居民的生活质量息息相关,是凉山脱贫攻坚工程的重要内容之一。通过脱贫攻坚工程,凉山生产性基础设施面貌得到了有效改善。首先,凉山交通基础设施的数量和质量实现了双提升。自 2014 年以来,凉山州政府累计新改建农村公路 2.02 万公里,新增 240 个建制村通公路,新增 192 个乡镇、2 730 个建制村通硬化路[①],所有乡镇和建制村实现"100%通硬化路",整治完成"畅返不畅"破损路面 2 500 余公里,标志着"溜索时代"一去不返。同时,凉山州先后实施了三轮"交通大会战",着力打通断头路、拓展进出口、提速内循环,改建国、省干线公路

---

　　①　脱贫攻坚看四川:路通了,村民的生活也变了 [EB/OL]. [2021 - 04 - 19]. https://baijia-hao. baidu. com/s? id=1697429204305386534&wfr=spider&for=pc.

1 752 千米、农村公路 17 109 千米，全州公路总里程突破 2.8 万千米。其次，凉山电力基础设施得以升级。凉山州政府坚持以高标准、高质量、高效率推进贫困地区电网基础设施建设，大力实施农网改造升级、电网建设等民生工程，农村户均配变电容量从 0.87 千伏安提高到 2.03 千伏安，8.3 万用户实现从无电到有电的转变，38 万人实现从用上电向用好电转变[①]。最后，加强水利工程基础设施建设，保障凉山居民的用水安全。凉山州发布了《凉山州深度贫困县脱贫攻坚饮水安全及巩固提升工程建设方案（2018—2020 年）》，建成和改造集中供水工程 5 599 处，有效解决了 44 万建档立卡贫困人口的饮水安全问题；设置水利公益巡管员 2 000 余名，确保每一处饮水安全工程都有人管、管得住[②]。

虽然目前凉山的交通、电力和水利等生产性基础设施的完善程度显著提升，但由于发展时间较短，与全国平均水平相比依然处于明显的落后地位，对确保部分农户稳定脱贫不返贫带来了不利影响。从返贫风险集成预警模型的风险预警结果来看（图 16），生产性基础设施建设滞后引致凉山脱贫户返贫的风险仍然不小。首先，生产性基础设施建设滞后对极高返贫风险脱贫户的风险值达到 4.435，返贫风险影响较大。其次，位于中风险区和高风险区的脱贫户，生产性基础设施建设滞后引致的返贫风险值分别是 2.047 和 2.786，返贫风险

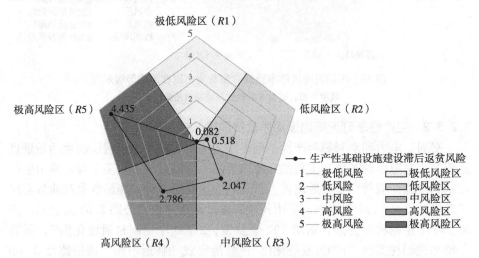

图 16　不同风险区样本脱贫户生产性基础设施建设滞后返贫风险等级示意
数据来源：返贫风险集成预警模型预测结果。

①②　数据来源：凉山彝族自治州人民政府《凉山州脱贫攻坚工作总结》。

影响也不小。最后，位于低风险区和极低风险区的脱贫户的风险值都低于0.6，受生产性基础设施建设滞后引致的返贫风险较小。

在交通基础设施建设方面，建设水平滞后对部分脱贫户也产生了一定的返贫风险。根据不同风险区样本脱贫户交通不便返贫风险等级示意图（图17），交通不便对不同风险区域脱贫人口返贫风险的影响程度波动较大。对返贫风险较高的区域（极高风险区、高风险区和中风险区）的影响较为显著，对返贫风险较低的区域（低风险区、极低风险区）的影响较小。其中，对极高风险区的影响最大，风险值高达4.000。此外，交通不便这一因素对中风险区域的影响程度要高于高风险区域。调研发现，75%的样本脱贫户认为由于交通基础设施建设不足，家庭支付的交通出行成本较高，导致家庭收入减少的同时也会影响家庭正常的生产生活。

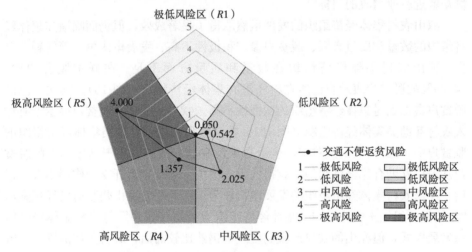

图17 不同风险区样本脱贫户交通不便返贫风险等级示意

数据来源：返贫风险集成预警模型预测结果。

因此，凉山还需进一步加强电力、水利和通信等基础公共工程建设，尽可能保障辖区内每户脱贫户都有足够的水资源和电力资源。同时，也要加强凉山交通基础设施建设，确保凉山脱贫户能方便出行，以促进农副产品流通、销售，实现脱贫户持续增收。

7.2.4 社会资本返贫风险

7.2.4.1 集体经济组织发展滞后返贫风险

凉山州政府非常重视农村集体经济组织的发展，并将发展集体经济组织作为促进凉山贫困户脱贫和预防凉山脱贫户返贫的重要手段。一方面，凉山州持续增加对促进农村集体经济组织发展的政策支持力度，通过增加农村集体经济组织的数量和提高其质量，来促进贫困户脱贫和预防脱贫户返贫。2018 年以来，凉山州政府先后颁布了《凉山州 2018 年脱贫攻坚夏季战役集体经济发展专项方案》《关于进一步发展壮大村级集体经济的意见》和《关于认真落实坚持和加强农村基层党组织领导扶持壮大村级集体经济工作的八项措施》等政策措施，以促进农村集体经济组织的发展。另一方面，在不断给予政策支持的同时，凉山州政府积极推动农村集体经济组织的创新发展。目前，凉山州各县（市）结合自身发展状况，通过引进龙头企业，以"财政扶持＋企业投资＋村级入股"的方式，倾力打造农村集体经济发展典型。村集体通过不断拓宽投入渠道，完善利益联结的方式，基本实现了区域产业有发展、村级组织有收入、群众就近就业增收的目标[①]。

凉山农村集体经济组织的发展虽然取得了显著成效，但仍面临诸如集体经济组织的数量和质量有限、脱贫户参与积极性不高、发展模式单一等问题。首先，凉山农村集体经济组织在数量和质量方面不足。在样本脱贫户中，24.66％的脱贫户表示自己所在村庄没有集体经济组织（图 18）。其次，凉山脱贫户参加农村集体经济组织的积极性不高。42.9％的样本脱贫户表示没有加入农村互助类集体经济组织（图 18）。在这些没有加入互助类集体经济组织的脱贫户中，88.57％的脱贫家庭表示自家没有加入的原因在于已经加入的脱贫户从农村互助合作经济组织中获得的收入很少，填补家庭开支的作用不大。最后，凉山农村集体经济组织的发展模式较为单一。尽管凉山州政府已经探索出"集体经济组织＋农户"与"集体经济组织＋公司＋农户"等农村集体经济组织发展模式，但凉山的农村产权制度改革仍然比较滞后，农村集体的资产、资金和资源盘活不理想，可利用的资源受限，对脱贫户的增收效果不明显。上述三个方面削弱了凉山农村集体经济组织在预防脱贫户返贫风险中的积极作用，增加了脱贫户的返贫风险。

7.2.4.2 社会关系网络脆弱返贫风险

"家支"的彝语为"此伟"，是"彝族人民通过父系血缘集团联系在一起的家族关系"[②]，是彝族群众特殊的社会关系网络。"家支"不仅是凉山脱贫人口社会关系网络的重要载体，而且是脱贫人口获取社会支持、摆脱生计困难的重

---

① 我州集体经济发展取得扎实成效 [EB/OL]. [2021-10-19]. http：//www.lsz.gov.cn/jrls/gzdt/bmdt/202110/t20211019_2052352.html.

② 王卓，李蔓莉. 凉山彝族婚姻习俗与贫困代际传递研究 [J]. 社会科学研究，2019 (3)：93.

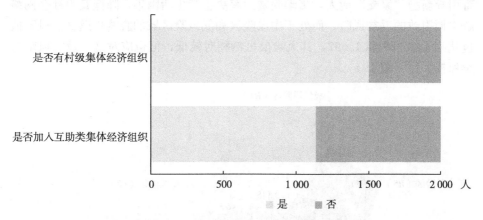

图 18 样本脱贫户参与村集体经济组织和互助类组织情况
数据来源：调查问卷数据统计结果。

要渠道。一般来说，"家支"在预防脱贫人口返贫中发挥作用的大小取决于"家支"的两个重要方面。一方面是"家支"的规模大小。"家支"的规模越大，对凉山脱贫户的生产生活困难分担就越多，脱贫户承担的返贫风险就越小；反之亦然。另一方面是"家支"中是否存在能人。调研发现，如果"家支"中有政治、经济或社会等方面的能人，则较容易带动脱贫户发展生产，解决生活中的困难，脱贫户面临的返贫风险就越小。

然而，随着社会的发展，凉山"家支"防止脱贫户返贫的功能正在弱化，一些脱贫户正面临因社会关系网络缺失导致的返贫风险增大的状况。究其原因，主要在于凉山传统的"家支"及其"能人"正逐步失去其原有的社会功能和作用。由于市场经济的冲击，农村空心化加剧，"家支"成员日趋分离，人际关系淡化，社会交际圈缩小，"家支"对凉山脱贫户的帮扶作用也在减弱。在样本脱贫户中，近 25%的脱贫家庭认为在家庭遇到经济困难时，"家支"往往不能提供及时有效的帮助，以"家支"为主体的社会关系网络越来越脆弱。此外，"家支"中能人对脱贫户的影响力也正在变弱。在样本脱贫户中，76.81%的脱贫家庭表示自己所在的"家支"中的传统能人已经难以有效带领他们发展经济，无法帮助自己增加家庭收入。从预警模型分析来看，以缺乏亲友支持为代表的社会网络脆弱的风险事项会对除极低风险区域以外区域脱贫人口的返贫风险产生较为显著的影响。其中，位于极高返贫风险区与高返贫风险区的脱贫户因缺乏亲友支持而面临的返贫风险值分别达到 4.478 和 4.286，社会网络脆弱返贫的风险较高。为此，这一群体更需要获得正式制度之外的社会关系网络支持。政府需要帮助这部分脱贫群众重塑支持性的社会关系网络，培育引导新型"家支"能人，带动脱贫户解决生产生活困难，降低其因社会网络缺失而引致的返贫风险。而处于中风险区和低风险区域的脱贫户返贫的风险值也达到了 2.389 和 1.597，其风险值虽然相对较低，但也应对这一返贫风险持续保持关注（图 19）。

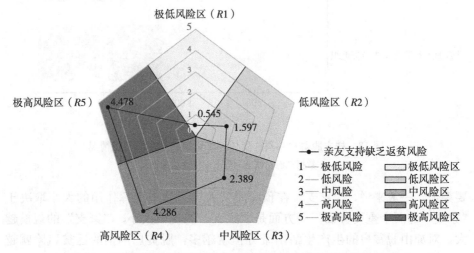

图 19　不同风险区样本脱贫户亲友支持缺乏返贫风险等级示意

数据来源：返贫风险集成预警模型预测结果。

7.2.5　自然资本返贫风险

凉山位于四川西南部，地处横断山脉东部，东西地势高低起伏，气候变化较大。大渡河、雅砻江和金沙江流经凉山，地表长期受侵蚀作用呈现出千变万化的外貌，形成区内生态环境和自然条件的显著差异。这种复杂的自然生态环境为凉山群众生产生活带来了诸多困难，尤其对世居深山的居民更是巨大的挑战。

这些困难和挑战主要来源于凉山水土等自然资本的匮乏。在水资源方面，凉山的水资源总量正在快速减少。据凉山州水利局统计，2019 年全州平均降水量 888.5 毫米，折合年降水总量为 533.58 亿立方米，比多年平均减少19.5%，比 2018 年减少 20.8%[1]。同年，全州地表水资源量 313.8 亿立方米，折合径流深为 522.51 毫米，比多年平均减少 21.2%，比 2018 年减少25.4%[2]。在土地资源方面，凉山的土壤条件较为恶劣，可耕地持续减少。凉

---

①② 数据来源：凉山彝族自治州水务局《2019 年凉山州水资源公报》。

山地带性的山地红壤结构，既干旱又易侵蚀；而非地带性的土壤面积大，多为幼年土，其土层结构松散，易受侵蚀[1]。同时，凉山地貌受到风化淋滤的长期影响，成土母岩的自然结构极易遭到破坏，加上流域四周的分水岭山地及丘陵地带的坡度比较陡，水的剥蚀和侵蚀作用更容易引发水土流失[2]。水资源的减少、土地贫乏和可耕种面积的减少对凉山素以第一产业为生的脱贫户来说，严重影响了他们家庭的生产生活，增加了返贫风险。

为了防范水土等自然资本匮乏给凉山脱贫户带来的返贫风险，凉山州政府采取多种措施对水土等自然资源进行保护。在水资源保护方面，凉山州严格落实河长制，加强对水资源保护、水域岸线管理、水污染防治、水环境治理、水生态修复和执法监管等工作。截至 2020 年，凉山州内全年期共监测 7 条河流，10 个监测断面，总评价河长 1 759.9 千米。对凉山 4 座大中型水库进行监测与评价，评价城市饮用水、地表水水源地 18 个，州内所有水源地水质合格率为100%，水质良好。全州设计供水能力为 8 422 万吨/年，实际供水量为 5 423万吨/年，合格供水量为 5 422 万吨/年，供水人口 133.3 万[3]。在土地资源保护方面，凉山州政府出台了《凉山彝族自治州土地利用总体规划（2006—2020年）》等政策文件，以加强对凉山土地宏观管理和实施土地用途管制，严格保护耕地，特别是基本农田，保障重点建设项目和生态环境用地，促进土地资源节约利用和经济社会协调发展[4]。同样，在样本脱贫户中，86.71%的脱贫家庭表示近年来家庭用水充足，并未发生因缺水影响家庭的正常生产生活的情况；89.59%的脱贫家庭表示自家拥有的土地（包括耕地和林地）并未减少。可见，这些政策措施的实施基本保障了凉山脱贫户生产生活中用水和用地的基本需要。

但尽管如此，还是有部分脱贫农户面临着因自然资本返贫的风险，其中可用水资源缺乏及林地或耕地面积减少的影响最为显著。根据预警模型预测结果，各风险区中脱贫人口的返贫风险均会受到上述两种事项的影响。其中，位于极高风险区的样本脱贫户因可用水资源缺乏、耕地或林地减少而引发的返贫风险更高，风险值分别是 3.522 和 3.391。对其他区域脱贫人口返贫的影响虽然相对较低，但也应予以持续关注（图 20、图 21）。此外，整体而言，相较于

---

① 廖光萍. 凉山州面临的生态环境问题、原因分析及对策研究 [J]. 甘肃科技纵横，2014 (6)：28.

② 邹静，白瑞，占宏. 我国西部地区生态环境问题及对策 [J]. 成都教育学院学报，2005 (2)：56.

③ 资源来源：凉山彝族自治州税务局《2020 年凉山州水资源公报》。

④ 资料来源：凉山彝族自治州土地利用总体规划（2006—2020 年）调整完善方案。

林地或耕地面积减少的风险，可用水资源缺乏对各风险区域中脱贫人口返贫的影响更为显著。

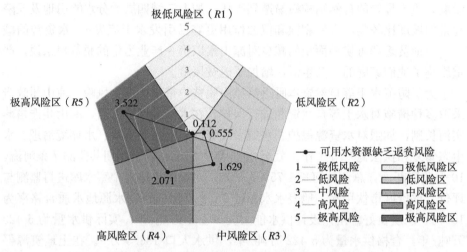

图20　不同风险区样本脱贫户可用水资源缺乏返贫风险等级示意

数据来源：返贫风险集成预警模型预测结果。

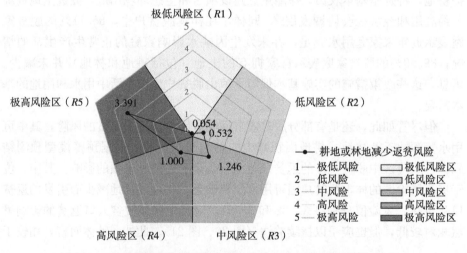

图21　不同风险区样本脱贫户耕地或林地减少返贫风险等级示意

数据来源：返贫风险集成预警模型预测结果。

　　具体而言，在样本脱贫户中，有10.41％的脱贫户表示家庭曾遭遇土地资源减少的情况，其中133户脱贫户遭遇过自然灾害导致可耕作土地（或林地）减少，并由此直接导致家庭收入减少的情况。同样的情况在水资源的使用中也存在。有263户样本脱贫户表示在生产生活中遭遇过水资源短缺的问题，其中有25%的脱贫家庭表示需要为此支付较高的用水费用（图22）。因而，凉山州政府仍需不断加强对水土等自然资源的保护，预防自然灾害，以降低凉山脱贫户因自然资本不足引致的返贫风险。

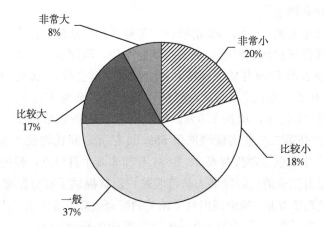

图22　用水困难样本脱贫户年用水费用占家庭年收入的比重
数据来源：调查问卷数据统计结果。

7.3　凉山脱贫人口生计策略的返贫风险分析

7.3.1　产业政策红利不足的返贫风险

产业发展是脱贫致富的基础。为此，凉山州政府围绕一、二、三产业制定实施了一系列政策措施，有效促进了凉山产业发展和脱贫户致富增收。

在农业政策方面，凉山州积极颁布了一系列政策打造当地特色品牌、实施特色农业保险和推进现代农业产业体系建设。如，2010年凉山州出台了《关于深入实施品牌战略的意见》，制定大凉山农产品品牌目录，打造凉山绿色特色品牌[①]。截至2020年，凉山州推出了会理石榴、会东松子、金阳青花椒、德昌桑葚、宁南桑蚕茧、盐源苹果、雷波脐橙、凉山苦荞麦、凉山"清甜香"烟叶等多项大凉山农产品特色品牌，带动农民增收数十亿元。2014年凉山州出台了《凉山州人民政府关于加快推进特色农业保险的实施意见》，为当地农民投入种植业、林业、畜牧业和渔业的发展提供保障、降低风险。2015年凉

---

①　凉山打造全国知名的现代特色农业产业示范区　奏响乡村振兴进行曲［EB/OL］．［2020-11-19］．https：//m.thepaper.cn/baijiahao_10072054．

山州制定了《凉山州人民政府关于加快农产品加工营销业发展的意见》，要求以农业现代化为方向，以促进农民持续增收为目标，构建"农工贸一体化、产加销一条龙"的现代农业产业体系。2019 年凉山州农业增速位列全省第二。2020 年凉山州第一产业实现增加值 406.74 亿元，同比增长 4.8%，是 2010 年以来的年度最高增速①。

在工业政策方面，凉山州长期推行"工业强州"战略，出台了多项政策为州内工业发展保驾护航，以创造更多的就业岗位，巩固扶贫成果并减少返贫风险。根据《凉山州 2019 年国民经济和社会发展统计公报》，凉山州第二产业增加值 559.79 亿元，增长 2.1%，对经济增长的贡献率为 13.3%。全部工业实现增加值 465.11 亿元，增长 2.0%，对经济增长的贡献率达 10.7%②。截至 2020 年，凉山州第二产业实现增加值 559.55 亿元，同比增长 4.6%，分别比一季度、上半年和前三季度提高 18.8、4.9 和 3.4 个百分点，保持持续恢复增长态势③。凉山工业的良好发展为防范脱贫户返贫提供了有力保障。

在服务业政策方面，凉山州出台了相关的配套政策以促进第三产业的健康发展。近年来，先后制定了《凉山州服务业发展四年行动计划（2014—2017 年)》《凉山州电子商务业发展工作推进方案》《凉山州现代物流业发展工作推进方案》《凉山州现代金融业发展工作推进方案》《凉山州科技服务业发展工作推进方案》和《凉山州养老健康服务业发展工作推进方案》等政策措施以促进第三产业的发展。根据凉山州统计局统计，2021 年凉山州一季度第三产业增长明显，住宿和餐饮业、交通运输仓储和邮政业、批发和零售三个行业增速超过 20.0%，同比分别增长 30.4%、22.6% 和 21.4%，共同拉动第三产业增长 6.1 个百分点；占第三产业 70.9% 的其他服务业、房地产业和金融业同比分别增长 11.9%、15.1% 和 4.0%，共同拉动第三产业增长 8.5 个百分点④。可见，通过这些政策的实施，凉山的第三产业得到快速发展，脱贫户实现了家庭增收的目标。

调研发现，凉山对脱贫人口的产业政策日趋完善，支持力度也日趋增加。与此同时，由于政策红利的获取具有一定的竞争性，且由于脱贫人口的基数较大，致使政策红利难以完全覆盖全部脱贫人口，且存在红利释放不充分的问题。由此导致的产业经营失败及创收模式单一也会增加这一群体的返贫风险

----

①③　2020 年凉山州第一二三产业持续恢复增长 [EB/OL].　[2021 - 07 - 19].　https：//www.8341s.com/news - content/2722.html.

②　资料来源：凉山州 2019 年《国民经济和社会发展统计公报》。

④　资料来源：凉山彝族自治州统计局。

（图23、图24）。整体而言，相较于产业经营失败，创收模式单一这一风险在极高、高和中风险区的风险值更高，分别达到4.696、3.857和2.919。表明相较前者而言，因创收模式单一诱发的返贫风险会对各风险区中的脱贫农户产生更为显著的影响。与此同时，这两项风险事项在极高、高、中、低和极低风险区中的风险值呈现出递减趋势，表明产业经营失败及创收模式单一对脱贫人口返贫的影响程度与区域返贫风险程度成正比。可见，凉山产业政策红利的释放越充足，脱贫人口产业经营失败的可能性越低，创收模式更丰富，由此引发的返贫风险会越低。

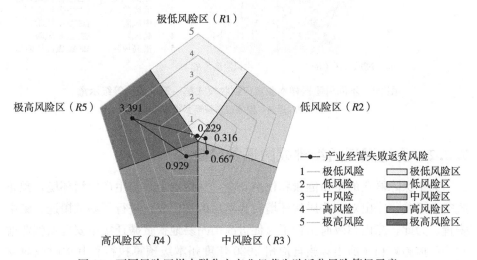

图23　不同风险区样本脱贫户产业经营失败返贫风险等级示意
数据来源：返贫风险集成预警模型预测结果。

　　同时，课题组在对脱贫户的访谈调研中也发现，从事第一、二、三产业的脱贫户受产业政策红利影响的程度各不相同。对从事第一产业的脱贫户而言，他们享有的农业政策红利相对不足。在1 979户样本脱贫户中，从事农业生产的脱贫户仅占总体的31.88%，在这部分脱贫户中，尽管81.14%的家庭主要收入来自农业，但76.7%的脱贫户表示农业收入不高且不稳定，自身从政府的农业政策中获益较少，希望政府进一步完善相关政策，释放更多的农业产业政策红利。对从事第二、三产业的脱贫户而言，他们享有的工业与服务业政策红利相对稍好，在样本脱贫户中，84.64%的家庭有外出务工劳动力，75.14%的家庭表示家庭收入主要来源于家人从事第二、三产业获得的工资，其中许多人在医疗、工伤、失业和养老等方面获得了一定的政策保障待遇。但总体而言，脱贫农户获得的产业政策红利有待提升，否则容易出现较大的返贫风险。

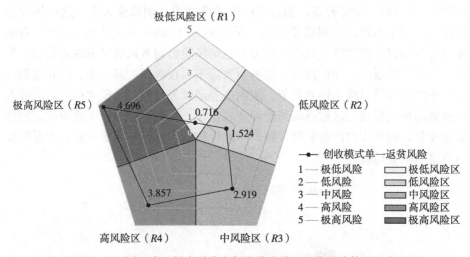

图 24　不同风险区样本脱贫户创收模式单一返贫风险等级示意
数据来源：返贫风险集成预警模型预测结果。

7.3.2　易地搬迁后续挑战的返贫风险

为了保障群众的生命健康和住房安全，从根源上改善生产生活环境，预防脱贫户返贫，凉山对一些居住环境较为恶劣的贫困农户进行了易地搬迁，集中安置。为此，凉山州政府出台了《促进凉山州易地扶贫搬迁集中安置点就业增收十条措施》和《凉山彝族自治州 2020 年度州本级预算执行和其他财政收支的审计工作报告》等政策措施，对凉山易地搬迁脱贫户在就业、创业等方面的后续配套措施进行了详细安排，取得了良好的脱贫和防止返贫的效果。通过易地扶贫搬迁，凉山 7.44 万户、35.32 万人从土坯房中搬出来，住上了安全敞亮的新居，实现了脱贫目标[①]。

然而，易地搬迁脱贫户从熟悉的环境到陌生的环境，其生产生活很多方面都需要适应学习，如果易地搬迁后续配套政策不足，可能会增加他们的返贫风险。从模型的风险预警结果来看，位于极高风险区的样本脱贫户的易地搬迁后续挑战返贫风险值达到 3.826，返贫风险较高，其他风险区的样本脱贫户也存在一定程度的易地搬迁后续挑战返贫风险（图 25）。

调研中，课题组发现目前凉山易地搬迁配套政策在三个方面仍存在一定的不足，容易导致易地搬迁脱贫户返贫风险的增加。第一，一些集中安置点的基

---

① 彭清华. 凉山脱贫攻坚回访调查 [N]. 学习时报，2021 - 02 - 26 (1).

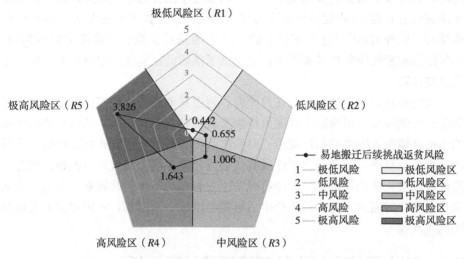

图 25 不同风险区样本脱贫户易地搬迁后续挑战返贫风险等级示意
数据来源：返贫风险集成预警模型预测结果。

本公共服务配套政策不完善。调研发现，32.19％的样本脱贫户对易地搬迁后的教育、医疗和养老等基本公共服务比较担心。据 2020 年凉山州脱贫攻坚推进情况报告显示，全州共有易地搬迁群众 7.44 万户 35.3 万人，有 1 492 个集中安置点，这些集中安置点的教育、医疗设施建设、产业发展水平及就业岗位数量都面临着不充分、水平低等现实困境[①]。2020 年喜德县易地搬迁户有 135 名适龄幼儿未能入园，盐源县易地搬迁户有 113 名适龄幼儿未入园、5 名学龄儿童未入学[②]，说明凉山在集中安置点的基本公共服务配套政策方面还存在一定的完善空间。第二，一些集中安置点的交通配套政策有待加强。尽管 2014 年以来，凉山州政府累计新改建农村公路 2.02 万公里，新增 240 个建制村通公路，新增 192 个乡镇、2 730 个建制村通硬化路[③]，但是调研发现近 10％的易地搬迁脱贫户认为自家所在的集中安置点交通不便，家庭每年需要支付较多的交通费用。第三，一些集中安置点的生产生活基础设施建设政策实施不到位。根据凉山州统计局的统计，2020 年凉山州部分安置点污水垃圾处理及配套设施不够完善，盐源县金河镇两个集中安置点未购置环卫设备和建设污水处

① 数据来源：《凉山彝族自治州人民政府 2020 年凉山州脱贫攻坚推进情况》。
② 资料来源：凉山彝族自治州统计局。
③ 脱贫攻坚看四川：路通了，村民的生活也变了 [EB/OL].［2021-04-19］. https://baijia-hao.baidu.com/s? id=1697429204305386534&wfr=spider&for=pc.

理厂；喜德县甘哈觉莫大型集中安置点未修建生活排污处理设施；雷波县谷堆乡洗衣村安置点 22 户屋内未设计厨房和卫生间，外建的厨房和卫生间产生的生活污水向外直排①。这些安置点的生产生活基础设施建设政策实施不到位，不仅给易地搬迁脱贫户带来不便，更增加了他们的家庭生产生活支出，加大了其返贫风险。

由此可见，对易地搬迁脱贫户而言，通过易地搬迁，他们摆脱了原先恶劣的生产生活环境，可持续生计能力得到有效提升。但是，这一群体从原本熟悉的生活环境搬入陌生的新环境后，对新居环境、新的生活方式可能产生一定的不适感与疏离感，部分易地搬迁脱贫户会因此在生活上出现新的困难。加之政府配套政策无法衔接跟进，可能造成集中安置点的基本公共服务、设施等不能满足脱贫户的需求，他们的生产生活可能会继续出现困难，并因此埋下重返贫困的风险隐患。

7.4　凉山脱贫人口生计环境返贫风险分析

7.4.1　政策变化的返贫风险

2019 年习近平总书记指出："贫困县摘帽后，也不能马上撤摊子、甩包袱、歇歇脚，要继续完成剩余贫困人口脱贫问题，做到摘帽不摘责任、摘帽不摘政策、摘帽不摘帮扶、摘帽不摘监管。"为此，2021 年党中央颁布了《中共中央　国务院关于全面推进乡村振兴加快农业农村现代化的意见》，该意见要求地方要继续贯彻《中国农村扶贫开发纲要（2011—2020）》提出的"两不愁、三保障"政策，以继续巩固扶贫攻坚成果，切实保证脱贫户远离致贫风险，并设立了五年过渡期。

对于凉山脱贫户来说，要实现稳定脱贫不返贫，帮扶政策的支持至关重要。如果未来脱贫户的帮扶政策力度减弱或终止，可能会引发许多脱贫户的返贫风险。预警模型的预警结果显示，帮扶政策的中止或力度减弱均会对不同区域的返贫风险产生影响，且相较于其他风险事项而言，这一风险对凉山脱贫人口返贫产生的影响更为显著。具体而言，位于高风险区和极高风险区的脱贫户样本返贫风险值为 3.857 和 4.043，返贫风险较高。位于中、低风险区的脱贫户也面临较大的政策返贫风险，其中，中风险样本脱贫户的政策返贫风险值达2.941，紧邻 3 的风险等级阈值，低风险样本脱贫户的风险值达 1.734，处于低中风险的交界处（图 26）。

---

① 资料来源：凉山彝族自治州统计局。

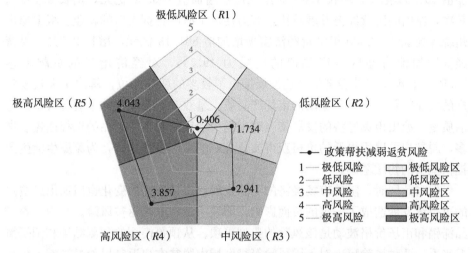

图 26 不同风险区样本脱贫户政策帮扶减弱返贫风险等级示意

数据来源：返贫风险集成预警模型预测结果。

与此同时，课题调研发现一些脱贫户比较担心政府扶贫帮扶政策的稳定性和可持续性。在调研的 1 979 户样本脱贫户中，有 637 户脱贫家庭担心现有的扶贫项目、扶贫资金、结对帮扶措施、产业发展、社会保障、扶贫政策监督与落实等方面的政府帮扶力度及相关政策支持力度会减弱。在这部分脱贫家庭中，43.31％的脱贫户表示如果现在的政策扶持力度相对减弱，政府的政策性补贴收入占家庭总收入的比例变少，他们将会出现自己克服不了的生产生活困难。尽管这种"等、靠、要"的思想不值得肯定，但是对于一些有残疾、患大病、慢性病等有特殊困难的脱贫户来说，帮扶力度减弱可能会直接导致家庭收入减少，增加他们的返贫风险。因此，如何保持帮扶政策总体稳定，健全防止返贫动态监测和帮扶机制，在五年过渡期内尽快提升脱贫群众的抗风险能力，是凉山当前巩固拓展脱贫攻坚成果工作的重要任务。

7.4.2 市场变化的返贫风险

市场作为资源配置的重要手段，在调节经济运行、促进经济社会健康发展中发挥着重要作用。改革开放后，凉山的市场要素、市场秩序、市场机制和营商环境等要素逐步完善，为凉山脱贫户脱贫致富提供了良好的外部环境。首先，凉山的经济总量和经济发展增速较快，有力地推动了凉山的脱贫攻坚工作。根据凉山州统计局统计，2020 年地区生产总值（GDP）达到 1 733.15 亿元，增长 3.9％。其中第一产业增加值 406.74 亿元，增长 4.8％；第二产业增加值 559.55 亿元,增长 4.6％;第三产业增加值 766.86 亿元,增长 3.1％[①]。其次,凉山的民营经济发展较快,有力促进了凉山脱贫人口的就业。根据凉山州统计局统计,2020 年民营经济实现增加值 861.13 亿元,增长 2.9％。民营经济增加值占地区生产总值的比重为 49.7％,对经济增长的贡献率达 38.5％[②]。凉山民营经济的快速发展提供了较多的就业岗位,解决了大量脱贫户的就业问题。最后,凉山的市场产品质、量双升,有效改善了脱贫人口的生活质量。凉山市场经济的发展使当地市场生活用品和生产用品的选择面逐步增多,脱贫户可以用更低的价格获得质量更好的生产生活物资,为家庭生活生产提供坚实的物质基础。

但与此同时,随着市场经济的不断发展,市场环境的变化也对凉山脱贫户的可持续发展造成了一定的负面影响,导致一定程度的返贫风险。其中,农产品滞销和市场价格波动是该风险的典型事项。从预警模型的预测结果和调研情况来看,两种风险事项对不同风险等级区域中脱贫农户返贫风险的影响趋势相同,即在返贫风险越高的区域,其对脱贫人口返贫产生的影响越大。这表明,农产品滞销与市场价格波动并非孤立存在,而是相伴而生,在大多数情况下共同影响着脱贫人口的返贫风险。此外,在极高风险区,相较于市场价格波动,农产品滞销对脱贫人口返贫风险的影响更显著;在高风险区则相反;在中风险区,二者对返贫风险的影响几乎相同。这表明,市场变化这一风险事项在不同风险等级的区域中体现出不同的特点,但都会在一定程度上增加脱贫户返贫的概率。具体而言,在农产品滞销返贫风险方面,位于极高返贫风险与高返贫风险区的脱贫户面临的农产品滞销返贫风险值分别达到 4.435 和 4(图 27),返贫风险较高;在市场价格波动导致返贫风险方面,除位于极低风险区外的所有其他风险等级区的样本脱贫户都受到明显的影响,尤其是高风险区的样本脱贫户,其风险值达到 4.286,超过极高风险区 4.043 的风险值(图 28)。

根据调研,课题组发现市场变化主要从三个维度增加了凉山脱贫户的返贫风险。第一,市场波动容易导致脱贫户投资的市场项目失败,使脱贫户担心市场投资的风险。在样本脱贫户中,仅有 173 户脱贫家庭自主参加了市场投资项目,占样本的 8.74％。第二,由于投资项目效益不明显,脱贫户从市场投资中获得的收益较少,降低了凉山脱贫户的投资热情。在这 173 户脱贫户中,只有 19.65％的脱贫户表示从这些市场投资项目中获得微薄的收益,而这些收益

---

① 凉山州 2020 年国民经济和社会发展统计公报 [EB/OL]. [2021 - 05 - 06]. http://tjj.lsz. gov.cn/sjfb/lstjgb/202105/t20210506_1899812.html.

② 资料来源:凉山彝族自治州统计局。

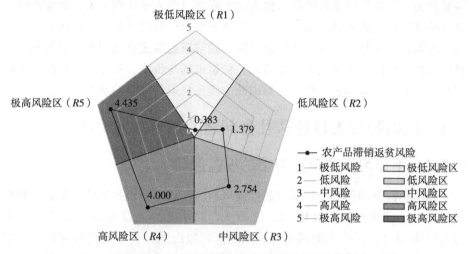

图 27 不同风险区样本脱贫户农产品滞销返贫风险等级示意

数据来源：返贫风险集成预警模型预测结果。

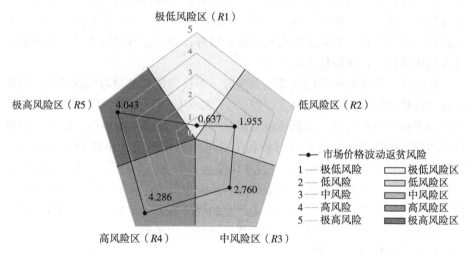

图 28 不同风险区样本脱贫户市场价格波动返贫风险等级示意

数据来源：返贫风险集成预警模型预测结果。

不能支撑家庭发展的经济需求，缺乏继续投资的热情。第三，市场波动容易导致农产品滞销，进而大大降低脱贫户的家庭收入。在样本脱贫户中，35.62%的脱贫家庭认为自家经常因为市场波动导致家庭收入减少，其中 87.02% 的脱贫家庭表示市场波动对家庭可支配收入的影响比较大。同时，在样本脱贫户中，26.88% 的脱贫家庭担心市场波动造成农产品滞销；这当中有 81.01% 的脱贫户表示产品滞销造成的收入损失占家庭年总收入的比重较大，对家庭收入和可持续发展造成威胁。总之，市场波动不仅会降低脱贫户参与市场投资的热情，继而减少致富的道路，还可能对部分脱贫家庭造成直接损失，增加他们的返贫风险。因此，准确发布市场需求、稳定市场与价格、指导农户生产、提高农户生产经营投资的积极性，是凉山减少脱贫户返贫风险的重要举措。

7.5 凉山脱贫人口特殊社会问题的返贫风险分析

7.5.1 不良习俗和消费习惯的返贫风险

凉山彝族自治州是全国最大的彝族聚居区。根据凉山州统计局统计，截至2020年末，州内户籍人口共533.12万人，其中彝族人口为288.75万人，占总人口的54.16%[①]。相对四川省其他地区，凉山的社会生活仍然保留了许多彝族的传统习俗和消费习惯，尤其是在婚嫁、丧葬及重大节庆方面，传统习俗和消费习惯的影响力更为突出。然而，一些不良的社会习俗和消费习惯往往需要当地家庭花费较大的人力、物力和财力，背负较重的经济负担，增加了凉山脱贫户的返贫风险。调研发现，在样本脱贫户中，47.25%的脱贫户表示自家的彩礼、丧葬支出，和亲戚朋友的婚丧、满月、乔迁、升学等人情支出占家庭收入的比重较大，家庭经济压力很大。

从返贫风险预警模型的预警结果来看，不良习俗和消费习惯返贫风险对凉山样本脱贫户的影响也较为严重（图29）。总体而言，极低风险区样本脱贫户面临的不良习俗和消费习惯返贫风险值是0.989，返贫风险较低；位于其他风险区的样本脱贫户面临的不良习俗和消费习惯返贫风险值由低到高分别达到2.855、3.184、4.130和4.500，返贫风险都比较高，其中位于高风险区的样本脱贫户的返贫风险值最大，面临的返贫风险也最高。由此可见，在凉山，不良习俗和消费习惯让脱贫户背负较为严重的经济压力，对家庭可持续发展造成了一定阻碍，需要政府主管部门开展移风易俗集中治理。

7.5.1.1 高额彩礼的风险

凉山至今仍保留着传统的婚嫁聘礼习俗，即男方在婚嫁时给予女方适当财物以感谢女方父母的养育之恩。这本是新婚夫妻孝敬父母的美好心意，但近年来受传统习俗和市场经济中不良因素的影响，彩礼已经变味，奢侈攀比之风盛行，传统彩礼习俗日趋异化，高额彩礼问题日渐严重，增加了

[①] 凉山州 2020 年国民经济和社会发展统计公报 [EB/OL]. [2021-05-06]. http://tjj.lsz.gov.cn/sjfb/lstjgb/202105/t20210506_1899812.html.

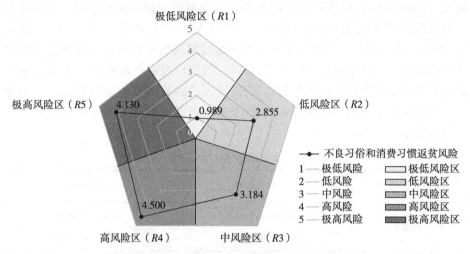

图 29　不同风险区样本脱贫户不良习俗和消费习惯返贫风险等级示意
数据来源：返贫风险集成预警模型预测结果。

凉山脱贫户的返贫风险。为此，凉山州政府采取多种措施遏制这些不良习俗，一方面，针对高额彩礼等不良习俗问题进行调研。2015 年凉山州政府发布了《开展婚丧嫁娶高价彩礼和铺张浪费问题调研方案》，在全州 14 个县（市）开展专题调研，摸清婚丧嫁娶高价彩礼和铺张浪费问题的实际情况。另一方面，采取多种措施纠正这些不良习俗。凉山州政府要求地方抓住婚嫁赠予高额礼金、丧事活动送牛杀牛两个重点问题，突出各级党员干部特别是领导干部、村组干部带头这个关键，充分利用法律法规和公序良俗这两把利剑，充分运用组织纪律约束和村民自治这两种手段，依法治理、因势利导、对应施策，全州上下共同努力，坚决遏制婚丧嫁娶高额礼金和铺张浪费不良风气的蔓延①。通过这些措施，凉山脱贫户的高额彩礼等不良习俗得到了一定改善。

然而，高额彩礼等不良习俗由来已久，尽管政府采取多种措施进行遏制，但高额彩礼等问题仍然在凉山部分地方存在，对一些脱贫户造成沉重的经济压力，极易导致他们返贫风险激增。一方面，近年来凉山彩礼逐年增加且数额较大。据"彝族长期贫困与代际传递的实证研究"课题组的调查数据显示，在 2009 年之前，凉山彝族彩礼金额平均在 2 万元以下，2010 年突然提高到 7 万元以上，且每年以 2 万～3 万元的速度急速上涨。2015 年凉山州政

---

① 凉山召开治理婚丧嫁娶高额礼金和铺张浪费问题工作会［EB/OL］．［2015 - 05 - 21］. https：//liangshan. scol. com. cn/rdxw/content/2015 - 05/21/content_51724473. htm.

府成立的婚丧嫁娶高价彩礼和铺张浪费问题调研组的调查也显示，凉山州部分地区的婚嫁聘礼费用十分高昂，一些家庭的彩礼费用甚至超过 80 万元（表 3）[①]。另一方面，凉山彩礼支出往往远超家庭的年收入，极易增加脱贫户的返贫风险。在样本脱贫户中，25.51% 的脱贫户表示在未来 3~5 年家里有适龄结婚男子面临彩礼支出的问题，其中 20% 的脱贫家庭表示结婚彩礼支出需要全部的家庭年收入，甚至有 25.25% 的脱贫户表示结婚彩礼是家庭年收入的七倍及以上。

表 3　凉山部分地区彩礼金额[②]

县	彩礼类型	彩礼金额
盐源县	农村居民婚姻彩礼	5 万~10 万元
	城镇居民婚姻彩礼	10 万~20 万元
喜德县	农村居民婚姻彩礼	15 万~30 万元
	城镇居民婚姻彩礼	20 万~60 万元
越西县	农村居民婚姻彩礼	18 万~20 万元
	城镇居民婚姻彩礼	20 万~80 万元
甘洛县	农村居民婚姻彩礼	12 万~30 万元
	城镇居民婚姻彩礼	20 万~80 万元
备注	彩礼的金额与地域、城乡差异、学历、家庭、容貌和是否再婚等因素有关。从地域来看，布拖县、普格县、昭觉县、金阳县等历史上统称"阿都地区"的彩礼最高，有的甚至达到 100 万元。一般来说，城镇比农村彩礼高；学历越高，彩礼越高；家境及容貌越好，彩礼越高	

7.5.1.2　厚葬消费的风险

彝族人民对祖先有深厚的情感，在悠久历史中形成了独特的丧葬文化。"逝者葬礼的举办既是子孙尊祖敬祖的义务性规范，也是先祖荫庇后代的互惠性表达。"[③] 因而，许多彝族群众认为："葬礼办得隆重是孝敬老人的表现，要以喜代丧，竭尽全家财力来大力操办，使其热闹非凡，犹如汉语里的喜丧。尤其认为丧葬期间牛羊杀得越多，在阴间死者得到的牲畜就越多，就会越富有，就越幸福。"[④]

[①②]　数据来源：凉山州政府成立的婚丧嫁娶高价彩礼和铺张浪费问题调研组。
[③④]　王美英.凉山彝族丧葬仪式与表征研究［J］.西南民族大学学报（人文社科版），2016，37（10）：47-53.

　　这种独特的丧葬文化原本是彝族群众表达对故人和祖先思念之情的真挚方式，但受市场经济中不良因素的影响，凉山一些丧葬费用变得日益高昂，程序日益繁琐。一些地方的彝族老人去世后，其女儿一般都会送两三头牛，姊妹之间互相攀比，"送牛之风"愈演愈烈，其他亲戚也会攀比送牛或者折算现金送礼。以至于有的地方办理丧事时攀比宰牛杀牲畜之风愈演愈烈，从最初的宰杀10头牛演变成宰杀100头牲畜（其中至少应该有20头牛），个别家庭甚至宰杀几十头、上百头牛，并通过赛牛皮、比牛头等方式进行炫耀卖弄①。这些不良的厚葬消费大大增加了凉山脱贫户的返贫风险。为此，凉山州政府在全州积极推行健康文明新生活运动。通过多年努力，厚葬薄养的不良风俗得到了一定的遏制，厚养薄葬的新风俗已经逐步成型。在样本调查中，80.43％的脱贫户的丧葬费用支出控制在10万元以内（图30）。

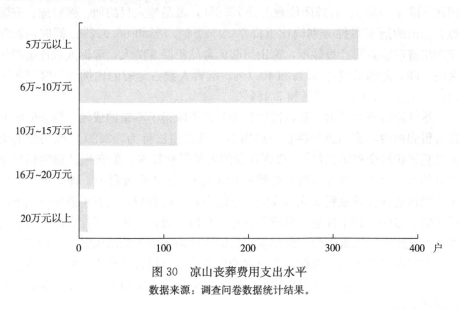

图30　凉山丧葬费用支出水平
数据来源：调查问卷数据统计结果。

　　但是，在一些地区的部分脱贫户中，厚葬消费现象仍然存在，丧葬费用仍然是一笔不小的开支，增加了这些脱贫户的返贫风险。在样本脱贫户中，37.44％的脱贫户对家庭的丧葬费用支出表示担忧，其中19.57％的脱贫家庭认为丧葬费用支出较高，甚至有11％的脱贫户表示所在地的丧葬费用超过了20万元。对于刚刚脱贫的凉山脱贫户而言，即使是10万元以下的丧葬费用也是一笔不菲的支出，厚葬消费很容易引致他们返贫。

---

　　① 数据来源：凉山州政府成立的婚丧嫁娶高价彩礼和铺张浪费问题调研组。

7.5.2　吸毒和感染艾滋病的返贫风险

7.5.2.1　吸毒的风险

凉山接壤云南，与金三角相距不远，是东南亚毒品运输的中转站和通道。贩毒、吸毒不但造成了无数的家庭悲剧，而且危害社会公共安全。为此，凉山州政府一直对吸毒、贩毒违法行为进行严厉打击，取得了较好的禁毒效果。一方面，凉山州政府出台了多项打击吸毒、贩毒违法行为的政策文件。2015 年以来，凉山州委召开多次常委会、高规格禁毒工作大会，出台了《关于进一步加强禁毒工作的意见》等多个专项政策文件，制定了针对打击贩毒、吸毒的方案和规划。另一方面，凉山州打击吸毒、贩毒违法行为效果显著。2019 年以来，全州破获毒品刑事案件 414 起，同比下降 50%，缴获毒品 289.15 千克，同比下降 40.89%，打掉团伙数上升 75.6%，毒品流入目的地、途经地、来源地为凉山的刑事案件分别同比下降 73.9%、91.7% 和 66.5%[①]。同时，2020 年四川省刑事犯罪通报显示，凉山州起诉毒品犯罪 537 人，起诉人数连续两年大幅下降，降幅分别达 32% 和 40.1%；起诉人数占全省的比例也连续三年下降，分别为 12.8%、8.8% 和 7.4%[②]。

尽管凉山州对吸毒、贩毒违法行为的打击取得了不错的成效，但该问题并没有得到根治，凉山还是存在一些贩毒、吸毒违法行为。2020 年凉山州起诉毒品犯罪仍居全省第二位[③]。吸毒在册的人员仍然较多，如布拖县拖觉镇户籍人口约 1.4 万人，吸毒在册人员就有 643 人[④]。在调研过程中，课题组了解到由于吸毒通常会导致脱贫人口丧失工作能力，家庭破裂，也有可能使其他家庭成员染上毒瘾，甚至被迫从事贩毒行业。高昂的吸毒费用、医疗费用和违法成本，会让刚刚脱离贫困的家庭很快再次陷入贫困。由于凉山脱贫人口中有部分是具有吸毒史的人员，因此课题组在构建脱贫人口返贫风险模型时将吸毒事项设定为绝对返贫因素。从目前来看，吸毒返贫风险对凉山脱贫户稳定脱贫仍然构成较大威胁。

7.5.2.2　感染艾滋病的风险

伴随毒品而至的是艾滋病。凉山的艾滋病问题相对较严重。首先，凉山的艾滋病患者较多。根据四川省卫生厅 2013 年的统计数据，凉山彝族自治州累

---

① 铁腕禁毒肃清毒害：凉山禁毒形势实现历史性转变 [EB/OL]. [2020 - 10 - 21]. https：//m. gmw. cn/baijia/2020 - 10/21/1301701845. html.

②③ 2020 年度四川省刑事犯罪情况 [EB/OL]. [2021 - 06 - 05]. https：//cld. cdtf. gov. cn/pub-lic - info/info - detail/06fa727d8d4f197793036a99e382066d.

④ 资料来源：拖觉镇社区戒毒（康复）工作站。

计报告感染者和病人 25 608 例，占全省的 50％[①]。其次，凉山艾滋病患者逐年增加，彝族患者的占比相对较高。从 2008 年到 2014 年，凉山的艾滋病患者由 3 338 人增加到 5 281 人，增加了 1 943 人，其中彝族患者的感染率呈现每年递增的趋势（表 4）。此外，除了高昂的治疗费用支出，社会在就业和日常生活中对艾滋病患者还存在一定的歧视，由此引发的艾滋病患者就业难、融入难现象导致其返贫风险高。可以说，只要有家庭成员感染了艾滋病，脱贫户必然会出现返贫。

表 4　凉山彝族、其他民族艾滋病感染病例趋势[②]

单位：人

民族	2008 年	2009 年	2010 年	2011 年	2012 年	2013 年	2014 年
彝族	3 220	3 488	4 545	4 097	3 836	4 684	4 618
其他民族	118	128	284	401	392	512	663

为了遏制艾滋病蔓延的趋势，减少因艾滋病返贫的风险，凉山州政府出台了一系列艾滋病防治政策文件和行动措施。一方面，制定凉山州艾滋病防治的政策文件。近年来，凉山州先后出台了《凉山州艾滋病防治战略规划（2006—2010 年）》《凉山州艾滋病防治管理办法》《凉山州艾滋病防治办法》等防治艾滋病的政策文件，要求全州集中全力预防、控制艾滋病并对艾滋病患者提供帮扶和支持。另一方面，分阶段推出艾滋病防治的行动措施。2017 年凉山州启动艾滋病防治和健康扶贫攻坚第一阶段行动，该行动以预防干预、抗病毒治疗和预防母婴传播等为重点工作。2018 年凉山州艾滋病防治攻坚现场推进会提出"全州治疗覆盖率提高到 72.4％，其中 4 个重点县（布拖县、昭觉县、越西县和美姑县）达 70.19％、建立 1.23 万名艾滋病感染育龄妇女台账、母婴传播率下降至 3.24％"的目标。2021 年凉山州启动第二阶段艾滋病防治的攻坚行动，实施范围由第一阶段的四个县扩大至凉山州所有县（市），将防治病种由艾滋病扩展至以艾滋病防治为主，丙肝、结核、梅毒等病同防[③]。要求加大对艾滋病的预防工作，并形成了专门的防控体系及任务清单、责任清单和督查清单。

---

① 凉山州艾滋病感染者占全省一半 [EB/OL]. [2013 - 09 - 04]. https：//view. inews. qq. com/wxn/CDC2013090401454400.

② 王科，余刚，李健，等. 凉山州艾滋病感染相关特征随时间变化趋势 [J]. 现代预防医学，2016，43（16）：3024 - 3027.

③ 凉山州艾滋病等重大传染病防治攻坚第二阶段行动启动 [EB/OL]. [2021 - 07 - 27]. ht-tp：//sc. cnr. cn/sc/2014sc/20210727/t20210727_525545077. shtml.

虽然凉山在艾滋病防治方面取得了巨大进步，但课题组发现艾滋病仍然对凉山脱贫户返贫有一定的威胁。首先，凉山艾滋病患者人数较多，分布区域较广。2018 年凉山州的艾滋病患者达到 41 187 例，涉及全州所有县（市）、96％的乡（镇），感染者超过 1 000 例的县（市）有 10 个，超过 100 例的乡（镇）有 96 个①。其次，艾滋病患者住院人数较多，医疗费用支出较高。根据拖觉镇政府提供的脱贫户信息，有 986 位居民因艾滋病发（不含艾滋病毒稳定患者）而住院，占脱贫户住院人数的 7.46％（拖觉镇脱贫户住院总人数为 13 219 人），其中医疗费用总额最高为 9 898.75 元。即使有政府帮扶和医保兜底，这笔医疗开支仍然较高。此外，由于艾滋病毒只能遏制而无法完全消除，后续治疗费用对脱贫家庭而言是一笔不菲的开支。因此，艾滋病可以较为轻易地将正常的家庭摧毁，脱贫户家中一旦有人感染艾滋病，整个家庭便陷入贫困。目前需要进一步加强对艾滋病的防治工作，通过宣传、预防、控制及对艾滋病患者的支持等措施，以降低凉山艾滋病引致的返贫风险。

7.5.3　自发搬迁的返贫风险

自发搬迁是凉山长期存在的社会现象。改革开放后，凉山陆续出现群众的自发搬迁行为。总体而言，凉山的自发搬迁行为呈现出三个方面的特点。首先，自发搬迁的目的往往是为了追求更好的生产生活环境。为了改变原有的生存环境、享受更好的公共服务，部分群众自愿从原本相对落后的居住地搬迁到西昌、德昌等生产生活条件相对较好的地区。其次，自发搬迁的规模比较大。截至 2018 年底，凉山跨县自发搬迁人口达 34 041 户 150 765 人②。其中，普格县自发搬迁总量达 9 107 户 38 241 人，县外迁入 1 170 户 5 327 人③。最后，自发搬迁居民的社会融入往往比较困难。由于搬迁群众的流动性、自发性和无序性，迁出地及迁入地政府部门难以对其开展有序管理，多数自发搬迁户因此不能顺利融入当地社区、无法完全享受到迁入地的公共服务。尽管自发搬迁群众的动机美好，但难以融入迁入地的社会生产生活，加之规模较大，自发搬迁容易导致较大规模的致贫情况发生。据凉山彝族自治州扶贫开发局统计，截至 2018 年底，在凉山州州内跨县自发搬迁人口中，建档立卡贫困户 6 652 户

---

① 资料来源：苏嘎尔布州长在全州艾防攻坚现场推进会上的讲话。

② 凉山州自发搬迁贫困群众脱贫攻坚工作纪实 [EB/OL]. [2019 - 08 - 30]. http：//www. lsz. gov. cn/ztzl/rdzt/tpgjzt/dwbf/201908/t20190830_1248491. html.

③ 普格县"三举措"抓好自发搬迁群众管理助推脱贫攻坚 [EB/OL]. [2020 - 07 - 16]. ht-tp：//www. lsz. gov. cn/jrls/gzdt/xsdt/202007/t20200716_1650543. html.

25 424人^①。

自扶贫攻坚以来，自发搬迁户的脱贫工作一直是政府部门工作的重要内容。为此，政府出台了若干文件专项治理自发搬迁户的贫困问题。一方面，加强对自发搬迁群众的脱贫工作。2019年凉山州政府相继出台了《关于进一步加强规范已自主搬迁农民管理工作切实解决扶贫盲区的通知》《凉山州自发搬迁贫困人口精准识别工作实施方案》等政策，落实自发搬迁农民管理工作和自发搬迁贫困人口脱贫攻坚工作。另一方面，帮助自发搬迁群众公平享有迁入地的基本公共服务。凉山州政府颁布了《凉山州人民政府教育督导委员会关于印发〈凉山州已自发搬迁农民子女入学就读工作实施方案〉的通知》《凉山州规范已自发搬迁农民管理工作领导小组关于进一步推进已自发搬迁建档立卡贫困户安全住房建设的通知》等文件，要求迁入地政府严格保障自发搬迁群众的生存权和发展权，满足其基本公共服务需求。以住房保障服务为例，根据凉山州政府统计，全州已自发搬迁贫困户需要实施安全住房建设的有2 614户。截至2019年8月底，已开工建设2 309户，开工率88.33%；完工1 158户，完工率44.23%^②。

尽管凉山州已经顺利完成了脱贫攻坚任务，辖区内自发搬迁户已顺利脱离了绝对贫困状态。但是调研发现，相对于其他类型脱贫户而言，自发搬迁脱贫户的可持续发展能力及稳定性不足，仍然面临较大的返贫风险。具体而言，首先，自发搬迁脱贫户还不能完全、充分地享受迁入地的基本公共服务。自发搬迁户的户籍不在搬入地，而户籍又与政治、经济和社会权利紧密挂钩。因为政府年度财政规划，迁入地的公共资源总量限定，一些自发搬迁户享有搬入地基本公共服务的权利会因户籍问题受到影响。其次，自发搬迁户的社会融入依然存在困难。一方面，由于迁出地和迁入地在文化、语言及生活习惯等方面存在差异，许多自发搬迁户难以在短时间内更新自己的想法和观念，他们与迁入社区的居民存在沟通障碍，在迁入地的生产生活中容易陷入孤立状态。另一方面，自发搬迁户脱离了原本居住地的社会关系网络，而融入新的居住地又会产生额外的交易成本，部分搬迁户因此会主动选择回避外界的沟通，从而游离在迁入地社区边缘。在课题组的实地访谈中，部分自发搬迁脱贫户表示，他们难以在迁入地重建居民认同感，无法与周围群众进行有效沟通。因此，他们难以顺利恢复生产生活秩序，始终面临重返贫困的威胁。最后，政府的补助不足也

---

① 数据来源：凉山彝族自治州扶贫开发局。

② 凉山州自发搬迁贫困群众脱贫攻坚工作纪实 [EB/OL]. [2019-08-30]. http://www.lsz.gov.cn/ztzl/rdzt/tpgjzt/dwbf/201908/t20190830_1248491.html.

不利于自发搬迁户的可持续发展。按照凉山州规定,政策移民贫困户每户有一定的资金补贴。但是,相对于易地扶贫搬迁户,自发搬迁户较难享受到类似的补贴政策。因此,在搬入新的社区后,许多脱贫户无资源进行后续的发展,即使脱离了贫困状态,但返贫风险始终困扰着他们。

综上所述,通过对返贫风险子项的分析可以发现,凉山返贫风险复杂度高、叠加效应显著,且不同风险事项对不同风险区域中脱贫人口返贫风险的影响程度各不相同。整体而言,生计资本风险对各风险区域脱贫人口的影响最大。

首先,在返贫风险较小的极低风险区(R1)、低风险区(R2),具有显著影响的风险子项分布较为分散。其中,资金资本风险、社会资本风险和人力资本风险的影响最突出,物质资本和自然资本风险子项的影响较小。表明当前凉山返贫风险较小区域中的脱贫人口已经具备较为稳定的物质生产资料,生产生活条件明显改善,外部环境风险抵御能力增强。其中,在极低风险(R1)区域影响最显著的风险事项包括非义务教育支出、集体经济组织发展滞后及产业政策红利释放不充足等风险;在低风险(R2)区域主要包括由劳动力缺乏知识技能引发的失业风险,以及不良习俗和消费习惯导致的风险。表明对于返贫风险较小的区域,政府部门应注重提升脱贫人口的知识与技能,完善非义务教育支出补贴制度,推动集体经济组织的发展。从优化人力资本、资金资本和社会资本方面,进一步提升脱贫人口的生计资本,推动产业政策红利的充分释放。

其次,在返贫风险较大的中风险(R3)、高风险(R4)和极高风险(R5)区域,影响显著风险事项的分布较为集中,主要体现为失业返贫风险。因此,由此导致的人均可支配收入低就成为这类区域中脱贫人口返贫风险的共性特征。且随着返贫风险程度的提升,影响较为显著的风险事项的数量也随之增加,使得返贫风险的识别、监测及防范难度较大。其中,在中风险(R3)区域影响最显著的风险事项包括劳动力知识技能缺乏、人均可支配收入少;在高风险(R4)区域为脱贫人口内生动力不足、劳动力知识技能缺乏、不良消费习俗和消费习惯及人均可支配收入少;在极高风险(R5)区域影响显著的风险事项则体现为劳动力知识技能缺乏、人均可支配收入少、集体经济组织发展滞后及创收模式单一。由此可见,在返贫风险较大的区域中,政府部门应在着力改变脱贫人口的不良习俗和消费习惯、丰富其创收模式的同时,重点监测由于人力资本风险引发的失业返贫风险,通过提高劳动力的知识技能水平、激发其内生动力以提升收入,从而实现预防因人均可支配收入不足而引发的返贫风险。

7.6 本章小结

本章的任务是运用返贫风险集成预警集模型对凉山脱贫人口返贫风险进行预警，并对整体预警结果、不同风险类型与风险等级的脱贫户预警结果进行分析，为后续凉山脱贫人口返贫风险防范对策研究提供实证基础。

从整体预警结果来看，凉山 1 979 户样本脱贫户中，81.86％处于极低风险与低风险两个区域，16.37％处于中风险区域，1.77％处于高风险和极高风险区域。从整体上看，凉山绝大多数脱贫人口已实现了稳定脱贫。但中、高和极高返贫风险的脱贫农户占 18.14％，如果基于凉山 105.2 万脱贫人口基数，大约还有 19.1 万脱贫人口没有实现稳定脱贫，存在返贫风险。这说明作为我国最具代表性的脱贫地区，凉山脱贫人口还存在较大的返贫风险，巩固拓展脱贫攻坚成果，防止规模性返贫的任务还很艰巨。另外，从返贫风险的分布区域来看，西昌市、会理市、德昌县的脱贫人口返贫风险整体较低，大多已实现稳定脱贫，整体返贫风险程度不高，目前防止偶发性、零星性返贫是重点。甘洛县、盐源县和雷波县的各风险等级的脱贫人口数量均不少，说明这些区域发展非常不均衡，特别需要建立分级分类返贫风险监测管理机制，强化、防范返贫风险，巩固、扩大、稳定脱贫群体数量。而普格县与昭觉县在高风险和极高风险的农户中占比较高，表明该区域防范化解规模性返贫风险的压力较大，需要政府整合统筹各方面资源，进一步筑牢返贫底线。从对返贫风险子项的分析来看，各返贫风险具有多样性和叠加性的特点，且不同种类的风险对不同风险等级的脱贫户影响各不相同，需要因地制宜、因户施策，分类防范。

8 凉山脱贫人口返贫风险的防范策略

通过前文对凉山脱贫人口返贫风险和风险源的梳理分析发现：尽管凉山在脱贫攻坚方面取得了巨大成就，但是部分已脱贫人口的脱贫基础依然比较脆弱、脱贫质量不高，仍存在较大的返贫风险。目前地方政府采用的返贫风险监测机制主要依据已脱贫家庭的年人均纯收入，这种相对单一的监测指标对已脱贫人口面临的潜在返贫风险及其影响缺乏系统考量和精确预判，容易造成返贫风险识别误差，由此导致难以采取有针对性、可操作性的防范措施。为了提高返贫风险防控的全面性、及时性和准确性，本章根据凉山返贫风险源及其特征评估分析，结合反贫困理论、可持续生计理论与全面风险管理理论（ERM）建立脱贫人口返贫风险管理体系，提出凉山脱贫人口返贫风险的综合性防范策略，以期为凉山巩固拓展脱贫攻坚成果与乡村振兴有效衔接提供借鉴参考。

8.1 建立基于 ERM 的脱贫人口返贫风险管理体系

凉山脱贫人口的返贫风险并非单一的、线性的，而是呈现出多元性、非线性等特点，以内、外风险叠加为形态出现。同时，凉山各地区的经济、政治及文化发展程度存在一定的差异，单一的管理模式和技术无法"上下贯通"并开展有效管理，因此传统的以单一行政单位为主导的风险管理模式和技术常常处于失灵状态。"风险社会的降临，社会面貌的嬗变，在某种程度上诱发人类的思维和行为产生新的突变，以至于部分社会传统所依赖的制度文化及治理经验也发生失灵。"① 因此，政策工作者不仅需要厘清凉山返贫风险及其风险源，更需要创新思考相关风险预防、风险管理的模式方案。因而，对它的防范措施不能仅限于传统的风险管理模式，而要从技术范畴入手建立新的风险管理逻辑。

---

① 吉登斯. 现代性的后果 [M]. 田禾，译. 南京：译林出版社，2000：6.

全面风险管理（Enterprise Risk Management，ERM）理念发轫于风险社会时代，是对传统风险行政模式及其失灵威胁开展批判反思和解决路径的探索。传统风险行政管理在手段工具上过于单一，在驱动主体上依赖政府，在资源配置上过于指令化、机械化，在风险敏感性上过于程序冗余，因此难以解决复杂化问题。与上述传统风险行政模式相异，全面风险管理更加突出全面性感知特征，强调对风险感知、风险识别、风险分类、风险防治、风险破除等全链路的监控跟踪，同时将现代信息技术、多元主体参与、目标分类理念、管理原则与组织协同等思想嵌入全过程系统中，不仅关注风险管理的效率，更关注风险管理的最终结果。

因此，以全面风险管理思想为切入点研判凉山返贫风险防范系统，不仅能高效、精准地识别返贫风险源点，还能基于技术路径革新风险防范系统，确保风险管理体系快速发现、有效化解各类风险问题。本课题组以 ERM 体系为基础，并结合凉山脱贫人口返贫风险的特征，构建了凉山脱贫人口返贫风险管理体系（图1）。这个管理体系从动态性、过程性的角度理清了风险识别、评估、预警、防范、应对等环节序列，同时结合系统包络法系统梳理了风险防范与应对的组织机构建设、风险文化培育、风险等级设置和能力提升培训等内容。具

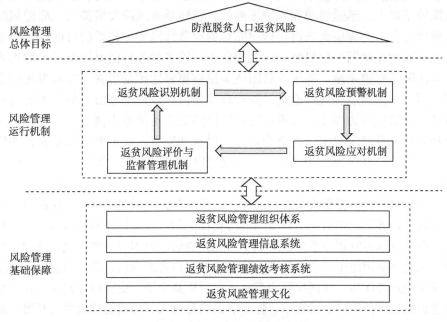

图1　基于 ERM 的脱贫人口返贫风险管理体系
来源：课题组根据相关资料绘制。

体而言，该返贫风险管理体系主要包含三大方面，分别是风险管理总体目标、风险管理运行机制、风险管理基础保障。每个方面各司其职、协同联调，共同致力于防范脱贫人口返贫风险总体目标的实现。

8.1.1 返贫风险管理体系的目标

全面风险管理要求系统全面关注核心目标及其子目标，将各个程序环节以核心目标的实现为导向进行重塑配置，以核心目标联动各个子目标驱动流程再造，并为相关程序环节的调整提供方向指引，进而确保核心目标及其子目标最大限度地实现。在全面风险管理体系中，管理者需要将结果导向与过程导向相结合，其他的相关策略、措施、计划、职能、指令、资源、信息等都需要以完成目标为导向进行安排设计[①]。

因此，基于全面风险管理的脱贫人口返贫风险管理体系必须首先厘清其目标和原则。根据前文研究，脱贫人口返贫风险管理体系的核心目标就是要把返贫风险控制在风险容量以内（极低风险、低风险），同时为政府部门及脱贫人口提供风险防范策略，增强风险抵御能力。脱贫人口返贫风险管理体系的第二重目标是对可能出现的返贫风险进行有效的抑制乃至解决，即一旦出现导致返贫的风险因素，该体系要即刻激活，在第一时间识别风险及预警风险的基础上，迅速启动介入矫正措施，扭转返贫风险发展势头，降低风险负面危害。从更深层次来讲，构建完善的返贫风险管理体系的目的在于夯实党和政府的反贫困长效机制，避免脱贫人口因各种各样的可控及不可控因素而再次陷入贫困境地，确保反贫困政策措施更好地推动脱贫人口实现正向发展。因此，凉山脱贫人口返贫风险管理体系应该以预测凉山可能发生的返贫事件、返贫风险为抓手，以系列返贫风险防范应对措施为核心，以预防、规避和防范返贫风险发生、扩散为目标，以推动脱贫人口走向全面小康、共同富裕为目的。基于此，凉山脱贫人口返贫风险管理体系应有以下三个具体目标。

（1）防范应对脱贫人口返贫风险。 防范脱贫人口返贫风险，确保脱贫人口不再返贫，巩固我国消灭绝对贫困的历史性成就，维护广大基层群众的基本权益，是返贫风险管理体系建设的基本目标。当前，我国已经消灭绝对贫困，取得了人类反贫困历史的重大胜利。防止脱贫人口再次返贫，是巩固这一来之不易成果的重要保障。我国反贫困事业正在向更高水平、更高质量发展，相关举措必须围绕优化居民生活水平、提高居民实际收入、防范返贫风险等开展。建

---

① 聂挺，易继芬. 风险管理视角下的公共危机治理研究 [J]. 社会科学论坛，2014（4）：230 - 235.

设返贫风险管理体系的直接目的就是要确保这些刚刚脱离贫困、超过绝对贫困线的居民能够不再受到贫困的困扰，保障其获得正常的生活水平和生活质量，确保其能够平等地享受到国家发展的红利①。具体而言，就是要通过对返贫风险事项的预测、返贫风险源点的识别、风险发生时的高效干预等措施，确保返贫风险能够尽早暴露、及时发现、有力抑制，持续性、针对性地调整我国扶贫政策、脱贫措施，进而消除脱贫人口的返贫风险，持续巩固我国消灭绝对贫困的伟大成果。

（2）巩固凉山脱贫攻坚成果。 防范脱贫人口返贫风险，是巩固脱贫攻坚成果、维护社会和谐稳定、保证脱贫地区居民平等地享受国家发展红利的必然选择。返贫风险管理体系建设，不仅要识别脱贫人口的返贫风险、防止其再次陷入贫困，更重要的是要使脱贫地区的居民能够和其他地区的广大群众一样，平等地、公正地享受到整个国家发展带来的巨大福利，能够从整体上融入我国乡村振兴与共同富裕的伟大征程中。宏观上看，返贫风险管理体系建设关乎我国反贫困事业的长远发展，是确保凉山最广大群众平等共享社会发展福利的关键举措。而一旦返贫风险管理体系出现失灵，无法识别风险源点、甄别风险问题，返贫风险爆发后凉山可能会产生大面积返贫现象，致使凉山广大已脱贫群众再度陷于贫困中，再次面临经济收入过低、基本生活困难、陷入生计困境。这会在很大程度上削弱凉山脱贫攻坚的成果。

（3）提升脱贫人口的返贫风险应对能力。 返贫风险应对能力提升是凉山脱贫人口返贫风险管理体系建设的长远目标。脱贫人口面临的返贫风险事项、风险源点被识别出来后，如何立足自身脱贫斗争的实践经验，培育自身优势能力、发挥个体主观能动性，以主人翁姿态积极应对返贫风险，是值得思考的重要问题。提升脱贫人口返贫风险应对能力，不仅决定着当地脱贫攻坚成果能否巩固，而且影响着乡村振兴与共同富裕的推进。因此，脱贫人口返贫风险管理体系建设应着眼于长效提升脱贫人口的返贫风险应对能力，通过在风险管理体系嵌入风险应对能力提升培训模块，鼓励凉山民众自力更生、挖掘优势资源，提升自我造血能力、风险应对能力。

8.1.2　返贫风险管理体系的原则

（1）系统性原则。 返贫风险管理体系建设必须坚守系统性原则，重视管理系统的整体性，实现不同子系统之间的有机协调与统一。全面风险管理的对象是脱贫人口面临的潜在返贫风险，其本身具有复杂性、突变性。基于可持续生

---

① 李实，沈扬扬. 中国的减贫经验与展望 [J]. 农业经济问题，2021 (5)：12-19.

计理论，脱贫人口的返贫风险可能由一种或多种风险因素共同作用引发，如生计资本风险、生计环境风险、生计策略风险等，具体可能包括因病致贫、养老返贫、失业返贫等形态各异的风险。在脱贫初期，任何一种风险的发生都有可能将脱贫人口重新拉入贫困深渊，因此从单一视角出发关注某一种风险威胁无法满足风险防御的基本要求，必须从全面整体的视角出发，以系统性原则为指导，构建脱贫人口返贫风险管理体系。

具体而言，相关部门要从整体着手，将宏观风险与微观风险、政策风险与现实风险、此时此地与彼时彼地的风险及子风险等量齐观、统筹应对。在执行层面，一是要梳理出各种类型、各种情景、各种场域、各种规模的风险；二是要系统对待这些风险，将各个子风险的基本特征、发展规模、影响系数、危害程度等放到整个系统性风险管理体系中综合把握，如此才能使利益相关方更清楚地认识到这些风险产生的前因后果和嬗变脉络，进而采取更具针对性的返贫风险管理措施。

返贫风险是跨属性的，可能是自然风险引发的，也可能是社会风险导致的，如生计资本匮乏、生计环境恶化、特殊问题复发等。系统性原则规制下的相关风险因素能够被及时发现，相关各方能够从制度设计、运行程序、措施应对等方向规范优化相关策略方案，有效配置相关资源和力量干预阻断，集中优势力量合力管控风险演化态势，消除风险引致的破坏损失。

(2) 全过程原则。全过程原则是过程管理的核心原则，是系统性原则在纵向时间线上的强化、优化和规范化[①]；要求在事物发展变化中必须采取全流程、全环节的管理模式，使相关方面能够从开始到结束、从模块到系统、从局部到整体掌握事物发展变化的整体情况。全过程原则能够帮助相关单位将事物动态做历时性纵向发掘，确保整个管理过程不留死角，做到全面协调一致。因此，基于全面风险管理构建的返贫风险管理体系必须坚持全过程原则。

风险的发生不是瞬时的，而是在某些条件下逐步耦合形成的；而这些条件及其爆发的可能性都是在社会发展过程中出现并逐渐提升的。因此，如果返贫风险管理体系的建设能够将识别、预警、应对等措施与风险的过程变化联系在一起，就可以及时提前化解相关风险，规避风险爆发引致的返贫问题。全过程原则正是要求返贫风险管理的体系建设要着眼于返贫风险的全部节点，针对这些可能的节点提前预设应对办法。全过程管理既要监督识别风险因素累积、风险临界点、风险爆发、风险后果等，更要科学分析、掌握风险的发生变化规

---

① 路江涌，相佩蓉. 危机过程管理：如何提升组织韧性？[J]. 外国经济与管理，2021，43（3）：3-24.

律，着眼于长远的、历史的返贫风险管理目标。

与此同时，全过程原则要求返贫风险管理体系的建设及运行不能只着眼于一时一地的风险防范，而要对以往引致贫困的相关风险做科学梳理、经验提炼，并在相关贫困及反贫困经验指引下，结合现实及未来发展态势，聚焦当下返贫风险的可能性，以历史的经验教训解决当前脱贫人口面临的返贫风险难题，持续性探寻超越当前、面向未来的历时性问题解决方案。

(3) 全面覆盖原则。全面覆盖原则是相关部门要对风险影响的潜在对象进行全面关照，对风险事项、风险因素、风险源点、风险动态、风险趋向等做到全覆盖管理。基于全面风险管理的脱贫人口返贫风险管理体系建设，一方面要将返贫风险管理体系覆盖到所有脱贫人口，确保对象覆盖 100% 全纳入；同时，要将脱贫地区、脱贫人口作为一个整体纳入返贫风险监控范围，确保返贫风险管理体系的广泛性和可及性。另一方面，返贫风险管理体系需要对各种类型的风险进行全面覆盖，要理清所有可能导致脱贫人口返贫的风险因素，确保后续应对措施的全面性、针对性，避免出现返贫风险管理的政策漏洞和制度缺陷。

具体而言，首先，返贫风险管理体系的全面覆盖原则，要求对建档立卡的贫困户做到持续管理、长期跟踪，还要对更广泛范围的脱贫人口实施返贫风险覆盖管理，避免基层区域的连带性返贫风险。其次，在风险事项的全面覆盖方面，应该意识到该原则不只是针对过去或者当前比较突出的、显著的风险事项，而是将以往、现今乃至未来的风险全部纳入其中。因此，相关责任主体不仅要系统、全面地梳理以往出现过的返贫风险，还要发掘潜在的以及可能在未来出现的返贫风险，并且应当综合分析已经脱贫人群的个体特征和返贫风险的影响因素，综合考察脱贫人口生活中、生产中、工作中各个环节乃至各个时段可能存在的各种类型的风险事项、风险事件、风险源点等。最后，潜在的、微小的、隐性的风险受社会、经济等方面的多重压力，极有可能转变为明确的、显性的且可能具备严重破坏力的重大风险；针对这些风险因素，相关单位需要强化全面覆盖原则，从时空演化的角度防微杜渐，从源头上控制风险的恶性转化。

总之，全面覆盖原则要求返贫风险管理体系不仅专注于现存的某个风险事项，还要从脱贫人口入手，考察返贫风险源、风险动态及风险趋势，整体把握返贫风险、全面覆盖风险过程的始终。

(4) 动态管理原则。风险不是一成不变的，而是处于动态变化之中。风险的生成条件是否充分、风险阈值是否达到临界点、单个风险是否会与其他因素产生联动等不确定因素都使风险从生成、演化到积聚、突变具备显著的动态特征。因此，返贫风险管理体系必须坚持动态管理原则，确保该体系能够应对风险的剧烈变化。基于此，为了对凉山返贫风险开展动态管理，相关部门需要通过统筹设计调整返贫风险管理体系的内部单元，根据时间、空间、情境的变化设定单元间的关系，最大限度地避免风险管理体系的僵化和固化。

基于全面风险管理的脱贫人口返贫风险管理体系应该是一个动态的、循环的体系，能够随着时间、空间的变化及任务目标的更新不断调整，通过对风险的动态认知，提出精准应对的措施办法。返贫风险管理体系的有效运转，不仅受返贫因素和扶贫条件的限制，还受技术更新、市场发展的影响。因此，践行动态管理原则是确保返贫风险管理体系有效运转的前提条件。返贫风险管理体系必须根据风险的连续变化而不断调整。相关部门需要对检测对象范围、风险预警分级及应对策略措施，不断重塑体系内部的单元体、结构组合，以应对风险的新特征和新内容。

（5）全员参与原则。基于全面风险管理的脱贫人口返贫风险管理体系的构建，不能单纯依托传统的行政管理模式，需要党政部门牵头，社会组织、脱贫人口等社会多元力量共同参与。传统行政模式下，党政部门成为风险管理的主导力量，其他社会力量处于被动配合的地位，尤其是风险的目标群体，更是以消极的、被动的状态配合相关部门的工作，风险管理的过程、目标、绩效受到单方因素的绝对影响，无法客观真实地保障目标群体的切身利益，也就无法保障管理体系的各子系统落实目标群体的利益。因此，全面风险管理理论倡导社会多元合作进行风险治理，进而从根本上防范返贫风险对脱贫人群的消极影响。

党政部门作为返贫风险管理体系的主导者，是目前脱贫扶贫进程中的中坚力量，然而这并不意味着党政机构可以独立支撑返贫风险管理体系的所有环节。正如前文所叙，返贫风险具有多样性、动态性、隐蔽性等特征，因而风险事项、风险源呈现纷繁复杂的形态。尽管我国政府体量较大，掌握的经济、政治资源较多，但也无法完全攻克所有问题，尤其是要长期动态跟踪识别这些风险。因此，市场、社会组织及脱贫群众也需要参与到风险管理体系的构建中，配合管理体系中各子系统的需求，协调系统间的关系。党政机构、社会组织、市场主体和脱贫人群都是返贫风险管理体系构建的相关主体。通过对返贫风险的防范和控制，党政机构能够实现公共利益、履行政府责任，市场主体能够扩大产品市场、实现投入收益，社会组织能够完成组织使命、提升组织能力，脱贫人口可以获得更高的生活水平、更好的生活质量。因此，各方应该积极参与到返贫风险管理体系的构建中来。通过发挥各自优势，承担对应的职能，贡献自身力量，合力协调共建返贫风险管理体系，最大限度地减少脱贫人口返贫风险对扶贫攻坚成果的危害。

8.1.3 返贫风险管理的识别机制

风险识别是全面风险管理体系的重要组成部分，也是实现脱贫人员返贫风险管理的起始，有效地识别潜在脱贫风险，相关部门才能为后续风险应急方案制定及实施做好准备。返贫风险识别有赖于"真实、及时"的信息捕捉，因此，返贫风险识别主要包含三层意义：一是识别的方法要精准；二是识别的内容要精准；三是识别的过程要精准。在返贫风险识别的信息方面，不仅要围绕脱贫人口的房子、粮食、土地、收入、支出等易于观察和测度的资产，还要考虑其他影响因素，如是否可能患病、是否享受医疗保障、收入稳定性、受教育水平、生存技能、生计计划、家庭成员状态及区域性自然特征与社会特征等方面。

具体而言，第一，脱贫人口家庭基本情况是返贫风险识别的核心信息。基层组织要切实做好已脱贫人口及其家庭信息的采集、录入、分析、更新，以保证信息的准确性和真实性，避免因为信息不对称出现的重复救济、帮扶失灵。第二，脱贫人口返贫风险识别机制要对返贫风险事项做好全面细致的梳理，尤其是要结合凉山的真实情况，在全面排查返贫风险的同时，聚焦地区特殊返贫风险事项。第三，脱贫人口返贫风险识别机制要按照统一的标准、科学的方法、正规的流程，根据风险事项表精准筛查返贫风险，并基于发现的新问题、新动态、新风险点，更新风险事项表，做到实时跟踪风险事项。

(1) 返贫风险识别的事项。在"十三五"扶贫攻坚过程中，凉山州官方公布的致贫原因主要有 12 类，包括缺少经济来源、技术水平低、交通条件差、劳动力不足、内生动力不足、患病、缺乏土地资源、身体残疾、失学、缺水、灾害及其他（包括毒品致贫、艾滋病致贫、自发搬迁致贫、红白喜事大操大办）。整体上看，这些致贫原因可以归类为以下风险源：农户自身风险因素（生计资本因素）、外部环境风险因素（政策制度因素、市场环境因素、社会观念因素）等。采集这些信息不能仅依靠脱贫人口自己，还需要政府部门、社会组织、社区管理者等的参与。如此，相关部门才能尽可能详细地获取与脱贫风险相关的信息，为开展风险管理奠定基础。

(2) 返贫风险识别的采集。返贫风险识别的基础信息主要通过人工采集，包括脱贫人口家庭成员的基本信息（包括年龄、性别、籍贯等）、脱贫后的家庭经济来源、人均收入情况、人均土地占有量、耕种农作物类型、主要家庭支出情况、个体技能情况、家庭固定资产、文化程度、是否购买医疗保险、政治面貌、有无疾病、有无吸毒酗酒赌博、是否接受救济、致贫原因、帮扶人和帮扶单位、职业技能培训情况、参与职业技术培训的意愿等。而这些纷繁复杂的内容对信息采集工作人员提出了较高要求，其必须具备较强的工作能力、认真负责的工作态度，强调数据采集的真实性及录入信息数据的严谨性，做到零失误，为后期的工作奠定基础。

(3) **返贫风险识别的更新**。返贫风险的及时更新关系到应对方案及操作的准确性、真实性和完整性。为了避免返贫风险识别工作出现滞后和偏差，政府工作人员需要重视脱贫人口数据的更新与变化，通过定期走访核对信息，并充分利用现代信息技术工具，及时做好数据的更新和采集工作，构建完善的返贫风险识别数据库。

(4) **返贫风险识别的分析**。返贫风险识别离不开对脱贫人口基础信息的科学分析，例如各行政层级脱贫人口的数量、不同层级间的脱贫人口与区域总人口的比率及因病致贫、因灾致贫的人口比例等。相关部门的工作人员需要对这些数据进行细致比对，并从分析中探寻规律、提炼共性，为返贫风险识别提供指导意义，并为后期风险防范措施、风险干预技术提供理论支持。

8.1.4　返贫风险管理的预警机制

(1) **返贫风险事项分析**。风险事项分析以风险评估模型为基础。根据前文的理论研究，课题组最终确定了返贫风险类型，包括人力资本风险 C_1、资金资本风险 C_2、物质资本风险 C_3、社会资本风险 C_4、自然资本风险 C_5、政策环境风险 C_6、市场环境风险 C_7、生态环境风险 C_8、生产经营风险 C_9、迁移发展风险 C_{10} 等。上述类型基于风险来源、风险事项归纳而成，因此，需要相关部门对前期采集的返贫风险识别信息做到精准甄别，并且要及时跟踪和采集脱贫人口的信息情况，进而驱动返贫风险识别机制，开展信息梳理和分析，准确识别返贫风险信息的真实性和准确性，并对这些信息进行进一步筛选，分类归入返贫风险事项表中。另外，在归入返贫风险事项表之前，相关部门需要对返贫风险识别中获得的风险因素做测度分析，进而初步确定返贫风险发生的可能性，要尽可能将这种可能性量化为指标概率。之后，相关部门还需要跟进返贫风险事项的分析结果，及时启动返贫风险研判分级、预警干预等。

(2) **返贫风险识别的研判**。返贫风险识别的研判就是按照一定的程序、方法和原则，由专门的工作人员对脱贫人口的相关风险进行分析处理。返贫风险的生成涉及面广、因素多、信息杂、变化大，需要相关部门人员运用科学的手段和专业的技术方法对部分不确定的因素进行深入和全面的分析，将风险因素进行提炼、扩充，并为接下来的风险管理工作做好铺垫①。基于前述返贫风险事项，返贫风险识别的研判机制一旦启动，相关部门应围绕脱贫人口的具体情况及其凸显的返贫风险事项，综合分析该风险事项的发展趋势、影响范围及损失程度，进而及时确定是否进行返贫风险预警。如果预警机制响应，相关部门需要进一步明确警报级别。如果该预警级别已经突破一般风险，则需要向相关部门提交预警信息和风险事项，进而启动干预机制、应对措施等。

（3）返贫风险预警分级。 返贫风险预警分级依次为：极低风险、低风险、一般风险、高风险、极高风险。根据风险预警等级，不同的风险清单与预警等级需要不同的响应措施；基于理论探索和实践分析，课题组认为返贫风险清单应契合返贫风险指标层的相关事项，即指标 D（其中 D_2、D_3 指标为"一票否决"指标，一旦出现这两个风险事项，立即判定为极高返贫风险）。表 1 为初步拟定的返贫风险预警分级及监测力度、应对力度和应对策略列表。

表 1　返贫风险应对策略

风险类型	风险预警分级	风险监测力度	风险应对力度	风险应对策略
生计资本风险 生计环境风险 生计策略风险	极低风险	随机监测	忽视	接受
	低风险	低频度定期监测	适度应对	
	一般风险	中高频度定期监测	重点应对	降低、分担、回避
	高风险			
	极高风险	高频度定期监测	优先应对	

来源：课题组根据研究内容制作。

返贫风险预警的级别是指对脱贫人口可能形成的返贫程度等级的划分，能够直接表明脱贫人口当前面临的返贫可能性及其返贫程度。根据返贫概率的大小及其影响程度，课题组将返贫风险预警级别划分为五级，分别为：极低风险（Ⅰ）、低风险（Ⅱ）、一般风险（Ⅲ）、高风险（Ⅳ）、极高风险（Ⅴ），分别用绿色、蓝色、黄色、橙色、红色表示。

绿色：没有返贫的前兆，脱贫户处于稳定发展的状态。

蓝色：有轻微返贫的苗头，并隐隐有扩大的势头，返贫概率较低。

黄色：已有返贫的前兆，并有继续恶化的趋势，脱贫家庭很有可能重回贫困状态。

橙色：预计将会发生返贫现象，并且事态正在不断恶化。

---

① 耿新. 民族地区返贫风险与返贫人口的影响因素分析［J］. 云南民族大学学报（哲学社会科学版），2020，37（5）：68-75.

红色：已经到了返贫的边缘，事态的恶化很难遏制，随时会面临返贫。

8.1.5 返贫风险管理的应对机制

(1) 返贫风险应对策略。返贫风险识别和评估是为采取返贫风险应对策略奠定基础。返贫风险应对策略的制定具有综合性、全面性、动态性特征，但是，因为风险级别预警的高低不同，返贫风险应对策略的制定也应该分类施策。具体而言，相关部门要综合考虑风险变化趋势和破坏程度，针对返贫风险评估等级的不同而出台不同的措施。根据风险级别和风险监测力度的具体情况，课题组认为不同等级的风险有不同的思考逻辑和应对策略。

当返贫风险级别为绿色（Ⅰ）时，表明返贫风险处于隐性状态，不具备破坏性，还缺乏发展恶化的条件，这种风险尚处于可以接受的状态。因此，对于这种风险，相关单位只需要定期随机监测、跟踪观察其动态情况即可，在应对上不需要投入过多的社会资源。

当返贫风险级别为蓝色（Ⅱ）时，表明返贫风险处于较低状态、破坏性不明显，但是恶化趋势正在酝酿中；整体上看，这种风险尚处于可以接受的状态。因此，对于这种风险，相关单位需要在定时定期监测的基础上，适度引入外部资源，采用社会帮扶手段，减轻风险的破坏性。与此同时，也需要定时、定点对该脱贫人口进行信息采集和动态监测，并与其沟通，了解其感受。

当返贫风险级别为黄色（Ⅲ）时，表明当前风险为中等状态，风险具备明显的破坏性，恶化趋势持续加强；整体上看，这种风险已经需要重点监控，首先应采取高频度的定期监测，并增加对该脱贫人口的监测频次。与此同时，引入多方主体参与管理、分担风险。相关部门在定时定点监测的基础上，积极引入外部资源，采用专业帮扶手段，加快减轻该风险的破坏性，尽可能瓦解风险爆发的条件。最后，多方主体应当了解该脱贫人口面临的问题，提前准备应急预案。同时，要与该脱贫人口及时沟通，通过其内生动力防范风险扩大。

当返贫风险级别为橙色（Ⅳ）时，表明当前风险属于高危状态，风险具备较大的破坏性，恶化趋势已经达到临界点。因此，相关部门需要增加监测频次，了解返贫风险的实时动态，及时与脱贫人口沟通，促进其自身采取行动遏制风险扩大。整体上看，这种风险需要党政部门重点应对，并引入多元社会力量降低风险压力、分担风险。因此，对于这种风险，相关单位在实时监测的基础上，需要更大力度地引入外部资源，采用专业帮扶手段，尽快削弱该风险的破坏性和社会影响，并对脱贫人群出台保护措施，从而防范风险爆发带来的次生风险。

当返贫风险级别为红色（Ⅴ）时，表明当前风险处于极高危状态，风险具备较高破坏性并随时可能引发次生灾害，脱贫人口已经回归贫困状态；整体上看，这种风险非常需要党政部门重点应对，并且有必要调动多方主体采取行动降低风险压力和分担风险。因此，对于这种风险，相关部门需要开展高频度定期监测，在与贫困人口实时沟通的基础上，引入社会资源和社会救助方法减弱返贫风险的破坏性，减少其损失，推动其开展生活生产自救。与此同时，党政部门需要全方位引入外部资源、社会力量和运用专业的帮扶手段，保持长期干预的状态，同时出台相关政策，遏制返贫风险对社会其他方面造成危害。

（2）返贫风险应对措施。对返贫风险的识别、预警和干预应对要有前瞻性、预见性、及时性、针对性和可行性；相关单位需要根据风险预警级别测度返贫程度值，并结合当地的政治、经济及社会发展水平，考量其所处的风险维度和风险类型，科学合理地制定应对措施和干预方案。具体而言，相关部门需要完善紧急救助响应机制，从物资层面为返贫人员提供救济，使其能够在维持基本生活的条件下进行可持续发展；在重点解决受助对象的基本生活困难后，再根据其实际情况精准施策。

不同的返贫风险事项必然采取不同的干预措施。以因病（残疾）返贫为例，脱贫人口如因患病或残疾，即意外事故、突发事件致残及患重疾或慢性病，导致不能工作、收入减少、支出增加，进而触发返贫风险预警报告。应对该类风险，相关单位应从患病或者残疾问题入手，针对不同的病症采取不同的解决方式。具体而言，当因病返贫情况出现时，相关单位必须以第一时间救治病人为原则。同时，相关政府部门还应积极跟进病人的治疗和恢复情况，开展后续的恢复工作和再就业工作。对于那些病情比较严重的民众，或者因病不幸逝世的，政府应当进行适当的经济补贴，并做好事后其他家庭成员的帮助和安抚工作。以此即彼，针对性干预措施需要以脱贫人口返贫风险的级别和事项为基础，根据不同风险源采取不同的措施（图2）。

8.1.6　返贫风险管理的评价机制

返贫风险管理的评价机制是确保返贫风险管理体系有效运转的关键因素。评价机制与监督机制共同构成了返贫风险管理的压力系统，以问题为导向倒逼返贫风险管理体系持续作用。返贫风险管理的评价机制由脱贫人口评价、监督部门评价、内部自查检验评价和外部中介组织评价等多个环节共同构成。其中，脱贫人口评价是指脱贫人口对自己的基本情况开展定期的风险感知与反馈工作，确保自身能够尽早明确家庭生活面临的风险形势。同时，在这个过程中，脱贫主体不断提升自身的风险认知和识别能力，对自己所处的生产生活状态进行明确的管控。监督部门评价是由政府专业部门对脱贫人口的具体情况开

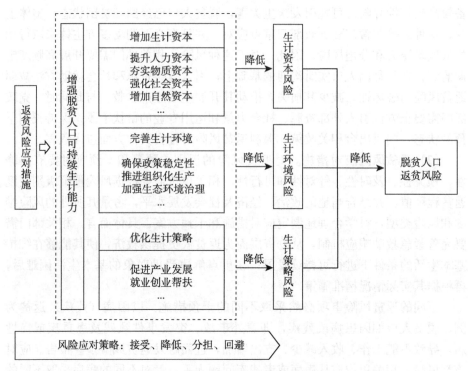

图 2　脱贫人口返贫风险应对机制

来源：课题组根据研究内容绘制。

展详细调查，并进行定时探测以掌握群体返贫风险的情况。内部自查检验评价是由社区管理者会同脱贫人口共同探测其生活的风险态势，并以此为基础开展自查自纠自救工作，减轻返贫风险压力。外部中介组织评价是由社会组织、志愿者组织、专家等第三方机构对脱贫人口的整体情况进行客观、全面的评价，评价内容不仅包括风险内容、事项，还包括运行中的返贫风险管理体系。该类评价促使管理者可以清楚地了解返贫风险管理的情况，识别其中存在的漏洞、不足等。

　　脱贫人口评价、监督部门评价、内部自查检验评价和外部中介组织评价应该多管齐下、交叉监督、相互补充，并以此形成综合性的评价系统，为返贫风险管理的监督机制提供有效支撑。这些不同评价的主要目标是对返贫风险管理体系的各个环节进行反复探测与质量评估，及时发现缺陷并提供可能的改进方向，形成完整的风险检查评价报告。相关评价机制应该能对风险情况进行实时检查和甄别，对风险事项及发生条件进行探测、更新，优化和调整脱贫人口返贫风险的预警级别、风险类型及具体应对措施等。返贫风险管理评价应该贯穿整个风险管理的基本流程、各个环节，在风险信息收集机制、风险评估机制及其预警机制、风险应对策略和措施等方面发挥积极作用，进而从全过程管理、系统性管理的视角优化完善脱贫人口的返贫风险管理。

8.1.7　返贫风险管理的监督机制

返贫风险管理体系的运行需要接受党政机关、社区管理者、社会组织及脱贫人群等多方的监督，形成多元交叉的反馈监督机制。在返贫风险管理体系的改进策略和措施中，可以采取以下监督措施以提高该体系的工作效益。

第一，内部监督。监察部门在返贫风险管理体系中具有重要意义。通过加强内部检查、加强内部信息系统的反馈，返贫风险管理体系可以有效减少因为组织层级多而产生的沟通沉没成本，使领导隶属关系更加明确，保证人事系统和财务系统有效发挥作用。例如，在风险管理中，首先，政府部门派出工作组进行家访，监督检查返贫风险机制中各大模块的落实情况，及时确认存在的问题，并进行整改，有效保证风险管理过程中各项工作得以落实。其次，相关部门也要加强对工作结果的监督和考核，构建工作成果和效益的评价机制。一旦工作中出现问题，负责单位要及时向上级部门反馈，并及时开展内部自纠。再次，风险管理负责单位还必须加强绩效管理工作，对工作涉及的各个模块开展绩效评价，构建完善的绩效评价机制和评估机制，不断推动和提高返贫风险管理工作的质量与水平，使返贫风险管理机制更加科学、合理。最后，相关部门还需要建立责任追究制度，对在返贫风险管理中存在失职、渎职或者其他不作为的情况，要及时进行引导和惩处，并针对性地追究他们的责任，及时挽回损失。

第二，外部监督。一是强化司法监督。司法部门要加强对返贫风险管理单位工作的监督，强化其法律责任意识，杜绝知法犯法的情况发生。另外，司法部门还要定期对风险管理人员进行法律知识培训，提高其法律素养，以保证其在风险管理过程中不损害人民群众的利益。二是强化媒体监督。新闻媒体能够及时、多渠道地获取相关信息，并且能够第一时间将信息内容反馈给大众，有效保证信息公开化和透明化。同时，新闻媒体还具有强大的舆论引导作用，能够在一定程度上对政府及其相关机构的工作进行有效的监督。因此，必须加大新闻媒体对返贫风险的报道程度，使社会大众能够明确相关部门的工作情况，实现返贫风险管理的透明化、公正化。三是强化公众监督。在推进返贫风险管理的过程中，相关单位必须提高公众的参与度，通过公众参与加强对工作内容、流程和工作人员行为的监督。一旦出现损害公众社会利益的情况，社会公众能够通过有效渠道向相关机构进行检举和投诉，以最大程度维护脱贫群体的利益。因此，必须加强政府机关和公众的交流与沟通，搭建有效的居民意见反馈渠道，形成有效的民众监督沟通机制，从而实现对政府机关工作的有效监督（图3）。

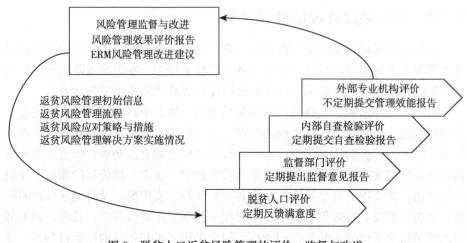

图3　脱贫人口返贫风险管理的评价、监督与改进
来源：课题组根据相关资料绘制。

8.1.8　返贫风险管理的基础保障

8.1.8.1　建立返贫风险管理的组织体系

（1）组织与人员安排。返贫风险管理体系需要强有力的组织架构来保证其有效运转。当前，凉山返贫风险管理工作亟须强化领导和管理机制，加强不同机构工作人员之间的协调与合作，充分调动组织资源和社会力量，搭建科学合理的管理机制与行为准则。因此，相关负责单位必须重视返贫风险管理的领导、协调和分工机制，实现统一领导、统一管理和统一指挥，并制定切合实际的返贫风险管理战略规划，做好组织协调工作，调配社会资源，识别风险事项和评估风险内容等。各方机构和职能单位需在统一的领导下，落实自己的责任。

专业人才欠缺是目前脱贫人口返贫风险管理的现状，因此，主管单位需要将长期从事扶贫攻坚事业的工作人员调入返贫风险管理组织队伍中，为评估风险、管理风险提供专业技能支持。凉山于2020年才彻底摆脱绝对贫困状态，相关部门应对凉山的返贫风险管理专业人员给予一定的政策照顾，使其能够不断提升专业知识技能、学习现代化的计算机与科学技术、熟练掌握现代信息管理技术。同时，相关部门还需从扎根基层队伍中选取能力强、站位高、敢干事的工作人员，建设一支素质过硬的返贫风险管理人才队伍。另外，对于风险管理人员而言，他们需要熟悉整个机制运行流程，了解各个部分之间的关系，提高自身的工作效率和能力，从而保证返贫风险管理机制高效运行。

（2）职能与责任设置。 脱贫人口返贫风险管理机制的有效运行离不开基层组织职能的科学、合理设置。为了准确定位风险、实现风险管理体系的目标，相关部门需要从以下几方面入手完善返贫风险管理组织的职能规划和责任设置：首先，要求职能与责任相匹配，权责明确。返贫风险管理体系的运行要有明确的责任归属，各个工作部门和工作人员的工作内容要与工作职责相对应，上级部门要形成相关的文件规范以保证这种对应关系。其次，要求完善健全监督机制。为确保返贫风险管理相关职责的有效落实，相关部门必须实现内部监督和外部监督的无缝衔接，组织内部的职能单位要确保返贫风险识别、预警、评估的真实有效、内容准确，确保返贫防范措施的及时到位，从而避免相关部门及其工作人员出现弄虚作假的情况，杜绝以权谋私、贪污腐化现象。最后，基于凉山实际情况，返贫风险管理体系应该落实"州统筹，县主体，乡实施"的三级分工。州、县、乡三级单位应成立返贫风险管理的专门组织机构，由党政"一把手"任组长和负责人，逐级压实责任。并在上述三级单位成立专门的返贫风险管理办公室，实现风险管理职能与责任匹配，实行重要风险事项锁定、挂图督查识别，落实返贫风险识别、预警和评估一揽子管理体系。

8.1.8.2 构建返贫风险管理的信息系统

返贫风险管理信息系统是支持返贫风险管理体系运作的核心要素。返贫风险管理需要大量、及时、准确的信息，以此为基础开展采集、分析工作，从而为防范风险、应对风险提供支持。返贫风险管理信息系统包含两个子系统：一是返贫风险动态信息采集系统，该系统用来共享返贫风险信息，定期更新脱贫人口系统信息；二是大数据返贫风险监测系统，该系统充分运用先进信息技术手段和返贫风险监测技术（大数据、云平台）。这两个子系统的构建需要注重以下逻辑。

构建返贫风险动态信息采集系统，需要充分利用现代信息技术，在专业人员、脱贫人口和其他多方主体的支持下，建立覆盖自治州、县、乡和村各层级单位机构、社会团体和社会组织的大数据网络，并以此为基础对返贫风险信息进行专业的收集、录入、加工、分析和处理。这个子系统包括所有脱贫人口的基本数据、相关机构的资料及与返贫风险相关的信息。该子系统还应与其他子系统共享相关返贫风险信息，以帮助不同主体对返贫动态进行多维度的监督，从而减少误判，增加信息有效性，提升返贫风险管理信息系统在风险管理中的支撑作用。在此基础上，该系统才能充分涵盖与返贫相关的所有信息，增强信息更新速度，从而提高工作效率与效益。

先进信息科学为返贫风险监测技术的完善提供了支持。当前，返贫风险信息来源增多、信息量庞大、信息分享呈现复杂化趋势，因此，相关部门需要引入先进的信息技术手段，完善、提升返贫风险监测技术能力和水平，从而对信息库的数据进行全面分析与评估。一旦系统识别出返贫风险，需及时向相关单位和社会公众发布预警信息，为后续及时提供帮助和救急奠定基础。

8.1.8.3 完善返贫风险管理绩效考核系统

返贫风险管理绩效考核系统着眼于提升返贫风险管理体系的整体效能、强化返贫风险管理体系有效性及推进返贫风险管理的常态化发展。绩效考核系统的主要客体是基层部门及其工作人员，主要工作是对工作人员的工作成果进行量化评估，其作为风险管理的重要组成部分，是应对返贫风险时发挥政府效能的关键因素之一。

(1) 强化返贫风险管理系统考核，实施返贫风险管理责任追究。 目前风险管理的绩效评价机制还不够完善，政府机构在这个板块还未形成专业化的制度，在返贫风险管理中，部分工作人员可能存在淡漠、轻视的问题，导致行为动力不足，工作沦为走过场、搞形式。因此，完善返贫风险管理绩效考核系统，强化返贫风险管理向高质量发展，强化返贫风险管理的责任追究势在必行。

(2) 推进绩效考核结果反馈，确保考核结果用于风险管理。 绩效考核的结果必须能够落实到返贫风险管理效能提升中。因此，相关部门需要坚持将考核结果与反馈改进相结合，避免绩效考核的结果沦为无效工具。一方面，绩效考核结果需要公开处理，工作人员的工作成效需要接受公众、舆论和媒体的监督，充分发挥第三方力量的作用，倒逼相关部门采取整改落实措施，提高返贫风险管理水平；另一方面，政府领导集体需要勇于承担责任，层层压实主体责任，将考核结果作为改进返贫风险管理的动力，自上向下传导至返贫风险管理的各个关键节点，确保不断完善健全返贫风险管理体系。

8.1.8.4 培养全员参与的返贫风险管理文化

增强风险管理意识，培养风险管理文化，是全面风险管理的重要基础。将全面风险管理理念融入脱贫人口返贫风险管理的全过程，需要构建政府部门、社区、市场主体、社会组织、脱贫人口五位一体的返贫风险管理主体格局，通过政策宣传、案例分享、培训教育等方式加强相关主体的风险意识、防范能力，从而促进返贫风险的化解、规避和应对。

全员参与的返贫风险管理文化，要求对政府部门、社会组织、社区、市场主体和脱贫人口五个主体进行系统全面的返贫风险文化教育。要提升相关主体对返贫风险的客观认识，了解返贫风险的生成、演化、发生机制，进而培养相关主体应对返贫风险的思维、意识、态度。对于脱贫人口而言，相关部门要建立专门的教育和培训体系，提高脱贫人口的返贫风险防范意识，帮助其及时自主识别自身潜在的返贫问题。还要培育其加快摆脱贫穷的思维，并以主人翁的心态参与到脱贫发展中。对于政府部门而言，要提升对目前脱贫态势的正确认识，进一步发现贫困生成的原因，强化相关单位在返贫风险管理中的正确行为模式。对于市场主体而言，要承担相应的社会责任，发挥企业的正向价值，支持政府部门的重要决策，帮助脱贫人口顺利融入市场。社会组织要搭建党政机关与市场主体、脱贫群体之间的联系纽带，为社会培育优良的返贫风险管理文化，更好地发挥资源配置、公众参与的效能。社区需要进一步加强对脱贫人口的走访，在基层发扬返贫风险管理文化，更好更及时地发现返贫风险，削弱风险的破坏力，带动脱贫人口共同富裕。

8.2　提升脱贫人口生计资本总量，优化生计资本结构

在可持续生计理论框架下，生计资本总量及其结构不仅影响着脱贫人口的生活水平、生计方式，而且决定着脱贫人口抵御生计风险的能力。凉山脱贫攻坚取得了全面胜利，但受限于生计资本总量及其结构水平，脱贫人口面临着较大的生计资本返贫风险。政府部门必须从提高脱贫人口的人力资本质量、提升金融资本存量、增加物质资本积累、强化社会资本及自然资本等方面着手，持续提升脱贫人口抵御生计资本风险的资本总量，优化生计资本结构，推动脱贫人口向小康富裕道路前进。

8.2.1　提高人力资本质量，防范人力资本短缺的返贫风险

人力资本质量关系着脱贫人口抵御返贫风险、创建美好生活的能力。当前，凉山已全面脱贫，但脱贫人口仍时刻面临着因患病、伤残、生育负担、劳动力素质低、内生动力缺乏、知识技能不足等问题带来的返贫风险。因此亟须补齐医疗、养老、生育、就业、培训等系统性保障的不足，提高凉山脱贫人口的人力资本质量，以此防范凉山脱贫人口因人力资本短缺引发返贫风险。

8.2.1.1　完善医疗卫生保障的长效机制，防范因病、因残返贫

随着国家医疗保障体系的不断完善和凉山健康扶贫工程的深入实施，凉山基本解决了"缺医少药"问题，构建了多层次的医疗保障体系，搭建了基础性的医疗保障网格，发挥了医疗保障制度"治贫减贫"的重要作用。目前凉山脱贫人口面临的主要问题是由于医疗卫生保障水平相对较低，加之脱贫人口卫生

健康意识淡薄、医疗物资相对不足、医药支出能力有限等客观条件所导致的难以完全抵御重大疾病、意外伤残等带来的返贫风险。因此，为了有针对性、精准性地解决医疗卫生保障不足及因病因残引致的返贫风险，相关部门应该采取以下相关措施。

首先，凉山基层政府需要强化宣传脱贫人口健康疾病防控知识，培养文明生活方式。凉山政府须持续加强健康知识宣传，建立常态化宣传机制，定期组织医务人员下乡开展"健康讲堂""健康知识问答"等活动，提高脱贫人口的卫生健康意识；开发健康医生"App"，设置"疾病防控""文明生活"等模块，宣讲健康文明生活知识和医疗卫生科普信息，培养脱贫人口卫生健康的生活方式、生活理念。其次，建立县、乡、村一体化医疗队伍管理机制，促进基层医疗卫生人员流动共享。凉山基层医疗卫生人员分布失衡、配置不当是当前面临的主要问题之一。为此，一方面，县域内医疗卫生事业单位编制应向基层倾斜，引导医疗人才资源下沉。政府要增加基层医疗卫生事业单位的编制，引导医疗卫生事业人才自觉到基层服务，解决乡村医疗队伍不均衡不充分的问题，缓解城乡医疗资源差异失衡。另一方面，应增加基层医务人员的薪资收入，对脱贫地区基层医务人员给予适当补贴，让基层能留住医疗人员，落实分级诊疗，促进民众就近就医，减轻脱贫人口的医疗负担。最后，健全医疗卫生服务体系，提高医疗服务质量。提高医疗服务质量与水平是消减脱贫人口因病返贫的核心因素。政府要完善医疗政策体系，建立三级乙等疾控中心，落实国家对贫困地区医疗服务设施、服务人员数量、医疗服务机构数量的标准化体系建设，推进贫困地区基础设施、管理规划、服务人员、制度安排等高质量发展，健全乡、村医疗卫生机构的评价体系，以群众满意度为核心对医疗服务质量展开全过程评价，促进县、乡基层医院医疗水平提质升级，最终实现"大病不出县"的医疗建设目标，尽可能减轻脱贫人口医疗卫生服务的支出压力。

8.2.1.2 加强公共就业服务供给，不断增强脱贫人口的就业能力

受经济发展形势等因素影响，凉山脱贫人口就业存在较大瓶颈，脱贫人口因失业引发返贫值得警惕。因此，通过扩大就业面持续提升脱贫人口的生计能力，就必须强化政府公共就业服务供给，增强脱贫人口就业能力。

(1) 完善技能培训体系，防范因专业技能不足而返贫。 政府要完善知识技能培训体系，创新职业技能培训模式，满足就业市场的需求，增加脱贫人口的知识存量与技能存量。一是创新实施"新型农民素质提升工程"。政府须全面认识脱贫人口文化素质、劳动技能偏低的问题，整合资金和项目，依托党校、职校、中小学寄宿制学校，集中学习，将脱贫人口文化素养与技能提升相结合，并探索"培训＋就业"联动机制。同时，政府部门要以就业市场需求为导

向，开展多种形式的精准培训，如集中培训、弹性培训、对点培训等，重点对大多数易返贫人员进行集中技能培训，对少数易返贫致贫人口进行个性化培训，如"一对一""点对点"培训。二是兴办"农民夜校"。政府要将治"穷"与治"愚"相结合，继续强化农民职业培训，针对农民因时间有限、需求不同的特点，科学设置培训课程，灵活设置培训时间，通过领导干部带头培训、全体党员再培训、先富者讲授经验、农民夜校四个方面，增强易返贫人口的文化素养与专业技能。三是加大农村家庭能力培训计划的实施力度。精准选拔"能人"，依托"农民夜校"精准培养，组织动员企事业单位干部、专家、致富带头人等实行精准帮扶，制定差异化的帮带培养计划，全面提升家庭能力和知识技能，从根本上解决因知识技能不足再次返贫问题。

(2) 激发"主体造血"功能，防范因内生动力不足返贫。 根据阿玛蒂亚·森的贫困理论，人贫困的初始原因并不是因为缺乏供其使用的商品，关键在于其缺乏获取商品的能力[1]。内生动力是驱使主体行动的力量。贫困家庭只有发挥主体功能，才能激发自身的"造血功能"，提升内生动力。凉山长期贫困的历史现实侵蚀着脱贫人口的主体性内生动力，由此滋生的内生动力不足往往伴随着返贫风险。因此，将"扶志"与"扶智"相结合，消除贫困文化影响，激发脱贫人口的"造血"能力已成为当前凉山各级政府的当务之急。一方面，要强化"扶志"与"扶智"的宣传教育。政府不仅需要通过树立典型事迹向脱贫人口宣传内生动力对脱贫、抑制返贫的重要性，使脱贫人口摆脱"等、靠、要"的思想，而且要提高脱贫人口的综合素质，增强脱贫人口反贫困的职业能力。另一方面，要制定奖惩政策，营造"自我造血"的场景。政府应奖励通过自己努力发家致富、促进农村建设的脱贫家庭，发挥外部激励对主体动机的支持作用，营造自力更生的氛围。与此同时，积极开展"以购代捐"帮扶活动。政府需引导各级部门、社会爱心人士和企业，采取"以购代捐"方式，与贫困村或贫困户签订购销协议，化解农民与市场距离远的难题，持续激活脱贫家庭生产劳动的积极性，提升内生动力。

(3) 引导脱贫人口参加社会保障，消除就业的后顾之忧。 在劳动就业理论视域中，具备劳动能力与未具备劳动能力的人的比例决定了家庭收入状况。若家庭中具备劳动能力的人多于未具备劳动能力的人，则家庭收入较稳定，返贫风险较小；反之，则相反。凉山脱贫家庭老龄化或未成年人较多，可能使脱贫家庭因劳动力不足而面临返贫风险，需完善收入分配及全生命周期公共服务制

---

[1] 李翔. 精准扶贫的理论阐释：基于阿玛蒂亚·森"能力平等观"的视角 [J]. 学习论坛，2018 (4)：37-42.

度安排。一是完善收入分配制度。政府需动态监测脱贫家庭老龄人口的数量，在地方财政允许的基础上，适当补贴脱贫家庭老年人收入，多措并举，增加脱贫家庭老龄人口的收入来源。二是建立全生命周期服务制度，使脱贫家庭能够享受到基本公共服务保障。基层政府对缺乏生活自理能力的老人应尽可能提供医疗保健服务、疾病预防服务、心理健康服务等。同时，利用互联网开发老年教育资源，畅通老年人学习渠道，开展丰富多样、形式各异的文化娱乐活动，避免老人与社会脱轨，满足老龄人口的人际交往、自我实现等多元化需要。三是健全政策支持体系，继续完善财政支持政策，落实脱贫家庭物质保障，动态监测专项资金落实情况，优化公共服务政策，加大对老龄人口的公共服务供给，积极探索脱贫家庭公共服务的优化。

8.2.2　巩固资金资本存量，防范资金资本过度支出的返贫风险

凉山资金资本的不断增加对该区域消灭绝对贫困起到决定性作用，当前受限于金融信贷不畅、资金资本存量不高、生活生产成本不断增加等因素，脱贫家庭储蓄金额提升比较缓慢，一旦前述因素出现负向波动，则可能导致资金资本过度支出，进而引发返贫风险。

8.2.2.1　优化金融信贷服务，加强信贷用途监管

通过不断的实践探索，凉山州推出了多项措施以完善基层群体金融信贷业务，保证贫困家庭可以优先、保真地申请到资金贷款，促进脱贫人口能够获得必要的资金资本扶持，优化生计结构、拓展生产渠道。调研发现，过去一段时期，凉山面向脱贫人口的金融信贷服务存在信贷程序复杂、信贷门槛过高、信贷监管不力、信贷效率较低等问题。因此，相关部门需要加快完善凉山金融信贷服务体系。首先，要完善脱贫人口金融信贷服务。地方政府要努力打造"高信用村""高信用户"，开展违约风险及后果宣传，探索适合凉山的小额信贷服务体系，优化小额贷款管理方式。相关部门应强化对脱贫人口的信用评级动态管理，设计脱贫人口信贷与信用关联机制，对高信用脱贫人口的小额信贷应简化程序、增加授信、执行优惠利率激励。其次，推动小额信贷认定标准化。银行信贷机构要根据凉山脱贫人口收入情况建立标准化信贷基线，对符合条件的脱贫家庭设定标准的信贷额度，保障脱贫家庭平等享有发展所需的信贷机会。最后，加强信贷用途监管。各县（市）要动态监管脱贫人口的信贷用途，要建立周期性已投放信贷的实际用途摸底机制，确保信贷资金投放在正确用途上，避免资金使用不当、用途错误等导致新的返贫风险。

8.2.2.2　健全非义务教育支出补贴机制，减轻脱贫人口教育支出压力

随着凉山基层民众更加重视教育问题，脱贫家庭对子女教育的投入比以往

有较大的增加，脱贫家庭子女受教育的年限在延长，尽管这是一件利国利民的好事，但是由教育年限延长带来的经济支出压力却可能给脱贫家庭带来一定的困难。尤其是高中教育、职业教育和高等教育等非义务教育阶段的经济支出往往比义务教育阶段的经济支出要大得多。非义务教育支出不断增加的背景下，脱贫家庭本就微薄的经济收入很有可能难以长期支撑，进而导致家庭负债和返贫。然而，非义务教育尽管在短期内可能增加脱贫家庭尤其是青年人口的经济负担，但是对其未来长远发展具有较大的推动作用，因此政府部门必须增加供给和扶持。具体到应对策略，第一，政府部门尤其是政府财政部门、教育部门应加大对落后地区非义务教育的政策倾斜，加大财政补贴力度，提高非义务教育经费在政府财政支出中的占比，从根本上减轻非义务教育支出对脱贫家庭的经济压力。第二，政府部门应进一步供给多元化、高质量的非义务教育服务，根据本地实际情况积极引入本土化的非义务教育内容，提高非义务教育服务的软件硬件质量，让脱贫家庭能够切实从非义务教育中获得有效技能，真正起到帮助他们提升生产能力、就业技能的作用。第三，政府部门应将非义务教育阶段的经济性支出纳入脱贫家庭返贫风险管理系统中，将其作为需要特殊应对的不利因素，对于脱贫家庭中有成员接受非义务教育服务的，应该给予专门性的经费补贴。第四，政府部门应加大非义务教育服务宣传力度，帮助脱贫家庭建立正确的终身学习理念，积极接受非义务教育服务，拓宽视野、提高素质，使非义务教育成为其积累人力资本、资金资本、社会资本的重要助力。

8.2.2.3 建立科学正确的生育养育观念，持续优化多孩生育政策

当前我国面对人口老龄化的深度挑战，国家计划生育政策也进行了相应的改革。2021年7月，我国公布了《中共中央 国务院关于优化生育政策促进人口长期均衡发展的决定》，提倡适龄婚育、优生优育，一对夫妻可以生育三个子女。面对凉山脱贫家庭多孩生育的传统观念和现实情况，三孩政策的发布无疑从政策方面缓解了多孩生育的社会矛盾。家庭生育多个孩子带来的额外经济支出依然给脱贫家庭带来很大的经济压力，极可能导致受教育问题、养育负担问题等。

面对上述问题，研究认为，面对国家生育政策调整改革和凉山多孩家庭的现实情况，应该采取以下措施：第一，落实最新国家计划生育政策，依法严格执行三孩政策，确保脱贫家庭享有合法的生育权利，进一步提倡优生优育，做好计划生育政策配套，做好生育保障工作。第二，安排专项经费投入，有序增加生育福利，减轻脱贫家庭生育支出及抚养支出的压力，尤其是幼儿教育、医疗等保障措施要贯彻落实到位。第三，应对脱贫多孩家庭设立专项方案，根据

不同家庭的经济情况，评估未来一段时间该家庭抚育孩子的支出变化，建立多孩家庭抚育支持津贴，增加对应的公共服务供给，减少多孩家庭额外支持压力。

8.2.3 持续改善生产生活条件，防范物质资本匮乏的返贫风险

由于凉山资源禀赋薄弱、自然条件恶劣、基础设施落后等，导致脱贫家庭的生产生活条件相对缺乏，长期以来物质资本的积累较为薄弱。提升脱贫人口物质资本积累、改善其生产生活条件，对于扭转凉山人口生计资本先天不足的劣势至关重要，是推动脱贫人口走向小康富裕生活的必经之路。

8.2.3.1 稳妥推进易地搬迁后续工作，防范因人居环境变化导致的返贫

尽管凉山脱贫人口"搬得出"的问题已经解决，然而"稳得住、富得起"的长远目标还需要集中合力努力实现。脱贫人口易地搬迁后由于住房配套设施的差异，可能会带来一些新增的额外支出，部分住房需要修缮提升或者增加生活设施等，这些变化可能给刚刚脱贫的家庭带来经济压力。

为此，政府部门应该持续分类推进脱贫家庭人居环境改善，而其中的关键在于促使脱贫家庭加快获取和积累物质资本。第一，持续优化易地搬迁政策，进一步促进居民人居环境融入。政府部门需要按照政策生命周期规律继续推进易地搬迁的相关帮扶措施，着眼细微之处，切实解决脱贫家庭迁入新居后的环境融入问题，尤其是帮助其适应新的生产生活方式，提供必要的生产资料补助、生产能力培训、生活方式培养等，减少脱贫家庭的融入困难或抵触心理，最大限度地帮助其恢复提升生产能力、有效改善生活水平。第二，设立财政专项，增加政府投入，完善社区基本公共服务配套。政府部门必须把"稳得住、富得起"作为易地搬迁后续阶段的重点工作，在新的居民居住区提供合格的公共服务、公共产品，让居民能够享受到国家易地搬迁政策带来的基础性、普惠性福利，如医疗服务、安全保障、交通设施、养老服务、幼儿教育等，尽可能减少脱贫家庭在新环境新设施下的物质资本支出压力。第三，多措并举，拓展脱贫家庭生计发展渠道。脱贫家庭易地搬迁后最大的问题是生计发展问题，政府部门应从拓展生计渠道、开展生计技能培训、减少生计障碍等方面着手，帮助脱贫家庭尽快找到扩大就业的渠道、增加收入的途径、开展生产的方式，避免因搬迁后无法开展生产发展导致收入降低、陷入返贫。

8.2.3.2 完善生产性基础设施建设，防范因生产发展受阻而返贫

由于先天自然地理条件限制，凉山脱贫家庭赖以生存的农业生产发展所需的配套基础设施较为落后，严重阻碍了脱贫农户生产创收。完善生产性基础设施建设，首要的是发展农业电力、水利、交通等配套基础设施。首先，地方政

府必须设立农田水利基础建设专项，持续支持农田灌溉设施建设，针对性地推进农村山塘（小型水库）建设，高效解决农业生产用水问题。与此同时，强化农村水源点的建设力度，防范农村季节性缺水问题。其次，地方政府要加快农村新一轮电网改造升级，形成稳定供应的电力支持配套，为农村生产发展做好用电保障。调查显示，凉山部分群众使用的是光伏设备发电，电压不足、供电不稳，无法满足生产用电需要。最后，优化农业用水、用电定价补贴机制，不断提高供水、供电保障水平。为鼓励农业生产，地方政府应设置用水用电阶梯价，设置一定的专项补贴，鼓励脱贫农户开展农业生产、创收增收，从源头解决凉山民众可持续性生计的问题，持续提高资源的可再生性和使用效率。

8.2.3.3 强化立体式交通路网建设，防范因交通基础设施落后而返贫

改善脱贫地区的交通环境是防范返贫的先决条件，也是彻底摆脱贫困的重要保障措施之一。凉山的基础交通已经实现了从闭塞不畅到内联外畅的质的飞跃，改变了过去"行路难、交通基本靠走"的境况。根据走访调研和问卷分析，当前凉山交通基础设施的主要掣肘在于公路等级不高、公路联网密度较低、无法打通"最后一公里"等问题，导致农产品物流运输成本高昂，直接降低了农户的经济收益。为解决上述问题，首先，政府应该持续规划建设"四好农村路"。地方政府必须做好区域路网规划，搭建联通村公路和村内主干道及农村产业路、旅游路的建设，着力解决"隔山相望路难行"的问题，大力减少农产品交通周转成本。其次，建立常态化路网维护机制，及时修复"带病"道路。地方政府应安排专门人员对交通路网进行定期巡查、常态维护，减少因道路损坏引起的农产品销售难、运输难、运费贵等问题。最后，尝试以路网平台搭建现代农业物流快速输出机制，多措并举拓宽交通扶贫渠道。以地方政府牵头，地方批发市场、农贸市场、超市、车站等区域性营销网点为脉络，与阿里巴巴、京东、抖音、拼多多、美团及山里淘、正中商城、优品汇、爱凉山等电子商务平台建立多层次助农振兴机制，共同开设扶贫产品销售专区、专铺和专店，推出直采直销形式，助推高品质的凉山农产品打响品牌、畅销各地。

8.2.4 优化提升社会资本，防范社会支持力度不足的返贫风险

马克思主义认为，社会人需要从社会中获取生存支持，才能实现更好的发展。在脱贫攻坚过程中，凉山脱贫家庭受到了来自政府及社会各界的扶助支持，在一定程度上建立了社会支持网络，然而从总量上看，其所持有的社会资本仍然比较薄弱，如集体经济组织发育滞后、社会化网络韧性较低、社会资本系统碎片化等，直接影响着脱贫人口良性发展的可持续性。地方政府需要大力培育发展社会组织，外联内引、夯实基础、搭建网络，推动完善多元主体共建

共治共享的社会支持网络，优化充实脱贫人口社会资本，加快脱贫地区社会资本的生成积累。

8.2.4.1 大力发展村集体经济，防范因经济组织碎片化而返贫

近几年凉山脱贫家庭在政府帮助下，逐渐从小农经济模式向合作社集体经济模式转型，这一举措大大提升了个体农户的市场风险抵御能力。然而农户经营组织化程度低、合作意识薄弱、村镇集体经济组织碎片化等问题仍然存在，并制约着农产品产销供应链的发展。为此，地方政府需要继续着力推动脱贫家庭开展集约化组织化经营，强化规模化集体经济组织，通过发展集体经济来增强凉山的抗风险能力。具体而言，首先，在乡村振兴的大背景下，依法全面推进"三权分置"，激活脱贫家庭闲置资源，让有条件的农户加入集体经济组织，增强个体农户的抗风险能力。其次，地方政府要发挥"引路人"的作用，一方面加强新型农民培训，鼓励农村能人带动脱贫家庭发展，强化农村经济组织的凝聚力；另一方面要帮助农村经济组织与外部企业积极对接，建立长期稳定的合作机制，打造一体化的农产品产供销体系，丰富扶贫产品的销售渠道，从根本上增强其抵御风险的能力。最后，社会组织应改变简单捐赠物质的传统帮扶方式，用"以购代捐"的市场化形式推动贫困地区特色经济产业的长线发展，用长期规划替代短期效应，丰富、拓展凉山脱贫家庭与社会组织的联系渠道。

8.2.4.2 重塑社会支持网络，防范因社会互助支持缺失而返贫

凉山传统的社会支持网络在现代信息社会的冲击下已经难以起到有效的邻里互助性作用，如何重塑构建立体式综合性的新型社会支持网络是地区政府和脱贫农户亟须思考的问题。第一，地方政府应承担社会支持网络硬件设施的构建责任，积极布局现代信息技术平台，帮助脱贫农户更加便利、熟练地使用相关信息工具，减少信息流动障碍，提升区域信息对称性，强化区域不同农户、不同社会组织、政府部门等之间的互动联系，无形中提升脱贫家庭在社会支持网络中的地位，强化社会支持网络对农户生产活动的支撑力度。第二，地方政府应树立农村能人、新型农人、致富标兵、彝区能人、敬业模范等典型代表，鼓励有能力者多帮扶困难者，结对帮扶、互帮互助，强化脱贫家庭本土化社会联系，帮助脱贫家庭积累有效的社会资本，积极促进社会资本向发展机会转化。第三，政府部门应支持设立第三方公益组织，公益组织以脱贫家庭为目标，通过物质、精神、信息、互动等多种形式畅通脱贫家庭与外界的联系，进而使其在一定程度上获取外界支持，促进思想意识、现代理念的升级培育，更全面地完善社会支持网络，增加社会互助支持的可及性与有效性，使其持续积累社会资本并能有效运用到生产生活中。

8.2.5 促进自然资本保值增值，防范自然资源匮乏的返贫风险

凉山自然资源众多、生物多样性丰富，但较为恶劣的自然地理环境也严重限制了脱贫农户的生产发展。因此，如何充分挖掘凉山自然资源，将其转化为自然资本，能够为脱贫人口所利用，同时使脱贫人口能够规避由于自然资源匮乏而导致的返贫风险，是值得思考和研究的重要问题。

8.2.5.1 强化区域水资源开发利用，防范因用水难、用水贵而返贫

凉山拥有丰富的水资源，然而受自然地理条件限制，水资源未能实现集约化高效利用，由此导致的农业用水难、用水贵问题仍然有待解决。为此，地方政府需要强化水资源开发保护，提高水资源利用率，实现自然资本价值的增值。首先，应该强化农业水循环经济，将水资源开发与保护有机结合。围绕"一控两减三基本"目标，加强农业节水系统建设，改革农业耕种方式，适当引入抗旱经济作物，推广"禽、菜、果、茶、渔"水基生态农业、"高山林—中山茶—低山果（花椒、核桃等干果)—河谷粮"耐旱种植模式，实现农业经济的可持续发展。同时，规模化推进"种养结合、养畜养地"的双循环发展，因地制宜发展多元蔬果业，打造面向都市的果蔬供应链，提高种植养殖经济占比，缩小传统耕种农业规模。其次，积极引入新型水利灌溉技术，提高水资源循环利用率。地方政府应在推进农业生产转型的同时，大力引入滴灌、喷灌及灌溉用水循环技术，提高农业用水效率，打造现代农业水资源利用示范园。最后，加大现代农业水利灌溉宣传力度，尤其是展示现代农业集约用水措施及效果，引导民众形成新型农业水利理念，人人养成节约用水观，从而减少家庭生产生活成本。

8.2.5.2 牢牢守住耕地资源红线，防范因耕地资源不足而返贫

凉山是传统农业区，民众的主要收入来源于农业生产。因此凉山各级政府应在实施最严格的耕地保护政策的同时，增加耕地补贴，提高农户的种粮积极性，遏制耕地"非农化"、耕地撂荒等趋势。首先，地方政府应做好基本耕地保护与非耕地产业发展的平衡，加大基本农田的财政补贴力度，同时鼓励脱贫家庭开展果蔬种植等高产值业态，引导脱贫家庭开展现代农业经营，发挥好有限土地的资本价值。其次，面对凉山地区城镇化进程的加快，大量耕地或林地被调整转化为建设用地，农民面临农地面积缩减、长远生产发展受到根本性限制难题，地方政府应加大拆迁占地费用补贴，同时多方谋划，帮助被占地农户提升专业技能，提升单位农田产出价值，保障脱贫家庭经济收入的稳定性。再次，合理开发凉山自然矿石资源，加大工矿废弃复垦复绿力度。通过综合谋划，推进废弃工矿复垦复绿，增加农地、林地等，同时开展省域内土地林地流

转，释放土地经济活力，提高贫困地区土地使用率。最后，实时监测土地资源的利用情况，加强监督和奖惩机制建设。地方政府必须依法监管土地资源使用指标，杜绝强占土地农田现象，严格保护耕地或林地面积，避免农户失地失耕而陷入生计困境。

8.3　完善差异化、精准化的脱贫人口生计策略风险防范措施

基于可持续生计理论，脱贫群体可以通过重组已获取的生计资源，形成特有的生计策略，维持生产生活，有效应对返贫风险。从凉山脱贫人口生计策略风险看，差异化、精准化的防范措施是有效防范、应对相关风险的关键。结合实际情况，地方政府应该从以下两方面入手：一是因地制宜推动凉山特色优势产业发展，警惕防范产业失败引发的返贫风险；二是因人制宜提供精准就业帮扶措施，有效应对就业不稳定导致的返贫风险。

8.3.1　因地制宜发展特色产业，防范产业经营失败而返贫

产业扶贫一直是凉山脱贫增收的主要途径，也是实现扶贫方式从传统的"输血"到现在的"造血"、从注重"短期"效益到追求"长期"效益转变的关键。近年来，凉山因地制宜地制定系统全面的产业扶贫规划，通过各级政府和贫困群众的协同努力，农村产业发展取得初步成效。随着产业结构升级进入深水区，凉山产业发展的势头有所减缓，面对越来越激烈的市场竞争，产业发展不进则退，因此蕴含着产业失败进而返贫的潜在风险。

8.3.1.1　科学制定产业发展政策，加快特色产业结构升级

科学稳定的特色产业政策对凉山特色产业发展具有关键基础作用。可通过强化产业发展政策配套，着力打造人无我有的特色产业，形成专精尖特的产业结构，助推凉山特色产业结构升级，实现地区经济发展长效增长。凉山州作为全国最大的彝族聚居区，环境优美、气候宜人、物产丰富、资源充足。凉山必须紧扣自身特色，因地制宜综合推动一、二、三产业发展，帮助脱贫群众享受产业发展的红利。

首先，找准特色产业发展方向，科学制定长期的产业发展政策。在脱贫攻坚过程中，凉山已经逐渐形成了民族区域特色和地理区位特色的产业发展定位，从农业、工业、旅游业等方面拓展出多个特色产业发展政策支持的目标方向。一是深度挖掘农业资源，产出特色农产品，推进特色农业产业化。对于凉山特色农产品，当地政府需要从产品生产、加工、销售等多个环节进行逐一分析和研究，帮助农户以组织化的形式嵌入农业产业链生产体系中，从而形成规

模农业效应、绿色农业效应，进而提高产品质量、销量，实现广大农户创收增收。二是着力培育特色工业。凉山有丰富的矿藏资源，当地政府应结合实际，突出抓好冶铁、特殊金属等工业项目建设，走出一条属于当地的环境友好型、产业集约型工业化道路。三是加快凉山全域特色旅游优质发展。当地政府要充分运用凉山丰富独特的文化资源、自然资源，通过电视、网络平台等媒介宣传地区特色，发展交通设施，拉近市场距离，打造民俗游、景观游等旅游新亮点，为脱贫群众创造更多的就业岗位，提供更多的收入渠道。

其次，整合政策资源，提升保障能力，发展差异化特色产业。凉山各地区现实情况差异较大，地方政府需要从基层差异入手，全面考虑政策资源、优化配置、合理规划。一方面，实施"一村一品、一镇一业、一县一特"的新型产业发展政策，做好凉山高山果蔬、绿色种植、特色山珍等重点发展方向，构建多元化现代农业产业体系；另一方面，政府牵头，通过专项扶持、税收补贴、技术引进、内外合作等政策扶持，构建特色产业管理运营机制，提高特色产品标准化生产水平，扩大农业特色产业规模，提升农产品附加值，不断增加农产品的经济效益。同时，凉山拥有丰富的水利资源、矿产资源，地方政府应该向上争取政策支持，开发水电资源、输出矿产，合理扩大工业生产规模，增加工业就业岗位，帮助脱贫家庭实现劳务就业。

8.3.1.2　构建现代化产业信息平台，实现特色产品产销一体化

凉山工农业产品外销面临的主要问题是外销渠道、供销对接、市场拓展、销售不畅等，尤其是农业产品时常因交通物流障碍、信息不对称等导致滞销，直接打击了农户的生产积极性，降低了农户家庭收入。基于此，首先，地方政府在大力推进发展区域特色优势产业的同时，要着力构建现代化产业信息平台，畅通市场交易信息，使凉山地区的生产者能够第一时间掌握市场资讯，快速调整销售策略，尤其是要提前开拓外部市场，疏通销售渠道，保证产品销售环节与产品生产无缝衔接，减少因运输不及时、仓储成本高、冷链技术不佳导致的农产品滞销问题。其次，建设专属特色产品销售渠道，发展对口城市"产销直通车""产销对接会"。地方政府要继续加强销售技术指导服务，帮助农户联系市场，组织订单生产，实现定向销售。同时，商务部门也要加强产销对接、商超对接，积极发展农村电商，组织开展多种形式的产品营销。最后，利用互联网信息平台，紧密对接市场需求，搭建产销一体化网络。政府要积极与互联网电商平台合作，建立"网上供销社"，以区域、季节、需求等为导向，发掘"一村一品、一镇一业、一县一特"品牌营销效应，紧密衔接批发、零售、运输等环节，开通集特色产品展示、介绍、销售于一体的网上销售超市，密切生产者、供应商与渠道商的交流，实现凉山特色产品销售中生产商、市场

与消费者的双赢、多赢。

8.3.1.3 加快拓展标准化产业链，提高全国品牌美誉度和知名度

标准化产业链是现代市场经济中的重要一环，拓展标准化产业链有助于提升自身产业在经济价值曲线中的位置，同时也能推动产品品牌影响力的快速提升，进一步开拓产业市场、实现产品经济效益。在精准扶贫过程中，凉山州政府通过规模化产业生产、建设产业融合园区推进了产业结构的均衡发展，但产业数量与质量、成本与收益、生产与环境等结构性矛盾仍较为突出，产品质量、销售、运营等方面存在竞争力不足的缺点，无法满足居民的终端消费需求，极易导致产品滞销、脱贫家庭返贫。如何加快拓展标准化产业链，提升全国品牌美誉度和知名度，进一步抢占发达地区市场，满足终端消费者的内在需求，是地方政府和企业急需解决的重要问题。首先，加强三大产业融合发展，打造特色产业链条式发展，做强标准化的产品产供销体系。地方政府要加强龙头企业培育，结合当地独特的自然资源、文化资源、区位资源，以特色农业发展为基础，提升工业产业附加值，开发旅游观光、劳务输出等第三产业，实现三大产业并驾齐驱。其次，响应国家战略，走高质量的标准化产业发展道路。地方政府应加强本土产业研究，综合统筹制定标准化生产体系规划，打造产前、产中、产后全覆盖的标准化生产体系。尤其是农产品和工业产品，地方政府要结合市场需求拟定产品质量标准，从而保证产品能够满足市场需求，保障脱贫区生产者劳有所获。最后，推动特色产业品牌形象提升，重点打造"大凉山"系列品牌。政府要加强特色产业示范基地建设，培育新型农业经营主体，挖掘历史文化和民族特色，赋予品牌更浓郁的特色意蕴，强化夯实品牌发展载体，多渠道多形式宣传品牌，提高产品标识美誉度、品牌市场知名度。

8.3.2 完善易地搬迁配套政策，防范后续支撑不足的返贫风险

易地搬迁的配套政策不仅限于住房工程等，还包括搬迁地的基本公共服务、交通补贴及便民措施等方面。根据课题组的走访调研，搬迁的脱贫群众认为当地的基础社会福利、基本公共服务及部分便民服务措施还有很大的提升空间。从生计政策的视野出发，搬迁后续配套措施如果不能"彼此兼顾"，就会形成木桶效应，其中的"短板"将对脱贫家庭生产生活带来较大的威胁。因此，在夯实支持住房改建、兴修公共设施等产地搬迁配套政策的基础上，政府部门还需要加大力度提高当地基本公共服务质量，加快多项便民设施的修建。具体而言，一方面，应出台落地针对性的基本公共服务均等化措施，保证从山区、贫困区迁入的居民能够切实感受到新建社区的温暖，能够顺利融入新的社会环境，从而为减少返贫风险奠定物质基础。另一方面，应大力兴修山区便民

服务设施。根据课题调研，许多居民对生活中的不便已经有了不满情绪，如用水不便、道路破败、医务落后等。风险的爆发并非即时性的，而是由多个因素产生叠加效应逐步形成的。因此，为了防范风险叠加效应的产生，减少风险问题的叠加，当地政府有必要根据居民的需求制定专门的修建计划，改善部分便民措施现状，从而缓和脱贫居民的不满情绪。

8.4　打造多元协同、共建共享的脱贫人口生计环境风险治理格局

政策环境、生态环境、市场环境是关系凉山脱贫人口生计问题的重要影响因素，这些生计环境问题在特殊背景下极易转化为返贫风险，如政策帮扶减弱、政策性收入减少、农产品外销量下滑、就业岗位减少及泥石流、洪水自然灾害等问题，很容易触发脱贫家庭的生计环境风险，使脱贫家庭再度陷入贫困深渊。因此，地方政府应该明确政策环境风险、市场环境风险、生态环境风险，确保帮扶政策的可持续性，完善组织化的发展模式，建立生态环境治理的社会参与机制，打造多元协同、共建共享的脱贫人口生计环境风险治理格局。

8.4.1　保持政策帮扶稳定，防范政策变化过大的返贫风险

当前，政府政策帮扶力度减弱、脱贫家庭政策性收入减少，很可能导致其陷入二次贫困。凉山仍然需要继续争取稳定性、连续性的配套政策支持，需要科学评估相关帮扶政策执行情况，防范政策面变化过大导致新的返贫风险。

8.4.1.1　强化配套后续帮扶政策，防范保障政策供给缺失而返贫

尽管凉山脱贫人口"温饱问题"或"两不愁、三保障"得到了有效解决，但是发展不平衡、不充分的问题仍较为显著，且其生活水平明显低于全国社会平均生活水平。未来，政府应全面统筹布局、科学推进、落实脱贫摘帽后续帮扶政策，坚持"脱贫不脱政策、脱贫不脱帮扶"，防范政策变动大、保障政策缺失引起返贫风险。

第一，继续加大公共服务"兜底保障"政策，健全公共服务数字化政策，制定基本公共服务标准化政策。加大对残疾群体、患病致丧失劳动能力群体及部分妇女和儿童等特殊群体的公共服务兜底保障力度，精准落实特殊贫困群体"兜底保障"政策，将符合条件的贫困群体，有针对性地纳入低保范围，实行延保渐退政策，强调应保尽保。加快完善公共服务数字化政策，利用大数据、互联网等高新技术手段对脱贫用户的公共文化服务需求、社会保障需求等进行个性化的精准分析、系统摸底，预防脱贫人口因突发事件返贫。持续推动公共

服务资源向经济发展水平较低的凉山地区延伸，消除落后地区获得高质量基本公共服务的门槛限制，让标准化的公共服务真正惠及所有群体。第二，系统整合配套政策资源，构建政府主导、多元参与的政策保障体系。首先，凉山州政府对纳入监测的脱贫不稳定户、边缘易致贫户和突发严重困难户进行行业部门统一的后续帮扶，各级财政衔接推进乡村振兴补助资金适用于监测对象，用好返贫风险治理的专项基金。政府监测需要根据监测对象的风险类别、真实需求、资源特质、发展需求及自身能力制定有效的针对性帮扶措施。其次，全面建设惠民的民生工程项目，加强医疗、教育、交通等公共设施的服务功能，推动脱贫地区的基层部门、企业主体、民众组织等共治共建共享。政府要立足于培育脱贫人口的主体意识，激发脱贫人口的内生动力，完善针对监测对象的创业担保贷款政策，落实好脱贫人口小额信贷政策。各级政府需要依托农家书屋、文化活动中心等公共空间，加强自力更生的思想道德宣传，大力开展勤劳致富的示范教育，倡导婚事新办、丧事简办原则，抵制陈规陋习和不良的风俗习惯，从而提高脱贫家庭的"自我造血"功能。

8.4.1.2 动态化监督政策执行，防范政策落地受阻而返贫

持续有效落实各项政策才能稳定脱贫家庭的政策性收入，增强脱贫户的自我发展能力。为此，政府需要对政策执行过程展开有效监督，以此防范脱贫家庭因政策执行受阻而陷入二次贫困。一是建立并完善监测责任体系。一方面，政府要设立村级监测员，由各组根据实际情况确定，也可以赋能现有公益岗位人员担任，负责对本村范围内脱贫不稳定户、边缘易致贫户、突发严重困难户进行监测上报，发现监测范围内农户返贫致贫风险，负责每月在村党建月会上报告监测情况。另一方面，政府要通过实时查询和比对扶贫系统中的涉农资金、"三保障"等信息，精准掌握脱贫政策落实情况。二是建立权责清单制度。政府要设立后续帮扶的权责清单，通过实地调研、基层暗访等方式，加强后续帮扶监督检查，及时发现、解决突出问题，对因权责失衡、政策和工作缺位导致规模性返贫的，或弄虚作假、违规违纪等造成严重后果的地区和个人，追责问责。同时，政府须罗列出监督清单，针对职能部门主体责任落实情况、重点环节推进情况及巡视巡察反馈问题等方面开展全面监督，实现责任倒查。三是搭建智慧平台。政府充分利用互联网技术和信息化手段，通过系统分析，全景式、动态化地了解脱贫家庭的公共服务需求，监督社会保障政策落实情况。

8.4.2 构建组织化发展模式，防范市场大幅波动冲击的返贫风险

农户组织化程度高，能够显著提升其抗击市场风险的能力，可以有效应对

市场波动变化,避免因单打独斗难以抵御市场风险而陷入贫困。尽管凉山州政府已积极探索了"公司＋农合""集体经济组织＋农合""集体经济组织＋公司＋农户"等组织化发展模式,但凉山 57.1% 的农户没有加入实质运营中的集体组织、互助组织,脱贫家庭的集体组织化程度更低,难以适应快速发展变化中的市场环境,致富增收困难,返贫风险剧增。

8.4.2.1 推广集体股份合作经营制度,防范农户合作组织碎片化而返贫

可尝试引入"资源变股权、资金变股金、农民变股民"的集体股份合作经营机制,保障农户的合法权益,解决农户组织化参与意愿低的问题。政府部门应指导村集体提高农户组织化发展的积极性,普及农户合作组织化的市场优势,鼓励村"两委"、村集体(合作社)与公司(业主)采取股份合作的方式盘活村集体资产,明确成员范围,量化成员股价,完善法人治理,创新资产运营模式,鼓励农户以资产资源入股新型经营组织,实现农户、村集体、公司按比例分配收入。此外,政府指导村集体及农户积极探索"股份量化、按股分红"投资收益模式,组织农户以投资投劳、土地入股、吸引资金注入等方式,整理利用闲散、撂荒土地,实现小块变大块、大块连成片,适度发展特色产业,加快"资源变资产""资产变资金""资金变股金"发展路径和经营方式调整。在一定程度上,凉山采取集体统筹的形式比采用市场化的组织形式更有优势。可发挥村干部、农村能人的影响力,向上级争取政策支持,以规模化的方式吸引小农户自主参与,实现小农户的组织化。在这个过程中,政府要注意做好典型示范引导,激励村经济精英带头示范,积极引导小农户接受先进的经营理念、科学的管理模式,实现现代化经营方式转型。

此外,地方政府要指导监督农户集体组织建立合理的利益分配机制,确保农户在经营发展中的利益依法得到保障。尤其是要明确在发展村集体经济中的责任和利益分配边界,尽可能让小农户共享产业链收益,提升村级农业社会化服务供给能力,带动集体产业转型升级,使广大农户持续增收。

8.4.2.2 提高集体合作组织运营效率,防范组织发展能力弱而返贫

集体合作组织运营效率高,组织发展能力强是保证集体合作组织能够实现市场收益和长远发展的重要基础,同时也是增加农户参与动力的重要指引。因此,政府需指导集体合作组织不断提高运营效率、提升组织发展能力。第一,产权结构明确化。农民集体合作组织要明确农户的产权关系,以按劳分配为基础,设置合理的股金结构,确定严格的以农户为主体的产权边界,鼓励多种形式的合作结构,如股份制、合作制、租赁制等,鼓励农户以土地、林权、劳动、技术等生产要素入股,推广"农民入股＋保底收益＋按股分红""订单收购＋分红"等合作发展模式。第二,推行农民集体合作组织企业化管理,制定

和执行现代化的企业治理机制，健全组织规章制度及财务管理制度，建立长效激励和约束机制，从农户中吸纳、培养专业型经营管理人才，支持农户在经营管理和利益分配中掌握更多的话语权。第三，构建集体与农户共享利益联结机制，政府应以合法化、规范化、共享化为原则，引导集体与农户之间形成合理公平的利益分配方案，尝试制定资本参与利润分配的比例上限，促使农民享受更多的政策扶持温度、组织发展红利，使"公司＋农合""集体经济组织＋农合""集体经济组织＋公司＋农户"等组织化发展模式的利益分配机制不断规范化、制度化、法律化。

8.4.3 建立生态环境协同治理机制，防范生态灾害返贫风险

经过十余年的生态环境综合整治，凉山群众对当地生态环境保护成果比较认可，生态破坏、环境退化、自然灾害等导致的农民返贫现象大大减少。基于凉山地理地质条件的天然属性及区域民族生活的传统习惯，生态环境治理进入良性循环仍需要长期投入。如泥石流、洪水、极端气候等自然灾害、工矿企业开发衍生的人为灾害、传统耕种方式带来的环境污染等还困扰着凉山生态环境善治目标的实现。生态环境治理涉及政府、社会组织、企业、民众等多个利益群体的参与协作、协同配合。故而，须建立多元主体参与的生态环境治理协同联动机制，打造共建共治共享的生态场景，调动脱贫家庭积极参与，防范脱贫家庭因生态灾害带来的返贫风险。

8.4.3.1 坚持党政部门引领生态环境治理，防范突发性灾害而返贫

生态环境治理的协同联动机制核心在于党政引领，凉山党委和政府部门是生态环境治理的第一责任人，承担着政策供给、执行监督、资源协调、系统保障的重要作用。首先，党政部门应开展生态环境治理的政策分析，做好做实政策供给。要提高生态环境治理政策的政治站位，坚持以习近平总书记"两山"理论（绿水青山就是金山银山）为指导，以脱贫地区生态环境治理体系和治理能力现代化为目标，结合生态农业和生态旅游业发展的新需求，研判凉山生态实际的专门性治理政策。其次，要构建党政主导多元主体协同合作的治理格局，优化组合党委、政府、市场、社会组织、民众等利益相关方，在效率与公平兼顾的基础上，调动各方力量积极参与到协同治理体系中，统筹落实人力、物力、财力等资源保障，尤其要提升民众在生态环境治理中的主人翁地位，帮助其享有生态环境保护红利。此外，从技术层面，政府部门应该重视自然灾害的预警、监测和应变。地方党政部门应制定专门的生态环境治理考核评价体系，确保生态环境治理落在实处，推进资源保障下沉到治理一线，确保生态环境治理的实效性、全面性与动态调整。

8.4.3.2 拓展多元主体有效参与治理的途径，防范因治理主体缺位而返贫

多元主体参与生态治理是凉山生态文明建设的内在要求，也是提升自然治理能力的重要途径。以往由于参与途径单一、参与渠道不畅，使得多元主体参与生态环境治理存在较大缺失。政府一言堂式的管理方式不足以推进生态环境良性发展。拓展多元主体参与渠道、途径，引导各方主体科学规范地参与生态环境治理，调动区域内外的有生力量、无限资源，能够有效解决凉山生态环境治理中的资源匮乏、技术落后、力量单一等问题。多元主体参与有利于实现民主协商、科学研判、优化资源、合理配置、持续创新的治理特征，快速培养本土主体有序参与生态环境治理的意识、行为，更有利于达成共识、统一行动、有效达标。例如，在凉山营造天然林、保持水土和修复自然环境等系列生态工程建设中，在政府主导下多元主体合力打造了"合作社＋管护＋农户"的生态治理参与模式，通过托管集体公益林、购买第三方管护服务引入多元力量介入生态治理。同时发挥本地农户的优势能力，设立生态保护公益岗位，使其从昔日的砍林人变为今日的护林员，极大地实现了全方位无死角的生态环境保护目标。调研中发现，凉山已经大范围组织有意愿的脱贫家庭参与到生态工程建设中，通过增设生态护林员、草原保护员、基础设施管护员、乡村保洁员等公益性岗位，让更多脱贫人口自主自愿地保护生态环境，同时通过岗位性工作增加了家庭收入，实现集体利益与个人利益的双赢。

8.4.3.3 建立生态环境治理的激励相容机制，防范因治理目标错位而返贫

激励相容机制是指代理人与组织之间存在目标一致性难题，而通过系列弹性安排能够实现其目标一致性，进而达成不同代理人之间、代理人与组织之间的双赢多赢。生态环境治理必须建立激励相容机制，以此协调政府、社会组织、企业与农户等不同参与主体之间的利益目标，防止其因利益冲突、目标错位而迟滞乃至破坏良治效果。其中，企业与农户是生态环境治理激励相容机制中必须妥善协调其利益目标的重要主体。许多企业将生态环境治理尤其是生态保护、污染防治等视为经营成本乃至无效成本，不承担生态环境治理的社会责任则是节约了大笔成本支出。针对这种错误认识，除了传统的破坏生态环境处罚办法之外，政府部门应该与企业开展协商座谈，探索建立生态环境治理积分管理制度，以积分管理落实奖励，将企业采取的生态友好措施、环境保护行为纳入积分登记，通过"积分—奖励"形成正向反馈，定期对达到一定积分值的主体给予奖励，提高企业主体参与生态环境治理的积极性。对于多数农户而言，其靠山吃山、靠林吃林的传统落后思想还有一定市场，政府部门应该加大宣传教育力度，扭转脱贫地区农户的错误思想，使其充分认识到自身在生态环境治理中的价值、责任。政府应建构农户参与生态环境治理的正向激励机制，

培育当地民众的参与意识，提高民众参与治理的内生动力。一是推动农户的生态环境履责，依法执行个体行为人破坏生态环境的违规处罚措施，同时设立保护生态环境的奖励性措施，适度增加奖励额度。二是加大思想意识教育和现代生态保护知识培训，委托高校、社会组织等相关部门开展讲座、交流、宣传等活动，帮助农户充分了解生态治理的法律法规、共存意义、善治益处等，从而纠正农户的错误价值观，减少利益诱惑动因，矫正其目标诉求，进而达成多元主体参与生态环境治理的一致性，实现双赢多赢。

8.5　综合施策，化解特殊社会问题引发的脱贫人口返贫风险

落后的风俗习惯、毒品和艾滋病、彝族群众自发搬迁等是凉山长期面临的特殊社会问题，如不能有效解决这些难题，某些特殊群体将会面临较大的返贫风险。彻底根除这些问题是一项长期任务，必须聚焦问题本质，综合施策、全面发力，才能有效减轻因特殊社会问题引发的脱贫人口返贫风险。

8.5.1　深入开展移风易俗活动，防范陈规陋习引发返贫风险

由于历史传统、文化风俗及生活习惯等原因，凉山存在部分陈规陋俗，包括薄养厚葬、高额彩礼、生活环境脏乱差等。必须深入、长期开展移风易俗活动，防范陈规陋习引发返贫风险。

首先，地方政府要加强宣传现代生活方式，引导脱贫群众改变陈规陋习。历史上，薄养厚葬、高额彩礼、婚丧大操大办、攀比风等习惯和行为长期存在于凉山，对部分脱贫家庭的收支状况产生了非常不良的影响。基于此，政府要加大社会主义新文化、新风俗的宣传和建设，通过多平台报道、工作人员入户谈心及学校教育扭转价值观偏差，重塑社会共识。其次，面对陈规陋习时而发生的情况，政府部门要出台相关政策、制度乃至引入一定的强制性手段，引导民众形成现代先进的生活理念、行为规范，同时对突出的社会问题开展快速高效的专项治理。例如凉山州政府出台了《关于遏制婚嫁相互赠予高额礼金和婚丧办理铺张浪费之风的规定》，金阳县政府出台了《金阳县人民政府关于遏制婚丧事宜高额礼金和铺张浪费之风的实施细则》等。在政策出台后，相关部门要配备具有可操作性的方法指导，以保障基层部门可以依法合规落实政策文件，推动社会文化更新。最后，为抵制厚葬薄养的错误认识，相关部门需要制定婚嫁聘礼和丧葬的费用标准。与其他地区的返贫风险不同，受传统文化的影响，凉山居民对聘礼、丧葬费用等极其看重，部分家庭为了攀比不惜大量投入资金，从而导致家庭收支失衡，产生返贫风险。因此，政府部门需要针对这方

面出台合适的聘礼、丧葬费用指导标准，鼓励脱贫群众按照新标准安排聘礼和丧葬费用。政府部门尤其要严格规范凉山基层干部、地区能人等在这些方面的行为，通过模范示范作用革新社会风气，实现凉山社会文化的良性发展。

8.5.2 强化"禁毒防艾"，防范吸毒、患艾滋病导致返贫风险

通过多年的艰苦工作，凉山州在"禁毒防艾"方面取得了不错的成绩，但根据课题组走访调研的了解来看，凉山州在吸毒、艾滋病传播防控方面还面临一定压力，有必要继续加强"禁毒防艾"工作，巩固拓展"禁毒防艾"成效。

8.5.2.1 强化禁毒戒毒治理机制，构建综合性禁毒治理体系

经过多年的整治打击，凉山州"毒品肆虐"问题得到初步解决，但吸毒贩毒违法犯罪行为时有发生。凉山州需要继续强化禁毒戒毒治理，从禁毒教育、禁毒管控、戒毒惩戒等方面综合施策、多管齐下，全面整治涉毒社会问题，防范因吸毒问题导致脱贫家庭重陷贫困深渊。

第一，继续强化禁毒宣传教育。凉山州已经建立了基于党组织、政府、社区、社会、家庭等多位一体的禁毒教育宣传学习机制。然而，部分措施流于形式，很难起到警醒作用。未来一段时间，首先，政府、公安等公权力部门要在禁毒教育方面确立主导地位，针对凉山群众开展定期的吸毒危害教育宣传。相关部门要积极与媒体合作，通过广播、电视、村镇广告、标语、报纸和网络介质等对吸毒危害进行宣传，形成全方位禁毒教育体系。其次，要积极发挥基层组织在禁毒教育领域的作用。基层组织与群众接触多、关系密切，可以潜移默化地帮助群众自发认识毒品危害、自主抵制毒品侵入，形成自下而上的禁毒教育认知体系。最后，要针对脱贫群体开展定期的禁毒教育。脱贫群众刚刚摆脱了贫困，生活生产迈上了正轨，一旦脱贫家庭成员沾染毒品，整个家庭必然重返贫困。因此，凉山州政府要定期对脱贫家庭开展禁毒宣传教育，通过走访摸底、入户排查等方法了解脱贫家庭是否有成员沾染毒品，尽早发现尽早治理，避免毒品传播产生更大危害。

第二，全面开展综合性禁毒管理。凉山州公共部门要强化禁毒手段，加大对州内吸毒、贩毒等违法犯罪行为的打击力度，形成具有威慑力的综合性禁毒管理体系。首先，强化地方禁毒管理立法执法保障。立法部门应根据具体情况适当扩大涉毒违法犯罪的地方性法规权限，在法律框架内，赋予地方政府在打击毒品违法犯罪方面一定的裁量权，同时保障执法部门拥有可靠的禁毒技术手段、工具等。其次，地方政府要设立专门办公室和办公人员，长期跟踪州内吸毒人员及其家庭，定时监督、记录该人员的生活情况和开展不定期全面体检，发现复吸情况立即采取强制手段，断绝毒品蔓延扩散的影响。再次，政府部门

在整治毒品问题时，应该引入社区组织、民众、公益组织和企业等多元社会力量，利用社区、人民群众、企业、公益组织等在不同方面的角色优势，多方合作彻底遏制凉山州毒品泛滥的现象。政府部门应该适当向多元主体进行授权，驱动社会力量在不违背基本生活权利的基础上，对有过吸毒史、戒毒复吸等人员开展教育矫正活动。最后，政府部门要加强对贩毒及吸毒人员的管理。一方面，毒品违法犯罪打击不是一个部门管辖的事情，涉及不同级别、不同层次、不同业务的政府机构。公安部门要牵头相关单位组织专项活动，抓捕从事毒品贩卖的人员，从源头上遏制毒品在凉山州内的流动。另一方面，政府部门要加强对禁毒所的管理，安排专业医学人员和禁毒管理人员帮助吸毒人员成功戒毒，协同相关机构对其实行再就业教育培训，帮助他们重新投入工作，恢复正常生活，走向社会正途。同时，相关部门要对因毒致贫、因毒返贫的吸毒人员加大帮扶力度，将其纳入医保体系，将吸毒造成的困难家庭纳入社会低保救助范围。

8.5.2.2 强化艾滋病预防教育机制，完善立体化的防艾治理体系

艾滋病问题是长期以来困扰凉山快速健康发展的痼疾顽疾。过去一段时间，在国家各级党政部门的大力支持下，凉山州政府制定了涵盖疾控、医疗、妇幼"三条专业防治工作线"和乡镇"一个工作网底"的"三线一网底"管理体系，在州、县、乡三级全部设立了专门的艾滋病防治工作机构，并做了大量基础工作。2020年1—5月，全州共开展艾滋病防治筛查66.5万人次，新报告艾滋病感染者和病人1 345例，同比减少42.5%；抗病毒治疗覆盖率、成功率分别为93.61%、89.28%，母婴传播率3.36%。然而由于历史遗留问题，艾滋病感染传播率在州内仍然比较严重，尤其是脱贫家庭有成员感染艾滋病，则整个家庭将受到重创，因此，亟须严控艾滋病扩散，采取多种措施综合治理艾滋病传播的返贫风险，完善立体化的防艾治理体系。

第一，健全艾滋病预防及教育机制。为了从源头上遏制艾滋病的扩散，对艾滋病的正确认知和宣传教育极为重要。首先，要全方位加强对艾滋病传播渠道及方式的宣传教育，有效遏制艾滋病的传播。其次，要全面强化医务技术人员献血、采血、输血等操作程序的标准教育，提高血站和血库等部门的血液管理水平，对非法血站、违规用血、"血浆经济"等进行严厉打击，加强对血源的艾滋病毒（HIV）的检测。再次，要加强州内性教育宣传。安全的性生活能够极大程度地遏制艾滋病的扩散，相关部门要配合基层组织定期开展性教育宣传，强化专业知识教育，科学提倡安全性行为。最后，要发挥社会组织、基础组织工作人员及志愿者在教育宣传艾滋病知识方面的积极作用。凉山州政府要定期对从事与艾滋病相关工作的人员进行培训和知识考核，提高其专业技术水平，有效帮助辖区内群众形成防艾、抗艾的生活习惯，从根本上缓解和控制艾

滋病的蔓延、传播。

第二，建立专职人员负责制。由专门的技术管理人员从事艾滋病治理工作可以有效减少管理成本、提高行政效率。一方面，凉山州政府要做好艾滋病防控人才队伍建设。州党委和政府应该向重点村镇下派专职干部，同时协调卫计人员、艾防专职人员、村级艾防员和母婴员，并积极引入外部专业技术人员，配备现代科学的专业设备，提升艾滋病防控人员的专业技术能力和水平。具体而言，专职人员应该由镇党委书记或同级别干部担任，实行"一把手"负责制，同时，优化"乡镇党委政府＋医疗卫生机构＋村级艾防人员"的工作体系，并以此为基础形成集中治疗、大承包治疗、同伴协助治疗、隐私保护等行之有效的工作模式。另一方面，相关部门要开展积极合作。党政单位要理顺各个环节的关系，不同部门之间要由专职人员做好协调衔接工作，构建以专职人员为责任人、以卫生部门和公安部门为核心力量的多部门协同治理机制，完善、优化艾滋病协同治理体系。

第三，构建防艾扶贫造血机制。凉山州的艾滋病防治工作主要从公安、医疗两方面开展，因此，艾滋病患再就业、可持续发展方面还有发展空间。艾滋病并非绝症，通过医学治疗、药物干扰，艾滋病患可以过上与正常人无异的生活，但如果只是对其整治，而缺乏帮扶机制，部分家庭久而久之就会因艾致贫、进而丧失个人和家庭发展动力。因此，凉山州政府在加大艾滋病整治工作时，也要为艾滋病患者提供"扶贫造血"帮助。在对感染艾滋病的人员进行治疗的同时，凉山州政府积极联络社会组织，开展专项就业、生活扶助，通过创造就业机会和职业培训机会，帮助部分病情稳定的人员从事就业劳动，适当改善家庭经济条件，增强其造血致富能力。同时，相关单位要继续落实"结对子帮扶""一对一帮扶"等措施，强化对艾滋病感染人员及其家庭的"点对点"帮扶，提升这部分特殊人群的生存能力，并引入政府小额信贷等资助，帮助其改善生产生活条件。

8.5.3　优化社会支持网络体系，防范自发搬迁的返贫风险

不同于政府组织的易地搬迁行动，凉山有部分家庭采取了自发搬迁行为。他们的迁移行为在很大程度上属于游牧轮耕、居无定所，导致部分人口没有户籍，无法享受本地的公共服务和社会福利，同时在经济上也无法长效自足，面临较大的生存发展困难。虽然课题组在风险项的判定、走访调研中并未将这部分人口的返贫风险单列出来。但是，根据四川省统计数据，当前凉山还存在这样的自发搬迁人口近 15 万人。这些自发搬迁人口逐渐迁入集中安置点，不但受基础教育、医疗保障、产业机会等方面条件制约，而且使政府部门的管理难度加大。因此，本部分将对自发搬迁人口的社会融入问题进行探讨，提出其防

范返贫风险的应对策略。

第一，积极消除生活障碍，推进价值观念融入。自发搬迁至集中安置点的居民相对于按照政府政策进行易地搬迁的居民而言，融入新社区的难度较大。一方面，政府部门要加大对他们的教育宣传力度，从而转变其生活理念，凝聚群众共识。面对居民的自发易地搬迁，政府部门应持续跟踪，了解搬迁户所思所想，积极开展教育宣传，组织居民群众开展互助活动，推进新的人际关系的建立，积极消除陌生感、孤独感，帮助他们顺利融入社区、转化生活理念。另一方面，政府部门要通过多项措施激发自发搬迁居民的内生动力。因为语言表达、风俗习惯、文化水平的差别，自发搬迁人口往往会以小群体自居而不愿与社区内其他群众过多交往，遇到生活困难时，更多的是被动等待政府施以援手，甚至出现靠政府、吃政府的情况。因此，政府部门需要尽最大努力诠释党和政府的政策规划，帮助其熟悉新型社区的运转方式，尽量使其顺利融入社区生活，参与社区公共事务，对社区形成归属感，而不是独居在外、离群索居。政府部门还要通过宣传、教育等措施扭转自发搬迁群体的"等、靠、要"思想观念，帮助其树立"脱贫光荣"的思想，积极引导他们参加工作、劳动致富，激发内在动力，提升抵御生计风险的能力，进一步巩固现有的生活条件和生活水平。

第二，打造现代社区生活共同体，构建社会支持网络。搬迁行为能够改善群众的生产、生活情况，但由于传统文化习俗、固有生活习惯的影响，部分自发搬迁户进入新的生活环境后会出现一定的融入困难，可能涉及工作就业、生活支出等方面的新增压力。因此，政府部门要引导社区组织形成正式和非正式的支持网络，帮助自发搬迁户顺利融入社区，减少因无法融入社区、无法享受社区服务而产生的返贫风险。构建现代的社区治理体系，提高社区自治水平。一方面，政府部门及社区管理者要积极引导搬迁人员融入社区。在党组织和基层政府的规划引导下，根据社区发展的具体情况，在充分考虑安置人员数量、公共服务资源分配、管理等内容的基础上，努力构建以基层党组织为核心、社区居民需求为导向、社会化服务为支撑的现代社区共同体，帮助自发搬迁户融入社区。另一方面，政府部门及社区组织要积极组织社区活动，帮助社区居民之间相互熟悉，通过非正式的交流形成稳定、良好的邻里关系，增强自发搬迁群众参与社区的获得感和幸福感。

8.6 接续推进巩固脱贫攻坚成果与乡村振兴有效衔接

凉山脱贫人口返贫预警机制的构建，必须接续推进巩固拓展脱贫攻坚成果与乡村振兴的有效衔接。党的十九大报告中，习近平总书记首次提出了乡村振兴战略。中共中央、国务院要求到 2050 年，乡村全面振兴，农业强、农村美、农民富全面实现。践行乡村振兴战略是对脱贫攻坚成果的巩固，更是对祖国复兴、国富民强的重要推动。

8.6.1 深化巩固脱贫攻坚成果，全方位多维度衔接乡村振兴

2020 年凉山州全面消除了绝对贫困和区域性整体贫困，但由于经济基础不稳定、社会发育程度相对不足，州内脱贫群体始终面临着一定的返贫风险。一旦返贫现象大规模出现，必然会导致扶贫攻坚的成果受损。通过理论研究、走访调研、实证分析，研究组构建了专门的脱贫人口返贫预警机制；基于机制的产出结果，从生计资本、生计策略及生计环境三个维度对风险源进行了解读剖析并提供了应对措施。深化巩固脱贫攻坚成果是推进乡村振兴的重要基石，全方位多维度地推进乡村振兴有助于全面深化巩固脱贫攻坚的胜利成果。当前，乡村振兴战略从产业发展、乡风建设、农村发展等方面加强村镇建设。而凉山州的脱贫群体长居乡村等偏远地区，乡村振兴与居民的生活休戚相关。凉山州在消除州内绝对贫困和区域性整体贫困后，要加快落实中共中央的乡村振兴战略，巩固扶贫攻坚的成果，帮扶脱贫群体远离返贫风险。

践行乡村振兴战略是巩固脱贫攻坚胜利成果、防范脱贫群体返贫的重要步骤。脱贫攻坚与乡村振兴有效衔接涉及的内容丰富、命题复杂，相关部门需要充分考虑空间控制、内外部对接、公共服务、产业布局、社会保障与政策支持等方面的因素。课题组通过对凉山返贫风险问题的研究，基于全面风险管理理论与可持续生计理论，提出了凉山脱贫人口返贫风险的防范策略。上述返贫风险防范策略与 2018 年中央 1 号文件《中共中央　国务院关于实施乡村振兴战略的意见》的精神一致。站在新时代的大背景下，为了落实乡村振兴战略，巩固脱贫攻坚的胜利成果、保障脱贫群体的既得利益、推动农村社会主义现代化，凉山不仅要继续落实返贫风险防范措施，还要基于战略理性，从系统的、可持续的维度推动乡村经济、社会、文化高质量发展。

8.6.2 加强农村基层组织建设，巩固乡村振兴组织基础

农村基层党组织、农村群众性自治组织是实现乡村治理的基本保障。在凉山州脱贫攻坚及防范返贫风险过程中，农村基层党组织、农村群众性自治组织及部分基层社会组织发挥了重要作用，尤其在推动乡风文明建设、凉山州特殊社会问题治理、自发搬迁居民社会融入等方面更是具有决定性的影响力。它们不仅为脱贫攻坚、防范返贫风险提供了人才队伍支持，还通过组织的运作为当地引入了一定的政治、经济及社会资源。乡村振兴与脱贫攻坚、防范返贫风险

存在逻辑联系，乡村振兴战略不仅有利于提高脱贫群众的生活质量，提高其自身抗击返贫风险的能力，还能通过农村治理、农业发展来防范返贫风险对脱贫群众的不良影响。这些举措都离不开坚实的组织基础的支持，因此，落实乡村振兴战略必然需要加强基层组织建设，基层党组织要发挥引领作用。相对于脱贫攻坚，乡村振兴对基层党组织建设的需求力度更大，不仅要求组织为乡村振兴落实人才、组织及资源基础，还需要其通过参与治理形成专门制度，对巩固脱贫攻坚的伟大成果及防范返贫风险也有促进作用。

8.6.3 推进现代农业高质量发展，奠定乡村振兴经济基础

按照 2018 年中央 1 号文件的精神，乡村振兴战略从"三农"问题出发，关注农业发展水平、农产品品牌和质量、农业与其他产业的发展格局及农业的对外开放水平，推动农业高质量发展。在脱贫攻坚、防范返贫风险推动农业发展的基础上，党政部门要积极响应中共中央关于乡村振兴战略的精神，高质量、高效率引导农业进一步发展，并以此推动农村经济、社会建设，巩固脱贫攻坚的成果，以此防范返贫风险对农村脱贫户的危害。凉山地方政府应借助"大凉山"品牌优势，推进现代农业标准化产业链建设，从种植、生产、加工、销售等环节，注入品牌价值，提升产业附加值，走现代农业高质量发展道路，打造区域文化显示度高的特色农产品，研发具有较大市场竞争力的拳头产品。现代农业高质量发展离不开农村集体经济组织的参与，农村集体经济组织能够助力特色农产品扎根本土文化、本土特质，同时为农业产业化发展提供组织载体，降低农业发展成本，加快特色农业产业化开发。地方政府应出台顶层设计，鼓励现代农业企业与本土农村集体经济组织、本土农化企业合作，走多元主体互嵌发展模式，带动广大农户增收创收，为推进乡村振兴提供经济基础。

8.6.4 推动基本公共服务均等化，夯实乡村振兴社会保障基础

基本公共服务均等化事关人类的基本生存权、基本尊严、基本能力和基本健康的需求，是保证社会稳定、提升社会动力的基础。由于经济、文化和历史等原因，凉山州的教育、医疗、就业及社会保障长期处于全国、全省中低水平。在精准扶贫政策的支持下，凉山州党委及政府积极推动州内基本公共服务均等化建设，尤其是农村的教育、医疗及社会保障等。根据课题组的调研走访，凉山州经过多年的努力，基本公共服务各方面都有了较好的发展，多数居民对州内义务教育、基层医疗及社会保障的建设持有满意、较满意的态度。2020 年凉山州取得了脱贫攻坚的伟大胜利，扶贫工作的重点开始转向防范返贫风险。基本公共服务均等化的发展对于脱贫群众而言同样十分重要，其中义

务教育可以有效推动农村乡风文明建设，改变落后的婚嫁、丧葬习俗，基层医疗的发展可以有效应对脱贫家庭因病返贫风险，劳动就业服务可以实现脱贫家庭的可持续发展，而社会保障服务、社会救助服务对许多处于高、较高返贫风险级别的脱贫家庭具有兜底作用。乡村振兴战略同样对农村的基本公共服务均等化作了重要部署。按照 2018 年中央 1 号文件的精神，生活富裕是乡村振兴的根本，因此，凉山州政府要加大对农村教育事业、农村劳动力转移就业和农民增收、农村社会保障体系建设，以及健康乡村建设、农村人居环境改善的投入力度。总而言之，乡村振兴不仅能够切实带动农村社会的进步，满足农村居民对美好生活的需求，还能切实提高脱贫家庭防范返贫风险的能力，是巩固脱贫攻坚成果、防范返贫风险的利器。

8.6.5 促进乡村文明良性发展，厚植乡村振兴文化基础

按照中共中央关于乡村振兴的战略部署，农村精神文明建设和物质文明建设同样重要，提升农民的精神面貌、培育文明乡风、提高农村的社会文明程度对建成社会主义新农村有重要意义。历史上，凉山远离中原文化及其腹地，社会发展较其他地区和城市相对落后，农村文化发展、乡风建设相对缓慢。新中国成立后，党中央和中央政府对凉山州的社会文化风气进行了整治，凉山州社会面貌焕然一新。但从改革开放开始，由于受到市场不良因素的冲击，许多落后的习俗"死灰复燃"，比如高额的婚丧嫁娶费用等。在脱贫攻坚及返贫风险防范中，凉山州政府通过组织专员调研的方法对州内，尤其是农村地区的落后习俗进行逐次排查，并依据相关政策及规定、国务院模范带头作用来遏制不良社会习俗，并以此减少返贫风险对脱贫家庭的影响。乡村振兴战略的提出，进一步要求对农村文化、乡村文明进行建设，包括提高农村思想道德水平、宣传和提倡农村优秀传统文化、建设农村公共文化及开展移风易俗行动。这些举措不仅有利于改变凉山州的农村社会面貌、改善农村常住人口的精神状态，也能有效减少不良传统文化、习俗对脱贫农户家庭财政收支平衡、家庭可持续发展的负面影响。因此，凉山州相关部门要进一步推动乡村文明建设，这不仅有利于实现乡村振兴的伟大目标，也有利于脱贫人口防范返贫风险。

8.7 本章小结

本章在明确返贫风险管理体系建设的目标和原则后，融合可持续生计理论、反贫困理论及全面风险管理理论，首先构建了基于 ERM 的脱贫人口返贫风险管理体系。该体系由风险管理总体目标、风险管理运行机制、风险管理基

础保障三个部分构成。其中风险管理总体目标是防范、化解脱贫人口返贫风险；风险管理运行机制包括返贫风险识别机制、预警机制、应对机制、评价与监督管理机制；风险管理基础保障由返贫风险管理组织体系、风险管理信息系统、风险管理绩效考核系统及风险管理文化组成。该体系是对返贫风险的全面、动态和前瞻的系统性管理，能够对可能引发返贫风险的因素进行监测、评估和预警，并及时准确地提出应对措施，从而实现防范、化解脱贫人口返贫风险的目标。其次，本章从增加脱贫人口生计资本、完善脱贫人口生计策略、优化脱贫人口生计环境等方面，提出了相应的返贫风险防范措施。如提升脱贫人口生计资本的资本总量，优化生计资本结构；完善差异化、精准化的脱贫人口生计策略风险防范措施；打造多元协同、共建共享的脱贫人口生计环境风险治理格局；综合施策化解特殊社会问题引发的脱贫人口返贫风险等。这些对策建议可以为凉山预防规模性返贫风险、进一步巩固拓展脱贫攻坚成果与乡村振兴有效衔接提供有益的借鉴和参考。

参 考 文 献

"凉山生态移民调查"课题组，2018. 关于构建与精准扶贫相衔接长效机制的建议 [R].
　　[2018 - 05 - 02]. 四川省社会科学院.

森，2001. 贫困与饥荒 [M]，王宇，王文玉，译. 北京：商务印书馆：1 - 36.

森，2002. 以自由看待发展 [M]. 任赜，于真，译. 北京：中国人民大学出版社：30 - 85.

艾斌，谢忱，陈佳鹏，2021. 我国少数民族脱贫人口过渡期脆弱性研究 [J]. 中央民族大
　　学学报（哲学社会科学版），48（5）：134 - 141.

巴比，2009. 社会研究方法：第11版 [M]. 邱泽奇，译. 北京：华夏出版社：209 - 211.

包国宪，杨瑚，2018. 我国返贫问题及其预警机制研究 [J]. 兰州大学学报（社会科学
　　版），46（6）：123 - 130.

毕松杰，2020. 佛山"粤菜师傅"技能培训激发凉山群众脱贫内生动力，走出一条：舌尖
　　上的脱贫攻坚路 [N]. 中国组织人事报，2020 - 09 - 16（1）.

毕新华，赵雪飞，2009. 全球金融危机下我国商业银行加强全面风险管理的对策及建议
　　[J]. 东北师大学报（哲学社会科学版）（5）：56 - 60.

别锋锋，都腾飞，庞明军，等，2021. 基于 ICEEMDAN - GRNN 神经网络的往复泵故障诊
　　断方法研究 [J]. 机械设计与制造（3）：127 - 131.

蔡富莲，2004. 四川凉山彝族生育魂崇拜观念 [J]. 宗教学研究（4）：107 - 111.

曹诗颂，王艳慧，段福洲，等，2016. 中国贫困地区生态环境脆弱性与经济贫困的耦合关
　　系：基于连片特困区714个贫困县的实证分析 [J]. 应用生态学报，27（8）：2614 -
　　2622.

陈超群，罗芬，2018. 乡村旅游地脱贫居民返贫风险综合模糊评判研究：基于可持续生计
　　资本的视角 [J]. 中南林业科技大学学报（社会科学版），12（5）：100 - 104，112.

陈楚，潘杰，2019. 健康扶贫政策目标与因病致贫情境的确认评价：以贵州省赤水市健康
　　扶贫实践为例 [J]. 中国卫生政策研究，12（4）：71 - 79.

陈传波，丁士军，2005. 中国小农户的风险及管理研究 [M]. 北京：中国财政经济出版
　　社：63 - 65.

陈璐，2017. "头脑风暴法"在《广告创意》教学中的应用 [J]. 传媒（13）：77 - 78.

陈南岳，2004. 中国过剩二元经济研究：来自国内消费需求和供给的分析 [M]. 北京：中
　　国经济出版社：106 - 108.

陈胜东，蔡静远，廖文梅，2016. 易地扶贫搬迁对农户减贫效应实证分析：基于赣南原中
　　央苏区农户的调研 [J]. 农林经济管理学报，15（6）：632 - 640.

陈亚萍，2006. 论多生、超生与农民贫困 [J]. 人口与经济（6）：22 - 25.

陈正伟，2013. 综合评价技术及应用［M］. 成都：西南财经大学出版社：119-121.

陈忠言，2019. 产业扶贫典型模式的比较研究：基于云南深度贫困地区产业扶贫的实践
　　［J］. 兰州学刊（5）：161-175.

宸嘉，方一平，陈秀娟，2018. 基于文献计量的国内可持续生计研究进展分析［J］. 地球
　　科学进展，33（9）：969-982.

成小平，庞守林，2015. 全面风险管理对公司绩效影响实证分析：来自中国上市公司的经
　　验证据［J］. 西安电子科技大学学报（社会科学版），25（3）：17-23.

程明，吴波，潘琳，2021. "后2020"时代我国农村返贫的生成机理、治理困境与优化路
　　径［J］. 岭南学刊（1）：63-70.

邓永超，2018. 乡村振兴下精准扶贫中防治返贫的优化机制［J］. 湖南财政经济学院学报
　　（4）：49-56.

丁军，陈标平，2010. 构建可持续扶贫模式. 治理农村返贫顽疾［J］. 社会科学（1）：52-57.

丁军，陈标平，2010. 构建可持续扶贫模式治理农村返贫顽疾［J］. 社会科学（1）：
　　52-57，188.

董春宇，栾敬东，谢彪，2008. 对返贫现象的一个分析［J］. 经济问题探索（3）：176-178.

董锡明，2014. 轨道交通安全风险管理［M］. 成都：中国铁道出版社：25-26.

董银红，张惠敏，2022. 民族地区因灾返贫风险防范与应急管理能力提升［J］. 中南民族
　　大学学报（人文社会科学版），42（5）：134-140，186-187.

杜尚泽，王汉超，张晓松，等，2020. "一个少数民族也不能少"：记习近平总书记在宁夏
　　考察脱贫攻坚奔小康［N］. 新华日报，2020-06-11（1）.

段倩，2018. 计量经济学在贵州经济研究分析中的实践探索［M］. 贵阳：贵州大学出版
　　社：86-90.

段小力，2020. 返贫的特征、成因及阻断［J］. 人民论坛（3）：90-91.

范和生，2018. 返贫预警机制构建探究［J］. 中国特色社会主义研究（1）：57-63.

方堃，吴旦魁，2019. 习近平对马克思主义反贫困理论的创新［J］. 中南民族大学学报
　　（人文社会科学版），39（3）：108-111.

冯江平，2012. 广告心理学［M］. 上海：华东师范大学出版社：136-138.

高强，2020. 脱贫攻坚与乡村振兴的统筹衔接：形势任务与战略转型［J］. 中国人民大学
　　学报，34（6）：29-39.

高远东，张振，宫梦瑶，2021. 社会资本在农户脱贫和防范返贫两阶段差异化作用机制研
　　究［J］. 现代财经（天津财经大学学报），41（7）：75-92.

耿新，2020. 民族地区返贫风险与返贫人口的影响因素分析［J］. 云南民族大学学报（哲
　　学社会科学版），37（5）：68-75.

龚晓珺，2018. 试析青年农民"因婚返贫"的非正式制度致因及其整体协同治理策略［J］.
　　中国青年研究（3）：71-78.

顾国荣，杨石飞，2018. 地下空间评估与勘测［M］. 上海：同济大学出版社有限公司：
　　534-536.

顾慧，郭倩，廖和平，等，2021. 基于脱贫农户认可的减贫成效影响因素研究［J］. 西南

大学学报（自然科学版），43（3）：10-16.

郭劲光，高静美，2009. 我国基础设施建设投资的减贫效果研究：1987—2006 [J]. 农业经济问题，30（9）：63-71，112.

郭佩霞，2008. 凉山政府反贫困研究 [M]. 北京：经济科学出版社：97-116，196-225，271-333.

郭晓鸣，虞洪，2018. 具有区域特色优势的产业扶贫模式创新：以四川省苍溪县为例 [J]. 贵州社会科学（5）：14.

郭岩，陈文斌，2021. 基于因子分析法的地方政府重视生态文明建设程度评价研究：以黑龙江省为例 [J]. 生态经济，37（12）：218-223.

郭艳俊，杨林娟，柴洪，等，2021. 基于因子分析法的河西走廊五市旅游竞争力分析 [J]. 中国沙漠，41（5）：238-241.

国家行政学院编写组，2016. 中国精准脱贫攻坚十讲 [M]. 北京：人民出版社：159-160.

国务院新闻办公室 . 中国民族区域自治（白皮书）[EB/OL]. [2019-05-20]. http：// politics. people. Com. cn/GB/1026/3206981. html.

哈塞，2004. 社会市场经济辞典 [M]. 卫茂平，译 . 复旦大学出版社：93-95.

哈里森，2010. 文化的重要作用：价值观如何影人类进步 [M]. 程克雄，译 . 北京：新华出版社：25-43.

哈瑞顿，1963. 另类美国 [M]. 北京：世界知识出版社：69-71.

韩峥，2004. 脆弱性与农村贫困 [J]. 农业经济问题（10）：8-12，79.

郝彧，刘立策，2019. 凉山彝族文化消费的区域特征研究 [J]. 西南民族大学学报（人文社科版），40（11）：42-48.

何华征，盛德荣，2017. 论农村返贫模式及其阻断机制 [J]. 现代经济探讨（7）：95-102.

何仁伟，2013. 典型山区农户生计空间差异与生计选择研究：以四川省凉山彝族自治州为例 [M]. 四川：四川大学出版社：12-14.

何仁伟，李光勤，刘运伟，等，2017. 基于可持续生计的精准扶贫分析方法及应用研究：以四川凉山彝族自治州为例 [J]. 地理科学进展，36（2）：182-192.

何蓉，2011. 浅谈公安情报分析方法中的头脑风暴法 [J]. 情报杂志，30（S2）：111-112，101.

何植民，蓝玉娇，2021. 精准脱贫的可持续性：一个概念性分析框架 [J]. 行政论坛，28（1）：28-38.

和立道，王英杰，路春城，2018. 人力资本公共投资视角下的农村减贫与返贫预防 [J]. 财政研究（5）：15-24.

侯亚景，周云波，2017. 收入贫困与多维贫困视角下中国农村家庭致贫机理研究 [J]. 当代经济科学，39（2）：116-123，128.

胡江霞，文传浩，2017. 社会网络、风险识别能力与农村移民可持续生计：基于代际差异视角 [J]. 技术经济，36（4）：110-116.

胡世文，曹亚雄，2021. 脱贫人口返贫风险监测：机制设置、维度聚焦与实现路径 [J]. 西北农林科技大学学报（社会科学版），21（1）：29-38.

胡舒立，2014. 融创传播研究的探索：中山大学传播与设计学院十周年教师论文集 ［M］. 广州：中山大学出版社：192-194.

黄国庆，刘钇，时朋飞，2021. 民族地区脱贫户返贫风险评估与预警机制构建 ［J］. 华中农业大学学报（社会科学版）（4）：79-88，181-182.

黄莉，王定祥，2018. 深度贫困地区扶贫信贷供需对接困境及其破解 ［J］. 贵州社会科学（5）：151-158.

黄林秀，邹冬寒，陈祥，等，2019. 财政扶贫政策精准减贫绩效研究 ［J］. 西南大学学报（社会科学版），45（5）：59-66，198.

黄琴，陈丹镝，王狄佳，等，2020. 凉山彝族自治州174名艾滋病感染者及患者就业影响因素研究 ［J］. 预防医学情报杂志，36（3）：255-262.

黄锐，王飞，章安琦，等，2022. 民族地区防返贫机制研究：基于多维返贫视角 ［J］. 中央民族大学学报（哲学社会科学版），49（1）：119-129.

黄英君，2017. 金融深化、扶贫效应与农村合作金融发展 ［J］. 华南农业大学学报（社会科学版），16（6）：32-41.

吉登斯，2000. 现代性的后果 ［M］. 田禾，译. 吉林：意林出版社：6-8.

吉正芬，2017. 发展型扶贫：全面脱贫背景下扶贫攻坚的战略选择：以凉山州为例 ［J］. 西南民族大学学报（人文社科版），38（9）：190-195.

技能培训让脱贫有"技"可依：凉山全面加强精准脱贫技能培训工作综述 ［EB/OL］. ［2020-11-02］. http://www.lszxc.cn/html/2020/lsxw_1102/14798.html.

贾男，王赫，2022. 脱贫农户返贫风险防范政策研究 ［J］. 经济研究，57（10）：121-137.

姜晓萍，代ррп珊，2017. 从二元结构到全景关照：中国传统乡村治理研究的视角转换 ［J］. 华中师范大学学报（人文社会科学版），56（1）：12-19.

姜晓萍，郑时彦，2023. 乡村振兴中规模性返贫风险的发生机理与阻断机制 ［J］. 理论与改革（1）：130-142，168.

蒋锋，张婷，周琰玲，2018. 基于 Lasso-GRNN 神经网络模型的地方财政收入预测 ［J］. 统计与决策，34（19）：91-94.

蒋和胜，李小瑜，田永，2020. 阻断返贫的长效机制研究 ［J］. 吉林大学社会科学学报，60（6）：24-34，231-232.

蒋和胜，田永，李小瑜，2020. "绝对贫困终结"后防止返贫的长效机制 ［J］. 社会科学战线（9）：185-193，282.

蒋永甫，龚丽华，疏春晓，2018. 产业扶贫：在政府行为与市场逻辑之间 ［J］. 贵州社会科学（2）：150.

焦克源，陈晨，焦洋，2019. 整体性治理视角下深度贫困地区返贫阻断机制构建：基于西北地区六盘山特困区 L 县的调查 ［J］. 新疆社会科学（1）：137-145，148.

金新，唐德善，陈丽夫，2014. 基于 GRNN 神经网络的生态足迹影响因素预测 ［J］. 水电能源科学，32（5）：137-139.

克里斯蒂，1991. 风险管理基础（1975）［M］. 广州：暨南大学出版社：11-15.

郎维伟，2000. 反贫困的民族社会学思考：以川甘滇藏区为例 ［J］. 天府新论（S1）：67-76.

李博，左停，2016. 精准扶贫视角下农村产业化扶贫政策执行逻辑的探讨：以 Y 村大棚蔬菜产业扶贫为例 [J]. 西南大学学报（社会科学版），42（4）：66-73，190.

李长亮，2019. 深度贫困地区贫困人口返贫因素研究 [J]. 西北民族研究（3）：109-115.

李翠平，侯茜，秦洁璇，2015. 矿冶企业生产事故安全预警技术研究 [M]. 北京：冶金工业出版社：112-114.

李海鹏，梅傲寒，2016. 民族地区贫困问题的特殊性与特殊类型贫困研究 [J]. 中南民族大学学报（人文社会科学版），36（3）：129-133.

李怀，2017. 婚嫁消费升级的意义供给机制转型：一个多重逻辑的分析 [J]. 浙江学刊（3）：121-128.

李健，2014. 战略风险管理理论、模型与应用研究综述 [J]. 管理现代化（1）：123-125.

李健瑜，陈晓楠，2018. 可持续生计视域下生态移民工程效果探析：基于陕南 599 份农户问卷的实证分析 [J]. 干旱区资源与环境，32（12）：41-48.

李瑾，刘丽红，2015. 基于离散 Hopfield 神经网络的我国农口国家工程技术研究中心综合实力评价研究 [J]. 科技管理研究，35（23）：54-58.

李瑾瑜，1997. 贫困文化的变革与农村教育的发展 [J]. 教育理论与实践（1）：47-49.

李俊清，2006. 试论少数民族地区社会保障制度的改革与完善 [J]. 湖北民族学院学报（哲学社会科学版）（3）：27-31.

李立娜，何仁伟，李平，等，2018. 典型山区农户生计脆弱性及其空间差异：以四川凉山彝族自治州为例 [J]. 山地学报，36（5）：792-805.

李丽珍，2021. 地方政府或有隐性债务风险预警系统构建与应用研究：基于 BP 神经网络分析法 [J]. 财经论丛（3）：14-25.

李翔，2018. 精准扶贫的理论阐释：基于阿玛蒂亚·森"能力平等观"的视角 [J]. 学习论坛（4）：37-42.

李小云，2021. 深刻理解和把握中国特色反贫困理论 [N]. 光明日报. 2021-03-22（1）.

李小云，唐丽霞，2005. 艾滋病与贫困的关系研究 [J]. 中国农村观察（3）：63-71.

李晓梅，白浩然，2019. 地方政府"规划式"脱贫及治理困境反思：基于 N 省脱贫元规划的案例分析 [J]. 行政论坛，26（2）：34-39.

李正勇，2014. 瞄准穷根，用发展彻底改变彝区贫困面貌 [N]. 四川日报，2014-05-08（3）.

李志萌，张宜红，2016. 革命老区产业扶贫模式、存在问题及破解路径 [J]. 江西社会科学（7）：65.

李智，2021. 后脱贫时代返贫防治路径研究 [J]. 农村经济与科技，32（11）：120-122.

李忠斌，郑甘甜，2015. 特色村寨建设、民族文化旅游与反贫困路径选择 [J]. 广西民族研究（1）：153-159.

李壮，陈书平，2019. 贫困文化论与非均衡治理：对"等、靠、要"扶贫现象的成因解释 [J]. 湖北民族学院学报（哲学社会科学版）（3）：128-134.

凉山"防、稳、扶、治"四招巩固成果防止规模性返贫 [EB/OL]. [2021-06-15]. http://fpkf. lsz. gov. cn/xxgk/ztzl/fptp/202106/t20210615_1935637. html.

凉山禁毒发布"2020年凉山禁毒十件大事"［EB/OL］. ［2021-01-06］. http：//www. nncc626. com/2021-01/06/c_1210967999. html.

凉山彝族自治州志地方志编纂委员会，2000. 凉山彝族自治州志［M］. 北京：方志出版社：139-152.

凉山州艾滋病等重大传染病防治攻坚第二阶段行动启动［EB/OL］. ［2021-07-27］. http：//sc. cnr. cn/sc/2014sc/20210727/t20210727_525545077. shtml.

凉山州禁毒工作会议在西昌召开［EB/OL］. ［2022-02-09］. http：//www. scfzw. net/jd-fa/80/27184. html.

凉山州自发搬迁贫困群众脱贫攻坚工作纪实［EB/OL］. ［2019-08-30］. http：//www. lsz. gov. cn/ztzl/rdzt/tpgjzt/dwbf/201908/t201908301248491. html.

梁非哲，2021. 金融支持稳定脱贫防返贫的实践与思考［N］. 金融时报，2021-01-21（12）.

梁伟军，谢若扬，2019. 能力贫困视阈下的扶贫移民可持续脱贫能力建设研究［J］. 华中农业大学学报（社会科学版）（4）：105-114，174-175.

刘冠秋，李岚彬，黄艺丹，等，2017. 山区贫困县贫困代际传递的特征与机制研究［J］. 福建师范大学学报（自然科学版），33（3）：95-101.

刘浩，赵晓霞，2013. 凉山彝族地区反贫困研究［J］. 当代中国史研究，20（4）：107-114，128.

刘红霞，刘晓川，2012. 权变因素、ERM目标与企业绩效研究：基于中央企业数据的实证分析［J］. 北京工商大学学报（社会科学版），27（1）：57-62.

刘丽娜，李波，2021. 深度贫困地区巩固脱贫攻坚成果的障碍与机制构建［J］. 北方民族大学学报（6）：65-71.

刘玲琪，2003. 陕西省返贫人口特征分析与对策思考［J］. 人口学刊（4）：20-24.

刘书凯，2012. "头脑风暴法"在部队思想政治教育中的应用［J］. 南京政治学院学报，28（S1）：76-77.

刘涛，2022. 西南民族地区规模性返贫风险及其防范机制研究［J］. 民族学刊，13（3）：29-34，141.

刘妍，束东升，金从静，等，2020. "后脱贫时代"返贫风险与保险反贫困对策：基于南京市A区的调研［J］. 江苏农业科学，48（21）：1-7.

刘易斯，2004. 五个家庭：墨西哥贫穷文化案例研究［M］，丘延亮，译. 北京：世界图书出版公司：42-45.

刘易斯，2014. 桑切斯的孩子们：一个墨西哥家庭的自传［M］. 上海：上海译文出版社：17-20.

刘志铭，2021. 中国特色反贫困理论的核心要义及世界意义［N］. 南方日报. 2021-04-22（A11）.

刘志祥，2016. 中国上市公司财务预警模型的构建与应用研究［M］. 北京：中国商务出版社：118-120.

陆莹，2017. 地铁施工安全风险自动识别与预警［M］. 南京：东南大学出版社：98-100.

吕小军，2017. 脱贫攻坚贫困村集体经济发展研究：以南宁市良庆区大塘镇为例 [J]. 农业研究与应用（2）：86-88.

罗家德，孙瑜，谢朝霞，等，2013. 自组织运作过程中的能人现象 [J]. 中国社会科学（10）：86-101，206.

罗利丽，2008. 农村贫困人口反弹与可持续性发展机制的缺失 [J]. 贵州社会科学（12）：76-79.

MARTHA G R，杨国安，2003. 可持续发展研究方法国际进展：脆弱性分析方法与可持续生计方法比较 [J]. 地理科学进展（1）：11-21.

马克思，2004. 资本论：第 3 卷 [M]. 中共中央马克思恩格斯列宁斯大林著作编译局，译. 北京：人民出版社：928-929.

马林静，欧阳金琼，王雅鹏，2014. 农村劳动力资源变迁对粮食生产效率影响研究 [J]. 中国人口·资源与环境，24（9）：103-109.

马强，李飒，2020. 中国农业劳动力迁移减贫：经验证据及中介效应 [J]. 中南林业科技大学学报（社会科学版），14（2）：76-83.

马绍东，万仁泽，2018. 多维贫困视角下民族地区返贫成因及对策研究 [J]. 贵州民族研究，39（11）：45-50.

马新文，2008. 阿玛蒂亚·森的权利贫困理论与方法述评 [J]. 国外社会科学（2）：69-74.

美国 COSO，2017. 企业风险管理：整合框架 [M]. 方红星，王宏，译. 大连：东北财经大学出版社：16-78.

孟翔飞，2011. 莫地的变迁：内城贫困区整体改造与社区治理研究 [M]. 北京：中国人民大学出版社：35-46.

明亮，王苹，2019. 凉山彝族地区反贫困研究 [J]. 民族学刊（6）：23-31，116-119.

莫伊尼汉，2005. 认识贫困 [M]. 上海：上海译文出版社：76-78.

纳拉扬，2003. 呼唤变革 [M]. 姚莉，译. 北京：中国人民大学出版社：310-312.

聂晓愚，2016. 石油涉外企业社会风险预警管理理论及实证研究 [M]. 沈阳：东北大学出版社：107-109.

潘竟虎，赵宏宇，董磊磊，2018. 基于 DMSP-OLS 数据和可持续生计的中国农村多维贫困空间识别 [J]. 生态学报，38（17）：6180-6193.

彭琪，王庆，2017. 精准扶贫背景下返贫问题的成因及对策：以湖北省 W 区 L 村为例 [J]. 贵阳市委党校学报（6）：45-50.

彭清华，2019. 凉山脱贫攻坚调查 [J]. 求是（16）：59-66.

彭清华，2021. 凉山脱贫攻坚回访调查 [N]. 学习时报，2021-02-26（1）.

钱亚梅，2007. 转型期弱势群体的风险境遇与应对策略 [J]. 南京社会科学（9）：109-114.

乔咏波，龙静云，2019. 贫困问题的文化和伦理审视 [J]. 华中师范大学学报（人文社会科学版），58（2）：67-75.

山鹰在光明中翱翔：四川凉山禁毒攻坚迈上新台阶 [EB/OL]. [2021-06-26]. http://www.xinhuanet.com/2021-06/26/c_1127600449.htm.

尚静，张和清，2021. 从脱贫攻坚到乡村振兴：社会工作的实践逻辑及策略：以广东 X 村的社区减贫项目为例 [J]. 中国农业大学学报 (社会科学版), 38 (4): 31 - 41.

寿晖, 2017. 宏观审慎监管下我国银行业系统性风险测度研究 [M]. 南昌: 江西高校出版社: 103 - 105.

舒尔茨, 1990. 人力资本投资 [M]. 蒋斌, 张蘅, 译. 北京: 商务印书馆: 40 - 41.

斯丽娟, 夏瑀, 陶杰, 等, 2019. 旅游精准扶贫绩效影响因子研究: 基于可持续生计理论 [J]. 西北农林科技大学学报 (社会科学版), 19 (1): 29 - 38.

四川凉山: 巩固禁毒成效 助力脱贫成果与乡村振兴有效衔接 [EB/OL]. [2021 - 11 - 10]. http://www.nncc626.com/2021 - 11/10/c_1211440518.html.

宋涛, 唐德善, 曲炜, 2005. 基于离散型 Hopfield 神经网络的项目风险分析模型 [J]. 统计与决策 (6): 24 - 26.

宋镇修, 王雅林, 1993. 农村社会学 [M]. 哈尔滨: 黑龙江教育出版社: 69 - 73.

苏芳, 马南南, 宋妮妮, 等, 2020. 不同帮扶措施执行效果的差异分析: 基于可持续生计分析框架 [J]. 中国软科学 (1): 59 - 71.

苏芳, 徐中民, 尚海洋, 2009. 可持续生计分析研究综述 [J]. 地球科学进展, 24 (1): 61 - 69.

孙晗霖, 刘新智, 张鹏瑶, 2019. 贫困地区精准脱贫户生计可持续及其动态风险研究 [J]. 中国人口·资源与环境, 29 (2): 145 - 155.

孙建平, 2018. 城市安全风险防控概论 [M]. 上海: 同济大学出版社: 96 - 98.

孙壮珍, 王婷, 2021. 动态贫困视角下大数据驱动防返贫预警机制构建研究: 基于四川省 L 区的实践与探索 [J]. 电子政务 (12): 110 - 120.

汤青, 2015. 可持续生计的研究现状及未来重点趋向 [J]. 地球科学进展, 30 (7): 823 - 833.

田里, 刘亮, 2021. 旅游驱动型区域返贫: 内涵、路径与阻断 [J]. 湖湘论坛, 34 (1): 86 - 92.

佟亚涛, 2018. 2018 全国农产品产销对接行走进凉山 田间地头寻好货 葡萄架下签约忙 [N]. 四川日报, 2018 - 10 - 23 (1).

汪磊, 伍国勇, 2016. 精准扶贫视域下我国农村地区贫困人口识别机制研究 [J]. 农村经济 (7): 112 - 117.

汪忠, 黄瑞华, 2005. 国外风险管理研究的理论、方法及其进展 [J]. 外国经济与管理 (2): 25 - 31.

王狄佳, 陈丹镝, 崔欢欢, 等, 2019. 凉山彝族地区艾滋病人群贫困状况及影响因素分析 [J]. 现代预防医学, 46 (3): 389 - 393.

王富珍, 周国华, 唐承丽, 等, 2019. 基于可持续生计分析框架的山区县域脱贫稳定性评价 [J]. 农业工程学报, 35 (2): 270 - 277.

王宏伟, 孙建峰, 吴海欣, 等, 2006. 现代大型工程项目全面风险管理体系研究 [J]. 水利水电技术 (2): 103 - 105.

王建红, 李春晓, 王硕, 2016. 财务企业全面风险管理体系构建 [J]. 财会通讯 (20): 104 - 106.

王科, 余刚, 李健, 等, 2016. 凉山州艾滋病感染相关特征随时间变化趋势 [J]. 现代预防医学，43（16）：3024－3027.

王美英，2016. 凉山彝族丧葬仪式与表征研究 ［J］. 西南民族大学学报（人文社科版），37（10）：47－53.

王明哲，周迪，黄炜，2022. 扶贫先扶志：脱贫家庭内生动力对返贫风险的影响 ［J］. 世界经济文汇（5）：1－18.

王三秀，2010. 国外可持续生计观念的演进、理论逻辑及其启示 ［J］. 毛泽东邓小平理论研究（9）：79－84，86.

王薇，曹亚，2018. 基于 BP 神经网络的政府突发事件应急管理能力评价 ［J］. 科技管理研究，38（19）：75－81.

王晓毅，2022. 实现脱贫攻坚成果与乡村振兴有效衔接 ［J］. 人民论坛（1）：10－17.

王鑫昕，2021. 攻克凉山"难中之难" ［N］. 中国青年报，2021－02－03（1）.

王延中，2018. "三区三州"脱贫攻坚战的调查与思考 ［J］. 中国民政（23）：9－10.

王延中，丁赛，2020. 民族地区脱贫攻坚的成效、经验与挑战 ［J］. 西南民族大学学报（人文社会科学版），41（11）：8－16.

王志章，杨珂凡，2020. 教育阻断边疆民族地区代际贫困的具体路理：基于云南省怒江傈僳族自治州泸水市老窝镇的实地调查 ［J］. 云南师范大学学报（哲学社会科学版），52（4）：100－110.

王卓，李蔓莉，2019. 凉山彝族婚姻习俗与贫困代际传递研究 ［J］. 社会科学研究（3）：92－100.

文琦，郑殿元，2019. 西北贫困地区乡村类型识别与振兴途径研究 ［J］. 地理研究，38（3）：509－521.

吴本健，肖时花，马雨莲，2021. 人口较少民族脱贫家庭的返贫风险：测量方法、影响因素与政策取向 ［J］. 西北民族研究（2）：119－135.

吴传俭，2016. 公共健康保险政策优化研究：基于应对全生命周期因病致贫风险视角 ［J］. 中国行政管理（11）：94－100.

吴明隆，2010. 问卷统计分析实务：SPSS 的操作与应用 ［M］. 重庆：重庆大学出版社：208－244.

习近平，2017. 在深度贫困地区脱贫攻坚座谈会上的讲话 ［N］. 人民日报，2017－09－01（2）.

习近平，2020. 习近平谈治国理政：第 3 卷 ［M］ 北京：外文出版社：45－67.

习近平，2020. 在全国劳动模范和先进工作者表彰大会上的讲话 ［N］. 人民日报，2020－11－25（2）.

习近平，2021. 在全国脱贫攻坚总结表彰大会上的讲话 ［N］. 新华社北京，2021－02－25（1）.

习近平：扶贫必扶智　阻断贫困代际传递 ［EB/OL］. ［2015－09－10］. http：//theory.people. com. cn/n/2015/0910/c49157－27565673. html.

习近平：在决战决胜脱贫攻坚座谈会会上的讲话 ［EB/OL］. ［2020－03－06］. http：//www. gov. cn/xinwen/2020－03/06/content_5488175. htm

习近平召开部分省区市党委主要负责同志座谈会 ［EB/OL］. ［2015－07－29］. http：//tv.

cctv. com/2015/07/20/VIDE1437377399727892. shtml

习近平主席出席 2015 减贫与发展高层论坛并发表主旨演讲 [EB/OL]. [2015 - 10 - 16].
　　http: //tv. cctv. com/2015/10/16/VIDE1445004794324249. shtml

萧鸣政, 张睿超, 2021. 中国后扶贫时代中的返贫风险控制策略: 基于风险源分析与人力
　　资源开发视角 [J]. 中共中央党校 (国家行政学院) 学报, 25 (2): 58 - 65.

肖泽平, 王志章, 2020. 脱贫攻坚返贫家户的基本特征及其政策应对研究: 基于 12 省
　　(区) 22 县的数据分析 [J]. 云南民族大学学报 (哲学社会科学版), 37 (1): 81 - 89.

谢志刚, 杨波, 2018. 基于全面风险管理的主动脱贫理论研究 [J]. 保险研究 (8): 3 - 12.

新华社评论员. 民族要复兴, 乡村必振兴: 学习习近平总书记在中央农村工作会议重要讲
　　话 [N]. 新华日报, 2020 - 12 - 30 (1).

邢成举, 葛志军, 2013. 集中连片扶贫开发: 宏观状况、理论基础与现实选择——基于中
　　国农村贫困监测及相关成果的分析与思考 [J]. 贵州社会科学 (5): 123 - 128.

徐锋, 2000. 农户家庭经济风险的处理 [J]. 农业技术经济 (6): 14 - 18.

徐继金, 黄天生, 余伟权, 2019. 私募基金管理人内部控制实操指引 [M]. 北京: 中国市
　　场出版社: 13 - 14.

徐鹏, 2016. 因子分析视阈下线上农产品供应链金融风险防范研究 [J]. 农林经济管理学
　　报, 15 (6): 674 - 680.

徐淑红, 朱显平, 2016. 人力资本视阈下的反贫困问题研究 [J]. 社会科学战线 (7): 271 - 274.

许谨良, 2015. 风险管理: 第 5 版 [M]. 北京: 中国金融出版社: 5 - 7.

阳剑兰, 2010. 贫困文化及对其价值的引导 [J]. 求索 (6): 70 - 71, 20.

杨龙, 谢昌凡, 李萌, 2021. 脱贫人口返贫风险管理研究: 基于"三区三州"M县的调查
　　[J]. 西北民族研究 (2): 136 - 149.

杨明增, 2011. 头脑风暴法在舞弊审计中的运用研究: 回顾与启示 [J]. 审计研究 (4):
　　94 - 99.

杨文静, 苟颖萍, 2020. 约束因素与策略优化: 精准脱贫可持续性实践分析——以临夏州
　　为例 [J]. 大连海事大学学报 (社会科学版), 19 (3): 113 - 118.

杨先碧, 朱梦蓉, 陈丹镝, 等, 2019. 凉山彝族地区艾滋病抗病毒治疗直接经济负担及其
　　影响因素分析 [J]. 中国公共卫生, 35 (2): 197 - 201.

杨晓莉, 2019. 基于精准扶贫的农村返贫抑制问题分析 [J]. 管理观察 (24): 81 - 82.

杨旸, 林辉, 2016. 基于离散 Hopfield 网络的上市公司财务困境预警研究 [J]. 华东经济
　　管理, 30 (12): 156 - 162.

于新亮, 上官熠文, 申宇鹏, 等, 2020. 因病致贫: 健康冲击如何影响收入水平? ——兼
　　论医疗保险的脱贫效应 [J]. 经济社会体制比较 (4): 30 - 40.

余崇媛, 庄天慧, 2012. 四川民族贫困地区农户扶贫开发需求分析 [J]. 调研世界 (5):
　　42 - 45.

袁梁, 张光强, 霍学喜, 2017. 生态补偿对国家重点生态功能区居民可持续生计的影响:
　　基于"精准扶贫"视角 [J]. 财经理论与实践, 38 (6): 119 - 124.

苑英科, 2018. 教育扶贫是阻断返贫与贫困代际传递的根本之策 [J]. 华北电力大学学报

（社会科学版）（4）：108 - 115.

曾贤刚，段存儒，虞慧怡，2019. 社会资本对生态补偿绩效的影响机制研究：以锡林郭勒盟草原生态补偿为例 [J]. 中国环境科学，39（2）：879 - 888.

摘掉 20 余年"毒帽"，凉山禁毒工作取得历史性成就 [EB/OL]. [2021 - 01 - 23]. https：//www. thepaper. cn/newsDetail_forward_10950921.

翟敏涵，2021. 乡村振兴下抑制农村返贫的有效对策 [J]. 农村经济与科技，32（1）：102 - 103.

张春勋，赖景生，2006. 西部农村返贫的制度根源及市场化创新方向 [J]. 重庆工商大学学报. 西部论坛（6）：11 - 14.

张芳洁，张桂霖，亓明，2017. 寿险公司实施全面风险管理对企业价值的影响研究 [J]. 保险研究（10）：54 - 64.

张国安，2000. 贵州少数民族地区返贫现象的调查与思考：以德江县松溪村、滚平村为例 [J]. 贵州民族研究（4）：42 - 46.

张开云，邓永超，魏璇，2021. 党建扶贫质量：内涵机理、评估及其提升路径——基于可持续生计框架的分析 [J]. 宏观质量研究，9（3）：12 - 23.

张磊，2018. 四川彝区贫困户可持续生计与脱贫状况调研报告 [R]. [2018 - 05 - 02]. 四川省社会科学院管理学所研究报告.

张丽君，罗玲，吴本健，2019. 民族地区深度贫困治理：内涵、特征与策略 [J]. 北方民族大学学报（哲学社会科学版）（1）：18 - 23.

张丽敏，2019. 扶贫攻坚中返贫问题的成因与对策研究 [J]. 中国集体经济（28）：5 - 8.

张耀文，郭晓鸣，2019. 中国反贫困成效可持续性的隐忧与长效机制构建：基于可持续生计框架的考察 [J]. 湖南农业大学学报（社会科学版），20（1）：62 - 69.

张跃平，徐梓青，2013. 我国民族地区反贫困长效机制研究 [J]. 湖北社会科学（8）：41 - 44.

章文光，2019. 建立返贫风险预警机制化解返贫风险 [J]. 人民论坛（23）：68 - 69.

章文光，吴义熔，宫钰，2020. 建档立卡贫困户的返贫风险预测及返贫原因分析：基于 2019 年 25 省（区、市）建档立卡实地监测调研数据 [J]. 改革（12）：110 - 120.

赵锋，2015. 可持续生计分析框架的理论比较与研究述评 [J]. 兰州财经大学学报，31（5）：86 - 93.

赵锋，2015. 水库移民可持续生计发展研究 [M]. 北京：经济科学出版社：43 - 47.

赵曼，张广科，2009. 失地农民可持续生计及其制度需求 [J]. 财政研究（8）：36 - 38.

赵如，杨钢，褚红英，2021. 场域、惯习与"后 2020"农村地区返贫及治理：以四川省 H 县为例 [J]. 农村经济（1）：86 - 93.

赵文娟，杨世龙，王潇，2016. 基于 Logistic 回归模型的生计资本与生计策略研究：以云南新平县干热河谷傣族地区为例 [J]. 资源科学，38（1）：136 - 143.

赵玺玉，吴经龙，李宏勋，2003. 返贫：巩固扶贫开发成果需要解决的重大课题 [J]. 生产力研究（3）：140 - 142.

郑长德，2018. 2020 年后民族地区贫困治理的思路与路径研究 [J]. 民族学刊，9（6）：1 - 10，95 - 97.

郑长德，单德朋，2016. 集中连片特困地区多维贫困测度与时空演进 [J]. 南开学报（哲学社会科学版）(3)：135-146.

郑瑞强，曹国庆，2016. 脱贫人口返贫：影响因素、作用机制与风险控制 [J]. 农林经济管理学报，15 (6)：619-624.

中共四川省委研究室，1984. 四川省情（1949—1981）[M]. 成都：四川人民出版社：57-58.

中共中央党史和文献研究院，2018. 习近平扶贫论述摘编 [M]. 北京：中央文献出版社：96-98.

中国农村扶贫开发纲要（2011—2020 年）[EB/OL]. [2020-09-05]. http：//www. gov. cn/gongbao/contnt/201content_2020905. htm.

钟春平，2021. 金融精准扶贫的回顾与思考 [J]. 征信，39 (2)：5.

周如南，2015. 折翅的山鹰：西南凉山艾滋病研究 [M]. 北京：中国社会科学出版社：46-50.

周霞，周玉玺，2018. 能人带动、组织承诺与农民专业合作社社员满意度研究：基于差序格局调节效应的跨层次分析 [J]. 经济与管理评论，34 (5)：84-96.

周玉龙，孙久文，2017. 社会资本与农户脱贫：基于中国综合社会调查的经验研究 [J]. 经济学动态 (4)：16-29.

周云，2013. 房地产经纪业务风险与案例分析 [M]. 南京：东南大学出版社：12-13.

朱永甜，余劲，2020. 陕南易地扶贫搬迁减贫效应研究：基于分阶段的讨论 [J]. 干旱区资源与环境，34 (5)：64-69.

庄天慧，张海霞，傅新红，2011. 少数民族地区村级发展环境对贫困人口返贫的影响分析：基于四川、贵州、重庆少数民族地区 67 个村的调查 [J]. 农业技术经济 (2)：41-49.

走进彝族　认识彝俗 [EB/OL]. [2018-09-25]. http：//www. yizuren. com/s/xz/.

左停，赵梦媛，2021. 农村致贫风险生成机制与防止返贫管理路径探析：以安徽 Y 县为例 [J]. 西南民族大学学报（人文社会科学版），42 (7)：32-41.

ABIAD A，2003. Early Warning Systems For Currency Crises：A Markov-Switching Approach with Application to Southeast Asia [R]. IMF Working Paper.

ANDREW D，2022. "The Rise of Mass Poverty"? Breadline Britain/Poverty and Social Exclusion (1983—2012) Evidence Revisited [J]. Social Indicators Research，164 (2)：929-946.

AVEN T，RENN O，2009. On Risk Defined as an Event where the Outcome is Uncertain [J]. Journal of Risk Research，12 (1)：1-11.

BREA-MARTINEZ GABRIEL，MARTIN D，MARIA S，2023. The price of poverty：The association between childhood poverty and adult income and education in Sweden，1947—2015 [J]. Economic History Review (5)：140-161.

CHAMBERS R，1989. Vulnerability，Coping and Policy (Editorial Introduction) [J]. IDS Bulletin，20 (2)：1-7.

CHAMBERS R，CONWAY G，1992. Sustainable rural livelihoods：PracticalBrigh ton [R]. England：Institute of Development Studies.

DANIEL H，MCWHINNIE STEPHANIE F，SHALANDER K，et al，2022. Technology

Heterogeneity and Poverty Traps: A Latent Class Approach to Technology Gap Drivers of Chronic Poverty [J]. Journal of Development Studies (3): 19 - 30.

DFID, 2000. Sustainable Livelihoods Guidance Sheets [M]. London: Department for International Development: 68 - 125.

DOBELSTEIN A, 2017. The Two Legends of American Poverty: Breaking Out of Poverty's Historic Snare [J]. Poverty & Public Policy, 9 (4): 402 - 425.

GALBRAITH J K, 1998. The Affluent Society [M]. Bonn: Mariner Books: 62 - 64.

GARVEN J R, 2007. Risk Management: For Business Scholarship and Pedagory [J]. Risk Management and Insurance Review, 10 (1): 1 - 12.

GIBSON - DAVIS C, BOEN C E, KEISTER L A, et al, 2023. Net worth poverty and adult health [J]. Social Science & Medicine, 318: 115614.

GIORGIO P, LUCIA F, AUGUSTO F, et al, 2023. Hidden factor estimation in Dynamic Generalized Factor Analysis models [J]. Automatica, 149: 110834.

GRAY D F, JOBST A A, 2010. New Directions in Financial Sector and Sovereign Risk Management [J]. Journal of Investment Management, 2010, 8 (1): 23 - 28.

HABBIE ERLER, 2012. A New Face of Poverty? Economic Crises and Poverty Discourses [J]. Poverty & Public Policy, 4 (4): 183 - 204.

JENNRICH R I, BENTLER P M, 2011. Exploratory Bi - Factor Analysis [J]. Psychometrika, 76 (4): 537 - 549.

JIANG J, TRUNDLE P, REN J, 2010. Medical image analysis with artificial neural networks. [J]. Computerized Medical Imaging and Graphics, 34 (8): 617 - 631.

JOHN H, 1895. Risk as an Economic Factor [J]. The Quarterly Journal of Economics, 79 (4): 409.

KNIGHT F H, 1921. Risk uncertainty and profit [M]. New York: Houghton Mifflin Company: 23 - 25.

LAUGHLIN C D, 2010. Maximization, Marriage and Residence among the So [J]. American Ethnologist, 1 (1): 129 - 141.

LEE KYUNGHEE, ZHANG L L, 2022. Cumulative Effects of Poverty on Children's Social - Emotional Development: Absolute Poverty and Relative Poverty [J]. Community Mental Health Journal, 58 (5): 930 - 943.

LEWIS O, 1975. Five families: Mexican case studies in the culture of poverty [M]. New York: Basic Books: 56 - 60.

LISA (TINY) GRAY - GARCIA, 2007. Poverty Scholarship [J]. Race, Poverty & the Environment, 14 (2): 61 - 63.

MARIO S, DIEGO G C J, GLORIA J M, et al, 2022. How do people understand the causes of poverty and wealth? A revised structural dimensionality of the attributions about poverty and wealth scales [J]. Journal of Poverty and Social Justice (3): 78 - 90.

OBERLE CLARA M, 2019. Poverty and Welfare in Modern German History [J]. Journal of

Social History, 52 (3): 1023 - 1025.

OSCAR L, 1959. Five Families: Mexican Case Studies in the Culture of Poverty [M]. New York: Basic Books: 68 - 70.

PALASH K, KAMRUZZAMAN P, 2015. Dollarisation of Poverty: Rethinking Poverty Beyond 2015 Introduction [J]. Dollarisation Of Poverty: Rethinking Poverty Beyond 2015 Palgrave Pivot: 23 - 43.

RONI S, HANI N, NURIT K, 2022. Knowing poverty: Social workers' perceptions of poverty knowledge [J]. Journal of Social Work, 22 (4): 896 - 914.

ROSENBLOOM J S, 1972. A Case Study in Study in Risk Management [J]. Prentice Hall: 89.

ROWNTREE S B, 1901. Poverty: A Study of Town Life [M]. London: Macmillan.

RUNCIMAN W G, 1996. Relative Deprivation and Social Justice [M]. Berkeley and Los Angeles: University of California Press: 33 - 34.

SAUNDERS A, 1999. Credit Risk Management: New approaches to value at risk and other paradigms [M]. John Wiley&Sons Inc: 109 - 111.

SCHULTZ T W, 1960. Capital Formation by Educationa [J]. Journal of Political Economy (6).

SERVIGNY A, RENAULT A. Measuring and Managing Credit Risk [M]. McGraw - Hill, 2004: 120 - 126.

TILAHUN N, PERSKY K, SHIN J, et al, 2023. Childhood Poverty, Extended Family and Adult Poverty [J]. Journal of Poverty, 27 (1): 17 - 27.

TOWNSEND P, 1979. Poverty in the United Kingdom: A Survey of Household Resources and Standards of Living [M]. Harmondsworth: Penguin Books: 56 - 58.

WANG K, 2022. Does Poverty Relief Breed Corruption? An Evaluation of China's Poverty Alleviation Program [J]. Journal of Chinese Political Science, 27 (2): 341 - 374.

WANG S P, CAO P, HUANG S, 2022. Household financial literacy and relative poverty: An analysis of the psychology of poverty and market participation [J]. Frontiers in Psychology, 13: 16 - 30.

WANG X J, KAMMERER C M, STEWART A, et al, 2009. A Comparison of Principal Component Analysis and Factor Analysis Strategies for Uncovering Pleiotropic Factors [J]. Genetic Epidemiology, 33 (4): 325 - 331.

WILLET A H, 1901. The Economic Theory of Risk and Insurance [J]. Columbia University Press (4): 142 - 144.

WILLIAMS C A, HEINE R M, 1989. Risk Management and Insurance [M]. New York: Mc Graw - Hill: 56 - 70.